品牌方法

# 50个深圳品牌的启示

## Branding Methods

Stories of 50 Brands from Shenzhen

周志民　袁靖波　编著

中国经济出版社
CHINA ECONOMIC PUBLISHING HOUSE
·北京·

**图书在版编目（CIP）数据**

品牌方法：50个深圳品牌的启示 / 周志民，袁靖波编著. -- 北京：中国经济出版社，2022.12

ISBN 978-7-5136-7169-9

Ⅰ. ①品… Ⅱ. ①周… ②袁… Ⅲ. ①品牌-企业管理-案例-深圳 Ⅳ. ①F279.276.53

**中国版本图书馆 CIP 数据核字（2022）第224462号**

策划编辑　姜　静
责任编辑　王西琨　马伊宁
特约编辑　邱　耿
责任印制　马小宾
封面设计　任燕飞装帧设计工作室

**出版发行**　中国经济出版社
**印 刷 者**　北京富泰印刷有限责任公司
**经 销 者**　各地新华书店
**开　　本**　710mm×1000mm　1/16
**印　　张**　18.75
**字　　数**　377千字
**版　　次**　2022年12月第1版
**印　　次**　2022年12月第1次
**定　　价**　78.00元
**广告经营许可证**　京西工商广字第8179号

**中国经济出版社**　**网址** www. economyph. com　**社址** 北京市东城区安定门外大街58号　**邮编** 100011
本版图书如存在印装质量问题，请与本社销售中心联系调换（联系电话：010-57512564）

# 前 言

PREFACE

随着供给侧竞争加剧、需求侧消费升级以及国际化发展趋势的来临，品牌在中国的重要性越发凸显，已上升为国家战略。近五年来，国务院和国家各部委出台了多个文件来推动品牌的发展。比如，2016 年 6 月，国务院办公厅印发的《关于发挥品牌引领作用推动供需结构升级的意见》，是首个以“品牌”为标题的国家文件；2017 年 4 月，国务院正式批复国家发展改革委《关于设立“中国品牌日”的请示》，将每年 5 月 10 日设立为“中国品牌日”；2022 年 7 月，国家发展改革委等七部委联合发布《关于新时代推进品牌建设的指导意见》；等等。时至今日，品牌对于国家经济和企业发展的重大意义不言而喻，在如何创建并管理好品牌的问题上，我国品牌学术界和企业界始终坚持着理论探索和实践推进。二十多年来，相关的品牌教材、专著和案例层出不穷，数以百计，为我国的品牌管理事业助力良多。既然品牌管理类的书籍如此众多，为什么我们还要出版《品牌方法——50 个深圳品牌的启示》一书？

由书名可知，本书有两个关键词：品牌方法和深圳品牌。这也是撰写本书的两个初衷。

第一，我国品牌界尚缺一本基于问题导向的品牌管理方法论专著。从现有的品牌管理类著作来看，品牌教材建立了基础的理论知识体系，有助于培育品牌管理人才；品牌专著提出了创新的品牌管理思想和理念，有助于给品牌研究者和实践者以启迪；品牌案例给出了具体的品牌管理成败个案，有助于给品牌实践者一些策略指引。然而，面对具体的品牌管理问题时，品牌经营者仍然不知道从何处去寻找答案。本书的定位是：讲品牌故事，解品牌问题。首先，提出企业关心的 50 个品牌管理问题，比如：如何建立顾客导向的品牌理念？如何培育品牌幸福感？如何创建新品类品牌？如何进行品牌战略转型？如何将 B2B 品牌延伸到 B2C 市场？如何进行品牌社会化媒体传播？如何走出品牌的“低价陷阱”？如何实现品牌海外本土化？如何打造天生国际化品牌？如何锻造 B2B 高科技品牌？如何修炼“独角兽”品牌？如何锻造专业化的服务品牌？如何打造绿色品牌？等等。然后，每个问题选择了一个适合的品牌故事作为载体进行深入分析，从而归纳出解决这个品牌问题的几个策略。读者在了解品牌故事的过程中，就知晓了品牌问题的答案。可以说，本书不是一本简单的案例研究专著，也不是一本枯燥的品牌管理教材，而是一本基于品牌问题导向、注重品牌管理方法论的品牌案例分析著作。

第二，我国品牌界尚缺一本介绍深圳品牌的专著。尽管深圳建立经济特区只有 40 余年，但已经成为中国经济较活跃的地区之一，并且优秀品牌层出不穷。比如，华为、中兴、腾讯、比亚迪、大疆、大族、平安、万科、金蝶、华侨城、中集、迈瑞、华大基因、顺丰、优必选、喜茶、海王等深圳品牌都是行业翘楚，享誉海内外。关于这些品牌成功密码的著作和文章，市面上已经有很多，但还没有一本书将这些品牌汇集在一起，也没有将其与品牌管理的专业问题进行链接。作为来自深圳大学的品牌学者，我们有责任和义务宣传深圳的优秀品牌，将深圳的品牌经验总结并广泛传播。本书根据行业影响力和差异性选择了 50 个深圳优秀品牌，涉及高新科技、文化产业、金融、地产、汽车、物流、服装、餐饮、电子产品、家居用品、珠宝、手表、制药、基因、公共服务、城市、高校等多个行业。这样综合的行业组合也将给更多行业的品牌从业者以启迪。同时，我们将很多非商业领域的行业也纳入其中，是为了说明品牌管理并不只是为商业所用，在公共服务、高校发展乃至城市建设领域，品牌的作用也是举足轻重的。

基于以上两点考虑，本书将问题导向和深圳品牌结合起来，形成了目前这本《品牌方法——50 个深圳品牌的启示》。为方便组织内容，本书将 50 个案例分成八篇：品牌文化篇、品牌定位篇、品牌战略篇、品牌传播篇、品牌国际化篇、科技品牌篇、服务品牌篇、特色品牌篇。前五篇跟品牌管理的职能板块有关，从品牌理念到品牌战略和品牌策略都有涉及；后三篇跟行业领域有关，传统的制造业和消费品在前几篇当中多有论述，此处只谈高科技业、服务业以及其他特色行业的品牌管理。本书体例统一，标题表述模式都是“如何做品牌？——某品牌的启示”，每篇案例一般分成四个部分：第一，引言部分，提出品牌管理问题，并引出品牌案例的主角——企业（或组织）；第二，简介部分，简要介绍该企业（或组织）的整体状况或发展简史，有助于读者了解背景；第三，品牌策略部分，分析该企业是如何解决文首提出的品牌管理问题的；第四，结语部分，简要总结几个品牌策略，与引言的品牌管理问题形成闭环。为控制篇幅同时聚焦问题，每篇案例字数平均在 5000 字左右。实际上，如果深入探讨，每一个优秀企业（或组织）的品牌管理经验都是一本书的体量，但本书只侧重于该企业（或组织）在其品牌管理问题上的表现，旨在给读者聚焦式和针对性的启迪。本书的每个品牌案例之间并无逻辑关联，因此读者可以根据兴趣和需要选读其中的部分章节。

本书是深圳大学管理学院市场营销系品牌管理研究团队合作的结晶，从2018年起历经四轮撰写和修订，直到2022年8月才最后成稿。在启动本书写作的初期，我作为第一作者，根据多年品牌研究经验初步确定了品牌管理的重要问题，同时遴选了深圳最具代表性的50个品牌，之后正式进入写作环节。第一轮是请深圳大学管理学院市场营销方向28位硕士生撰写初稿，他们的导师提供了指导；第二轮是我在阅读完第一轮稿件之后，逐篇提出修改意见，再挑选出16位博士后、博士生及硕士生对第一轮稿件进行修改；第三轮由深圳大学管理学院市场营销系青年学者袁靖波助理教授担任本书的第二作者，对每一篇稿件进行逐字逐句修改；第四轮由我本人对每篇稿件做最终的审校和修改，以确保每篇稿件的质量。这当中，袁靖波为本书的完稿做出了大量贡献。他是武汉大学和美国南卡罗来纳大学联合培养的市场营销学博士，曾于2017—2019年在我指导下做博士后研究，因为表现优异，于2019年留在本系担任助理教授。他工作勤勉、科研素养高、文思缜密，曾在《管理世界》等知名期刊发表多篇论文，并在两年的博士后研究阶段先后获得了国家自然科学基金青年项目、中国博士后科学基金一等资助项目和特别资助项目，2021年更是一年同时获批三个国家级和部级课题（国家自然科学基金面上项目、国家社会科学基金后期资助项目和教育部人文社科基金项目），从而创造了一个课题获批的纪录。他的高效工作加快了本书的进度，保证了本书的质量。

本书得以顺利出版，要感谢国家自然科学基金重点项目“经济转型与国际化背景下品牌建设的理论创新研究”（批准号：71832015）和深圳市哲学社会科学“十三五”规划课题“深圳品牌建设案例与培育政策研究”（批准号：135D008）的资助；感谢深圳大学管理学院市场营销系的刘世雄、贺和平、刘雁妮、陈星宇、贾芳、张蕾、杨翩翩、张宁等老师参与指导学生；感谢深圳大学管理学院市场营销方向的博士后简予繁、林嘉玲、薛健平参与稿件修改；感谢深圳大学管理学院市场营销方向的博士生陈瑞霞、莫琳琳、何源和硕士生汪日香、张良波、郑玲、朱丽雅、谢育锋、刘纯群、吕嘉祺、殷江玮、丁一、李观飞、余利琴、龚倩文、胡月儿、陈敏、戴玉、童航燕、王一桐、向沙、许婷、欧益花、宋婷、丁庚、汪小利、胡显琦、康培培、赖妍、林秀岑、田丹丹、刘诗原、杨守恒等同学完成初稿和（或）修改二稿；感谢国内权威品牌学者香港城市大学周南教授、中山大学卢泰宏教授、华东师范大学何佳讯教授为本书撰写推荐语；最后，还要感谢中国经济出版社编辑姜静老师负责的态度和周到的服务。

本书涉及的品牌多达50个，实地调研存在较大难度，且很多品牌的素材可从互联网上获取，因此本书案例素材均来自企业（或组织）官方网站和相关网络媒体报道。这可能导致在内容的准确性上存在一定的瑕疵。另外，本书是团队合作之作，各章涉及的作者不同，导致写作风格可能会有一些差异。需要说明的是，优秀的品牌也可能存在各种问题，甚至可能由于某些问题导致经营不善，本书只从品牌研究的视角考量，截取与品牌管理问题相关的做法进行介绍。虽然为了保证质量，本书经历了四轮撰写和修改，但是我们毕竟不是上述品牌企业（或组织）的实践工作者，文中很多总结和思考是从一个品牌研究者的角度出发的，可能会有偏差。在此，希望得到各位读者的不吝赐教。

尽管平时工作繁忙，但我们团队仍然抽出时间撰写本书，因为我们觉得这是一件有意义的事情。期待本书的出版能够为推进我国新时代的品牌建设事业贡献绵薄之力。

周志民

深圳大学教授、博导

2022年9月2日凌晨

# 目 录

CONTENTS

## 品牌战略篇



## 品牌传播篇

## 服务品牌篇



## 特色品牌篇

# 品牌文化篇

# 如何坚守品牌使命？

## 海王集团 30 年“健康梦”

### 一、引言

品牌的成功离不开品牌使命的指引。为牟取暴利而频现丑闻的企业，究其原因是缺乏使命的指引和坚守，没有将消费者的利益放在首位。除了追求经济效益，中国品牌承载了更大的目标使命——承担更多社会责任。深圳海王集团股份有限公司（以下简称海王集团）便是很好的例子。海王集团深耕医药健康产业 30 余年，构建了包括医药健康产业研发、生产、流通、零售、健康服务等在内的全产业链，实现了产业链的全面协同与贯通。企业以为消费者创造更大福祉为追求，积极承担社会责任，为人民健康保驾护航。2021 年，“海王”品牌以 1035.81 亿元连续十八年位居中国医药行业 500 家最具价值品牌排行榜的榜首。海王集团之所以能取得今天的成就，离不开使命的坚守与指引。

### 二、海王集团的发展历程

海王集团从蛇口石云村一栋普通的住宅楼起步，到如今在深圳拥有三栋大厦，旗下有两家上市公司。在其 30 余年风云激荡的发展征程中，海王集团书写着中国企业变革前行、披荆斩棘、坚韧不拔的壮美诗篇。

1989 年 7 月，海王集团的前身——蛇口海王企业公司创立；1992 年，创办海王生物，进军生物医药行业；1995 年集团重新确立了“大药业”的发展方向，剥离与主业无关的子公司，成立了从事医药零售事业的专业化公司——海王星辰，开始打造集团的医药连锁事业。海王星辰在国内率先采用连锁药店模式，引进美国连锁药店经营技术并加入美国连锁药店协会（NACDS）。集团不断突破已有的商业模式，通过 2005 年以零售商自有品牌（private brand）为战略核心的模式创新及 2009 年推出的“阳光集中配送”模式，为海王医药商业的发展持续提供充沛的动力。

1997 年 2 月，海王集团明确提出“大医药”的产业发展战略，确定以医药工业为核心产业。1998 年，海王集团成立了新药研发技术中心，其被认定为“国家级企业技术中心”。海王工业城整体通过了良好生产规范（GMP）认证，海王成为中国首批通过此项认证的制药企业，这表明海王的生产制造体系已跨入国内领先行列，并初步完成了与国际行业标准的接轨。此后，海王生物研发的“基因工程药品 α-2b 干扰素”“帕米膦酸二钠及其制剂（博宁）”“维畅”“虎杖苷注射液”“抗肿瘤创新药 HW130 注射液”等药品，分别在生物工程领域、中药一类新药领域实现了技术创新。

2013 年，海王集团创新保健品运营模式、打造千亿保健品产业战略目标正式进入实施阶段，在全国布局健康产业基地。2015 年 10 月，海王旗下的国民健康云上线，大保健战略全面启动。

“没有全民健康，就没有全面小康。”为响应号召并满足客户需求，解决药价虚高问题，2017 年初，海王集团全药网正式上线，通过“互联网 +”为公立医院提供全新的药品集中采购和供应模式。2019 年，海王在“全药网”集中采购、降低药价的基础上，推出了数字化社区医药健康服务平台——“易点药”，通过集中采购大幅降低药品价格，让百姓用上便宜的放心药；通过线上问诊和零售药店取药，为居民长期用药提供便利；运用“互联网 +”医疗模式为居民提供长期健康管理，提供全方位全周期健康服务。

从 1989 年在石云村创立蛇口海王企业公司、1993 年海王集团成立、1998 年海王生物在深圳上市、2007 年海王星辰在纽交所上市，海王集团打造的“海王”品牌是中国 500 强知名价值品牌，连续 18 年高居中国医药行业品牌价值榜单。2019 年，集团销售规模约 774 亿元，综合实力在中国医药产业位居前列、深圳市国家企业技术中心排名第七。2020 年在全国医药商业百强中位居第六位。2021 年，“海王”品牌价值达 1035.81 亿元（世界品牌实验室数据）。

## 三、海王集团的使命坚守之路

三十余年风雨兼程，海王集团始终坚持以创新为企业发展的根本动力，坚守以“全心全意为人民健康服务”为使命，致力于为民众提供终身健康服务，提供公平可及、系统连续的健康服务；致力于优化行业资源配置；致力于以消费者需求为核心推进行业价值创新，将健康医药产品惠及国民。通过技术创新、产业创新和商业模式创新等，实现降药价、惠民生、促医改、兴产业。

### （一）技术创新

技术创新是海王事业不断发展壮大的强大动力。海王自主创新一直以为国民健康保驾护航为己任，致力于建设“研制一代、生产一代、储备一代”的科技成果良性循环体系。海王以技术创新为核心，形成了以心脑线和肿瘤线产品开发为主导，处方药、非处方药开发为基础齐头并进，生物药、化学药、中药、保健食品协调发展，具有强大竞争优势的多元化海王医药产品格局，在抗肿瘤、治疗心血管、呼吸系统、抗感染等疾病及海洋药物领域均形成了具有较强竞争力的优势产品。

1998年，海王集团成立了新药研发技术中心，其被认定为“国家级企业技术中心”。在医药行业，新药的创新是技术创新的金字塔顶层，也是世界制药企业竞争的制高点。2005年，海王集团自主研发的一类新药——“虎杖苷注射液”获国家863计划第一批引导项目立项，被列入国家“重大新药创制”科技重大专项“十二五”规划项目。2017年底，虎杖苷注射液获FDA批准，进入美国二期临床试验。2020年，海王医药研究院自主研发的抗肿瘤创新药HW130注射液获批进入人体临床试验。这充分体现了海王集团创新药物的研发与国际技术要求和规范无缝衔接、新药研发创新能力与国际水平趋同，为我国由制药大国向制药强国迈进做出了积极贡献。

经过不懈的努力和发展，海王集团已形成了一个专业性强、研究水平高、基础设施齐全的研究开发和自主创新体系。海王近年来先后承担国家863课题、国家高新技术研究发展计划项目、国家新药创制重大专项、广东省新药重大专项、深港创新圈项目等多项国家、省、市级科技计划项目，还承担了863产业化基地建设、海洋药物、天然药物创新能力建设等国家级创新平台建设项目。目前在研的国家一类新药涉及基因工程、化学合成、中药现代化等前沿领域。已建成天然药物、药物合成、新制剂技术、药物分析等现代化研究室，一批高技术水平的化学创新药、现代中药、创新制剂正在研发之中。

## （二）产业创新

医药健康行业发展的现状未能满足人民群众对健康生活的需要。基于此，海王集团在医药流通和保健品领域着力推进两大产业创新战略。

### 1. 公立医院药品采购模式创新

针对药价虚高问题，海王集团以市场化手段和“互联网+”思维，构建“全药网”——公立医院药品集中采购平台，为公立医院提供全新的药品集中采购和供应模式，为解决药价虚高问题提供可行途径。2017年初全药网上线，为深圳市、东莞市、肇庆市等公立医院全面提供药品采购服务。新的采购模式为公立医院节省药品采购费用30%以上，是目前国内药价降幅大、服务优的创新模式，得到国务院医改办、国家卫计委[①]、广东省政府的高度评价和支持。目前，全药网已在广东、

① 国家卫生和计划生育委员会，简称为国家卫计委，2018年3月调整为国家卫生健康委员会。

广西、黑龙江、新疆、吉林 5 个省份 22 个城市上线，从三甲医院到乡镇卫生院全面覆盖。截至 2020 年已服务医疗机构 1816 家，同时面向全国推广。

2. 保健品产业创新

我国人均寿命比世界上人均寿命最高的国家短了将近十年，而我国的慢性病发病率和死亡率大大高于发达国家，这种情况说明我国居民迫切需要加强日常的营养保健。但中国的保健品市场仍不成熟，本该是日常消费品的营养保健品变成了礼品、奢侈品，现有的营养保健品产业还无法满足我国民众对营养健康的强烈需求。

2015 年 6 月，国民健康云科技有限公司成立。国民健康云官方商城是海王集团旗下重金打造的 B2C 保健品电商平台，通过平台直销，既能方便消费者选购，又可以减少中间商和代理商的费用。国民健康云秉持“一切为了人民健康”的使命，旨在为消费者提供优质、平价的保健品。

海王集团以产业创新重新确立保健品行业标准和游戏规则，重构符合现代商业文明规则的行业生态。运用全新保健品生态的经营哲学创建国民健康云，从消费者角度出发，改变保健品消费形态，直击消费者症状痛点打造品质产品，直击消费者价格痛点打造实价产品，惠及百姓，彰显集团使命与担当。

## （三）商业模式创新

在瞬息万变的时代，海王一直坚持以商业模式的创新来引领与面对，表现为海王星辰商业模式的不断发展。海王星辰定位为社区连锁药店，多年来，海王星辰一直致力于培训专业的员工、提供标准化和人性化并重的服务，在为社区居民提供高质量健康服务的同时，积极推广“预防胜于治疗”的健康生活理念。

2005 年海王星辰以自有品牌战略为核心，打破医药零售行业的陈旧模式，实现经营业绩大幅增长，并影响和带动了中国连锁药店行业的发展；2009 年，海王启动医药商业领域的商业模式创新，推出“阳光集中配送”模式，再次助推海王医药商业发展。2018 年海王集团成立深圳市易点药健康服务有限公司；2019 年 8 月推出“互联网 + 医药大健康”的“易点药”平台。易点药打造以线上数据平台、药品库、药店为主的 O2O（Online to Offline）闭环，即利用医院降药费成果及平台公信力，采取 O2O 方式，连同线下实体药店，为亿万慢性病患者提供质优价廉的处方药。2020 年 8 月上线了“易点药”微信小程序，通过线上预约、家门口药店取药的方式，将公立医院药房里质优价廉的药品搬到了老百姓的家门口，打通群众医药健康服务“最后一公里”。

通过商业模式创新，海王集团的医药商业和连锁药店业务发展迅速。海王的医药商业流通网络遍布 20 多个省（区、市）100 多家分、子公司，而海王星辰连锁药店遍布国内 70 多个大中城市，直营门店 3100 多家，直营门店数量、销售规模和纳税额均连续多年位居行业前列。海王星辰以整合网络和实体终端的全新多元化经营模式，领跑中国连锁药店行业。2017 年海王星辰微商城正式上线，打通 O2O 销售渠道，以药品、保健品、医疗器械、中药材、个人护理品、居家生活品等超高性价比的商品组合，成功打造一站式购物平台，满足社区家庭和居民对高品质生活的追求。微商城减少加价环节和过高利润，让国人能用更低的价格，买到同样甚至更高品质的产品，让保健品成为人人能用得起的日常消费品。

### （四）公益项目

海王集团在起步之初就非常关注社会公益事业。1990 年，亚运会第一次在北京举行，创办仅一年的海王集团即对亚运会进行了赞助。从那时开始，海王集团一直把承担社会责任、参与慈善公益事业作为一种可持续性的企业行动，并将这种理念纳入企业长期发展战略，已累计为公益慈善事业提供了价值 6 亿多元的捐助。

在走过十年创业历程后，海王集团参与社会慈善事业的行动进入了一个新阶段，开始把承担社会责任上升到企业战略的高度，使参与慈善事业、承担社会责任成为海王集团长期发展战略中的一种信念和重要组成部分。在国家、社会最需要的时候，在有重大危机爆发的时候，挺身而出、勇挑重担，是海王集团的光荣传统。2003 年，海王集团为全国抗击非典事业捐款捐物价值 2000 多万元，荣获“抗击非典模范单位”“抗击非典模范集体”以及“抗击非典先进个人”等七个奖项。2008 年，海王集团、海王人和所有的中国人站在一起，海王集团及下属公司为四川地震灾区捐赠款物价值合计 1500 余万元。2016 年，海王集团开始实施精准扶贫项目——向贫困人口中患有重大疾病的群体捐赠治疗用药品。2019 年底开始，为助力抗击新型冠状病毒感染的肺炎疫情，海王集团累计捐助价值超过 1 亿元的物资。2020 年 2 月初，海王集团携手深圳市慈善联合会，发起“抗疫天使守护计划”，捐赠价值 6000 万元的提高免疫力产品，为一线医务人员提供健康支持，重点支持湖北、深圳地区的抗疫一线医务人员。2021 年 7 月中旬，河南遭遇极端强降雨，多地遭遇特大水灾，海王集团捐赠 1000 万元资金和价值 3700 万元医疗物资，紧急驰援河南。

海王集团多年来充分发挥行业优势，积极投身公益项目，捐助总额达 3.3 亿元，各项捐赠工作充分践行了海王“全心全意为人民健康服务”的核心价值观，忠实践行了“责任、荣誉、祖国”的核心理念，彰显了社会企业的使命与社会担当。

## 四、结语

品牌使命是品牌发展的源泉，很多品牌也都制定了意义深远的使命，但却难以坚守。坚守使命并非守旧，关键还是以使命为纲，不断开拓创新。反观海王集团，之所以能够在 30 余年的发展中屹立不倒，因其始终坚守“全心全意为人民健康服务”的使命，汇集创新之力助推生命健康产业链布局。在医药健康领域，海王持续推进技术创新与商业模式创新。技术创新需要长期的坚持，商业模式创新需要对产业链的深刻洞察，这两种创新是海王发展的力量源泉。从产品研发到平台的搭建，全面布局大健康产业，提供高度智能化的健康管理。这一系列举措是战略的创新与调整，也是海王承担社会责任的表现，切实考虑国家与消费者的需求，是海王集团持续成长的必要因素。

# 如何创新品牌理念？

## 浪尖设计理念的变迁

### 一、引言

企业品牌理念对企业的良性运作和长足发展具有战略性的功能与作用。越来越多的企业意识到品牌理念的重要性，也都纷纷制定了自己的品牌理念。然而，品牌理念是一定历史时期的产物，良好的品牌理念应当与时俱进。如何创新品牌理念？深圳市浪尖设计有限公司（Artop Group）也许可以给我们一些启示。浪尖仅花费短短十几年的时间，便从一开始只有两个人的作坊式企业，发展为如今拥有近千名员工、分支机构遍布全球、工业设计规模大、创新能力强、资源覆盖广泛的全产业链设计服务商。能够从众多竞争对手中脱颖而出，成为中国工业设计领域的佼佼者，浪尖不断创新的品牌理念功不可没。

### 二、浪尖品牌发展四阶段

浪尖品牌的发展史大致可分为四个阶段，而这四个阶段既是浪尖不断走向品牌化、国际化的过程，同时也是其品牌理念不断发展和变迁的过程。

#### （一）探索期：1999—2002 年

1999 年，亚洲金融危机的阴影正逐渐散去，全国经济正从最低谷回升。深圳与香港毗邻，优越的地域优势给其高新技术和知识经济的发展提供了沃土。也是这一年，罗成毅然决定拿着借来的 10 万元筹办起了自己的设计公司，陈汉良也随之加入，最终浪尖于 1999 年 5 月正式成立。尽管公司一开始只有两个人，但浪尖非常重视经营理念，提出设计是“产业链中光辉的一环”的理念。怀揣着这样的理念，浪尖开始了它的摸索之路。

28 平方米的办公室里，只有两台电脑，浪尖的开始无疑是艰苦的。在当时的深圳，蜻蜓与蓝鲸已经小有名气，但整体而言，工业设计市场中竞争并不激烈，仍是一片蓝海。借助以往的工作资源，浪尖通过设计音响打响了名号，获得了与三洋、夏普、卡西欧等国际大企业的合作机会。此外，浪尖还为奥托、安科等大公司提供医疗器械的设计服务。浪尖的起步像无数初创公司一样，可谓是不显山露水，然而作为设计公司，此时浪尖也仍处于“摸着石头过河”的探索期。本土经验匮乏，国外信息有限，单从种种好看的设计形态上难以窥视背后的设计原理，浪尖只能依靠自己不断摸索，不断形成自我清晰的认识。

20 世纪 90 年代后期，电话机行业迎来了一次井喷式的发展，而工业设计的价值也最先在这个行业得以重视。深圳的蓝鲸、天为等众多公司都纷纷开始了电话机的设计制作，浪尖也不例外。时代浪潮之下，浪尖的成长无疑是惊人的。短短几年，办公空间便已从 28 平方米扩展为 200 多平方米，员工人数也不断翻倍。直至 2001 年，浪尖更是直接购买下整幢大楼的一层。在音响、医疗器械及电话机领域打响名号之后，浪尖不断接到 MP3、VCD、DVD 方面的设计订单，在陈汉良看来，浪尖已经拨开重重迷雾找到属于自己的方向。

### （二）机遇期：2003—2006 年

浪尖一直践行的口号是“我们是你产业链上最光辉的一环”，在这样的理念驱动下不断摸索和发展。直至 2003 年，浪尖总部搬迁到景田路，置办了 600 多平方米的办公场地，也预示着浪尖下一段征程的开始。此时，一家韩国设计公司也入驻本楼，就在楼下，浪尖迎来了新的挑战。就如陈汉良所说：“就跟 VCD 的故事一样，我们在这种压力下反而进步很快。所以到最后反倒是他们撑不住，撤了。”正如其品牌名称一样，浪尖一直在浪里翻滚，却总能采众家之长，超越对手站在顶尖。

2003年，浪尖赶上手机行业的浪潮，初入市场便为金立手机设计了多款外形，包括 G508、G518、G528 等，对于新技术和新材料的大胆尝试，使得浪尖获得了极大的市场赞誉。次年，浪尖开始进入 U 盘、MP3、MP4 等产品领域，并与易方数码展开全面合作，其产品销量更是稳居同品类产品前列。之后，浪尖与好家庭有限公司展开合作，涉足体育用品领域，其跑步机的设计在业内也广受好评。经过前几年的稳扎稳打，浪尖一举获得“2005 中国（深圳）国际品牌与设计大赛最具商业价值奖”。

### （三）发展期：2007—2009 年

这个阶段的浪尖迎来了井喷式的发展，也是充满希望、载誉归来的几年。诸如中国创意产业 100 强、中国创意产业领军企业、广东十大设计机构等奖项都不断被浪尖收入囊中。此阶段的浪尖也开始了产业链上下游的其他布局：2007 年 3 月，东莞浪尖工业产品造型设计有限公司正式成立，标志着浪尖布局制造业重镇的开始；2008 年 3 月，深圳市浪尖科技有限公司正式成立，致力于集成鲜明设计风格的产品设计；为了延伸其产品品类，开发新的市场——老年人市场，2008 年

4月，浪尖增设了Design 4 All；2009年1月，为了给长三角企业提供更为便利的产品和服务，在宁波创建了浪尖产品造型设计有限公司；同年9月，成都浪尖工业设计有限公司也正式成立，致力于给西部企业提供更为贴合的产品设计和服务。

### （四）开拓期：2010年至今

2010年，浪尖秉持十二年的公司理念迎来了新的改变，“基于全产业链的设计创新”成为浪尖新的坚持，从初见产业链意识到如今的产业链布局已见雏形，浪尖已经走过十二个春秋。汇鼎实业成立之后，浪尖文化、ABCD品牌策略平台、D+M浪尖智造工场等产业平台也先后设立，针对文创产品、品牌形象咨询、研发平台以及教育和交流平台都做了相应的部署，打造成今天巨大的产业集群。据陈汉良所说，客户不同，要求的设计方案也有所不同，有些只需要你提供设计方案，有些却需要浪尖根据客户给的想法定义产品、申请专利，甚至是规划企业形象，以及基于供应链研发和落实产品。

## 三、浪尖品牌理念的实现

品牌理念是浪尖品牌建设的重要基石，体现了创始人价值理念与行业判断。在浪尖创立之初，罗成便定下了以“共生”为基调的企业文化，强调产品和团队的共生，客户和企业的共生；在传统设计阶段，罗成一直秉承“平衡的设计理念”，追求“人、事、理”的相辅相成；在时代更迭之际，罗成率先提出了“全产业链设计创新”的品牌理念，追求提供一体化的“大设计”方案；如今，罗成带领浪尖完成了全产业链的生态布局，并以粤港澳大湾区为纽带，沿“一带一路”周边城市面向全球提供设计方案。纵观浪尖从传统的产业链工业环节设计到如今的“全产业链设计创新服务”的发展史，不难发现其“全产业链设计创新服务”的品牌理念从无到有，从模糊到日渐清晰，一直贯穿始终，指引着浪尖企业的发展。

### （一）找准起始定位，传播品牌理念

“万事开头难”，初创公司多有拼劲、闯劲，却囿于模糊的企业品牌理念而缺乏清晰的起步定位。如何结合企业发展愿景确立具有鲜明特色的品牌定位，并迈出第一步去向市场传播自身品牌理念？浪尖从设计公司起家，发现了工业设计这一块少有人涉足的市场，瞄准其发展前景，通过工业音响设计切入市场。彼时的工业设计是一片市场蓝海，但也正因如此，市场认知与行业发展规范尚未成熟，社会对工业品的设计价值不太认同，同时设计市场的游戏规则还未成型。浪尖在这个既是挑战又是机遇的时间点，在国内的大多数企业对工业设计概念的认知还十分模糊时，提出“我们是你产业链上最光辉的一环”的品牌发展理念，将“虚”的品牌光辉愿景与“实”的产业链相结合，让企业既看得到未来，又抓得住当下。

通过不断践行品牌理念，做精做细产业链上的一环，浪尖的理念逐步被市场接受，并逐步建立起市场规则且形成共识，成功把“不识庐山真面目”的工业设计销售给更多企业。

### （二）布局产业链上下游，纵向延伸品牌理念

浪尖依靠“产业链中光辉的一环”的初始品牌理念，时常“以小博大”，形成其他竞争对手所不具备的优势。随着企业逐渐发展壮大，只做“光辉一环”已无法满足浪尖前进的步伐，浪尖也随之思考并创新其品牌理念。得益于其创新性的设计理念指导，浪尖一开始虽未完成产业链的完整布局，却已具备全局性意识形态，早在 2002 年便已成立汇鼎塑胶模具实业有限公司，开始了产业链下游的布局。公司慢慢发展之后，吸引了诸如宾利、兰博基尼、奔驰、宝马等著名汽车企业寻求合作，逐渐形成了一条完整的豪车业务线。由此，浪尖提出“全产业链设计创新服务生态”的 2.0 版品牌理念——“设计不仅应该考虑产品的共性和个性、功能和精神需求，还必须考虑生产、物流、销售等相关环节，以及短期规划和长期发展，社会和环境责任等。”浪尖官网上如是写道。这一品牌理念要求设计师具备全局的视野，在产业的上下游寻求全局的平衡，拥有清晰的自我判断，而不是对客户要求盲从。国际设计组织对工业设计这样定义：“将创新、技术、商业、研究及消费者紧密联系在一起，共同进行的创造性活动。”放眼全国，上下相延伸的工业设计服务已经是未来的一大趋势，这既表明了未来设计业务需在深度和广度上加以延伸，也表明了工业设计在整个产业链体系的地位得以提高。产品设计的价值取决于产品各属性、各环节的平衡，浪尖已从外观设计的固有思维跳脱出来，开始思考产品与产业间的内在联系。

### （三）延展行业类别，横向整合品牌理念

浪尖作为设计公司，在具备产品思维甚至是产业思维后，和客户的沟通变得更加顺畅，在合作方式上形成长期“共生”关系。随着市场需求变化，浪尖开始考虑其他领域对工业设计的重要性，开始多领域布局，增大市场覆盖面积，从而实现以全产业链理念为基础，以设计创新为驱动，“研、产、销”高度一体化的设计品牌。在提出并践行“全产业链设计创新服务”的品牌理念后，浪尖独创并开启“设计入股”的合作模式，通过实际行动表明其期望与合作伙伴建立长期合作关系并共创价值。浪尖充分考虑合作领域之间的长处和短板，以联盟思维，和合作伙伴之间建立一种共生互赢关系，旨在协调工业设计与其他相关产业之间的有效合作。创新性模式的提出，吸引了大批企业寻求合作：华为、中兴、联想、格力、海尔、海信、美的、九阳等企业都与浪尖建立起了合作伙伴关系，浪尖的合作伙伴名录几乎涵盖国内全部知名的通信与家用电器企业。在与各行业合作中，

浪尖形成自己的案例库与解决方案，最终可以取长补短，融会贯通。浪尖作为独立的工业设计公司，可以与数码企业、家用电器、汽车行业，甚至是医疗器械、军工企业达成合作，在横向发展上具有广阔的延展性。

### （四）建立扁平化团队，保障品牌理念创新

对于浪尖而言，扁平的设计管理是其品牌理念可以高效运作的有力保障。浪尖从不给业务范围设限，反而鼓励和支持业务的横向发展，这一举措充分体现了设计的专业特质。浪尖的创新品牌理念对于其设计管理提出了新的需求，采用了项目制的管理理念来保持团队活力：根据项目组建团队，中途依照实际情况可以抽调更为适合的人员，新人与老人在项目中的碰撞往往使得浪尖发现新的设计方向。这种开创性的扁平设计管理理念，不仅具有高度的灵活性，还有利于团队成员进行充分的沟通和交流，这也是浪尖得以持续创新的一大动力和要素。

## 四、结语

品牌理念的创新和变迁既体现了创始人的价值观及其对行业趋势的判断，也体现了企业对环境的适应性。浪尖集团四个阶段的发展都围绕着品牌理念的深化和完善，根据外在环境而进行调整和修正，每次品牌理念的进一步深化都必将带来品牌建设之路的进一步推进，从而开拓了更多的市场机会，逐步实现全产业链布局，大大提升集团的运作效率和塑造更多品牌创新形象。具体来说，浪尖集团的品牌理念创新之道可以带来以下三点启示：

首先，理念的创新是建立在对原有品牌定位的剖析基础上，从客户的多样化需求出发，确定正确的品牌定位。浪尖最初便明确地将其自身定位为“产业链上最光辉的一环”，围绕这一理念，充分发挥创新设计功能。

其次，通过“共生”价值寻求产业链间各企业合作的平衡点。不但将客户真正联合起来，还推动长期合作关系的建立。

最后，非正式的组织学习模式可以提高学习效能。浪尖的扁平设计管理模式为其培育创新能力提供了有效途径。

总体来说，浪尖设计理念的转变，意味着其核心竞争焦点的转变，在“基于全产业链的设计创新”的理念指导下，“横向整合”已经成为浪尖设计创新和竞争优势的焦点。不断突破专业壁垒，对产业链进行上下游的延伸布局，致力于在横向整合中提供整体性的解决方案，不断提升设计在工业产业链中的话语权，彰显了浪尖独特而创新的品牌设计理念。

# 如何建立顾客导向的品牌理念？

## 招商银行“因您而变”

### 一、引言

随着市场经济的发展，卖方市场的时代逐渐远去，消费者开始掌握市场话语权，“顾客就是上帝”成为无数企业的信条。虽然很多企业在品牌建设的过程中都会强调对顾客需求的重视，但是真正以顾客导向开展品牌建设的企业屈指可数。招商银行作为中国 A 股第一家完全由企业法人持股的股份制商业银行，堪称以顾客导向打造品牌的成功范例。2021 年，招商银行连续第三年荣膺《欧洲货币》“中国最佳银行”称号，是该奖项评选历史上的首个三连冠。招商银行能在短短 30 年的时间里取得如此显著的品牌成就，与其始终坚持“因您而变”的差异化理念是分不开的，其产品、服务以及品牌标识等几个要素都彰显了“因您而变”的核心理念。

### 二、招商银行的发展历程

1987 年，招商银行成立于中国改革开放的前沿——深圳蛇口，是中国内地第一家完全由企业法人持股的股份制商业银行，也是国家从体制外推动银行业改革的第一家试点银行。自 2008 年首次进入全球银行品牌百强以来，招商银行的排名持续攀升：2013 年首次进入 TOP50 榜单，2015 年首次进入 TOP30 榜单，2018 年首次进入 TOP20 榜单。2019 年，招商银行在“一带一路”中国企业 100 强榜单中位列第 85 位。2020 年，招商银行入选年度“胡润至尚优品”获奖名单。2020 年，招商银行位列“全球品牌价值 500 强”第 74 位。2021 年，招商银行位列年度“福布斯全球企业 2000 强”第 22 位。同年，招商银行被国家评估认定为国内系统重要性银行。

在短短三十多年的时间内，招商银行服务网点从只有 1 家发展到如今的 1800 多家，资产总额由最初的 1 亿元到冲破 7 万亿元关口，成为在沪港两地上市的世界 500 强企业。梳理其发展历程可知，招商银行主要经历了两次重要的业务转型。

第一次业务转型发生于 2005 年。当年，中国人民银行和原银监会发布了《稳步推进利率市场化改革报告》和《商业银行资本充足率管理办法》，标志着商业银行经营环境发生了重大变化。与此同时，伴随着我国对外资银行业务的全面开放，面对国外银行灵活多样的经营模式和业务种类，国内银行要与之竞争，必须在战略上把零售业务放在重要位置。招商银行因势利导，积极推动变革，在一卡通、一网通双轮驱动下，在信用卡、财富管理、私人银行、手机银行等业务中持续创新。招商银行的第一次转型硕果累累，初步奠定了其银行业"零售之王"的市场地位。

第二次业务转型发生于2014年。在"第一次转型"带来的强劲增长势头开始衰退之际，招商银行提出打造"轻型银行"的战略转型目标。在这次转型中，招商银行在进一步凸显零售金融的"一体两翼"战略定位基础上，将传统优势的零售业务重新摆在战略核心位置，致力于打造一家战斗力更强的"轻型银行"。与第一次转型相比，第二次转型更多的是一次管理转型，通过精细化管理把"外延粗放型"发展道路转向"内涵集约型"。

## 三、招商银行品牌理念的贯彻

招商银行在发展历程中，始终坚持顾客导向，提出了"因您而变"的品牌理念。"因您而变"是顾客导向在执行层面的行动体现。"因您"，即以客户为中心，了解客户、服务客户的品牌态度；"变"，即在洞察客户需求的基础上，为适应和满足客户需求而推动的品牌和产品创新。招商银行"因您而变"的品牌理念从产品和服务两个方面得以体现。

### （一）"因您而变"的金融产品

招商银行紧跟银行零售业务市场的变化，不断挖掘、洞察客户需求，往往能够在市场上先人一步地推出创新产品。据此，招商银行成功地打造了一个又一个知名的零售业务品牌，包括借记卡业务品牌"一卡通"，理财业务品牌"金葵花理财""财富账户"，信用卡品牌"招商银行信用卡"等多个业务品牌。这些业务品牌已经在行业内树立了标杆形象，不断强化客户对招商银行"因您而变"的理念认知。

1. 借记卡

在早期的借记卡领域，中国消费者通常依靠多个账户进行现金管理，非常不方便。招商银行率先引入国外先进的管理方式，对客户的账号进行全面统一的管理，在国内银行业率先推出集定活期、多储种、多币种于一卡的银行借记卡——一卡通。借助"一卡通"，客户可以实现通存通兑、自动转账、贷款融资、存款查询、自动识别、账目打印等八大功能，代替了之前不方便携带的存折，此举迅速赢得了都市消费群体的青睐。2005年，为了让用户更方便地在境外存取人民币，招商银行在国内首次发行银联标准卡。为了响应多样化的消费需求，招商银行积极开展跨行业合作，推出了“一卡通”联名卡，以便不断拓展“一卡通”业务功能。例如，为满足客户煲剧需求，推出芒果TV联名借记卡；为满足有经常出行需求的消费群体，推出滴滴联名借记卡等。为消除消费者对借记卡安全的顾虑，招商银行推出了“一卡通”IC卡，确保整个交易过程都可以通过核心部件——“芯片”传递信息，更加安全可靠。此外，“一卡通”IC卡还可以加载多种应用，可以便捷用于社会保障、公交等行业，为用户创造了更加便利的生活体验。为了向高端客户提供更专业、更贴心的产品与服务，招商银行又相继推出了“一卡通”金卡和金葵花卡。

2. 信用卡

为了更好地向信用卡客户提供服务，招商银行于2001年在上海成立了信用卡中心，并于次年在国内率先推出“一卡双币”国际标准信用卡，帮助消费者实现了“境外消费，人民币还款”。信用卡本质上还是工作和生活的工具。为此，招商银行陆续联合与持卡人消费、旅游、生活息息相关的各行业翘楚，推出一系列创新的信用卡产品。这些商家包括百货巨头武广、百盛，三大航空公司南航、国航、海航，上市酒店如家、金陵饭店等。此外，招商银行还根据细分市场的不同推出特色信用卡，如针对年轻客户群体的VISA MINI信用卡，针对企事业单位的公务卡，针对女性客户的“瑞丽女性卡”，针对“百事蓝色粉丝”的“百事卡”，针对“Hello Kitty粉丝”的“Hello Kitty卡”，针对读者的联名信用卡，MTV耍酷信用卡，等等。为了进一步满足客户消费信贷需求，招商银行信用卡中心还依托掌上生活手机应用程序（App）推出面向各类细分场景的消费金融产品，全面覆盖客户装修、结婚、出国、求学等人生重要场景，以及美容、数码、家装等生活领域。

3. 理财产品

随着客户的财富管理意识日益提升，招商银行意识到金融产品的工作重心也要从“给客户方便”转变为“为客户增值”，于是率先在业内推出了理财品牌——金葵花理财。金葵花理财融合了各种基金、保险、信托和存款挂钩产品，服务对象主要是高端客户。为了提升客户体验，招商银行在分行层面成立了“金葵花”理财中心，在总行电话中心开设了“金葵花”客户服务专线。为了满足不同人群的投资需求，招商银行根据资金的安全性、流动性、收益性等特点推出了多种系列的“金葵花”理财产品，如焦点联动系列、日日金系列、安心回报系列、新股申购系列、招银进宝系列、A股掘金系列、海外寻宝系列等。为帮助客户提前做好家庭财富的合理规划，招商银行进一步升级了“金葵花”理财产品，结合最前沿的金融科技打造了一套国内首创的综合财富管理方案——金葵花财务规划服务体系。这套体系包含投资规划、保障规划、子女教育规划、退休养老规划、金葵花财富信托规划和投融资规划六大板块，旨在为中国居民提供以家庭为单位、覆盖全生命周期财务规划方案。高收入客户在逐步积累个人财富后，对于资金使用管理和投资增值的整体服务需求强烈。面对这一市场需求，招商银行推出了新型理财工具“财富账户”——依托现有的各类银行卡，通过对网络资源的整合，来实现对个人资产全方位管理。该产品首先为个人提供一个整体资产管理的基础账户，以此为基础，帮助用户管理各种功能性银行卡片，并且连接各种投资渠道，实现个人财富的整体管理。

从“一卡通”到“财富账户”，在“因您而变”理念指导下，招商银行在银行市场中变被动为主动，树立了自己的市场创新者形象，不仅针对大众市场的需求变化率先发行了多种基础产品，还针对分众的特点打造了符合客户生活偏好的产品。

### （二）“因您而变”的金融服务

产品和服务是一体两面、相辅相成的。招商银行不仅重视推出“因您而变”的金融产品，还重视提供“因您而变”的金融服务。

#### 1. 差异化服务

招商银行成立初期，从实力、规模到声誉都无任何优势可言，但是他们将优质服务作为安身立命之本，在国内同业率先实行“四个服务”。当国内其他银行尚在等客上门的时候，招商银行就已经在营业网点摆放鲜花、牛奶，率先实行站立服务、微笑服务、面对面服务和上门服务，同时在营业大厅设置了自助点钞机、碎纸机、饮水机、叫号机，与其他银行形成了明显差异，很快获得了客户的好感和信赖，受到了社会各界的广泛赞誉。20 世纪 90 年代中期，随着市场竞争的日趋激烈，单凭简单的“微笑服务”已无法满足日趋复杂的客户需要，为继续保持差异化特色，招商银行率先引进或开发了出纳业务电子化操作系统、电脑验印系统等，进一步完善了柜面服务流程，全面启动了包括客户关系管理系统在内的管理信息系统建设，提升了服务效率。

#### 2. 个性化服务

为提高服务质量，招商银行不断调整和定义细分市场，针对目标客户推出差异化、个性化的服务。总体来看，招商银行将一般客户的服务诉求归类为“微笑”和“效率”，将贵宾客户的服务诉求归类为“专业”和“情感”。对大众客户，招商银行努力提供方便、快捷、安全、高效的标准化服务，鼓励和引导客户通过自助设备、网上银行等渠道办理业务。对金葵花客户，招商银行在全行范围内推行个人客户经理制，配备专门的客户经理，以“一对一”的方式提供各种个性化的理财服务，并提供专门的服务空间、专属的贵宾客户优惠以及多种畅通的服务渠道等。通过采取以上措施，招商银行优化了资源配置，提高了服务水平，强化了“因您而变”的服务体验。

3. 技术支持服务

随着技术的不断革新和信息化的快速发展，网络改变了消费者对金融服务需求的表现形式。招商银行秉承“因您而变”的经营理念，依靠互联网技术，不断完善业务基础设施。在个人理财服务方面，招商银行构建了柜台通存通兑网、自动取款机（ATM）全国通兑网、POS 机全国消费网以及网上银行等四大个人理财综合服务网络，为通过“一卡通”向客户提供更加优质的理财服务打下了坚实的基础。在咨询服务方面，招商银行通过建设集服务、营销、交易、投资理财等于一体的远程银行中心，为客户带来便捷、安全、舒适的一站式服务体验。在网上银行方面，招商银行开通了网站（www.cmbchina.com）并推出了“一网通”。目前，招商银行的“一网通”已形成了包括个人业务、公司业务和信用卡、商旅预订等业务板块在内的较为完善的网上金融服务终端体系。随着移动互联网技术逐渐成熟，便捷的移动金融服务成为消费者的新需求，招商银行也开始了加强对移动金融业务的拓展，推出了手机银行——招商银行 App。目前，招商银行 App 已经更新到 6.0 版本。该版本的基础功能全面完备且分类清晰，涵盖转账、查询、账户管理、信用卡还款等所有基础业务需求，还为用户提供了摩羯智投、收支记录、生物识别、智能连接网点等多个金融科技创新功能。此外，招商银行建设了“招商银行信用卡”“招商银行个人贷款”“招商银行工资管家”“招商银行资产管理”等多个公众号，分别面向具有不同金融服务需求的顾客，实现了分类管理和高效服务。通过对网站金融、移动金融与物理网点等服务形式的协同与整合，招商银行扩大了服务的时间和空间范畴。至此，招商银行逐步健全了自己的服务网络，不仅为客户提供了多种服务渠道，也确保能在第一时间快捷高效地为消费者解决问题，带给消费者“因您而变”的差异体验。

## 四、结语

尽管顾客导向的理念非常朴素和简单，但真正将其落到实处的企业并不多。招商银行在变化的市场环境中，紧紧围绕“因您而变，因势而变”的经营理念，以不变应万变，在变化中掌握其不变的本质——围绕客户需求，持续创新金融产品与服务，保持品牌差异。以上种种努力，使招商银行在短短 30 年之内，从一个默默无闻的小银行发展为品牌价值名列世界前茅的著名银行。在产品方面，招商银行在认真分析市场机遇和客户需求的基础上，基于“因您而变”的思路，陆续推出了相应的借记卡、信用卡和理财产品，同时积极开发各种金融衍生工具，在精准满足客户需求的同时，提高了产品附加值。在服务方面，招商银行同样尽心竭力，依托相关的互联网技术，推出线上线下一站式服务，不断完善招行 App 的使用体验，同时兼顾了数字金融服务的便捷与安全问题。总体来看，招商银行坚持基于“因您而变”的品牌理念，根据内外经营环境的变化，通过持续推出创新产品，提供优质满意的服务，坚定地将顾客导向作为品牌升级的前进方向。这也使得“因您而变”的理念深入人心，极为有效地区隔了来自其他银行品牌的竞争，使得其最终提升了自身在国内乃至世界银行业的品牌地位。

# 如何锻造产品导向的品牌？

## 大疆无人机的创新、极致和纯粹

### 一、引言

在激烈的市场竞争中，营销是打造品牌的重要手段，但产品导向依然有其存在的意义。对于不同的产品类别，应该采用不同的方式去塑造品牌形象：对于产品创新程度较低的产品来说，营销导向是非常合适的选择；但对于创新产品引领发展的行业，通过极致产品来塑造优秀的品牌形象，仍然是最为重要的品牌发展之道。通过营销打造品牌的做法非常常见，但如何通过优质产品来锻造品牌呢？随着越来越多的综艺节目采用航拍技术，无人机逐渐被公众所熟知。在无人机领域，大疆无人机是行业佼佼者。大疆始终坚持以产品为中心，填补了国内外多项技术空白；同时，追求创新、纯粹、极致精神，完美的产品让大疆在全球市场上屹立不倒，成为全球同行业中的领军企业。可以说，大疆的品牌成长之路就是其产品不断创新之路。

### 二、关于大疆

深圳市大疆创新科技有限公司（DJI）成立于 2006 年，是全球领先的无人飞行器控制系统及无人机解决方案的供应商。公司以“做空间智能时代的开拓者，让科技之美超越想象”为使命，致力于成为持续推动人类文明进步的科技公司。大疆一直坚守“激极尽志，求真品诚”的企业精神，意指大疆的员工应该始终保持饱满的激情去追求极致和实现志向，不被外部虚像所干扰诱惑，真诚而踏实地做好事业。大疆始终践行全新的文化和价值观，将卓尔不群的产品之道贯穿至每个细节，展示科技的无限可能。自成立以来，大疆通过不断革新技术和产品，开启了全球“天地一体”影像新时代。公司始终以技术创新和极致产品为核心追求，从最早的商用飞行控制系统研发起步，逐步推出了 ACE 系列直升机飞控系统、多旋翼飞控系统、筋斗云系列专业级飞行平台、多旋翼一体机 Phantom、三轴手持云台系统 Ronin（如影）等高品质产品，同时推出 SDK 软件开发套件。大疆无人机产品被英国《经济学人》杂志评选为全球最具代表性的机器人之一，同时荣获美国《时代周刊》（*Time*）“2014年度十大科技产品”。大疆以“飞行影像系统”为核心发展方向，基于多层次的空中照相机方案，带给人类全新的飞行感官体验，使飞行在普罗大众中皆能随心所欲。目前，大疆的无人机产品应用在影视、农业、地产、新闻、消防、救援、能源、遥感测绘、野生动物保护等多个领域，重塑了人们的生产和生活方式。

大疆无人机是全球化程度很高的产品，客户已遍布全球40多个国家。为此，大疆在北京、中国香港、美国、德国、日本等地均设有分公司。在2015年《快公司》（*Fast Company*）杂志社主办的消费类电子产品创新型公司评选中，大疆位列第三，紧随谷歌、特斯拉，是唯一一家入选的中国公司。自2006年成立以来，短短十几年，大疆谱写了创新发展的奇迹。在2020中国独角兽前十名的榜单中，大疆排名第7，估值1660亿元。如今，大疆不仅是中国无人机行业的领头羊，更是稳坐全球民用无人机行业第一把交椅，全球市场份额高达66%。然而，我们却鲜见大疆的广告等营销活动。大疆用自己的行动向世界证明，企业应始终将产品的品质放在第一位，产品本身就是最好的广告。大疆的成功源自其始终敢于创新的纯粹和极致精神。

## 三、大疆的创新精神

### （一）专注于市场创新

在大疆公司出现之前，因无人机专业化程度高、对操作要求门槛高、产品价格昂贵等因素，导致民用无人机无法普及。大疆将无人机拓展到了消费者层面，并且迅速开拓了全新的市场。消费级无人机行业的兴起，使得航拍不再是专业影视团队的专属。更多的普通消费者可以从“上帝视角”来重新认识这个世界，这是民用无人机得以发展的重要原因。在市场开拓方面，大疆最早期的产品是飞行控制系统，其稳定、便捷、可靠的性能颇受玩家青睐。但是大疆的产品真正为大众所熟知，是从2012年消费级无人机“精灵”（Phantom）开拓消费级无人机市场开始的。在此之前，对普通消费者来说，无人机依然是遥不可及的专业级产品，当时，航模爱好者是无人机的主要消费群体，且市场上还未出现“消费级无人机”这个概念。也就是说，大疆开辟了民用无人机的市场，实现了从0到1的突破，并且一直在引领着这个市场的发展。此外，在产品推广方面，大疆没有像其他一般企业那样大量进行广告、促销等宣传活动，而是通过举办赛事（例如，DJI飞行挑战赛）、建设“天空之城”论坛等独特的形式对产品进行推广。毋庸置疑，大疆之所以能有今天的市场地位，得益于对市场创新机会的准确把握，以及清晰的市场细分。

### （二）专注于产品创新

在科研投入方面，大疆研发投入力度大，且不设预算限制；同时，还鼓励员工内部创业，实践自己的创意。大疆几乎所有关键技术（如飞控系统、机架、云台和摄像头等）都靠自己研发，并且生产也是在自己的工厂自主完成。在人才队伍方面，大疆拥有一支包含高级设计师、教授等高端人才的高水平研发团队，研发团队中的员工数量庞大，约占公司员工总人数的 1/3。在新产品推出方面，大疆每年都有新产品问世，并且每一代产品都能实现技术大跨越，如 2018 年大疆推出史上最轻最小的无人机 Mini 2，重量仅 249 克，低于我国无人机飞行报备监管需求，展现了大疆强劲的创新能力。此外，大疆还为一些创业者进行投资并举办 DJI 开发者大赛。2015 年，大疆推出的开放性平台 SDK 为行业提供了技术支持，为初期创业者或者同行企业提供了便利。2018 年 6 月，大疆创新与微软达成战略合作，打造面向企业市场的先进无人机技术，帮助企业用户更好地驾驭商用无人机与智能边缘云计算。在质量管理方面，大疆也追求极致，先后入选国家技术创新示范企业及全国质量标杆企业，2018 年其品牌被认定为中国驰名商标，2019 年荣获中国品牌强国盛典十大年度新锐品牌。大疆重视发展自主知识产权，2015—2019 年多次获得国家级知识产权奖项（包括 2 次“中国外观设计金奖”和“中国商标金奖”），被评为国家知识产权优势企业。截至 2020 年 5 月，大疆创新累计申请专利 12900 余件，其中专利合作条约（PCT）国际申请 4260 件，连续四年 PCT 专利申请量位居国内前十；全球商标布局 57 个国家和地区，注册量高达 1500 余件。

大疆始终坚持创新和原创的理念，铭记“激极尽志，求真品诚”的企业使命，以孜孜不倦的热情将创新运用到产品的每一个细节中。大疆一直相信只有通过不断地输出更好的产品和技术，才能最终最大限度地服务于市场和客户，也才能最大限度地走在世界无人机行业前端。

## 四、大疆的极致精神

### （一）“偏执”狂

创新不仅需要富有远见的开拓性思维，更要给人带来美感和享受。大疆公司里的员工，在对产品品质的追求上都有些“偏执”。哪怕是摄像头的形状、颜色，或是飞行器的一个微小性能，团队都特别执着。品位，是大疆人常提到的一个词。在他们眼中，品位决定了品质。从零件的设计到外观的造型甚至海报的绘制，每一处细节他们都会进行几番打磨，直到满意为止。有趣的是，副总裁邵建伙正是学美术出身的。创始人汪滔曾说过这样一段话：“对 DJI 来说，做一个让大多数人使用的消费级好产品很重要。消费级并不是意味着价格低廉却品质粗糙，相反是既便宜又绝对好。如果能做好，我不想做一个烂东西出去。比如我明明可以做到1080p分辨率，我不想做720p分辨率。比如电机，我明明能把它做到比其他产品好50%，我不想只是做一个刚刚好的。”正是因为有这群“偏执狂”对产品的极致追求，才有今天的大疆。

### （二）在创新中追求极致

对于一个技术驱动的科技公司，最好的策略就是不断创新。在大疆网站的首页上，“未来无所不能（The Future of Possible）”几个字非常醒目，这不仅是大疆的品牌口号，也是大疆奋斗的方向。不断创新是大疆的内动力，因为只有不断创新，未来才能无所不能。而对于行业领跑者来说，创新更意味着超越自我，从创新走向新的创新。大疆从不故步自封，因为创始人汪滔认为这世上永远没有完美的产品，因此他们不断推陈出新，不断实现产品的更新换代，尽最大的努力将产品做到极致。大疆始终坚持储备未来两到三年的最新科技，以确保永远走在科技创新的前端，让追赶者永远只能模仿，而无法企及。大疆无人机降低了无人机的使用门槛，为人们带来了俯瞰世界的全新视角，而“到手即飞”的美好体验，得益于每一次在创新中不断追求极致。

“激极尽志，求真品诚”是汪滔的座右铭，更是大疆的座右铭。大疆始终秉承着“创新思维、秉持真诚、追求卓越、做到极致”的理念前行。关注产品本身，用技术和质量说话，不断创新，使得大疆推出每一款产品都足够令人赞美，极致的产品成就了独一无二的大疆。

## 五、大疆的纯粹精神

### （一）“纯粹”的创始人

作为大疆的创始人，汪滔最初的想法其实很单纯，纯粹是出于对直升机模型的喜欢。2004年就读于香港科技大学的汪滔和其他几位本科生选择了遥控直升机的控制系统作为他们毕业论文的选题，尽管顺利毕业但是作品的结果不尽如人意。但是，正因为心中纯粹，汪滔并没有放弃，而是坚持对毕业作品进行改良、优化。他们在深圳莲花北村的七八十平方米的作坊中夜以继日地刻苦钻研；在耗费将近两年时间之后，2006年他们研制的控制器终于使无人机实现了自动悬停，无人机研发实现重大突破。为了给玩家提供更好的飞行体验，汪滔团队并没有停止创新的脚步，他们设计的控制器使无人机的操控变得更加简易。此后，团队设计出了第一代飞控产品——XP1.0。汪滔团队设计的无人机控制器再也不是停留在纸上谈兵的理论阶段，而是实实在在地落实到产品化、批量化。并且，之后的每年都推出新产品，每一款产品的诞生都在不断刷新人们对无人机和大疆的认知。在大疆的成长过程中，汪滔一直以一种纯粹的创新精神带领着大疆团队，不断地取得突破，并走在世界前列。

### （二）“纯粹”的企业文化

除了有“纯粹”的创始人之外，“纯粹”还是大疆的用人原则，同时也是大疆的企业文化。在大疆，没有层次意义上的领导，只有职责和分工不同。大疆副总裁邵建伙曾说：“凡是进入大疆的人，是来实现自己的梦想，来做自己认为是很了不起的事业。”也就是说，大疆是一个纯粹追梦的地方。此外，大疆创新一直推行内部创业，员工如果有很好的创业想法，公司会专门列入支持项目；而如果创业失败，公司并不会因此而开除员工，而是会容纳他继续工作。2012 年，当汪滔在为如何解决“精灵”系列空中悬停、画面平稳以及 360 度无遮挡拍摄等问题而苦恼时，一位尚未毕业的大学生陈逸奇大胆地提出了解决方案。汪滔二话没说，让这位实习生成为一个上百人规模团队的领导，并提供了数千万元的研发资金。两年后，第一架具有 360 度全视角高清摄像功能的变形无人机问世。正是凭着这份纯粹，大疆吸引了大批无人机爱好者，并愿意为无人机付出自己的努力。

大疆是一家专注于产品的公司，他们不去过多地考虑复杂的东西。2014 年，当大疆的产品被美国《时代周刊》评选为“十大科技产品”的时候，只关心产品而没有过多关注名利的大疆竟然还不知道这一消息。或许，这正是“纯粹”的另一种体现。如今，大疆这家“纯粹”的公司已聚积了多方人才，仅研发人员就占了近千人。这份“纯粹”正让大疆变得越来越好！

## 六、结语

通过产品本身而非仅仅依靠营销策略打造品牌，是很多企业的初衷，但做起来并不容易。大疆通过自身产品的创新、极致和纯粹，完美地做出了示范。“创新”在于重视研发与投入，在产品迭代和市场定位上不断突破，并能不断维持创新的量与质；“极致”在于努力将每一个产品打造成功能、设计、性能最完美的产品；“纯粹”在于企业文化的单纯，让每位员工醉心于自身的工作，抛去营销的光环，沉浸于产品本身的品质。对于大疆来说，“创新”是公司发展的驱动力，“极致”是公司对品牌的塑造力，“纯粹”是创新与极致的支撑力。

大疆的成功可以归结为以下三个原因：第一，专注市场细分，开辟新市场。在全球都专注于军用无人机市场和无人机爱好者市场时，大疆独辟蹊径，开拓了消费级细分市场。敏锐的洞察力和清晰的市场细分，使大疆成为市场领导者。第二，专注于产品创新。副总裁邵建伙说过，大疆成功的很大一部分原因是它始终专注于产品的态度。在 2012 年推出到手即飞的世界首款航拍一体机“大疆精灵

Phantom 1”之后，大疆始终以用户的体验反馈为依据，不断专注于产品的更新换代，致力于推出让用户满意的产品。正是这种对产品的专注与不断创新，最终帮助大疆赢得了国内外用户的深度认可。第三，“唯才是用”。为吸纳人才、培养人才，让人才顺利成长，大疆提供了扁平化的机制和平台。每个人都能凭借自己的创意以及解决问题的能力去公平竞争。对于人才，大疆会提供良好的资源，让他们无所不能。同时，大疆还举办和资助一系列赛事（大学生机器人比赛等）为有才能的人提供施展才华和实现梦想的舞台。正是因为将人才当作第一资源，大疆无人机的每一代产品几乎都是从无到有，惊艳整个世界。

# 如何用文化驱动品牌发展?

## 爱迪尔珠宝[①]的品牌之路

### 一、引言

在品牌建设中，有两种文化在发挥着重要作用。一种是面向企业员工的企业文化，一种是面向外部市场的品牌文化。企业文化有利于建立员工对企业认同感和归属感，而品牌文化则是品牌附加价值的核心和品牌溢价的重要支撑。如何培育两种文化，使其共同驱动品牌发展，对品牌管理者而言是一个难题。在珠宝行业，国际珠宝品牌（例如，蒂芙尼、卡地亚）和我国香港地区珠宝品牌（例如，周大福、周生生）的知名度比较高，而消费者对大多数内地珠宝品牌认知度较低。面对这一行业现象，深圳爱迪尔珠宝首饰有限公司（IDEAL）独辟蹊径，以“关爱”作为企业文化内涵，以“非凡”作为品牌文化内核，通过两种文化全面推进品牌建设。爱迪尔是深圳第一家首次公开募股（Initial Public Offering，IPO）上市珠宝公司，经过不懈努力，已打造成一个集研发设计、生产加工和品牌连锁于一体的综合型珠宝品牌企业。那么，爱迪尔是如何让文化为品牌建设助力的呢?

### 二、爱迪尔珠宝品牌的发展历程

爱迪尔珠宝致力于成为一家以关爱指导服务的非凡公司，其品牌发展历程可以划分为初创期、探索创新期、快速发展期三个阶段：

#### （一）初创期（2002—2008 年）

2002 年，爱迪尔珠宝股份有限公司在深圳成立。创业伊始，爱迪尔就顺利通过 ISO9001 国际质量体系认证，2003 年更是成功获得上海钻石交易所的会员资格。此外，公司还先后进入国家以及部分省、市珠宝行业协会常务理事名单，在国内珠宝市场崭露头角。2006—2007 年，爱迪尔先后荣获“亚洲 500 最具价值品牌”和“中国驰名商标”等荣誉称号。2008 年，公司大放异彩，首先成为深圳航空空乘首饰的顾问单位，之后借助施华洛世奇品牌的支持，推出了 INSONNE 珠

① 爱迪尔珠宝公司注册地已变更至福建省。

宝品牌系列，成为中国最具发展潜力的珠宝企业之一。同年，爱迪尔首次尝试线上销售模式，正式上线网上商城。截至2008年，爱迪尔在全国已经拥有210多个品牌加盟网点，业务遍布全国150多座城市。

### （二）探索创新期（2009—2014年）

在与施华洛世奇的合作中，爱迪尔逐渐加深了对高端市场需求的理解，开始自主研发设计高品质的“非凡”系列产品，并向客户提供高质量服务。在2010年至2014年，爱迪尔推出的“非凡”产品包括炫彩系列、灵动系列、吻钻系列、一生一心系列、一点红系列等，深受消费者追捧。爱迪尔的创新设计使其获得一系列殊荣：2012年，成为中国珠宝业最具竞争力品牌，并荣获珠宝首饰企业ISO9000标准质量管理体系建立三等奖；2013年，先后获得第三届中国（深圳）国际珠宝首饰设计大赛专业组三等奖、“工艺优秀奖”和“水贝·中国珠宝指数数据采集单位”；2014年，进入“广东省连锁50强”企业榜单。在这一阶段，爱迪尔通过创新设计，逐渐形成自身独特的设计风格，初步构建了品牌个性，并借此提高了品牌辨识度和品牌竞争力，成为国内知名珠宝品牌。

### （三）快速发展期：2015年至今

经过十余年的探索，爱迪尔终于在2015年1月成功上市，成为深圳市首家IPO上市珠宝公司，正式进入高速发展期。从这一阶段开始，爱迪尔致力于布局珠宝高端产业链建设。在产品技术和品质支持方面，公司积极与国际高端珠宝品牌建立战略合作伙伴关系，相关合作对象包括施华洛世奇、阿斯顿·马丁珠宝以及国际铂金协会、国际钯金协会等国际企业或组织。在人才培养方面，公司和诸多高校达成合作，其中包括天津商业大学、长春工程学院、深圳职业技术学院、中国地质大学（武汉）、桂林理工大学等高校。此外，爱迪尔通过与中国关心下一代工作委员会公益文化中心和深圳青年杂志社等组织开展合作，积极推广企业的“关爱”文化，努力建设更加积极的品牌关系。

爱迪尔成功上市后，坚持以消费者为本，在品牌建设领域取得了傲人成绩。2015年，获得“中华全国工商业联合会金银珠宝业商会珠宝文化产业基地”“中华珠宝守信品牌”“年度中国珠宝玉石首饰行业零售业十佳品牌”“企业信用评价AAA级信用企业”等几项殊荣；2018年，在第三届网民活动中获得“优秀产品创意品牌”奖项；2021年，获得“水贝壹号品牌珠宝聚集地AAA级优质企业”奖。

## 三、爱迪尔的文化品牌建设

在品牌建设历程中，爱迪尔融入“关爱”企业文化和“非凡”品牌文化，在珠宝市场上独树一帜，为品牌增值奠定了基础。

### （一）“关爱”企业文化助推品牌蓬勃发展

面对激烈的市场竞争，越来越多的企业开始例行披露企业社会责任或可持续发展报告。从企业内部来讲，可以借此向员工传递社会责任理念，提升员工对企业的认同感和归属感，同时也可以激励员工为社会做贡献；从企业外部来讲，社会责任实践是企业品牌与消费者建立联系的重要沟通工具，能够促进负责任品牌形象的建立，从而有助于提升品牌声誉和竞争力。爱迪尔把“关爱”文化融入企业社会责任实践，积极构建富有内涵的珠宝品牌。在企业内部，爱迪尔重视员工发展，率先与众多高校联合创办“爱迪尔珠宝班”，为珠宝行业培养人才；同时，爱迪尔时刻考虑加盟伙伴利益，秉持“加盟伙伴的成功就是爱迪尔珠宝的成功”的理念，与加盟伙伴共同培养良好的产业生态。在企业外部，爱迪尔积极参与公益活动，履行企业社会责任，大力推广爱迪尔负责任的品牌形象。2003 年开始，爱迪尔与《深圳青年》联袂打造全国性活动“爱迪尔珠宝关爱征文大赛”，至今已举办多届，吸引了全国读者的积极参与；自 2006 年起，公司就与中国关心下一代工作委员会结成关爱文化合作战略伙伴，共同举办“阳光下我们一起成长”的公益活动、第五届全国关怀艾滋病致孤儿童夏令营、“爱心牵手地震灾区受灾儿童活动”，发起“明日助困基金”等，探讨企业公益创新思路；2008 年，爱迪尔在全国 150 个加盟营销网点进行“卖 2000 元以上首饰捐赠 20 元”的大型“关爱”义捐活动；2009 年，邀请明星温兆伦参与在黄山举行的大型公益活动“爱迪尔珠宝援助晚会”；2014 年 11 月，爱迪尔珠宝联合厦门集美大学和厦门市慈善协会举办“爱让心相近”的慈善活动；2016 年，爱迪尔启动“背孔子书包　走仁爱之路”公益活动，将 5000 个孔子书包捐赠给贫困地区少儿。

### （二）“非凡”设计提升产品吸引力

国内许多珠宝品牌缺乏研发能力和创新技术，市场上普遍存在产品同质化、设计雷同等问题，导致产品在市场中缺乏吸引力，品牌影响力很弱。为解决这一问题，爱迪尔在原料品控和研发设计方面开展了国际合作，以加快提升品牌竞争力。在原料品控方面，爱迪尔积极与国外钻石原料供应商建立良好合作关系，增强对产业链上游的掌控能力，为优质产品奠定原料基础。在研发设计方面，爱迪尔多方寻求与国际珠宝企业合作，在合作中学习相关技术，充分了解国际品牌的产品标准，助力其品牌走向国际化。

2006 年，爱迪尔携手比利时著名钻石生产商 Sun Diamond 公司，共同研发并推出了 IDEAL CUT（完美切工）“天使”系列，获得了国际专利认证，大大提高了品牌知名度。同年，爱迪尔进入“亚洲 500 个最具价值品牌”榜单，其自行研发的产品在第十二、十三届中国艺术博览会连续获得珠宝类金奖。2012 年，爱迪尔在引用日本专利和采用国际顶尖技术的基础上，开创性地推出“闪动”式设计，凭着“会动的钻石”灵动钻石新品吊坠，在 2 小时的发布会上就为公司拿下了 1.6 亿元的订单。2018 年，爱迪尔打造了全球第一款氧气戒指——“有氧爱（$O_2$love）”，它是以“氧气”为灵感，以“无压无痕无束缚”为体验核心而倾心打造的全球第一枚“氧气钻戒”，展示了爱迪尔“非凡”产品与国际化设计标准相接轨的思路。2019 年，爱迪尔结合传统工艺和创新技术，推出了吻在星空里的钻戒——“吻钻・Star”新品，产品中融入了“钻石与红宝石尖对尖亲吻”的专利技术，为企业创造了 3.8 亿元的市场收入。

“灵感成就非凡”是爱迪尔的品牌主张。迄今为止，爱迪尔珠宝已推出了 400 多个系列的产品，拥有国家级设计专利达 1300 多件。这些产品在市场上迅速获得了成功，在一定程度上成为爱迪尔珠宝的产品符号。

### （三）基于互联网提供“非凡”服务

随着互联网的飞速发展，许多珠宝品牌都在电商领域做出尝试。爱迪尔于 2015 年上市之后，为促进品牌推广，大力开展全网营销，积极建立与消费者之间的品牌联结。通过“线上”宣传和“线下”实体店相互配合的营销模式，爱迪尔为消费者提供“非凡”服务。它的网站设计同时兼顾了个性化与便捷性，顾客可以在官方网站输入产品标签条形码进行防伪查询，网站也向顾客提供比较详细的关于钻石 4C 标准的科普知识，图文结合、通俗易懂。此外，爱迪尔还在网站上面设置了一个动图，客户可以通过拖动一个按钮来感受不同克拉钻石的佩戴效果。网页也嵌入了关于部分企业产品的视频展示，对产品进行了完美的诠释。线上营销活动的开展，有助于爱迪尔精准分析消费者行为，清晰定位目标群体，进一步推进 ERP 体系、终端导购系统的完善，帮助企业更好地为消费者提供个性化服务。爱迪尔通过线下实体店增加品牌信任度和忠诚度，通过线上销售加速品牌传播，线上和线下相互补充，共同促进闭环式良性循环的形成。这种全网式营销，在一定程度上整合了爱迪尔的现有资源，显著提升了营销精准度，也提高了品牌的传播量和曝光度。

### （四）跨界合作加速品牌建设与推广

品牌加盟是目前国内珠宝市场最常见的扩张模式，但是，这种模式很难保证加盟商的专业能力，在加盟商内部管理不当的情况下，企业利润率也会大幅下降。

为解决这一难题，爱迪尔珠宝开展校企结合的人才培养模式，在全国多个地区与高校建立了合作关系，合作高校包括天津商业大学、长春工程学院、无锡商业职业技术学院、深圳职业技术学院、陕西国际商贸学院、中国地质大学（武汉）、云南国土资源职业学院、江苏经贸职业技术学院、兰州资源环境职业技术学院。公司与这些高校结成了人才战略合作伙伴，加强了校企交流和资源整合，共同培养终端实践运用型专业人才，大力推动爱迪尔珠宝加工制作水平的提高及工艺水平的创新。依托上述高校，爱迪尔共开设 60 多个“爱迪尔珠宝班”，培养了一千余名学员，并从中选取优秀学员进入公司或推荐其为加盟伙伴服务，这一举措有效提高了加盟商的专业性，打造了爱迪尔“非凡”的销售渠道。

为增强品牌影响力，爱迪尔不断拓展国内外合作关系。比如，它与以翡翠玉器类产品闻名的女娲珠宝签订战略合作协定，以期通过双方合作，推出多品类产品。同时，为确保企业的产品品质，提升产品创新能力，爱迪尔与多位国际设计师、设计师机构以及钻石机构建立了合作关系。比如，在欧洲的设计中心聘请“司徒科特”第四代传人克里斯汀・司徒科特打造“薰衣草 LAVENDER”婚戒，邀请法国 Schmittgall 集团 CEO 比诺（Gaëtan Pinot）为设计顾问等。最引人注目的是，公司与 HRD Antwerp 达成了钻石文化推广战略合作。HRD Antwerp 是钻石行业权威的管理组织，也是世界最具权威的三大钻石认证机构之一，这一合作的顺利达成，有效提升了爱迪尔在国际珠宝市场的地位，也进一步打造了爱迪尔在业界值得信任的品牌形象。

与时尚媒体和娱乐节目的合作则加速提升了爱迪尔在市场上的品牌形象。2012 年，爱迪尔首次尝试借助综艺娱乐节目开展品牌推广，在全国收视率极高的综艺娱乐节目《年代秀》里推出“炫彩・明星”系列钻戒。同时，公司还与时尚杂志《时尚新娘》建立了战略合作关系，使其在明星圈中迅速传播。此外，“灵动”“吻钻”等经典系列更是频繁亮相于明星大片和婚礼现场。利用明星效应，爱迪尔提升了品牌知名度和高端品牌形象。在娱乐节目领域成功试水之后，爱迪尔将目光转向影视业，赞助电影《非诚勿扰》，并在电视剧《漂洋过海来看你》当中做品牌植入。另外，还通过微电影模式促进品牌传播。这些活动拉近了爱迪尔与消费者的关系。

## 四、结语

品牌与产品的重要区别之一，就是品牌与文化紧密相关。无论是企业文化还是品牌文化，都会对品牌的建设与发展产生影响。深圳珠宝行业的领军企业爱迪尔注重培育企业文化和品牌文化，大力创新营销方式，从一个地方性的中小珠宝品牌一跃成为国内珠宝行业的领军企业之一。爱迪尔的文化品牌营销实践兼具创新性和系统性，可以给其他企业带来一定的管理启示。具体而言：第一，扎实建设企业文化。爱迪尔以“关爱”作为企业文化的核心，通过向内部利益相关者和外部消费者传递社会责任理念，构建了负责任的品牌形象，有效提升了员工忠诚度和消费者信任度。第二，全力打造品牌文化。爱迪尔秉承“非凡”品牌文化，大力引进国内外先进技术，不断进行研发创新，设计符合市场需求的“非凡”产品，同时基于互联网推出“非凡”服务，带给消费者“非凡”品牌体验。第三，不断拓展合作伙伴。爱迪尔善于借助外力，积极寻求跨界合作，基于多个渠道、多种途径增加品牌曝光度，提升消费者对品牌的美誉度。

# 如何培育品牌幸福感？

## 左右家私的幸福营销

### 一、引言

古希腊先哲亚里士多德说过，幸福是人们一切行为的终极目标。可见，品牌消费也能给人们带来幸福。2013 年，英国《卫报》（*The Guardian*）对两千多名英国成年人的调查结果表明，67% 的消费者相信至少有一个品牌可以令他们感到幸福，并且这种幸福感往往会促进购买行为的产生。2017 年，全球领先的国际整合传播机构万博宣伟（Weber Shandwick）的调查报告显示，产品带来的“幸福感”成为驱动顾客购买行为的主要原因之一。可见，品牌幸福感应当成为企业市场营销的重要目标。但是，如何培育品牌给消费者带来的幸福感呢？专注做沙发的左右家私有限公司一直把“幸福”作为品牌的核心理念，对于左右家私来说，幸福是一种文化，一个理念，一个战略，一项工程。基于这种理念，左右家私在市场上取得了辉煌业绩：2016 年，成为唯一入选 CCTV 发现之旅频道《工匠精神》栏目的软体家具企业；2017 年，成为“中国品牌影响力 100 强”中唯一上榜的家具品牌；2020 年，荣获人民网“年度人民匠心品牌”。在品牌建设进程中，左右家私走出了一条独特的品牌幸福感培育之路。

### 二、左右家私的发展历程

深圳市左右家私有限公司始创于 1986 年。经过 30 多年的发展，左右家私拥有各类管理、技术人才 4000 多名，在惠州、宿州、成都、南康等地建设了生产基地，在全国拥有近 4000 家门店。左右家私的产品销往全球 300 多个城市和地区，品牌价值 60 亿元，年产值规模近 30 亿元，已成为中国家私行业的领头羊和中国客厅文化的领先品牌。

#### （一）品牌探索期（1986—2000 年）

1986 年，黄华坤在深圳创业，生产各类家具。1995 年，“左右”品牌商标正式注册，开创中国情景式家居专卖店——“左右客厅生活馆”。公司坚持“大众、经典、品质”的理念，凭借过硬的产品品质在1996年初露锋芒，在国际家具深圳、东莞展览会上获评“软体家具冠军”。

### （二）品牌成长期（2001—2012年）

2001年，左右家私有限公司正式成立。凭借优质产品，左右家私品牌获得了多项荣誉，逐渐提升了品牌知名度。譬如，2003年，荣获国际家私装饰业协会最高荣誉——中国软体家具行业十强企业；2005年，获评“中国十大家具品牌”和“年度消费者最喜爱的家具品牌”；2008年，被认定为“广东省著名商标”，并于同年获得“深圳知名品牌”荣誉称号；2010年，位列“中国十大最具影响力家具品牌”榜首。

### （三）品牌变革期（2013年至今）

2013年之后，左右家私全面启动幸福工程，提出“幸福不远，就在左右”的品牌口号，着力打造以“幸福文化”为核心的左右品牌。为此，左右家私聘请杨澜作为品牌幸福大使，发起品牌公关活动，通过情感营销、公益营销等方式传递幸福生活理念。2018年，左右家私制定了全新的国际化品牌战略，不仅升级了品牌标志和产品展厅，而且与意大利知名家具品牌巴迪及挪威三大顶级设计品牌合作成立睡眠中心，推出智能化的家居产品。2019年，左右家私联合优居、腾讯家居及吴晓波频道启动了“新国货智造计划”，推动新国货行动，为家居行业新国货发声。2020年，左右家私与华为签署合作协议，以数字化技术为依托，加速左右家私研发、营销、管理的全面数字化转型。2021年，“左右沙发，沙发专家”的全新品牌战略定位正式发布。

## 三、左右家私的幸福营销

幸福源于体验，源于人们对生活的感知，幸福就在身边。在过去三十多年的发展历程中，左右家私深耕幸福文化，通过一系列的幸福营销活动，向消费者传递“幸福不远，就在左右”的品牌幸福感，为品牌注入幸福的精神文化动力。

### （一）幸福的产品体验

左右家私坚持使用优质的木材、优质的海绵以及真皮等优质原材料，追求舒适、健康的产品，重视通过产品体验向用户传递幸福感。例如，健康沙发系列在使用环保材料的同时，充分利用“无重力捶打”的创新科技，使沙发可对人体的肩部、背部、腰部等部位进行个性化按摩，沙发座椅可以加热至舒适的温度，这些设计可以让用户从产品中感受到按摩放松的优质体验。不仅如此，沙发还可以连接苹果设备，播放高品质的音乐，带给消费者全方位的舒适享受。通过升级沙发的功能，左右家私不仅传递了健康的生活态度，而且能让消费者从简单、舒适的放松中体验到由产品带来的主观幸福感。

左右家私立足于家具产品与家庭高度关联的特性，将品牌与幸福高度融合，使幸福成为品牌核心，进行深层次的情感营销。中国人讲究“百善孝为先”，左右家私基于这一灵感，及时推出孝文化产品“妈妈的沙发”——一款专门为妈妈们打造的沙发。这款沙发可以辅助用户坐下或躺下，能够把人从沙发的任何位置向上或向前调整，辅助用户轻松站立。这款产品充分洞察了老年人的实际需求，可以为久坐不适或起身不便的长者提供诸多便利。更重要的是，每当妈妈们看到或使用沙发时，很容易联想到晚辈的孝心，这种平凡的体验能让妈妈们感受到天伦之乐的幸福感。“妈妈的沙发”因孝文化而生，它代表的幸福感与消费者的孝心和亲情相联系，易引发妈妈和孩子们对幸福的共鸣，产品在无形中为品牌发声，传递着忠孝的幸福文化。

左右家私在构建幸福品牌的过程中，提出了“幸福客厅”的概念。“幸福客厅”是向大众传递一种生活方式，提倡大众利用家居生活场景，让家庭成员重新回归到客厅中来，聚到一起，围坐在沙发旁看看电视，一起聊聊天，享受家庭生活带来的幸福感。人们能通过家庭的快乐获得幸福感，这与中国人崇尚的团圆相切合，也与左右家私一直倡导的整体家庭幸福观一致。总体来看，左右家私的营销逻辑是将幸福的概念具体化到产品上，以产品为载体直接将品牌传递的价值与消费者的幸福体验形成强烈关联，从而让消费者联想起使用左右沙发时的幸福感觉，感知到品牌带来的幸福感。

## （二）幸福的品牌传播

### 1. 幸福品牌大使

左右品牌中的“左右”源于“中庸之道”中的“虚则欹，中则正，满则覆。一左一右，不偏不倚”。2013 年，左右家私聘请致力于“幸福力”研究的杨澜女士担任品牌幸福大使，拍摄了全新的广告片——《幸福不远　就在左右》。该广告文案为“幸福，是身坐得正；幸福，是心放得平；幸福不是你能左右多少，而是有多少在你左右；幸福不远，就在左右”，朗朗上口，富含哲理，巧妙地诠释了左右品牌蕴含的中庸之道和幸福观。不仅如此，在左右家私的品牌活动“幸福论坛”中，杨澜女士与大众一起反复就“幸福”这个抽象的概念、大众幸福感的具体化感知、幸福企业建设等话题交流，共同解析幸福。

### 2. 幸福品牌公关

2014 年，左右家私成为深圳卫视《男左女右》栏目的战略合作伙伴。该栏目的定位是围绕情侣或家庭生活主题而展开的大型全明星两性观点互动话题秀，在节目开播之后，左右家私借助节目热度，通过旗下 1680 多家终端专卖店广泛推广

《男左女右》栏目所传递的与左右家私一直倡导的幸福生活主张与哲学，助力幸福话题的讨论。不仅如此，2015 年，左右家私还通过定制的舞台剧《左右逢缘》讲述贴近现实都市的幸福故事，观众可以在其中看到自己的影子，引起了广泛的情感共鸣。此外，为深化对幸福内涵的研究，左右家私与湛庐文化重磅推出世界 500 强幸福导师、全球积极心理学实践者肖恩·埃科尔的《幸福原动力》一书，将左右沙发的幸福学提升到理论探讨的新高度。左右家私通过一系列关于幸福、幸福企业的讨论，引领积极健康的社会正能量，推广幸福文化。

2015 年，左右家私联合《中国经济周刊》、中国经济研究院、英才网共同举办了国际幸福日“早下班一小时”公益行动暨中国十大幸福企业榜单发布仪式。借助这次活动，左右家私通过小视频、H5 等新媒体进行幸福公益传播。话题通过用户自传播、推荐式分享、邀请式裂变等方式实现了迅速扩散，据不完全统计，720 多万网民参与了新浪微博平台“3·20 早下班一小时”的话题讨论。左右家私在与大众共同探讨幸福内涵的同时，也重视追寻获得幸福的方向。为此，左右家私在 2017 年举办首届“423 左右幸福日”，红星美凯龙家居集团也应邀参与了该活动。关于何为幸福，活动现场提出“物质的丰富之上还需要精神的丰盈”等观点，品牌幸福大使杨澜女士则给出“不错过，才幸福”的幸福方向指引。当天活动也持续在一直播、天猫、京东和苏宁等的网络直播平台与现场同步播出，网友错失幸福的故事征集吸引了大量网友围观，尤其在一直播平台，“左右幸福日”一度登上平台热门榜首，观看人数达到 50.1 万人次。“执子之手，与子偕老”，是人人向往的爱情，陪伴是最长情的告白。2017 年，左右沙发发起谐音“伴一生”的“813 左右陪伴日”，提出“让沙发多一点时间”，鼓励人们在快节奏的工作环境中，在为幸福打拼的过程中能稍微慢下来，留出一些时间陪伴家人，用心感受和体会家庭陪伴带来的幸福感。2021 年，多平台发起“为幸福撑腰”活动，14 亿曝光量，进一步传递左右家私的幸福文化。

3. 幸福品牌体验

2015 年，第十六届成都国际家具展盛大开幕。家居品牌最常见的宣传方式是邀请明星代言人或者是热闹的开场舞，左右家私在本次活动中却独辟蹊径，改用比常规开场舞互动性更强的快闪舞，一共推出三组不同的舞蹈，都与左右的品牌理念相结合，给观众带来了一场创意十足的“幸福快闪”。在场的人群受到舞蹈与音乐的感染，纷纷加入舞蹈队伍，活动声势越来越大，舞蹈氛围迅速传遍整个展馆。在这次活动中，左右家私与终端消费者直接产生互动和情感交流，提升了消费者对品牌的好感度。

随着马拉松、“夜跑”等文化的流行，左右家私于 2015 年在全国的一、二线城市发起“幸福城市跑”的五公里迷你马拉松活动。报名参加迷你马拉松的门槛较低，更加强调家庭参与，能够突出“幸福”的主题，与左右家私的品牌口号“幸福不远，就在左右”形成强关联。品牌通过体验活动传递健康的生活方式，发展潜在的新粉丝，并增加与现有粉丝的互动和情感交流，形成良性互动。此后，左右家私在城市幸福跑的活动基础上，陆续发起2016年“沙漠幸福跑”、2017年“绿色幸福跑”等活动，在传递健康环保、绿色生活理念的同时，引领大众关注可持续发展与幸福。

4. 幸福品牌社会责任

可持续发展是时代的主旋律，随着大众对其认知的水平提升，企业社会责任已经成为人们消费时考虑的重要因素之一。为此，左右家私以企业社会责任为主题，积极开展事业关联营销。2016年，左右家私通过参与阻挡腾格里沙漠东移的“百万森林计划”向大众发起一种造福于未来的“绿色幸福”号召，承诺在全国终端门店发起“每售出一套沙发，即向百万森林计划捐种一棵树”的公益活动。2020年初新冠肺炎疫情肆虐，左右家私在行业内率先捐赠100万元给湖北黄冈红十字会，助力湖北抗疫，向社会传递幸福。左右家私通过事业关联营销，在获得经济效益的同时，与消费者一起创造了社会效益，让消费者从品牌消费中获得社会幸福感。

### （三）幸福的企业文化

“打造幸福企业，成就幸福员工，让更多人过上更加幸福的生活”一直是左右家私引以为傲的企业文化，体现了企业对员工幸福感的重视。左右家私注重通过一系列制度和措施，帮助提升员工的幸福感。例如，左右家私为员工主持和见证婚礼，为员工打造星级酒店品质的食堂，为夫妻员工提供家庭住房，员工可以获得免费的再教育培训，等等。左右家私充满人文关怀的企业氛围向员工传递了基于工作的幸福感，也间接促进了企业的高效运作。左右家私总裁黄华坤在其参与合著的《左右幸福的力量》一书中，曾对中国式的幸福企业管理进行探讨，提出了“幸福企业是高效企业，幸福企业才能健康长寿”“授权让员工发挥自己都想象不到的潜能”等管理方法。对于经销商，左右家私提供贴心的、全方位的运营和培训服务，基于利润分成的优待也让他们感到幸福。幸福感因爱而生，温情、开放的企业可以让员工自由充分地发展，员工不仅可以在工作中获得快乐，也可以在精神层面获得自我实现和自我满足，从而产生心理幸福感，这为左右家私的高效运作提供保障。

## 四、总结

品牌幸福感为企业指引了品牌营销的新方向，能够为顾客带来幸福感的企业，必然是可以获得持续成功的企业。左右家私之所以能取得并保持行业领先地位，不仅在于其优质的产品，还在于其深耕幸福文化，开展了一系列的“幸福营销”活动。左右家私将幸福的理念全方位贯穿于企业文化建设、产品开发设计、消费者体验以及企业社会责任等各个环节，从而让消费者从产品和品牌当中获得幸福感知。总结而言：

第一，确保产品质量，营造产品幸福体验。左右家私坚持“绿色、环保、舒适”的产品理念，严格按照国际质量标准进行品质控制，努力为消费者带来愉悦的产品体验，通过产品向消费者传递幸福理念。

第二，立足家庭幸福，全方位开展幸福品牌传播。在品牌宣传方面，左右家私重视品牌与消费者的直接互动和情感交流，通过幸福日、陪伴日等系列活动，将品牌传递的幸福理念与家庭幸福认知与孝文化的传承结合起来，形成多元化的幸福感载体，通过亲情、友情、爱情等多层次的心理幸福感加强消费者的品牌幸福感。

第三，倡导绿色幸福，履行企业社会责任。左右家私通过履行企业社会责任进一步提升了品牌形象，面向社会公众倡导“绿色幸福”，同时帮助消费者从消费中实现社会效益。对具有社会责任感的消费者而言，他们能从左右家私品牌中获得社会幸福感。

# 品牌定位篇

# 如何确定品牌定位点？

## 面点王面食品牌的塑造

### 一、引言

定位被美国市场营销协会（American Marketing Association，AMA）评为“有史以来对美国营销影响最大的观念”。在品牌管理实践中也是如此，品牌定位占据极其重要的地位，对品牌的发展起到决定性的战略作用。也正因如此，品牌定位点的确定需要格外谨慎，如有偏差将导致方向性错误，对品牌是毁灭性的打击。品牌定位点最终看似只有一个词，如王老吉“预防上火”、西贝“西北菜”，实则需要综合考虑顾客需求、竞争差异和自身优势，因此是一个复杂的系统工程。那么，品牌究竟应当如何找到定位诉求点呢？

在深圳乃至珠三角的餐饮业，面点王是一个特色鲜明的知名品牌。改革开放以来，在洋快餐文化的冲击下，中式快餐品牌的发展受到了严峻挑战，面点王审时度势，以中国传统饮食文化中的面食为基础，借助正确的品牌定位，获得了很大的市场成功。公司先后荣获中国快餐连锁十大著名品牌企业、中国餐饮百强、中华餐饮名店等荣誉称号。可以说，面点王所取得的优秀业绩，与其准确而独特的品牌定位分不开。

### 二、面点王的发展历程

深圳面点王饮食连锁有限公司（以下简称面点王）成立于1996年。在诸多的中式快餐当中，面点王选择了面食品类进行不断深耕，最终成为“面食”的代名词。其发展历程大致分为三个阶段。

#### （一）探索期（1996—2007年）

1996年11月8日，第一家“面点王”门店在深圳八卦路开业。一百多道物美价廉又融汇南北风味的美食激发了顾客的热情，场面相当火爆，在面点王排队就餐成为深圳餐饮行业的一道风景。在这一阶段，面点王在探索中式快餐的发展道路上始终坚持民族特色，根植于中华民族的饮食文化，荟萃中国面食精华，不断推陈出新。同时，面点王也坚持学习先进的管理经验和快餐经营模式，逐步建立起具有自身特色的经营模式和管理体系。另外，面点王通过探索中式快餐的标准化生产工艺和制作流程，努力稳步实现生产工业化、产品标准化、管理科学化、经营连锁化和发展规模化。

### （二）快速发展期（2008—2016 年）

从 2008 年开始，面点王启动了标准化体系制定工作，陆续完成二十多个主导产品的标准化，并且形成了标准化手册，包含了凉菜、水饺、面类、小吃、饼类、包点类、粥类等产品的制作标准。工艺标准分为两部分：一部分是制作中心的标准；一部分是分店的加工标准。借助标准化体系，公司规模迅速扩张，截至 2012 年 3 月，公司已经拥有 3000 名员工、108 家直营分店、3 个食品配送中心。2012 年，面点王入选“深圳老字号品牌”。2014 年 12 月，面点王开始进入广州，而后在广州各区及邻近的佛山市开设了 20 家分店。到 2016 年，面点王凭借惊人的成长速度，分店已经超过了 170 家，成为深圳、广州及珠三角地区家喻户晓的中式快餐品牌。相较于其他中国快餐品牌（如真功夫、永和豆浆等），面点王面食产品具有系统化、科学化、标准化的独特优势，店面经营采用开放式厨房、菜品组合以及互动服务，获得了用户的广泛好评。

### （三）全面发展期（2017 年至今）

2017 年之后，面点王不再单向追求店面数量的扩张和产品制作的标准化，而是更多地聚焦于经营模式的优化，并进一步凸显品牌定位。在这一阶段，面点王创造性地采用了“三统一”中式快餐经营模式，即统一采购、统一生产、统一配送，强化了标准化运作模式，颠覆了中式快餐难以标准化的传统思维。在新建成两个现代化配送中心之后，各分店由配送中心统一供应和配送的产品比例已经达到 90%，极大地保证了各店产品的同质性，稳定了产品质量，提高了生产效率。

## 三、面点王品牌定位点的确定

面点王的品牌愿景是努力打造好“都市人的大厨房”，成为最具中国气派、中国风格和中国特色的“传统文化”+“现代饮食”的民族快餐品牌。为了实现这一品牌愿景，面点王从市场视角、竞争视角和产品视角来进行综合分析，最终确定并展现品牌定位点。其中，市场视角是确定需求点，竞争视角是确定异同点，产品视角是确定优势点。

### （一）从市场视角确定需求点

众所周知，深圳外来人口众多，来自五湖四海。数据显示，深圳有 70% 的人口来自广东省外。结合深圳人口特征，面点王采取了如下措施：

首先，结合南北人群不同饮食习惯，充分考虑人口年轻化和消费水平上升等因素，以都市白领和家庭消费群体作为其目标客户，将面点王打造为“都市人的大厨房”，逐渐形成了自己鲜明的都市温情特色。

其次，面点王还牢牢抓住目标客户群体非常注重健康的特点，强调面食和谷物的优势，以满足白领和家庭消费的健康需求。面点王分析发现西式快餐具有多油脂、高脂肪、高蛋白以及高热量特点，这些因素往往容易引发人体肥胖、高血脂等健康问题；相反，中餐则相对健康，也符合中国人的饮食习惯，更容易为消费者所接受。另外，深圳白领阶层文化水平普遍较高，在餐厅店面整洁度、食品安全和食品卫生方面都有较高要求，面点王在这些方面建立了严格的管理制度。

最后，面点王的性价比提高。面点王店面选址大多在商圈周边以及居民区附近，店面布置宽阔，完全适合个人消费、家庭消费和多人聚餐。另外，在定价方面，相比于西式快餐较高的价格，面点王的产品价格显得更为亲民，购买十几元的面食产品就可以饱腹，对于都市白领人群来说非常具有吸引力，既能满足基本的饮食需求，也节约了生活消费成本。

### （二）从竞争视角确定异同点

在中国的快餐市场中，洋品牌长期占据主导地位。为了与肯德基、麦当劳等国外快餐品牌展开竞争，张和平董事长多次考察肯德基与麦当劳等门店，再结合面点王自身特点，制定了与洋快餐品牌“求同存异”的竞争策略。求同，旨在将自己与竞争者放在同一个层面来相抗衡，以确保消费者把面点王纳入品牌考虑集；而存异，旨在凸显带给消费者不同于竞争者的利益点，从而增加消费者选择面点王的可能。

首先，与洋快餐品牌“求同”，与“狼”共舞。在店面选址方面，面点王直面竞争，将店面开在肯德基、麦当劳附近，节省选址调研成本。此外，面点王还会在人口比较集中的高档住宅小区和写字楼附近开店，在工作日也能保持顾客盈门，这样面点王的顾客流量不会像肯德基和麦当劳那样尴尬——工作日顾客稀疏，节假日顾客盈门。另外，“求同”策略还表现在面点王的连锁经营模式上。快餐市场是消费者占主导地位的市场，许多快餐企业期望以连锁经营的方式快速复制成功经营模式，以扩大市场占有率，占领消费者的心理份额。因此，面点王也选择了连锁经营模式，产品生产从“粗放型”手工制作逐步走向“集约型”的标准化生产，扩张速度更加迅猛。为有效地进行连锁经营模式的管理，面点王加强了企业内部连锁经营知识的学习和培训，充分发挥各连锁店之间的协同配合，降低了管理成本。

其次，与洋快餐品牌“存异”，独辟蹊径，建立独特优势。深圳快餐市场上流行一种说法——“吃汉堡包要去麦当劳，吃炸鸡要去肯德基，吃面食要去面点王”，这句话蕴含了面点王的智慧。通过分析竞争对手麦当劳、肯德基等洋快餐品牌的产品特点，面点王结合自身面食产品的优势，确定以面食产品进入快餐市场，与其他快餐品牌争夺快餐市场份额。“洋”品牌做汉堡包、炸鸡，面点王则避开其锋芒，从中国传统饮食面食入手，做深圳第一个中国传统面食品牌，赢得了消费者的喜爱。在以面食为主的同时，面点王还兼营肉类（如凉拌牛肉、羊肉串、卤骨架等），以及粥类和汤类，给予消费者更多营养健康且多样化的选择。而且，这些产品蕴含了中国传统饮食文化的精髓，更加符合中国消费者的饮食习惯和食品认知，赋予品牌更具可持续性的生命力。

### （三）从产品视角确定优势点

面点王是地道的中式餐馆，以其面食产品的独特性，赢得不少消费者的喜爱。面点王提倡“不以面食而面食，却以面食做文章”以及“小小面条打天下”。为了做好“都市人的大厨房”，面点王围绕“面食”开发了八大系列 130 多个品种，包括面类、粥类、包点类、凉菜类、饼类等，其中包子、小枣凉糕、南瓜饼、酱骨架、手拉面、茴香饺子等产品聚集了超高人气。在借鉴洋快餐的标准化管理模式的基础上，结合中国的传统面食文化特点，使其产品具有中西合璧的特质，在新时代背景下走出了本土快餐创新发展道路。

面点王的面食融入了深厚的中国传统饮食文化。中国传统饮食文化讲究四季有别，即饮食应根据季节进行调味和搭配。比如，冬天菜品通常味醇浓厚，所以冬天更多采用炖、焖、煨的烹饪方式；夏天菜品通常清淡凉爽，所以夏天更多采用凉拌冷冻。中国传统饮食文化还讲究美感，即菜肴讲究色、香、味、形、器的协调一致，让人获得味觉和精神上的双重享受。中国面食文化属于中国饮食文化的一部分，主要体现在两个方面：一是面食制作技艺，比如刀削面、拉面、炸酱面，以及煮、炸、烤等；二是面食消费功能方面，是作为主食还是辅食，比如北方以面为主，南方以米为主，以及面食消费场景和习惯等。面点王推出的碗面、肉夹馍、南瓜饼等若干种类的面食产品，不仅在面食制作技艺上采用传统工艺，在产品与盛放器皿上也非常讲究，表面上看是平淡无奇的面食产品，但在更深层次则折射出了几千年的中国传统面食文化。面点王在产品开发和创新上紧扣中国传统饮食文化，使得产品不管是在色、香、味、形、器上都更加适合中国人的味蕾和审美，让消费者更加习惯消费这样的产品，更加认可这样的品牌。面点王不仅让传统的中华饮食文化持续发光发热，并且与大都市高效率、快节奏、求新求异的新时代文化结合。很多产品的形式都适合打包或现场就餐，处处都可以体现出一个“快”字，满足了都市白领和家庭消费者的快节奏消费需求。

质量是产品的生命线。为确保产品质量，面点王制定了各个产品的生产工艺和技术标准。例如，一斤面要做多少个饺子，一些食品应该包含多少食盐和味精等，都有明确规定。此外，面点王还根据产品特性规定了存放时间以及制作要求，比如要求凉菜存放不超过4小时；粥类存放不超过1小时；凉皮、大饼不能超过2小时；小笼包、烧卖、蒜泥必须是当天卖完，绝不过夜，如有剩余必须全部处理掉；饺子要在客人下单后再现场制作；等等。

### （四）品牌定位点的符号识别

在确定完品牌定位后，需要运用品牌符号将其定位展现出来。面点王在品牌标志、店面装潢、品牌口号等方面都做出了努力。首先，面点王通过其品牌标志建立了独特的品牌联想。品牌标志由两部分构成：一部分是底层的大红色椭圆背景；另外一部分是上层的白色小椭圆，呈碗状，小椭圆上方则是一副筷子，夹着三根面条。面点王的整个品牌标志看起来简洁大方，与企业经营业务紧密相连，能够激发消费者的品牌联想。面点王品牌标志中的主色调是中国红，也能体现中国传统文化的特点。碗、筷子和面条的组合也充分体现中国传统饮食文化的特点，整个品牌标志形象生动，容易给消费者留下深刻印象。

其次，面点王将中国传统文化充分融入企业经营的方方面面。面点王店面的装修风格极具中国文化特色，店里桌椅的摆放也满足了消费者大团圆的心理。面点王店面墙上挂有富有中国特色的风景画，如福建客家围屋、凤凰吊脚楼等，其布景着意渲染出一种东方色彩。另外，面点王在店面装潢上虽然借鉴了麦当劳、肯德基店面简约、时尚的风格，但同时也将中国特色融入其中，如店面装饰以中国红为主色。

最后是面点王的品牌口号。从国外快餐品牌看，麦当劳强调“欢乐”体验，肯德基则提倡“有了肯德基，生活好滋味”；从国内快餐品牌看，真功夫以“营养还是‘蒸’的好”为口号，嘉旺以“营养配餐，食之以‘衡’”为品牌主张，永和大王宣传“传统健康饮食”理念。面点王结合市场需求与自身特色，最终选择打造“都市人的大厨房”，旨在为深圳的都市白领及家庭提供健康又营养的面食，就像自家厨房一般，品种丰富，干净卫生。“都市人的大厨房”的品牌定位既表达了产品的功能，也回应了消费者的情感诉求，引起了众多目标客户的共鸣。

## 四、总结

要找准品牌定位点并非易事，需要综合考虑市场需求、竞争异同与自身优势。在竞争激烈的餐饮行业，面点王通过准确的品牌定位，已经成为我国快餐品牌的优秀代表，其品牌定位的经验值得借鉴。首先是对市场特征的准确把握。深圳外来人口众多，人口年轻化且消费水平高，因此面点王将都市白领和家庭消费群体作为目标客户，将面点王定位为“都市人的大厨房”，提供以面食为主的系列健康快餐。其次，在竞争方面“求同存异”。面点王在店面选址、经营模式、产品开发等方面，深刻把握了与竞争对手的“同”与“异”，不仅成功化解了洋快餐品牌的竞争优势，而且塑造了自身的独特优势。再次，寻找自身产品的优势。面点王以面食为核心产品，积极学习洋快餐品牌的标准化管理思想，同时融入中国的传统面食文化，使产品具有中西合璧的特质，并注重在品牌的各个维度向消费者传递中国几千年来的传统面食文化。“小小面条打天下”，正是其产品优势的贴切体现。最后，品牌定位点需要品牌符号来展现。面点王在品牌标志、店面装潢、品牌口号等方面都遵循品牌定位，将中国传统面食文化的“都市人的大厨房”的内涵展现了出来。

# 如何创建新品类品牌？

乐凯撒榴梿比萨的探索

## 一、引言

艾尔·里斯与劳拉·里斯在《品牌之源》一书中提到，品牌营销的发展与品类紧密相关，新品类的创建是品牌创新的有效方法之一。消费者在选购产品时会“用品类来思考，用产品来表达”，因此，如果能抓住这一消费特点，品牌将有机会通过新品类在激烈的市场角逐中找到突破点，从而实现“弯道超车”。然而，如何有效开发新品类，对企业而言是一项充满挑战的任务。近年来，乐凯撒比萨的新品类开发成效显著，这使其在竞争激烈的比萨市场占领一席之地。乐凯撒开创的榴梿口味比萨深受市场追捧，一跃成为国内新品类榴梿比萨的领导者，为品牌带来十分可观的盈利。那么，乐凯撒比萨是如何通过创建新品类来提升品牌影响力的呢？

## 二、乐凯撒品牌简介

2009 年，乐凯撒比萨餐饮管理公司在深圳成立；2010 年 8 月，首家门店在深圳南山开业。“乐凯撒”寓意“快乐之家”。2011 年，乐凯撒专注于“意式 + 手工”的高品质比萨，首创榴梿比萨品类。该产品快速抢占比萨市场，获得消费者高度认可。榴梿是中国进口量较大的水果之一，且中国对榴梿的需求仍在连年上升。基于庞大的市场需求，乐凯撒抓住消费者需求升级的特点，将“榴梿”元素带入传统手工比萨制作过程中，大刀阔斧地推出新品类产品。为了配合榴梿比萨的推广，乐凯撒的品牌符号也紧密围绕“榴梿”来设计：品牌标志以榴梿颜色为基础色调搭配比萨三角形状，简单独特，易于识别；品牌口号“乐凯撒——榴梿比萨创造者”凸显了乐凯撒在全新品类榴梿比萨上的原创者地位，赢得了消费者的信任。

创立初期，乐凯撒一直在摸索发展方向，蓄势待发。2014 年，乐凯撒门店数量迎来第一次飞跃，从 6 家到 18 家，首次强势进入广州。2015 年，乐凯撒落户上海，达成 49 家门店目标。基于乐凯撒的发展潜力，2015 年红杉资本对其进行投资，这也是红杉资本在中国投资的第一家餐饮企业。2017 年 7 月，乐凯撒完成了开设 100 个分店的蓝图。从 2015 年至 2017 年不到两年的时间，乐凯撒的门店数量就翻了两番，遍布于深圳、广州和上海等一线城市。截至 2022 年，乐凯撒在上海、广州、深圳等地拥有 130 多家门店。为加强管理，乐凯撒对这些门店全直营，不加盟。

借助互联网的力量，乐凯撒榴莲比萨的宣传铺天盖地。一大批榴莲爱好者和猎奇者慕名而来，知名媒体如《晶报》《南方都市报》也竞相报道，乐凯撒榴莲比萨声名鹊起。之后，乐凯撒在国内外比萨比赛中多次获奖：从美国 PMQ 比萨杂志组织的中国比萨冠军赛到第 26 届意大利比萨世锦赛 Freestyle 世界冠军，乐凯撒凭借榴莲比萨叩开了比萨市场的大门，在国内比萨市场占有较大份额。根据浙商证券研究所调研报告显示，2020 年乐凯撒堂食和外卖整体市场收益在中国的市场份额为 2%，位居全国第五位。

随着消费者对体验消费的追求，乐凯撒比萨开始从单一的“榴莲新品类”营销转向“新品类 + 体验升级”的立体化营销模式，将便利性和趣味性融入品牌消费。基于此，乐凯撒于 2017 年在深圳和上海推出了“快休闲”和“趣味馆”主题的概念店，旨在将其品牌定位为时尚化、年轻化和趣味化。2021 年乐凯撒还持续开发了一系列榴莲周边产品，通过“榴莲节”等宣传形式，强化乐凯撒在消费者心中的印象。相比于国内其他进行大量同质化新品类开发的企业，乐凯撒时刻洞察市场动向，精准分析消费者需求，开创了识别度极高的榴莲新品类，同时采用创新有效的营销模式，在比萨市场上开辟出一条可持续发展的道路。

## 三、乐凯撒新品类品牌策略

品牌新品类的创建并不是在现有品类中开发新产品，而是要创建一个全新的品类，其难度在于建立新品类在消费者心智中的地位，并将品牌与新品类关联起来，从而使品牌获得新品类市场的领导地位。乐凯撒深谙此道，致力于在以下几方面打造新品类，构建具有影响力的品牌。

### （一）以新品类为导向的品牌定位

乐凯撒比萨采用“破旧立新”的模式，其关注点从“比萨 + 饮品”的传统餐饮模式转向高品质的意式手工比萨制作，并以榴莲新品类为导向，首创中国榴莲比萨品牌。最初，乐凯撒以“比萨十八”的品牌名称销售比萨产品和部分饮品，定位比较模糊，无法在竞争激烈的餐饮市场中脱颖而出。面对这一困境，创始人陈宁开始思考品牌定位差异化战略。之后，该品牌采用“对不起，我们只做比萨”的广告语，采用“单品爆款”的理念，聚焦细分市场，将每个细节做到极致，为顾客创造独特价值。同时，将水果界“话题之王”——榴梿融入比萨，通过创新产品吸引一大批小资消费者。榴梿独特的风味及其自带话题的传播属性，使得榴梿比萨很快风靡市场。这一开创性举动让乐凯撒一跃成为榴梿比萨的创造者，充分实现品类（榴梿比萨）和品牌（乐凯撒）在消费者脑海里建立强相关联想。遵循品类定位的思路，乐凯撒将品牌定位为“榴梿比萨创造者”。

## （二）引领市场需求的新产品开发

在乐凯撒之前，比萨市场上还没有品牌推出榴梿比萨产品。乐凯撒榴梿比萨的推出是对市场需求的引领。这种对未来趋势的把握能力无疑为该品牌的成功奠定了重要基础。乐凯撒充分考察了榴梿水果在食品制作方面的强大包容性，率先将其引入比萨制作中，实现了技术和商业的双重可能性，使得这一品类在比萨市场上独树一帜。同时，该品牌重点关注市场补缺，以续增式品类创新模式，在现有产品市场中开发新的产品口味，促进产品差异化，快速细分目标人群，从而获得市场竞争力。

为持续满足消费者需求，乐凯撒于 2015 年 10 月 16 日推出榴梿比萨升级版（2.0 版本），即“全是果肉榴梿比萨”。这一升级版在榴梿分量和比萨制作上都做出相应调整，更好地满足了榴梿爱好者的需求。此外，它还考虑了消费者需求的多重性，推出土豆比萨和秘制鸡翅等，使其品牌走向年轻化、时尚化，深受年轻人喜爱。

为进一步丰富产品线，除了初创的榴梿比萨和土豆比萨，逐渐拓展到鳗鱼海鲜比萨、宫保鸡丁比萨以及各种饮品小吃和周边产品。2018 年，乐凯撒开创一人食比萨，从小众、低调、特色比萨向大众、高频、质感、超值比萨进化。

## （三）严把安全关的质量管理

陈宁曾在微博中分享道：“忘掉营销，用户体验和产品是王道，食品安全是我们的生命线，一旦食品安全出问题，会把我们几千人过去这么多年的梦想撕得粉碎，谁在食品安全上犯迷糊，谁就是乐凯撒的仇人。”陈宁也说道：“乐凯撒在产品和经营上的精力是营销的 10 倍。”从乐凯撒最困难的时候到现在始终如一，坚持新鲜面团，现点现做，不热剩饭。在原材料方面，比萨酱来自意大利，采用整集装箱的方式进口。榴梿在泰国加工，采用全熟优质果，不用果肉催化剂。在公司质量管理上，奉行严格的监察制度。据透露，除了公司监督机构检查，乐凯撒各区域每天有专职教练检查食品安全，总部还有无处不在的“飞行检查”。但凡有一个食品过期（内部标准）或一个健康证过期，门店经理都直接降职，月度绩效为零。乐凯撒还认为，蛮干做不好食品安全，食品安全需要科学的管理和设计。2016 年，乐凯撒和世界顶尖的食品安全公司 EcoLab 签订了三年的咨询协议，由

EcoLab 辅导乐凯撒做食品安全改进，同时，乐凯撒还组建了专职的食品安全团队，将食品安全植入到公司的每个作业环节。2020 年疫情期间，乐凯撒推出独立封装的“一人食”，强调“安全 + 口味”，及时匹配了疫情环境下客户的新需求。

### （四）注重业内奖项的背书

作为国内首创榴莲比萨品牌，乐凯撒的人气一直稳居顶流位置，2017 年更是代表中国在意大利世锦赛 FreeStyle 中斩获冠军。据了解，为了适应持续开新店的人才要求，“乐凯撒比萨”有个“黄埔计划”。在乐凯撒内部，每月都有不少于 20 场的培训，除掉周末和节假日，基本上每天都有 4 小时的培训时间。这里的厨师和其他店员都是充满朝气的年轻人，但他们制作比萨的动作娴熟，一招一式都符合既定的标准，从而实现产品的标准化。2017 年，乐凯撒荣获“年度影响力餐厅”，并从 140000 家餐厅中脱颖而出，成为深圳市“餐饮服务食品安全示范单位”，该荣誉代表公司在确保食品安全方面所付出的努力得到充分肯定。2018—2019 年，乐凯撒蝉联中国食品健康七星奖。通过不断打磨自身品质实力，加之众多奖项的品牌背书效果，乐凯撒在行业中逐渐确立了品牌地位。

### （五）吸引主流消费群体的潮牌文化

随着门店的扩张，乐凯撒渐渐面临单店销售额下降的困境。基于此，公司创始人打造了一个包含 IT、快消品、零售等领域精英的核心团队，对市场进行深入调查和分析，最终发现主流群体已从“80 后”转为千禧一代。乐凯撒迅速抓住这一重要信息，开始重新布局营销渠道，并采用新的营销模式，努力打造一个具有文化内涵的高价值品牌。

#### 1. 以潮牌文化元素来创新品牌

乐凯撒认为，一个品牌应该是多维度的，如果品牌只建立在 X 轴上，品牌竞争就只是一维的。企业应该积极创新品牌，增加新的品牌维度，点燃增量市场。在 X 轴上用创造者、领导者、权威专家去打造品牌，在 Y 轴上用潮人文化去接近消费者，与消费者建立情感联系，打造品牌文化。此时乐凯撒的研发重点从单一产品开发升级为对文化价值的挖掘，并在其中体现乐凯撒品牌的榴莲系列特点。立足于千禧一代的消费需求，乐凯撒引入“手机游戏”“街舞”“滑板”“涂鸦”和“电音嘻哈”等潮牌文化要素，融合其原创榴莲 IP，打造与主流消费者个性相匹配的品牌形象。具体活动包括：在门店推出展示榴莲 IP 的比萨相关产品和潮人购物袋等，延伸品牌价值；与丛林电音合作举办乐凯撒 Mad House 电音音乐节，与年轻群体打成一片；举办创意街舞滑板活动，增强与消费者之间的互动；升级店铺装修，实践榴莲主题概念店，通过“瓶子”表白墙，用榴莲表达“留恋”，增强顾客互动，强化场景体验。

2. 通过创新空间设计凸显“轻休闲”体验

为实现客户体验升级，乐凯撒不断创新空间设计，在开到第100家分店时，推出了首家概念店Lab Store。无论从主打的榴梿产品体验，还是就餐的榴梿主题氛围，该店的设计都秉承了“快休闲”理念，旨在为消费者提供时尚而独特的榴梿比萨体验。具体措施包括：采用“跨界零售”创意，限量销售乐凯撒的周边产品，不断深化消费者对其榴梿比萨领导者的品牌认知；店内设有明档面团工作间，用于提升乐凯撒品牌致力于比萨食品安全工作的透明性，增强消费者的信任度；概念店采用增强现实（AR）技术，让顾客身临其境般体验到更多榴梿主题元素，创建集趣味性、便利性和产品多样性为一体的顾客体验。2021年底，乐凯撒紧跟“城市露营”热潮，打造了La césar×Naturehike×OCT-LOFT全新露营概念店，充分运用露营元素打造美学空间，以实现“把都市的舒适空间带入自然当中”。这一模式的探索加速了乐凯撒从产品营销转向体验营销，助力品牌升级和竞争力的提升。

3. 围绕创新的主题来传播有趣的内容

为维持新品类热度，乐凯撒在原有榴梿主题店基础上，推出了以“环保”为话题的环保主题快闪店和牛油果主题快闪店，将主流趋势和优势榴梿产品相结合，创造讨论热点，提高品类趣味性和可传播性。例如，乐凯撒紧跟“环保”趋势，于2018年联合美团外卖推出环保包装，并在深圳东海坊店创立首家环保主题店，实现从包装袋、比萨盒到餐具包等均采用食品级可回收材料制作，外包装全部采用原浆牛皮纸，以此展示其对社会负责任态度，多维度构建绿色品牌形象。另外，为持续创新品类，乐凯撒首次尝试将牛油果的“绿色”与品牌主色“黄色”相结合，积极研发和宣传“创新版榴梿”系列产品，为消费者带来新颖体验。另外，品牌通过“绿色环保”等话题点，既强化了优势榴梿产品在公众心中的存在感，又大大提升了传播内容的趣味性，增强了营销效果。

## 四、结语

品牌专家艾尔·里斯提出，品类是隐藏在品牌背后的关键力量，而品类营销促使“品牌形象定位”向“代表品牌的品类”转变，因此，新品类的开发和创新是有效建立消费者品牌联想从而产生品牌区隔的重要策略。乐凯撒的新品类品牌成功要素可以概括为如下四点：第一，新品类定位为品牌发展提供了一片蓝海。为避免与强大的竞争者在同一赛道竞争，企业可以开发新品类，创建一个新的赛道。如果新品类被消费者所接受，那么品牌将成为该品类的代表品牌。比如，乐凯撒通过对比现有品牌，确定了榴梿比萨的新品类定位，从而成为该品类的领导者。第二，新品类品牌应时刻把控产品质量，积极赢得消费者信任。由于新品类通常不够成熟，因此在产品质量上可能存在不确定性。乐凯撒始终如一将产品质量、安全放在品牌建设的核心位置，建立完善的食品质量监督制度，向消费者承诺在食品安全方面确保零失误。优质的产品成为乐凯撒榴梿比萨新品类的根基，为其品牌建设保驾护航。第三，新品类品牌体验是新品类品牌持续发展的重要依托。新品类之所以为“新”，是因为具有不同于传统产品的独特性。这些独特性不能仅仅停留在口号上，还要让消费者深刻体验。乐凯撒将榴梿元素融入产品、包装、广告和门店环境当中，凸显了榴梿比萨的差异化体验。第四，新品类也要注重品牌的更新和发展。新品类往往最先吸引年轻人，这些消费者需求多变，因此乐凯撒没有停留在爆款单品，而是通过引入文化战略作为新的品牌维度，点燃增量市场，提升品牌势能。

# 如何进行品牌重新定位？

## 雅昌的品牌定位变迁

### 一、引言

精准的品牌定位，对企业的发展有着举足轻重的作用。面对不断发展变化的市场，“变化”是赢得市场唯一不变的真理，以“变”应“变”才是企业的常胜之道。因此，企业需要在合适的时机，根据竞争环境的变化对品牌进行重新定位。然而，品牌的重新定位也伴随着市场风险，给企业经营带来很大的不确定性。所以，现实中很多企业在面临这一问题时，往往举棋不定，错失良机。

雅昌的品牌定位变迁之路可以给我们提供启示。雅昌文化集团（以下简称雅昌）起初是一家只有 35 人的小工厂，在激烈的市场竞争中，通过持续地进行品牌重新定位，在红海市场中突围而出，闯出了一片属于自己的蓝海。2018 年，雅昌凭借《群山之巅》等书在美国印制行业斩获 48 项大奖；2019 年，以《西来意》为代表，雅昌共有五本书籍斩获班尼金奖。迄今为止，雅昌已经连续荣获国际大奖四百余项，几乎拿遍所有的国际印刷大奖。无数的荣誉和奖项证明了雅昌在中国印刷业，特别是高端艺术品印刷领域的王者地位。那么，雅昌是如何进行品牌重新定位的呢？

### 二、雅昌品牌的发展历程

1993 年 5 月，雅昌在深圳市南山区登记成立。在成立之初，雅昌专注于印刷艺术品拍卖图录，此后，业务不断调整和丰富，企业已经成为艺术领域的综合性文化产业集团。雅昌的企业实践向世界证明，中国作为印刷术的起源地仍然拥有高超的印刷技术，今天的中国印刷人依然可以把老祖宗发明的印刷术做到世界水平，这是雅昌的荣誉，更是中国的骄傲。雅昌的发展历程大致可以划分为三个阶段。

#### （一）探索发展期（1993—2000 年）

20 世纪 90 年代初，印刷企业之间的竞争主要聚焦于技术、资金和设备等领域。刚刚成立的雅昌，并不具备这些领域的优势，所以，雅昌在业务承接方面并没有可以选择的空间。一次偶然的机会，雅昌承接了一个艺术品拍卖会的目录印刷业务，这项业务促进了雅昌将业务逐渐转向艺术品印刷。艺术品印刷对质量要求较高，对雅昌修炼印刷技术内功非常有好处。1997 年，雅昌董事长万捷在上海博物馆开幕式上偶遇著名收藏家张宗宪，被其“如果我要印刷，我一定在国外印刷，绝不可能在国内印”的一番话所刺激，自此万捷便下定决心，要把雅昌打造成世界级的艺术印刷公司。凭着对印刷事业的热爱和振兴中国印刷术的历史责任感，万捷开始在印刷行业深耕细作，逐渐将一个默默无闻的小企业打造成名扬海内外的高端印刷企业，在国内外各类印制大奖评比中过关斩将，收获美誉无数。1997 年，雅昌一举拿下第六届“森泽信夫印刷奖”一等奖；1998 年，雅昌获得“第十届中国图书奖”。接二连三的获奖使雅昌在业界崭露头角。之后在 2000 年的第十二届“香港印制大奖”评选中，雅昌包揽书刊类印刷（精装）冠军、SMEloan 全场大奖、杂志类印刷冠军等三个奖项，初步在高端印刷品市场上站稳了脚跟。

### （二）快速发展期（2001—2013 年）

2000 年 10 月，全球最重要的中国艺术品专业门户——雅昌艺术网成立。该平台是获取艺术资讯的首选媒体平台，是艺术品收藏投资及爱好者不可或缺的重要工具，迄今已经成为全球最活跃的艺术品在线互动社区。雅昌艺术网在全国多地设置分站，拥有逾 200 万专业会员、800 万人次日均浏览量。为助力雅昌快速发展，雅昌艺术网发起了“AAC 艺术中国·年度影响力”活动，联合近百家专业媒体共同举办年度评选及发布活动，这些活动为奠定雅昌在艺术领域的地位和影响力具有非常重要的作用。2001 年，雅昌承接申办 2008 年奥运会的印刷任务，以极具专业性的水平印刷了长达 600 页的《申奥报告》，被誉为开启“申奥”的金钥匙。此后，雅昌以其过硬的业务能力承接了一系列国家重大事件的印刷任务，为其在国内市场做了有说服力的背书。同时，雅昌也获得非常多的国家级荣誉和资质。2003 年 9 月 29 日，是雅昌发展历程中不可忽视的一天，雅昌参选美国印制大奖的 5 部作品全部获奖，其中《梅兰芳藏戏曲史料图画集》的印刷作品获得班尼金奖，这是全球印刷界的最高荣誉，也是中国企业首度获得该奖项。每年只从全球参赛的 5000 件作品中选择 20 件授予金奖的荣誉，当年共有 17 个国家角逐金奖。美国印刷工业协会主席麦克·马西恩（Mike Marcian）郑重地将“小金人”颁给了万捷，在他接过小金人的一刹那，全场五百余名全球同行纷纷起身为他鼓掌。次年，莱比锡世界图书博览会在德国举办，该图集再次斩获金奖，从此雅昌的美誉在国际印刷业市场不胫而走。自 2005 年的《西夏文物》开始，2008

年至2013年，雅昌的艺术印刷品连续获得班尼金奖。

### （三）全面升级期（2014年至今）

2014年，雅昌从业内推崇的“传统印刷 + 现代IT技术 + 文化艺术”三位一体的商业模式全面升级为“运用IT科技和互联网思维，构建跨艺术产业链的综合艺术服务”模式。2014年1月12日，雅昌文化集团与今日美术馆在北京签订协议，双方将在展览、数字出版、艺术印刷、宣传推广等诸多方面达成战略合作。这预示着雅昌在“艺术”的道路上进一步延伸自己的触角——与今日美术馆合作，向当代文化艺术领域延伸。今日美术馆看重的是数字出版行业，雅昌看重的是今日美术馆在当代艺术领域的国际影响力和平台。两家强强联手，意味着中国当代艺术开始向资源整合的市场化方向发展。2014年1月17日，雅昌文化集团与中国惠普有限公司在北京共同成立艺术行业“IT服务解决方案研发中心”。如果说雅昌与中国惠普有限公司的合作是为了让“印刷”的根基更扎实、更给力，而雅昌中国艺术品鉴证备案中心所延伸出来的艺术品鉴定，则是一种特殊的市场化产品，让雅昌在艺术品拍卖市场有了更高的“话语权”。以故宫藏品数据库为创意点，利用最先进的数码印相工艺、艺术微喷复制等技术，让游客在参观完故宫之后还可以将“故宫文化”带回家，同时还传播了中国传统文化。2021年8月，雅昌引入国有资本，从一家民营企业转变为由国资控股的企业，这将助力雅昌未来在文化领域的发展。

## 三、雅昌的品牌定位变迁

当今的市场环境瞬息万变，为保持核心竞争能力，雅昌在发展过程中不断调整自身定位，以适应市场变化。雅昌的品牌定位变迁之路大致经历了三个阶段。

### （一）第一阶段定位：B2B高端艺术品印刷商

雅昌成立之初，深圳的印刷行业竞争激烈，市场充斥着数千家中外企业。此时的雅昌，并没有明确的定位。自从1994年接到一个艺术品拍卖图录订单之后，雅昌开始了对艺术品领域的关注。综观当时的中国印刷市场，低端市场竞争过于激烈，而高端印刷品市场，却主要由外资企业把持。由于艺术品印刷对工艺要求较高，当时国内并没有专门从事此业务的企业，而竞争主要聚焦于普通的印刷业务和印刷品的低端包装上。对于雅昌而言，空白的艺术品印刷市场简直是为其量身打造的机会。偶然之中存在必然，创始人万捷曾经表示“和别人拼规模，我根本拼不过。那我就拼我喜欢的，我喜欢艺术，也懂艺术”。万捷本人不仅对艺术十分痴迷，还具备许多超前的理念，早在1995年便在业内首次提出“印刷业就是服务业”的理念。雅昌对印刷技术的使用具有前瞻性，一度引进诸如惠普、柯达等全球顶级生产商的高级设备来提高印刷质量，此外还引进桌面排版（DTP）电脑制作系统来为其保驾护航。从此以后，雅昌的自我定位便是高端印刷市场的艺术品印刷商，并将诸如文博机构、拍卖公司甚至是艺术家们作为公司的目标客户。文化艺术的市场定位，决定了年轻的雅昌必须依靠高标准和高质量的产品才能在行业中立足。即使雅昌的定价高于其他公司，有时甚至高出一倍，但其对高质量的不懈追求还是吸引了大批客户前来加印拍卖图录。目前，雅昌几乎承接了中国艺术品拍卖行业大部分的拍卖图册订单，其中也有像荣宝斋和翰海这样全国著名的拍卖公司，他们原先在香港的订单也转交给了雅昌。此外，《收藏家》《焦点》等著名刊物也选择在雅昌进行印刷。由此可见，雅昌“高档精品化、文化艺术性”的定位策略已初见成效。

### （二）第二阶段定位：B2C 艺术品供应商

艺术藏品的小众化与精英化的特点加大了工薪阶层消费艺术品的难度。在欧美市场，高仿复制已经形成了一套完整和成熟的运作体系，名家作品可以被限量高仿复制，这在欧美市场已经成为常态。近年来，随着我国人民的生活水平不断提高，精神层面的需求也在日益增长，我国市场对高仿复制艺术品的需求呈现出新的增长态势。雅昌怀揣着一颗传承和保护世界文化遗产的热忱之心，花费巨资研究艺术品的高仿复制技术，在此背景下，“雅昌艺品”应运而生。在技术层面，雅昌拥有最大的“中国艺术品数据库”，辅助其版权管理体系（CISDO）。在国内外艺术馆、博物馆以及艺术家共同合作下，对中国近现代书画、西方经典油画等艺术品高仿复制领域进行深入研究，最终得以让寻常百姓也可以接触售价“高不可攀”的艺术品，一方面可以美化人们的居住环境，另一方面又可满足艺术爱好者们收藏、欣赏等多样化的需求，可谓是一举多得。

由唐朝张萱所作的《虢国夫人游春图》，在 2009 年 3 月的“雅昌综合服务上海展”上艳惊四座，参观者可以戴上白手套亲手触摸这份辽宁博物馆的镇馆之宝。让众人大吃一惊的是，连历史斑驳痕迹都得以保留的展品，竟然是出自雅昌的高仿复制品。此“名画”售价高达 12650 元人民币，制作工序复杂，需要 15 道工序，对相机的要求也极其严格。高达 5.2 亿像素的相机需要分段拍摄，这幅作品代表着国内艺术品艺术技艺的巅峰水平。目前，国珍堂、印象、珍藏以及礼品系列一起构成雅昌艺术品的四大系列。在雅昌技术的加持下，只需要花费上千元，普通工薪阶层也能拥有一些珍贵艺术品的高仿品。

在万捷看来，IP 应用是雅昌未来贴近老百姓生活的必经之路，可以将雅昌多年积累的艺术数据转化为复制品，甚至是衍生品，以及各式各样与人民生活息息相关的产品。据万捷透露，雅昌正积极与全球 200 多个顶级体育俱乐部合作，通过复制品展览和数字印刷品生产，真正让有情怀、有个性、有收藏价值的艺术衍生产品在市场流通。雅昌艺术品的价值在于消费者可以直接和雅昌对话，其“艺术为人民服务”的价值观也得到了更为全面和直接的诠释。

### （三）第三阶段定位：综合艺术服务商

雅昌的英文名称“ARTRON”，是艺术（Art）与电子技术（Electronic）的结合，仿佛从一开始就预示着雅昌未来的走向。如同偶然进入艺术品印刷市场一样，雅昌与艺术网的邂逅也是一个偶然。

当万捷在深圳美光就职的时候，《印刷大趋势》和《出版大崩溃》这两本书对他影响至深。两本书都强调了未来印刷业将要面临的严峻局面，而数字化时代的到来会使这一局面峰回路转，印刷业必须与信息产业紧密结合才有发展的空间。万捷对书中的观点深以为然，很早便开始了在数码印刷领域的布局。为此，雅昌专门置办了3000万像素的相机和3.8亿像素分辨率的扫描仪。在扫描图录过程中，雅昌逐渐积累了许多高质的艺术品图片。最初，万捷仿照业内一贯的做法将这些图片删除以节省硬盘空间，然而有一天，万捷突发奇想：“为何不将这些精美的艺术品图片保留下来，将它们制作成艺术品数据库？”而这一灵光乍现便造就了中国最大的艺术品门户网站——雅昌艺术网——的诞生。显然，雅昌艺术网对于雅昌的意义绝不仅仅在于“变废为宝”，更在于将雅昌企业的发展轨迹转换到一个更加广阔的空间。从2000年雅昌艺术网正式上线的那一刻起，雅昌就不再是一家单纯的印刷公司，而是一个综合艺术服务商。2005年，一项3000万元左右规模的投资项目在雅昌与方正的合作下启动，用于建设中国艺术品数据库。2014年，雅昌艺术网开始建构全球最大的线上艺术品交易平台，平台拥有200万名专业会员，日浏览量高达805万人次，在美国Alexa中文网站访问量排行榜中排名位居前291。依托互联网IT技术，雅昌艺术网不断搭建资讯、数据、交易及移动等综合性平台，致力于为艺术全行业提供专业化的平台服务，此外还新增艺术家网络营销平台——艺术家官网，目前已为5000多位艺术家建设官方网站。

截至目前，雅昌艺术网已经成为中国乃至全球最大的中国艺术品拍卖库，不仅涵盖众多专业艺术品拍卖机构的拍卖信息，而且每年的图片和交易数据还以六十余万件拍品的速度递增，稳坐艺术服务领域的头把交椅。它囊括了综合资讯群、专业群、行业服务群、互动社区以及英文网群，艺术品收藏及爱好者可以在艺术网上获得丰富、全面的艺术品资讯。

## 四、总结

品牌重新定位是应对环境变化的一项营销战略。如果不能及时重新定位，或者重新定位错误，都会给企业带来巨大灾难。雅昌的品牌重新定位历程给我们提供了一个很好的借鉴。纵观雅昌从印刷到艺术的升级史，不难发现市场机遇和科技趋势的共同作用推动了其品牌重新定位。总结雅昌的成功经验来看，要想进行成功的品牌重新定位，必须做到以下三点：第一，保持对市场的敏感度。在印刷行业，除了传统的低端印刷市场，还有高端的艺术品印刷市场。雅昌在成立之初就意识到这一点，精准锁定高端印刷市场的空白，率先进入高端艺术品印刷的蓝海，从而成为国内高端印刷的代名词。进入艺术品印刷领域之后，雅昌又意识到艺术品市场的发展前景，从而开发“雅昌艺术网”“雅昌艺品”“艺 +”“交艺网”等业务，企业品牌也从“印刷雅昌”升级为“艺术雅昌”，并在 B2B 的工业品品牌基础上拓展了 B2C 的消费品品牌。第二，保持对科技的敏感度。万捷很早就意识到科技对印刷行业的颠覆性影响，因此大胆在数码印刷设备和技术上布局，之后又结合互联网技术，构建艺术品数据库。技术的应用使得雅昌定位从单一的艺术品提供商转向艺术生态平台的构建者。第三，新的品牌定位需要新的产品链作为支持。雅昌艺术网的根本意义在于借助艺术品数据库，构建了一个网络信息技术服务平台，打通了整个产业链。在产业链上游，雅昌增加了“艺 +”这一专门服务于艺术家的数字资产管理业务；在产业链下游，雅昌又开拓了“交艺网”，打造艺术品网上交易平台。当雅昌凭借艺术网依次推出“艺 +”和“交艺网”后，雅昌已经打通了艺术品市场的“任督二脉”，成为艺术品产业链的整合者，这使雅昌的市场地位得到了大幅提升。对于雅昌品牌而言，在贯通上下游产业链的同时，也完成了品牌定位的跃迁和升级。

# 如何支撑品牌重新定位？

## 华润三九的品牌创新

### 一、引言

为应对不断升级的社会趋势、技术变革、消费需求和竞争压力，品牌重新定位战略成为企业实现战略转型的重要手段，也是企业提升竞争优势的重要依托。然而，很多企业耗费巨资进行品牌重新定位，但缺乏相应的战略支撑，从而导致预期目标未能达到，甚至可能丢失掉原有的市场。企业应当采取何种策略来支撑品牌重新定位，以便更好地适应新环境呢？作为通过创新驱动实现品牌重新定位的市场实践者，华润三九医药股份有限公司经过十余载的努力，逐步摆脱发展困境，自 2018 年起，企业实现营业收入超过百亿元，成为“中国中药品牌口碑榜”榜首企业和“国内 OTC 行业领导者”。步入疫情常态化时代，公司仍能够迅速应对市场变化，并创造出可观的市场收益，2020 年 4 月，公司入选国企改革“科改示范企业”名单，成为国有医药企业改革发展的成功范例。

### 二、华润三九的发展历程

华润三九医药股份有限公司（以下简称华润三九）是一家集研、产、销于一体的大型国有控股上市公司。在 2008 年并入华润集团之前，公司名称为“三九医药股份有限公司”，其前身为深圳南方制药厂。2010 年 2 月，公司正式启用“华润三九医药股份有限公司”名称。追溯华润三九的发展历程，可以划分为以下三个阶段：

#### （一）探索发展期（2000—2007 年）

华润三九的前身是 1985 年成立的深圳南方制药厂。经过十余年的发展，在 1999 年由三九企业集团、深圳三九药业股份有限公司等 5 家公司发起设立为股份制公司。2000 年 3 月 9 日，成功在深圳证券交易所挂牌上市。上市之后，企业迎来巨大的发展机遇，部分拳头产品如三九胃泰、999 皮炎平、正天丸等获得市场认可。自 2003 年起，多次入选中国最有价值品牌榜单，并位于中国最有价值医药品牌榜首。2005 年，更是登榜中国行业十大影响力品牌。当然，公司在发展中也面临一定的困境，由于激进的多元化扩张模式和内部管理不当等原因，促使企业进行战略转变，在 2007 年底完成债务重组之后，企业进入新的发展时期。

### （二）快速增长期（2008—2016 年）

在 2008 年正式并入华润集团后，华润三九迎来了快速增长期。公司通过系统的战略梳理和规划，确立了清晰的发展战略，不断强化制药核心主业：一方面，逐步剥离了食品、医药分销等非主营业务；另一方面，通过外延式并购，持续提升医药制造业务在营业构成中的占比。在品牌战略调整的加持下，公司在品牌和渠道两个方面双向发力，这使其产品和品牌的影响力都得到了质的提升。其中，999 品牌系列产品拥有较高的知名度和客户接受度，助其成为皮肤药和感冒药市场的领导品牌。2012 年，华润三九还提出了“1+N”品牌战略。其中“1”代表 999 品牌，该品牌主要覆盖家庭诊疗等业务，而“N”则是指其他专业治疗领域的一些专业品牌，如顺峰、天和等，以此实现对医药市场的全方位覆盖。这一阶段，企业的经营状况得到明显改善，成为知名医药企业。

### （三）全面升级期（2017 年至今）

2017 年，华润三九的销售收入成功突破“百亿大关”，正式迈入新的征程。这一阶段，企业外部经营环境面临一系列重大变化，例如国家医疗体制改革、医药市场的重大结构性变革和消费升级等，华润三九积极应对以上变化，并推出一系列创新战略，通过创新驱动高质量发展，促进品牌全面升级。2018 年和 2019 年，企业成绩斐然，销售收入分别高达 134.28 亿元和 147.02 亿元。2019 年年报显示，华润三九药店已经覆盖 8 个城市，门店高达 2000 家。此外，在原有营销体系上，华润三九开始布局互联网渠道，以实现提速增效目标。2020 年，华润三九加大研发投入，在创新药物、中医药和健康药物等领域进行投资立项，大大提升了产品竞争力。同时，公司还启动了与深圳湾实验室的创新合作，联合研发抗肿瘤新药物。此外，在新冠肺炎疫情影响之下，华润三九加速创新转型，使业务得以保持稳定增长，营业收入仍维持在百亿之上。

## 三、华润三九的品牌创新战略

为积极响应“十四五”发展规划、健康中国和科技强国等国家大战略，华润三九秉持“健康”“创新”和“变革”理念，全面启动品牌重新定位战略，在品类开拓、科研创新、数字运营、品牌营销等多个领域同时发力，实现其核心竞争力全方位提升，持续推动中国医药健康市场的良性发展。华润三九的核心宗旨是以科技创新赋能品牌全价值链，推动品牌高质量发展，成为中国医药健康第一品牌。

为支撑其品牌重新定位，华润三九采取了以下一些策略：

### （一）构建多样化产品矩阵，支撑全新的品牌定位

华润三九从最初专注于药品制造业务到开拓具有前瞻性的大健康产业相关业务，其品牌定位进行了全面升级。具体来说，华润三九借势国内消费者需求升级、人口老龄化加速以及国家大战略的驱动，紧扣以健康为中心的发展理念，通过专注于研发创新和科技赋能，努力打造高质量医药健康产品品牌。为匹配消费者多层次的健康需求，华润三九重视提供良好体验的产品和优质服务，全方位打造其领导品牌地位。同时，公司通过技术创新赋能自我诊疗（CHC）业务，结合中、西医优势，聚焦核心品类，倾力打造“自我诊疗引领者”和“中药价值创造者”品牌新形象，大大提升了品牌影响力。此外，华润三九及时把握市场变化，聚焦OTC和中药处方药的战略定位，推出“1+N”的全新品牌战略，这一战略能够同时满足消费者家庭用药和重要处方药的需求。“1+N”品牌战略推行后，华润三九还逐步在企业内部推进新剂型和新工艺，推动产品转型，以消费者需求为核心，建立起覆盖家庭用药、重要处方药以及新型药剂等不同功效的全新产品组合；积极开拓新兴品类，以更好地丰富品牌产品矩阵，满足国内消费者日趋多元化的健康需求；突破现有医药品类低品质且缺乏规模化发展的格局，打造华润三九品牌的核心竞争力。

### （二）加强研发创新和智能管控，夯实品牌新定位基础

随着中医药产业进入高质增速的发展阶段，行业竞争日趋激烈，医药企业迫切需要提升自身竞争优势。华润三九充分发挥中药价值创造者作用，不断挖掘中医药产品的科学价值，完善中医药产业链布局，推动品牌产品升级，构建全方位的竞争优势。一方面，华润三九在规模化生产中加强了对产品源头的质量标准建设，深入挖掘中药材的医学价值，旗下中药产品“参附注射液”荣获 2019 年重要大品种科技竞争力排行榜第一名。同时，华润三九也是首批经国家食品与药物管理局批准立项试点生产中药配方颗粒的企业。自 2012 年起，华润三九逐步完善了从原料采购到生产加工、仓储、质量过程检验的全流程线上管控体系，各项信息化系统初步搭建完成。2019 年 2 月，华润三九初步建成贯穿产品全生命周期的计算机化系统运维管理体系，这将有助于公司实现对产品质量的严格把关。另一方面，华润三九成立了深蓝实验室，加快向智能化转型，并加速建设GAP药材种植、中药提取等自动化流程。公司凭借 999 智汇云系统结合线下智汇药房和线上中医药平台，构建了多位一体的闭环生态产业链，极大地提升了智能药房效率，打造出线上线下互联互通的中医药综合服务平台。

## （三）探索多渠道的营销创新，加速品牌新定位的形象推广

为响应大健康需求并适应市场变化，华润三九在完善线下智汇药房的基础上，重点布局线上健康市场，借助数字化转型提升品牌营销能力。此外，公司还在公益、娱乐和跨界方面进行营销创新，加速品牌推广。

1. 数字化营销

华润三九在重视产品研发创新的同时，也积极推动数字化转型，通过建立数字化中心，实现 999 品牌数字化资产的构建，这有助于进一步强化消费者对 999 品牌定位的认知。华润三九借助与京东、阿里等重要平台的合作，致力于构建治疗感冒、儿科、肝胆等药物品类的竞争优势，为其进行数字化转型奠定坚实基础。此外，华润三九还聚焦新零售布局，与传统客户在 O2O、垂直电商等新渠道相互赋能，共同打造医药新零售生态圈。同时，华润三九与平安健康达成战略合作，通过平安健康 App，用户可以直接享受华润三九核心品牌产品的相关服务，通过资源共享，快速覆盖医药市场。除此之外，华润三九还借助知名移动医疗平台（如平安好医生、丁香园等）和自有直播平台，开展线上慢性病义诊和公益直播，这些措施都有助于专业品牌的打造。

2. 公益营销

消费者更愿意选择践行社会责任的品牌。因此，公益营销已经成为近年来深受追捧的营销方式。2008 年 2 月，华润三九推出“999 爱心天使”公益平台，公益营销在贵州开始正式起航，并覆盖贵州、西安、西藏等十余个省市，包括走进雪域高原，启动以察隅县为帮扶对象的“999 爱心帮扶计划”，为位于边陲的下察隅镇捐建“999 感冒灵爱心阳光诊所”；在山东 5 个县市发起爱心图书捐赠等一系列爱心天使活动。此外，华润三九还积极投身贫困村精准扶贫产业建设，在四川、广东等地开展了精准扶贫项目，带动贫困村产业发展。近年来，无论是“999 爱心天使”公益平台还是精准扶贫相关活动，都可以让外界看到一个成功的企业、成功的品牌在履行它的社会责任，留下了它的爱心足迹。正如华润三九“为爱专注，为家守护”的理念，华润三九在努力地用爱守护更多的人。

3. 娱乐营销

娱乐价值的实现可以增加消费者和品牌之间的互动，有助于消费者产生第一品牌联想。因此许多品牌纷纷通过冠名真人秀节目、热播剧、小视频等方式进行植入式的品牌推广。2007 年，周华健代言 999 感冒灵，一句“暖暖的，很贴心”成为中国明星药品代言的典范之作，让“温暖”的 999 走进千家万户。近年来，华润三九也积极投入娱乐营销，相关举措包括电视节目冠名（如 999 感冒灵冠名《爸爸去哪儿》）、联合推出健康节目（如联合益丰大药房、湖南经视推出《天

天好健康》节目）以及将品牌植入热播影视剧（如《欢乐颂》《小别离》《青云志》等）。这些形式更加鲜活、内容更加亲民的媒体跨界营销成功实现了与消费者的情感互动。一系列的成功案例将华润三九的品牌和产品带入广大消费者的视野。而对于华润三九来说，娱乐营销不能盲目追赶热度，同时也要控制风险，尽量选择前 30% 或 40% 的节目。另外，华润三九也不是坐等冠名赞助的成果，在电视广告投放的同时，会将一定比例的资源投放到互联网，注重开展个性化的、定制化的、有互动的营销。

4. 跨界营销

跨界营销通过互补性的形式融合本不相关的元素，从而提升品牌的立体感和纵深感。伴随跨界营销引发的热度，华润三九也开始尝试跨界产品开发，分别在服装和化妆行业设计了“999 感冒灵”四款“暖心秋裤”和推出“999 皮炎平”三款特色口红：“鹤顶红”“夕阳红”和“够坦橙”。这种跨界营销迅速增加了品牌热度，也大大激发了消费者灵感，消费者纷纷在社交媒体上表示非常想要尝试这类产品。此外，产品宣传海报均采用复古怀旧和另类元素融合设计，以大胆的“绿、红、黄”为主色调，形成颜色鲜明、形象突出的海报风格，给消费者带来更大的视觉冲击。这样的营销模式，一方面通过激发消费者的好奇心产生持续热度，另一方面还可以突破国产传统品牌的刻板印象，使品牌变得更加时尚和年轻化。

## 四、结语

品牌定位会随着内外部环境的变化而发生调整，即企业为打造持续性竞争优势，需要通过品牌定位升级以满足消费者的需求升级。但很多企业在提出新的品牌定位之后，不懂得如何采取相应策略来提供支撑。华润三九的案例告诉我们，新的品牌定位离不开新产品体系、技术创新和营销创新等几个方面的支持。首先，产品是品牌的载体，新的品牌定位需要新的产品来实现。为了满足消费者多层次健康需求，华润三九从 999“1”种核心品牌逐步覆盖“N”种专业品牌，最终构建了多样化产品矩阵。其次，技术创新是品牌新定位的基石。没有新的技术，也就没有新的品牌定位。华润三九依托科技创新挖掘中医药价值、研发新药剂、完善产品质量标准，充分发挥产品差异化优势，提升了核心竞争力。最后，营销创新帮助品牌新定位更有效率地进行传播。为紧跟数字化转型步伐，华润三九积极开展与多个主流线上医药平台的战略合作，积极布局线上业务，通过资源共享，取长补短，实现了智能化和高效化，加速了品牌传播。此外，华润三九能够精准把握日新月异的互联网动态，推动营销渠道创新，并综合公益、娱乐和跨界等营销模式，提高了品牌与消费者之间的沟通质量，塑造出年轻且有社会责任感的品牌形象，进一步强化了消费者对华润三九品牌理念的认知和认同。

# 如何进行品牌重塑？

万科的新战略

## 一、引言

在动态的市场环境里，没有什么可以一成不变。企业在发展壮大的过程中，如何及时抓住市场风向标、调整品牌策略、塑造全新的企业形象，一直是品牌管理的难题。如果一直循规蹈矩，不主动调整经营策略，当前辉煌的业绩或许会成为企业创新发展的羁绊。对品牌形象进行重新塑造，使其更加深入人心、更符合企业自身的定位，是很多企业亟待解决的难题。近年来，作为中国地产界领头羊的万科也面临着品牌重塑的问题，如何在日新月异的环境里一直保持领先水平、扩大产品线、持续领先其他企业，是万科近几年的工作重心之一。

万科企业股份有限公司成立于 1984 年，经过三十多年的努力发展，如今已成为国内城乡建设与生活服务商。然而随着房地产价格单边上涨时代的结束，地产高速增长的时代已经结束，加之万科的主营业务利润率增速下滑，万科进行了多元化的品牌重塑战略。

## 二、地产行业“领跑者”的困惑

作为我国首批在深圳证券交易所公开上市的企业，万科将房地产作为自己的核心业务，并凭借自身优秀的企业文化以及卓越的业务能力，很快便成为中国房地产行业的领跑者。如今其市场服务范围已覆盖到珠三角、长三角、环渤海三大城市经济圈以及中西部具有经济活力的重要城市。

万科专注于住宅地产开发，通过自身努力成为全球最大的专业住宅开发商和国内房地产行业的领军企业。在充分把握市场发展趋势与客户需求的基础上，万科于 2013 年开始围绕“城市配套服务商”这一愿景积极寻求拓展新业务——商业地产模式。然而房地产行业的黄金时代已过去，房地产行业开始步入白银时代，房地产行业的增长逻辑已发生根本改变，房企的生存和发展能力面临着全新的考验。

万科集团在发展的过程中，面临着业务多元化的机遇与挑战，仅仅围绕地产开展相关业务早已不能顺应时代发展的潮流，更不能为万科带来新的活力与发展机遇。万科从2015年到2017年的财报数据显示，其每年的地产营业收入相较去年同期的增幅分别为32.52%、23.09%、-0.48%，这一数据意味着万科的房地产营业收入增幅在逐年下降，企业经营业务转型似乎迫在眉睫。正如万科一位高级管理人员所说的那样，他希望未来十年后，当大家提到万科时，第一反应想到的不是房子，而是美好的生活。并且他也正在重新定位万科未来的发展方向，让万科实现真正的"业务多元化"，这样更符合万科未来的定位。

## 三、万科"业务多元化"的品牌重塑策略

不同于普通的房地产企业转型，万科基于对细分市场的充分调研，努力让企业产品朝着更加以客户为导向、更精细化的方向发展。万科一直在围绕"美好生活"和"城市和客户发展"两条主线进行多元化布局。为此，万科在2018年进一步明确了自身定位——"城乡建设与生活服务商"，并提出"业务多元化"的品牌重塑战略，希望通过拓展多元化的业务来突破传统业务的发展瓶颈，帮助企业实现新的发展与进步。为了达成业务多元化战略，重塑品牌形象，万科在业务层面做了以下调整：

### （一）重塑品牌形象——优化品牌识别

品牌形象是企业实施品牌战略尤其是进行品牌定位的一种外在表现方式。万科成功跻身于中国大型住宅开发商之后，于2007年在企业识别上增加了"让建筑赞美生命"的标语，以此体现万科在地产行业的专业性与可靠性。但随着地产行业黄金时代的消逝，只专注于地产业务的局限性越发明显，因此，万科之前的企业品牌识别已不能够覆盖和体现万科的战略及其多元化业务布局。凭借着在住宅开发和物业服务领域的优势，万科逐渐将其业务延伸到了物流、轨道、教育、冰雪度假等领域。因此，更换一个可以全面展示万科品牌内涵与多元化业务的品牌识别，重塑品牌形象，已成为万科实施新战略的当务之急。基于上述考虑，万科于2015年对品牌识别做出了进一步优化，在企业识别中采用"赞美生命、共筑城市"代替原来的"让建筑赞美生命"。这些看似只是从"建筑"到"城市"的改变，却体现了万科发展多元化业务的决心与努力方向。更改之后的标志和标语，体现出万科对城市美好生活的向往，也给消费者带来更直观的品牌感受。通过品牌标识的优化升级，万科向社会传达了变革信号，表明自己不仅可以为客户提供住房，更重要的是能够参与城市的成长与文化建设。

### （二）打造高质量物业服务——万科物业

万科很早就开始重视为业主的不动产提供全生命周期服务。2009年，万科集团成立子公司——万科物业，致力于为客户提供物业管理服务。具体包括开发商服

务、住宅物业服务、商业写字楼物业服务等在内的六大业务模块，以期更好地服务于业主，为业主带来高质量的服务体验。

在 2018 年发布的国内物业百强名单中，万科物业已是连续第九次荣获国内物业服务行业综合实力第一的称号。万科物业自成立以来，发展速度十分迅猛，如今已拓展到国内 80 多个最具发展潜力的大中城市，已签订超过 2800 个合同项目，其合同面积突破了 5.3 亿平方米，累计服务超过 480 万户家庭。

万科物业始终围绕着业主不动产来开展业务，同时开展更深入的探索，努力为业主提供更多服务。在万科物业眼中，为客户服务，是其始终追求不变的真理，也是他们践行利他精神的体现。如今，万科物业在全国有超过 5000 名管家，提供全天24小时的客户服务，坚持每年在超过1000多个社区举办2000多场社区活动。

万科物业一直专注于让更多业主能够体验到其物业服务的极致与美好。它以房产售后市场为核心，积极推动业务内容从管理层面向交易和服务层面延伸，并努力促进市场化运作。同时，万科物业顺应时代发展，积极创建互联网信息技术平台，打造高质量的物业服务，不断为业主提供更加优质的服务。

2020 年，为了以科技推动物业服务，万科物业进行了数字化升级，名称也改为“万物云”，旗下包括“空间”（Space）、“科技”（Tech）、“成长（Grow）”三大业务模块。

### （三）进军物流仓储板块——打造万纬物流

万科是物流地产的新进入者。在这一新兴领域，万科积极利用资金优势，实现了跨越式发展。截至 2018 年上半年，万科物流地产已经进入 32 个主要城市，网络化布局初步见效，服务客户 60 余家，累计已获得项目 84 个，可租赁物业的建筑面积高达 626 万平方米，其中已经建成运营项目 41 个，稳定运营项目的平均出租率为 95%。2014 年 5 月，万科成立物流地产事业部，标志着公司正式布局物流地产。2015 年 5 月，万科首次公布物流地产项目获取情况，并在当年 6 月成立万科物流地产发展有限公司，同时推出物流独立品牌“万纬”。物流地产业务从事业部上升为子公司的发展历程，既表明了万科进军物流地产的决心，同时也意味着物流地产从辅助支撑性职能开始向现金流核心营收业务进行转变。

### （四）探索新业务模式，经营板块多元化

在“去地产化”的战略背景下，开拓新的业务模式对万科来说并非易事，如何利用现有成熟的业务优势去开创新的商业模式，是万科需要面对的严峻挑战。

#### 1.“冰雪 + 地产”的业务模式

随着经济水平的提升，人们愈加重视旅游、教育等方面的投入。其中，冰雪度假领域在国内的市场潜力巨大，因此，万科将目标瞄准了冰雪度假领域。2017

年初，万科在吉林的松花湖度假区召开了集团会议，宣布正式成立冰雪事业部。万科冰雪事业部的成立，意味着万科将冰雪产业正式纳入了其事业部经营范围，同时也向外界传达了其进军冰雪产业的决心。目前，万科冰雪事业部旗下已成功运营了分布在北京、吉林以及内蒙古的五个滑雪度假区。目前，万科冰雪事业部已决定将其旗下的滑雪度假区进行改造升级，并创建一套新的产品体系，致力于为客户带来舒适便利的滑雪度假新体验。未来，在基于“冰雪＋地产”的业务模式上，万科还将不断深耕并持续拓展滑雪度假产业，努力为中国未来滑雪行业引领新风向。

2.“轨道＋物业”的业务模式

在地产行业的白银时代，国内城市经济圈的形成为房地产企业带来了新的发展机会。重新定位于“城市配套服务商”的万科，提出了“围绕地铁提供城市配套服务”的战略，探索“轨道＋物业”的新业务模式，即把轨道建设与物业开发有效结合的模式。实际上，“轨道＋物业”模式早已在发达国家中得以落地。从它们成功的经验来看，“轨道＋物业”模式有利于开拓城市圈可居住的边界，大大提高城市住房和土地的供应能力，有效地将中心城市的人口向周围分散。如今我国的轨道交通已步入高峰建设期，实施“轨道＋物业”模式已成为城市可持续发展的重要选择之一。

基于上述考虑，万科集团迎来了新股东——深圳地铁集团，这也为万科探索“轨道＋物业”的业务模式提供了良好的发展契机。万科与深圳地铁实施战略性合作，充分发挥了双方在物业开发和建设运营管理方面的优势，共同推进“轨道＋物业”模式的发展，同时也显著提升了万科的城市配套服务能力，进一步加快了万科向城市配套服务商的转型。

随着国内轨道线路的不断延伸，加上拥有深圳地铁集团的战略性支持，万科将有机会在地铁沿线赢得更多的项目资源。未来，万科还将在全国更多城市推广“轨道＋物业”业务模式，进一步实现城市配套服务商的业务转型。

3. 万科教育：“全日制＋营地”的素质教育

在教育业务方面，万科集团通过创新型公办、PPP模式、民办国际化学校等多种模式探索覆盖K12（从幼儿园到12年级）的全日制教学体系，同时积极拓展包括城市营地、社区营地、户外营地在内的素质教育基地。目前万科旗下主要有两大教育品牌，即2017年在上海成立的“德英乐”以及2015年在深圳成立的“梅沙教育”，分别由万科上海区域和万科南方区域主导。

在全日制教学体系方面，1996年，上海万科与复旦大学附属中学联合建立上海市复旦万科实验学校；2015年，万科联手深圳中学共建万科梅沙书院；从2017年起，教育领域的相关发展提速，上海万科推出一个全新的教育品牌“德英乐”

教育，目前德英乐教育体系涵盖以下 3 个板块：公办全日制教育、民办全日制教育、非全日制教育。从目前的业务现状来看，万科全日制教学体系主要由“德英乐”品牌承担。

营地教育体系主要由“梅沙教育”品牌承担。万科营地教育由社区营地、城市营地、户外营地三部分构成，其中，社区营地聚焦打造“家门口的一站式教育平台”，主要解决儿童托管问题，目前已在广州、深圳、厦门、佛山、东莞、长沙等 6 座城市运营。城市营地定位于城市级的教育综合体，聚焦科学、体育、语言、艺术、公共服务五大模块，致力为 0~12 岁孩子提供定制化的发展和成长空间。户外营地致力于打造专业体验式教育营地，通过“旅游 + 教育”模式提供户外教育产品。万科梅沙户外营地创立于 2015 年初，截至 2017 年，梅沙营地已形成全方位的优质户外课程体系，覆盖“雪地课程”“海洋课程”“语言课程“综合课程”等四大课程板块，并在全国建立惠州、三亚、厦门、宁波、吉林、清远、深圳等七大校区，为 3~18 岁孩子提供专业的户外教育产品，参营地点覆盖上海、深圳、广州、厦门、中国香港、巴厘岛、英国、新加坡、日本、美国等国家或地区。

整体来看，万科教育是万科做好城市配套服务商的一大举措，全日制教育已形成覆盖 K12 的教育体系，营地教育目前已形成“社区营地—城市营地—户外营地”三位一体的架构，依托万科物业管理模块规模庞大的住户基础，万科教育实现了迅速发展。另外，全日制教育和营地教育也发挥了交叉优势，例如，万科可以在“德英乐”旗下通过青少年俱乐部提供夏令营、冬令营活动，梅沙教育旗下也已开设 4 所全日制学校。

## 四、总结

地产高速增长的黄金时代早已过去，只靠单一的房地产住宅业务难以撑起万科的未来。品牌重塑，是企业摆脱原领域局限、突破发展瓶颈的重要举措。万科品牌当前所面临的瓶颈是如何突破原领域的桎梏，发展多元化业务。因此，万科需要执行“业务多元化”的品牌重塑战略，具体做法包括：首先，万科通过优化品牌标识来重塑其品牌形象；其次，万科通过打造高质量物业服务——万科物业扩大了业务范围；再次，万科通过成立物流公司——万纬物流来抢占物流地产市场；最后，万科围绕“满足人民美好生活需求”的目标积极探索“冰雪 + 地产”“轨道 + 业务”“万科教育”等新业务模式。

战略提出后，万科围绕“美好生活”与“城市和客户发展”这两条主线来发展其相关多元化产业，始终坚持为人们提供好的服务和好的产品，并努力落实企业发展愿景，致力于为客户创造更加美好的城市生活，最终真正实现其品牌战略。

# 如何进行品牌定位升级？

## 从 A8 音乐到 A8 新媒体

### 一、引言

品牌是企业与市场对接的界面。随着宏观环境的改变，市场需求和竞争也在不断变化，企业战略与业务也必须随之而变，从而品牌定位的转型升级也成为一种必然。然而，品牌是消费者认知的集合，长期的积累使得消费者对品牌产生了固有的认知，盲目的转型升级不仅无法吸引新的消费者，也会使得原有的消费者离开。因此，品牌定位升级必须深思熟虑。A8 新媒体是一家旨在为音乐爱好者提供音乐入库、曲目管理、音乐制作、音乐推广及营销以及音乐数据分析服务的综合性数字音乐公司。它于 2008 年 6 月 12 日在香港主板正式上市，是国内第一家从事音乐概念的上市公司。A8 新媒体在创业之初的企业愿景是致力于打造中国第一家“革命性音乐电子商务品牌”，而后为了适应市场趋势及需求，转变其定位，成功地成为一家涵盖了文学、影视、游戏、社交、音乐等业务的多元化新媒体公司。从一家仅有音乐业务的公司，发展成为一家多元化业务的新媒体公司，A8 新媒体走出了一条成功的品牌定位升级之路。

### 二、A8 品牌的发展历程

A8 新媒体的品牌发展历程可分为 4 个阶段。这些阶段不仅是整个集团的发展过程，也是围绕 A8 品牌理念来驱动品牌建设和更新的过程。

#### （一）初创期（2000—2007 年）

A8 电媒音乐控股有限公司（A8 新媒体集团有限公司的前身）于 2000 年 1 月在深圳市注册成立。成立之初，A8 音乐就瞄准了中国移动互联的巨大潜能和广阔的市场前景，将品牌目标群体精确定位为年轻的音乐爱好者群体，并以推广原创音乐和音乐版权保护为其核心品牌理念。借力中国市场互联网的崛起，A8 通过多渠道迅速拓展市场。2005 年 12 月，A8 音乐集团获得了来自 IDG、TDF 资本等 5 家国际投资机构数千万美元的融资。

### （二）发展期（2008—2012 年）

2008 年，A8 音乐成功在香港上市（股票代码：00800.HK），一跃成为中国第一支音乐概念股的上市公司。2010 年 8 月，A8 音乐启动华南数字音乐基地建设。依托该基地，A8 音乐孵化出多个成熟项目。其中包括 A8 Live House，其作为中国最顶尖的音乐现场，涵盖了创客咖啡厅、音乐演出、乐队排练室、专业录音棚、音乐教育基地一体化的录音服务。A8 Live House 音乐现场可容纳近千人，并吸纳了德木现场（Demo Live）等众多著名的音乐团队展开深度合作。在香港联合交易所主板成功上市后，A8 新媒体继续专注于音乐业务的发展。当时，公司所有的主营业务都与音乐相关。例如，举办一年一度的原创中国音乐大赛，为无数怀揣音乐梦想的音乐创作人提供了展现创作的舞台。2011 年 4 月，A8 音乐投资启动了“A8 音乐创作人计划”，该项目定位于“挖掘真正有潜质的音乐人”，首发 A8 音乐原创女声合辑《天使 A 计划》。

### （三）扩张期：2013 年至今

在专注于音乐的同时，A8 音乐开始涉足其他形式的娱乐模式，完善品牌升级。之前的 A8 音乐名称已经无法覆盖新的业务。于是，借着 2014 年 5 月成立 14 周年的机会，“A8 电媒音乐集团有限公司”正式更名为“A8 新媒体集团有限公司”。新的公司规划了新的企业发展战略，即基于移动互联网发展，重金打造音乐娱乐业务产业链和精品游戏发行平台。截至 2015 年 11 月，A8 集团附属公司孵化的实时直播 App“映客”获千万级别 A 轮融资，资本来自国内多家知名创投公司。2016 年 1 月，映客再获 8000 万元 A+ 轮融资，同时，映客位列 IOS 社交免费下载榜第一名。

2016 年 5 月，A8 新媒体收购了北京掌文 100% 的股权，进入网络文学领域。至 2017 年底，其自有用户数超过了 2000 万人，比上年同期增加了 50%，作品数量比上一年扩充了 30%。掌文旗下的“黑岩”属于国内最大的悬疑类网络文学平台，曾斩获喜马拉雅付费播放量第一名。2018 年，多米音乐孵化的实时直播 App 映客于香港上市，A8 新媒体通过北京多米间接持有其 12.13% 的股权。映客现有活跃用户已超 2 亿人，巨大的流量也为 A8 新媒体内容的输出提供了无穷的出口。此外，A8 新媒体还成立了全资附属公司极速蜗牛影视传媒（深圳）有限公司（A8 影视），同时收购蓝蓝蓝蓝影视 13.56% 股权，联合腾讯收购独立游戏公司木七七 51% 的股权，从而加速网络电视剧、视频、电影、游戏等方面的业务开发，致力于未来形成文学、影视、游戏联动，互相促进发展的局面。公司在泛娱乐的产业链上布下的几颗关键棋子也初显成效。种种迹象表明，A8 新媒体经历了 2017 年的低谷，以及 2018 年初的蛰伏，目前新媒体集团已经开始走上正轨。

## 三、A8 品牌定位升级策略

为适应年轻一代对文娱消费需求的升级变化，曾经的 A8 音乐盈利模式相对单一，已不能满足急速更新迭代市场产品需求。因此，A8 新媒体的“泛娱乐”品牌战略确定后，它开始了新一轮的品牌定位升级。这是 A8 新媒体适应环境变化、保持持续竞争力的必然选择。具体而言，A8 音乐在转变为 A8 新媒体的过程中，采取了以下几项举措：

### （一）品牌重新定位

一般而言，品牌定位不要随意改变，除非原有的定位无法在市场变化的背景下保证自身的竞争优势。A8 音乐正是面临音乐市场不断变化的问题，所以对品牌进行了重定位。不过，A8 品牌重定位并不是一蹴而就的。从其品牌定位发展过程可以看出，初期随着市场需求增加，A8 一开始只是为增强并深化歌曲曲目内容，推出 A8 音乐品牌；随后针对音乐爱好者的创作需求建立了 UGC 原创音乐平台，旨在服务音乐人，提供原创数字音乐为主要内容的音乐人 UGC 平台；后来将品牌目标重新定位为成为中国最大的年轻人娱乐平台，业务逐渐涉足其他娱乐模式，品牌定位逐渐趋于以 IP 为主线的多元化路径，其受众人群也随之越来越广；目前，A8 新媒体将品牌定位为以 IP 为主线，文学、声频、视频、影视、动漫、游戏、直播等多品牌打造，由点到线，打通整个泛娱乐品牌。可以看出，品牌重定位具有渐进性，需要随着市场需求的变化和企业本身的战略调整来逐步实现。

A8 新媒体公司名称和标志的升级，也是 A8 集团品牌转型升级的一个缩影。A8 新媒体最初的标志由“A8.COM”和“音乐”组成，凸显了公司的核心业务是音乐，同时方便用户记住公司的网址，在互联网早期，起到了很好的宣传作用。随着品牌的不断迭代升级，公司主营业务已经包括音乐、娱乐和文化几个板块，涵盖文学、影视、游戏、社交、音乐等内容，覆盖了原创内容提供、IP 孵化及影响力扩大和 IP 增值变现三个环节。原有的标志存在一定局限性，已经不能满足公司现有的品牌定位，新的标志删除了“音乐”和“A8.COM”元素，使用三个互相连接的圆环，赋予多个颜色，不仅阐释了公司业务的多元性和关联性，也完美地助力了 A8 的品牌升级。

### （二）业务转型升级

动态的市场里不存在永恒不变的业务。随着生产技术不断创新、消费需求的不断变化和品牌竞争的白热化，品牌的市场表现会产生时间序列上的波动，因此品牌需要及时进行业务的转型升级。在品牌建立的早期，A8 深耕音乐市场，做了诸多创新之举。例如，通过与中国移动的合作成为当年在中国市场提供手机铃声下载服务的领跑者，其中最具代表性意义的合作项目“全球华语音乐榜中榜”节目活动，也帮助 A8 成为率先打开音乐和手机互动新时代的品牌；打造移动互联网音乐娱乐产业链服务（涵盖云端移动互联网音乐服务）；聚焦现场音乐演出、多米音乐业务发展，包括 A8 Live 和德木现场两个品牌来探索 Live House 演出模式。之后，涉足游戏领域，介入游戏业务的内容、发行、渠道等领域，针对游戏发行业务的精准化运作，其运营的《啪啪三国》在上线一年后仍维持平均月业务收入高达 500 万元的现金流。后来，还通过对蓝蓝蓝蓝影视约 23% 的股权收购进入到网络文学板块。蓝蓝蓝蓝影视是目前国内顶尖的编剧公司，真正控制独家编剧人数业内最多，每年原创剧的数量十分可观，其中大多数供给影视平台巨头“爱奇艺”。A8 的这一举措对其未来影视发展至关重要。2017 年 4 月，A8 成立全资子公司极速蜗牛影视公司——A8影视，拍了十二集悬疑类短视频，总点击量一亿次。加上与爱奇艺的网剧合作，A8 继续在影视领域深耕，业务的基础得到夯实，比如合作出品古装轻喜剧《大周小冰人》等。经过十余年的发展，A8 新媒体逐步开始了对泛娱乐行业的深耕，以优质 IP 核心，打造集动漫、文学、游戏、影视等多业务于一体的产业体系，其品牌也随之升级。

### （三）联合品牌传播

品牌转型升级是品牌创新战略，这些新的战略信息需要及时向大众传播。在信息爆棚的时代，单靠一己之力发声，品牌很容易被淹没。A8 深知这一点，借力大量的品牌合作来进行传播。实际上，品牌合作本身也是其进行转型升级的重点举措。

2001 年，A8 音乐与中国移动广东分公司展开业务合作，成为在中国市场提供手机铃声下载服务的领跑者，其中“全球华语音乐榜中榜”节目首次打开了音乐和手机互动的新时代。2002 年 1 月，A8 音乐的无线增值业务量高速增长。彼时，通过和“2002 CCTV-MTV 音乐盛典”组织方合作并为粉丝提供短信投票服务，吸引了 1500 万人次参与投票，一举刷新当年业务量纪录。2004 年，A8 音乐与 MTV 签订独家战略合作协议，在 MTV 的不同节目中提供无线音乐服务；与国际及国内唱片公司展开合作，继将百代公司的音乐以彩铃的方式在中国移动的无线网络上进行销售之后，陆续与华纳、索尼 BMG、环球唱片等以各种形式进行合作。2008 年 1 月 31 日，A8 音乐携手香港首家 3G 移动通信服务运营商“3 香港”，致力于打造 3G 多媒体网络平台，在双方互信互利的基础上推出“原创中国”音乐频道。

与德木现场（Demo Live）的合作，则是带着把国际最流行的 Live House 音乐演出形态播撒到中国大地的理念，通过让观众享受极度震撼的专业现场，做到让观众和舞台、歌手近距离地互动，助力线下项目得到快速的发展。线下活动也进一步拉近了众多乐迷与A8品牌之间的距离。

在游戏领域，A8大胆地尝试跨界合作，初期先与优质游戏研发商合作，进而逐步拓展到获取优质网络文学产品的IP，并联合第三方进行相关IP改编的游戏产品的开发。目前成功运营《啪啪三国》安卓版等多款爆款手游，在游戏方面打下品牌传播的发展基础。

可以说，A8的联合品牌传播策略提高了A8新媒体品牌的传播效率和质量，使其在短期之内就能在业内建立影响力。当然，打铁还需自身硬，如果A8没有在音乐、新媒体、游戏等方面的实力，也无法获得其他品牌的支持。

## 四、总结

品牌是一个动词。为了顺应市场环境的变化，品牌需要进行定位升级，以此保证持续发展的竞争力。然而，定位升级的时机和方向如果把握不好，可能会给品牌带来毁灭性打击。A8新媒体的案例给我们提供了经验借鉴。纵观A8新媒体的发展历程，从最开始的"我的音乐无处不在"的A8音乐品牌，发展成了今天拥有自己完整的"泛娱乐"产业链的A8新媒体品牌，其蜕变过程可以带来如下启示：

首先，应当适时地进行品牌重定位。A8抓住时代发展的脉搏，果断进行重定位，从A8音乐升级为A8新媒体，从而华丽转身，成为"泛娱乐品牌"。为了将品牌重新定位可视化，A8还将其标志进行了调整，新的标志准确反映了新的理念和业务，获得了市场认可。需要注意的是，A8的品牌重新定位建立在自身的优势项目上，即使一些新的业务不占优势，也会通过战略合作的方式整合其他的优势资源。

其次，品牌的转型升级需要有业务的转型升级作为支撑。只是宣传自己进行品牌转型升级，只能是停留在口头上，不会产生实际影响力。唯有大力推进业务的转型升级，才能为品牌转型升级夯实基础。比如，A8新媒体将其品牌理念精准定位为主打优质IP，链接文学、影视、动漫、游戏等业务的产业链，这对A8新媒体取得如今的发展成绩至关重要。

最后，品牌转型升级需要通过品牌传播加以宣传。由于一些业务的拓展可能会牵涉与其他公司的合作，因此无形之中产生了联合品牌传播，更快地扩大了品牌的影响力。为此，需要选择强大的合作伙伴，不仅确保了转型升级业务的成功，而且能够帮衬提升品牌的地位。

# 品牌战略篇

# 如何创建自主品牌？

## 研祥集团的发展之路

### 一、引言

创建自主品牌是一家企业持续增长的重要保障。改革开放以来，在国际市场具有真正影响力和竞争力的中国企业自主品牌数量有限。很多中国企业在代工生产、品牌代理方面做得很出色，但对于“如何打造自主品牌”这一问题，往往处处碰壁，一筹莫展。研祥集团是中国企业创建自主品牌的典范，成功创立了拥有全部自主知识产权的品牌“EVOC”特种计算机。此外，研祥集团参与制定了中国特种计算机的国家行业标准，是国内特种计算机行业的领航者，在世界特种计算机行业排行榜中连续多年位列“探花”之席，在国际上拥有举足轻重的定价权和话语权。那么，研祥集团是如何创建自主品牌的呢？

### 二、研祥集团的自主品牌创建历程

1993 年夏，陈志列从国家机关部门辞职，联合四位志同道合的研究生朋友下海创业，创建了深圳研祥机电实业有限公司（研祥集团的前身），经营方向为工业控制计算机。

研祥集团创立之初，主营美国 IBM 公司的工业控制计算机代理业务。凭借优质的客户资源、较为领先的技术能力以及更加全面的售后服务，研祥集团在两年之内盈利 3000 万元，力压 IBM 公司在中国的其他 60 多家代理公司，成为冠军代理公司。1996 年秋，研祥集团放弃优质的代理资源，开始自主研发特种计算机产品，继续抢占国内特种计算机市场。2002 年，深圳市地铁一期特种计算机控制系统招标，研祥集团打败德国西门子公司，获得唯一供应商资格。经此一役，研祥集团在国内特种计算机领域声名远扬，品牌影响力越来越大。2003 年，研祥集团在港交所上市，成为当时内地工业计算机行业中唯一的上市公司。

自上市后，研祥集团继续加大自主研发力度，丰富产品种类并努力提升产品性能。2006年，通过公开竞标，研祥集团一举夺得了国家信息产业部[①]的“BIOS”安全项目。作为这一标准的起草单位，研祥集团主办了GB/T9813.3《微型计算机通用规范第3部分：工业应用计算机》国家标准研讨会。同年，研祥集团成为国内特种计算机行业的龙头企业。2008年，研祥集团实行“研祥Inside”战略，进军海外市场，迈向国际化征程。两年后，研祥集团打造的特种计算机“EVOC”品牌已成为行业知名品牌，被认定为中国驰名商标，问鼎“十年新兴品牌”。

2012年，研祥集团在国际市场上特种计算机行业已拥有足够的话语权。2012至2020年，研祥集团“EVOC”品牌在特种计算机领域连续多年保持着全球第三、国内第一的席位。截至2020年6月，研祥集团作为国际工业互联网解决方案提供商，分布在全球各行各业的数据节点超过2500万个，业务遍布5G、智能制造、人工智能、大数据、高端装备、电力、智能交通、航空航天、石油石化等30多个行业。二十多年来，研祥集团几乎囊括了国内外特种计算机领域的所有奖项或荣誉，这证明了业界对其强劲综合实力和良好发展前景的高度认可。2021年9月，研祥集团入选“2021中国企业500强”“2021中国战略性新兴产业领军企业100强”等多个重量级榜单。

## 三、研祥创建自主品牌成功之道

研祥集团秉持创建有话语权的企业自主品牌的理念，历经多年市场磨炼，从成果稀少到硕果累累，从默默无闻到闻名天下，其自主品牌的创建经历可圈可点，有诸多值得借鉴之处。

### （一）自主技术创新意识强

20世纪末，我国特种计算机行业技术水平落后，产品性能差，国内市场被欧美企业巨头垄断。扭转这种局面需依靠国内企业技术创新，创建自主品牌。研祥集团在通过代理业务获得第一桶金之后，毅然决定创建自主品牌。彼时，我国工业体系正处于快速发展的阶段，但是较差的工业生产环境让很多进口机器“水土不服”。经过无数次产品性能实践与改良，研祥集团成功研发出适用于国内工业工厂实际、抗干扰能力强的特种计算机。

之后，研祥集团坚持自主研发，公司实力和品牌影响力大幅度提升，逐步掌握了国内特种计算机行业的话语权。2005年，研祥集团一次性通过了GJB质量管理体系认证、国家保密认证、武器装备科研生产许可认证，一跃成为我国第一批获得军工武器装备科研生产许可身份的民营企业。同年12月，研祥集团同英特尔

① 现为中华人民共和国工业和信息化部，简称工信部。

公司签订了《英特尔—研祥智能嵌入式应用解决方案及产品和市场联合开发一揽子协议》，共同打造中国嵌入式产品市场的第一品牌，并成为该领域唯一在技术应用层面达到国际水平的中国企业。2007 年，研祥集团自主研制出拳头产品“天傲 2007”，在国内特种计算机领域拥有了绝对定价权。

研祥集团重视科研投入，其科研人员在企业员工总数中占比逾 30%，平均每年研发经费投入在年度销售收入中占比 10%。研祥集团旗下的特种计算机已形成了 17 个系列、500 多个型号，整体技术达到“国内领先、国际先进”，部分产品技术已达到国际领先水平。自 2013 年获批组建国家特种计算机工程技术研究中心以来，研祥集团投入了大量资金用于实验室建设和工程技术研究开发。中国合格评定国家认可委员会（CNAS）是我国目前唯一的、最权威的实验室评审机构，也是审核时间最长、通过难度最大的国际互认的权威认证机构。2019 年，研祥集团通过 CNAS 认证，其公司产品质量优劣的权威话语权发展到国际市场。2022 年 5 月，研祥智能加固笔记本 JNB-1502-FT、网络安全整机 N15-FT 产品入选国家安全权威认证产品。截至 2022 年 8 月，研祥集团已累计主导编写了国际标准和行业标准各 2 项、制定国家标准 31 项，授权专利累计已超过 1100 件，非专利核心技术超过 1300 件，并且所有产品拥有完全自主知识产权。由此可见，研祥集团引领了特种计算机行业技术的规范与创新发展，为此作出了巨大贡献。

### （二）差异化产品战略

在计算机领域，全球已有很多企业在个人计算机（PC）市场取得了成功，占据了绝大部分市场，导致新品牌难以进入市场，同赛道生存发展的空间很小。面对这一市场背景，研祥集团精准把握自身的品牌定位，把关注重点聚焦在特种计算机领域，进入嵌入式特种计算机赛道。研祥集团的品牌差异化战略不仅体现在市场定位方面，还体现在品牌标识上。1996 年，研祥集团注册的品牌商标是 ARXY，经过数十年的经营，研祥集团稳居国内特种计算机市场第一宝座，开始拓展海外市场。2008 年，研祥集团推出“研祥 Inside”战略，对标国际计算机行业 PC 端巨头英特尔“Intel Inside”计划，正式进入国际市场，同时更换品牌商标为“EVOC”（中国嵌入式之王，Embeded Victor of China）。差异化的优质产品是研祥集团成功创建自主品牌的重要保障。在研发工作中，研祥集团注重产品的差异化设计与优化，以原创的优质产品开拓市场。针对不同领域的细分市场需求，研祥集团进行不同行业产品定位。至今，研祥集团已在智能制造、网络信息安全、航空航天、云计算 / 大数据、轨道交通、军事国防、医疗设备、海洋工程装备等领域研发不同产品，并及时进行迭代升级，使产品性能在细分市场均领先于同行。例如，在北京奥运会门禁系统竞标大战中，研祥集团战胜了国内外所有竞争公司，成功夺标。另外，研祥集团也会根据行业和市场规模调整产品策略。在规模大和标准高的行业，开发具有行业特色的产品，并不断进行迭代优化。在规模不是很大的行业，研祥集团整合市场需求，进行模块化系统开发，提供优质且有特色的产品和服务，同时满足客户对产品基础功能和个性化两个方面的需求。2022 年 7 月，研祥集团首创个性化百变工控机新品 M60A，提供本地化短周期优质服务，灵活增减了所需接口数量和种类，以更好地满足客户个性化、多样化需求。基于上述努力，在传统和新兴市场，研祥集团都极大提高了企业的竞争力，从而得以跟行业巨头德国西门子、美国 ISC 相抗衡。

### （三）渠道模式创新

数字经济时代，渠道模式变革成为企业数字化转型的重要方面。根据特种计算机行业市场的变化趋势，研祥集团尝试进行渠道模式创新，采用直销、分销、电商组合的“扁平化”渠道模式。线上渠道主要包括研祥商城、天猫旗舰店、微商城，线下渠道主要包括经销商、军品行业部和大客户部，从而打通了线上线下之间的“任督二脉”，充分发挥纵横联合优势，实现了全网营销。

随着市场的变化，研祥集团因地制宜，通过改变渠道模式以适应市场环境。自 2012 年始，研祥集团依据品牌优势，采用直销转经销的渠道模式。通过与 200 多家经销商携手合作，大大缩短了产品交付期，上门服务更加便捷，售后响应更加及时，总之显著提高了整体效率，改善了用户体验。2013 年 6 月，研祥集团首创特种计算机电商模式，搭建运营线上研祥商城；2016 年末，研祥集团入驻国内最大的电商平台——天猫，为客户购买特种计算机提供更便捷的渠道和更多的选择。2017 年，研祥集团引入移动支付，推出研祥微商城，升级了顾客消费体验，将移动电商的全新购物体验带入特种计算机行业。

此外，研祥集团也对经销商管理模式进行了创新，在业内首推经销商保证金政策，以便更好地服务和管理海内外的经销商。经销商保证金制度能有效遏制市场恶性竞争，保证经销商的权益。如今，保证金制度已成为特种计算机行业内一个标杆措施。为便于对经销商进行管理，研祥集团上线了 CRM 客户管理系统，经销商可以在系统上进行新品查询、客户资源、项目报备和跟踪等操作，非常便捷灵活。同时，研祥集团通过打造杠杆型组织，全面发挥“杠杆”的协同效应，以提升经销效率和效果。此外，研祥也非常重视对渠道成员的培训，成立了智谷学院，在产品、财务、销售、管理、行业等方面对经销商进行各种认证培训，培养提升经销商技能，帮助他们不断成长，这些措施有助于提升渠道建设的可持续性。

### （四）创新的品牌传播组合

除了凭借过硬的产品质量和优质的售后服务在行业内脱颖而出，研祥集团也通过品牌传播活动来建立影响力。

受英特尔“Intel Inside”品牌战略的启发，研祥集团采用了要素品牌化战略，将“Inside 战略”作为自己重要的品牌传播策略。这标志着研祥开始像消费品企业那样进行品牌传播，从行业内顾客中走出来，迈入大众视野。2008 年，研祥集团面向消费者策划了“研祥 Inside 创意 Show”大赛，以宣传“研祥 Inside”品牌理念，获得了广大消费者的关注与支持。在进军海外市场时，研祥集团确立了品牌先行的战略方针。一枚枚小小的“研祥 Inside”标志被广泛地贴在终端产品上，研祥集团“Inside 战略”的推出向全球消费者和合作者传递了其值得信赖的品牌形象。

体育营销是研祥集团在海外市场进行品牌传播的另一把利刃。英国曼联足球俱乐部是世界顶级足球俱乐部，在世界各地拥有数以亿计的球迷。每年的曼联足球比赛在全球 220 多个国家和地区转播，这对研祥集团打开英国、德国、中东、巴西、俄罗斯等海外市场是一个非常好的品牌传播载体。研祥集团与曼联签订赞助协议后，其官网和宣传资料上都印有曼联的队徽，而曼联的各种宣传材料、新闻发布会背板上均出现研祥集团的品牌商标。这些品牌宣传措施极大地提升了研祥集团的品牌知名度。

此外，研祥集团还注重公益营销传播。通过跨界娱乐圈，签约当红影视明星苏有朋，借助娱乐明星的流量进行公益宣传；在网络上重磅推出“P 哥传说”公益系列视频，利用网络娱乐化传播进行品牌宣传；给地震灾区或贫困家庭进行慈善捐赠、兴建幼儿园等。这些公益活动有助于研祥品牌树立其良好的社会形象。

### （五）非经典管理模式

“非经典管理”是研祥集团率先提出的全新管理模式，是指秉持“以结果导向，以实现目标为中心，不拘泥于西方经典管理模式”原则，开展相关的企业管理经营活动。自创立以来，研祥集团根据市场变化不断调整管理方式，在理念、技术、组织、人力资源管理和文化五个方面以变制变，追求创新。2004 年，研祥集团“非经典管理”模式作为案例出版。2011 年，由于非经典管理模式在管理实践中受到推崇，研祥集团一举摘取“第四届中国管理学院奖”。

在理念创新方面，研祥集团创业初期主打“研祥工控”品牌。随着企业的发展，“研祥工控”已不足以诠释研祥集团在行业内的定位，为更明确表达公司愿景，公司于 2004 年在业内提出“嵌入式智能平台”概念。此外，研祥集团非常注重产品品质，对产品质量的重视铸就了“EVOC”品牌的辉煌。2008 年，研祥集团推出“研祥 Inside”理念，让终端消费者了解到嵌入在工厂的各种研祥特种计算机产品，实现市场策略从技术导向向消费者导向的转换。研祥集团技术创新的原则是“研发以应用为主，永远领先市场半步”。基于这一原则，研祥成功自主研制出多种引领市场的产品。例如，行业领先的 EIS–2103E–HG（升级版）工业服务器，可以为推动智能制造产业发展提供助力；全球智能工业级标准的工控机智能平台，可以为 5G 基站安全运行保驾护航。在组织创新方面，组织结构设计遵从反“扁平化”原则，注重考虑管理有效半径和业务相关性。在人力资源创新方面，倾向招聘与公司价值观匹配的员工；重视从企业内部挖掘培训资源，制定了“EVOC 资深培训讲师制度”。人才配置方面，实行全面竞岗制度；绩效考核关注“由谁来评，怎样评，评分标准”等几个方面；职业发展上设置管理序列、技术序列和业务序列三个上升通道，员工可以根据自己的特长选择其中一个通道，也可以在通道之间进行转换。文化创新方面，公司执行实用主义、淡化级别、即时罚款和永无止境地追求效率四个方面。

## 四、总结

改革开放以来，不少中国企业缺乏自主知识产权和核心技术，企业自主品牌核心竞争力不强。研祥集团高度重视自主技术创新，实行品牌和产品差异化定位战略，顺应市场发展趋势变革渠道模式，创新品牌传播组合，在理念、技术、组织、人力资源管理和文化五个方面实行非经典管理，从而保障了经济效益增长和品牌地位提升。基于上述措施，研祥集团构建了自己的核心竞争力，成功打造了世界领先的本土自主品牌。

# 如何进行品牌战略转型？

## 金蝶软件的“云”转型

### 一、引言

时代向数字信息化疾速迈进，面对新时代市场经济环境和消费者需求的动态变化，企业纷纷选择进行品牌战略转型以寻求可持续发展。然而，品牌战略转型也面临很大的风险，若不成功，不仅新业务无法成功落地，就连原来的业务也会受到影响。作为软件行业的标杆企业之一，金蝶软件的品牌转型实践具有典型性和代表性，可以为其他企业提供借鉴。金蝶集团从研发财务软件起家，历经近 30 年的跌宕起伏，通过三次品牌战略转型，逐渐转向云服务品牌战略。目前，金蝶集团在中国成长型企业应用软件市场、中国企业级 SaaS ERM（云 ERP）和财务云等多个细分市场上连续多年稳居市场占有率第一名，并成为唯一入选 Gartner《全球市场指南》（*Market Guide*）的中国企业 SaaS 云服务厂商。那么，金蝶集团是如何进行品牌战略转型的呢？

### 二、金蝶软件的发展历程

从企业发展历程看，金蝶集团一共经历了三次重要转变。首先从 DOS 版财务软件转向 Windows 财务软件，然后从财务软件转型开发企业 ERP 系统，再从企业 ERP 系统迈向“云战略”。历经三次蝶变，金蝶破茧而出，羽化成蝶，成为中国企业服务市场的执牛耳者。

#### （一）DOS 版进阶 Windows 版（1993—1997 年）

金蝶集团创立于 1993 年，创业之初通过 V2.0 DOS 和 V3.0 DOS 版财务软件迅速打开了国内财务管理软件市场。1994 年，第一个中文版 Windows 系统登录中国。Windows 系统具有丰富友好的人机交互界面，与 DOS 版相比，Windows 版功能更加强大，也更加实用。金蝶集团创始人徐少春意识到 Windows 系统将成为未来市场的主流，于是下定决心研发一款基于 Windows 系统的财务软件。

基于 Windows 操作系统，金蝶集团于 1995 年推出中国首款财务软件“金蝶财务软件 For Windows 1.0 版”，该财务软件在推出后立刻受到市场的追捧。随后，金蝶集团不断对该款软件进行升级，随着其销售业绩的高速增长，逐步在国内财务软件行业中占据了领先地位。同时，金蝶集团也基于 Windows 系统的财务软件带动了国内整个财务软件产业的升级，促进了国内财务软件由 DOS 系统向 Windows 系统的升级和迭代。

### （二）财务软件迈向 ERP 系统（1998—2011 年）

1997 年之前，国内的 ERP 高端市场主要被德国 SAP、美国四班和甲骨文等公司垄断。为打破国外厂商的市场垄断，金蝶集团在国内软件厂商中率先启动 ERP 系统的自主研发，并成功推出 K/3ERP 产品。2002 年，国内 ERP 市场竞争异常激烈，产品同质化严重。为摆脱低端市场竞争，金蝶集团发布 BOS 平台，该平台可为企业提供软件应用定制和个性化开发服务。凭借这款产品，金蝶打开了市场并最终存活下来。此后，金蝶集团提出“个性化 ERP”战略，并把这一战略作为产品的蓝海战略。个性化 ERP 系统有效解决了异构系统不能有效集成、各项业务工作无法标准化和规范化、企业个性化需要无法满足等行业痼疾，在竞争对手“ERP 群雄逐鹿”的“战国时代”杀出了一条血路，一举奠基了金蝶集团未来发展的光明前景。

随着信息时代的来临，传统 ERP 软件在客户界面已经无法满足集成化、个性化及动态化的需求。面对这一市场困境，金蝶集团进行了“互联网 + 财务”转型。2005—2011 年，金蝶集团先后推出了“友商网”“随手记”“卡牛”等企业或个人财务服务平台，让产品和服务直达客户，同时衍生了大量用户流量。2008 年，金蝶集团大力发展在线管理与电商服务平台等业务，由产品型企业转向服务型企业。ERP 系统让金蝶集团的版图不断扩张，并连续七年名列中国中小企业市场占有率第一名。

### （三）ERP 系统转向“云战略”（2012 年至今）

2011 年，金蝶集团开始布局云战略，并提出“云管理”战略，同年，金蝶微博（现在的“云之家”）发布；2012 年推出财务、供应链、生产、人力资源、电商等金蝶云 ERP 产品；2013 年，金蝶集团在云之家、智慧记和云平台的基础上，整合成立了企业互联网事业群；2014 年推出金蝶云 ERP。在 2012—2015 年“云服务”战略转型过程中，金蝶集团经历了营业收入整体下降、股价下滑等艰难处境。自 2016 年开始，营业收入显著增长，“云服务”业务快速发展并成为主营业务。2017 年，“金蝶云 ERP”改名为“金蝶云”，正式进入云时代，标志着金蝶集团基本完成面向云端进化的全面转型。金蝶集团“四朵云”（金蝶云、精斗云、管易云和云之家）也在 2017 年实现了全年高速增长。

同年，金蝶集团推出基于云端的财务机器人 1.0，可应用于云计算、大数据、图像语音识别、基于位置服务（LBS）等 AI 技术，为企业提供多场景、全方位的智能财务服务。2018 年，金蝶集团推出面向超大型企业的战略级产品——金蝶云・苍穹，原有面向成长型企业的金蝶云产品则更名为金蝶云・星空。自 2019 年始，金蝶云业务生态开始向更深层次转型，全面云化时代到来，金蝶的云战略步入康庄大道。2021 年 1 月，金蝶集团荣获 2020 年中国企业 IT 大奖（CEIA）“最佳企业管理云服务奖”和“最佳 SaaS MES 应用奖”。同年 5 月，金蝶云・苍穹拆分为平台即服务（PaaS）与软件即服务（SaaS），PaaS 平台沿用金蝶云・苍穹品牌，分离出来的 SaaS 则独立为新品牌——金蝶云・星瀚。截至 2021 年 10 月，金蝶集团已与阿里巴巴、腾讯、亚马逊、德龙钢铁、毕马威、中软国际等国际大型企业，以及深圳市、宁波市、苏州市等政府机构建立深度战略合作关系，共享共建 SaaS 生态，加速助力企业数字化转型，共同打造数字共生、产业互联的新生态。2022 年 4 月，金蝶云・星瀚凭借自主研发的新一代 EPM 合并报表系统打破了海外厂商对高端 EPM 市场的垄断。截至 2022 年 8 月，金蝶集团成为连续三年唯一跻身 Gartner《全球市场指南》世界前五的中国企业级 SaaS 厂商，已为全球逾 740 万家企业和组织提供数字化管理解决方案，在企业级应用开发平台领域处于市场领导者地位。

## 三、金蝶品牌“云”转型创新点

品牌战略转型是延长企业生命周期的重要途径。金蝶集团一直秉承着“产品领先、伙伴至上”的战略方针，其中，优质的产品、高效执行力以及客户至上的营销服务是其获取竞争优势的关键要素。金蝶集团之所以能实现从产品型到服务型的企业转型，源于其品牌战略的转型创新。

### （一）创新驱动，产品领先，研发云系列产品

在数字信息时代，消费需求不断升级。金蝶集团秉承“顾客至上”的原则，根据消费者需求不断进行技术创新，研发新产品并持续优化产品性能。从最初的 DOS 版财务软件开发到如今的“多元化云”，包括应用于大型和超大型企业的 PaaS 数字共生平台金蝶云・苍穹，应用于大企业、国企数字化转型的 SaaS 云服务平台金蝶云・星瀚，应用于成长型企业的数字化平台金蝶云・星空，应用于小微企业成长服务平台的金蝶云・星辰和金蝶云・斗云，应用于企业电商云服务平台的金蝶管易云和智能协同云之家。基于上述这些产品，金蝶完成了从管理软件向“管理软件 + 云服务”的华丽转型。目前，金蝶云软件已覆盖财务、人力资源、供应链、税务、营销等业务领域，涉及快消品、物业与物流、政府与公共事业、

零售、医药健康、建筑与房地产等行业服务。

金蝶集团通过“以差异化战略为主、成本领先战略为辅”的方式，在原有客户的基础上不断开发新客户。金蝶集团的产品创新不仅体现在产品质量改进、产品性能提升和产品线延伸，也体现在服务创新方面。比如，金蝶集团推出了部分免费服务，不断发展更多的增值业务。总体来看，完善的产品线和强大的产品影响力为金蝶品牌“云转型”提供了强有力的支撑。

### （二）新起点，新征程，新品牌识别构建

在2017年度（第七届）中国管理·全球论坛暨金蝶用户大会上，金蝶集团发布了新升级的品牌标识和形象，向市场传递了全新的战略方向。金蝶集团从消费者群体、产品和企业自身等三个维度来设计更新企业的品牌标识，以醒目的品牌视觉形象促使消费者对其品牌产生准确及鲜明的品牌联想。金蝶集团希望通过创建可快速识别的品牌识别系统，来提高品牌对消费者的吸引力，有效实现功能性利益、情感心理和战略发展愿景等价值主张，继而形成良好的企业品牌形象。同时，金蝶集团也向其目标客户群或潜在消费者做出优于竞争对手的品牌承诺，以有效满足消费者价值实现需求。新的品牌标志展现出五彩缤纷的设计风格，代表着金蝶集团告别了过去的品牌定位，开始进入“云”服务五彩缤纷的时代，并致力于成为软件市场的领跑者。在全新的战略指导下，金蝶集团将努力为客户提供技术赋能和解决方案，提供更优质的产品，提升服务满意度，为新品牌持久传播打下基础。

### （三）多渠道，多方案，新品牌形象传播

在互联网和大数据时代，金蝶在拓宽品牌传播渠道、创新品牌传播方案方面进行了诸多尝试：

第一，为拓宽传播渠道，推出“徐少春个人号”，同时通过微信公众号和金蝶云社区直达用户，聆听客户心声。基于这些渠道，客户投诉、对产品的疑问以及想法建议都可以第一时间得到解决。

第二，细化消费者目标群体，以跨界联合的品牌营销方式进行新品牌形象传播。例如，针对企业研发员工群体的防脱发热门话题，金蝶集团和霸王尝试开展品牌联合传播，在霸王产品包装上增加金蝶新品牌logo，以跨界定制产品的有趣表达形式促进新品牌形象传播。

第三，重视消费者口碑，进行精准的新品牌二次传播。相较于以往“填鸭式”的产品宣传，金蝶集团在一些会议筹备的细节上进行了创新，让枯燥的线下会议也能激发参会者分享的欲望，借助良好的体验口碑为新品牌形象传播助力。例如，在2017年中国管理·全球论坛上，数名高颜值的金蝶员工以场景表演的方式推出

金蝶云端财务机器人小K进行产品口碑传播。此外，工作人员在会场用一瓶标有“兴奋剂”三字的黑色饮料让参会者自己找寻激活企业的答案，以提升用户体验并给他们留下品牌记忆点。当参会者喝完手中的这瓶黑色“兴奋剂”饮料时，之前被饮料覆盖的二维码也显露出来，这样便找到了答案。考虑到消费者对新品牌所涉及的领域了解较少，金蝶集团通过核心客户推出代言广告，借助客户强化品牌的价值点，把新品牌的形象更平稳地植入用户心智，如金蝶3.0客户广告代言案例《钧魂》《大宋官窑：中国国礼之魂》等。

第四，积极践行企业社会责任，回馈社会，传播良好的新品牌形象。例如，通过捐助“滴水泉”助学计划和“美丽中国”支教项目，组建“思源·金蝶教育圆梦班”等多个教育公益项目，帮助万千贫困学子圆梦大学，追逐梦想。2020年新冠肺炎疫情期间，金蝶集团旗下金蝶云、精斗云、智慧记等云产品面向客户推出不同程度的费用减免活动，并提供智经营。

### （四）本土管理，文化自信，企业品牌文化支撑

企业品牌战略转型是一个长期的、循序渐进的过程。金蝶集团从产品导向转向服务导向，是一个伴随品牌战略而进行的企业文化革新过程。自2008年开始，金蝶集团坚持探索中国管理模式。徐少春在两次贵阳市“龙场之行”后，受到王阳明悟道的启发，基于市场实践探索出一套适合金蝶集团的管理模式，建立起深层次的文化自信——“致良知、走正道、行王道”企业文化。

金蝶集团的内在文化也在不断变化，通过不断创新吸收新的文化元素。从内部文化看，激情文化持续推进着产品与管理模式的创新。此外，在品牌战略转型过程中，以“致良知、走正道、行王道”的企业文化为核心，倡导“激情、专业、团队、赢”的核心价值观，实现了从“家长式”文化向“兄长式”文化的转变，持续打造了强有力的执行文化、团队协作文化、专家文化。强有力的执行文化即“以客户为中心”，通过充分调查研究并聆听消费者意见，全员服从制度和管理，不断提升执行力；团队协作文化即要有全局思维，换位思考，打破部门边界，勇于承担责任并建立与团队成员及合作伙伴之间的信任；专家文化即用人所长，发挥专家价值，全员学习，营造培养专家、尊重专家的氛围。

## 四、总结

品牌战略转型的本质是企业为了达到可持续发展和长久经营的目标而进行的变革，是企业的一次涅槃新生。金蝶集团从研发财务软件起家，三次调整品牌战略，最后转向云服务品牌战略，发展成为中国企业服务市场的领军品牌和世界著名品牌。金蝶集团通过四个有效途径，顺应市场变化，由内而外进行变革，推动

了品牌战略的成功转型。首先，通过不断对产品研发和服务进行创新，构建金蝶云系列产品数字平台生态，成功打造了企业核心竞争力。其次，与时俱进革新企业战略，构建新品牌标识进行品牌重新定位，保持品牌活力以更好地开创未来。再次，多方案、多渠道地进行新品牌传播，提高了品牌的知名度和对消费者的吸引力，成功维持并拓展了市场份额。最后，建立了一套契合且优质的企业文化，夯实企业管理底层基础，坚持文化自信为创新管理公司保驾护航。目前，金蝶集团在世界范围已为超过 740 万家企业和组织提供服务，涉及制造业、零售业、服务业、建筑与房地产行业众多领域。

# 如何实现产业集群品牌升级？

## 从“制造”到“创造”的大芬油画村

### 一、引言

产业集群是推动区域经济发展、提升产业竞争力的重要经济组织形式。通过地理集中性，大量上下游产业降低了合作成本，形成产业规模，共同做大市场，最终也打造了产业集群品牌。在区域产业发展的初期，很多产业集群品牌确实起到了很好的作用。然而，市场需求和技术发展在不断变化，而一些产业集群没能顺势而变，依然遵循原有的发展模式，导致创新活力不足，品牌影响力日趋式微。如何转型或升级以适应新的发展需求，成为当前产业集群品牌面临的重大问题。深圳大芬油画村作为典型的文化产业集群品牌，走出了一条创新发展之路，对我国其他产业集群品牌升级具有借鉴意义。30 多年来，大芬油画村在一次次创新实践中不断调整与发展，从偏僻小村落变成世界艺术大舞台，先后获得“中国第一油画村”“文化产业示范基地”“最具品牌价值园区”等荣誉称号，现已成为享誉全球的油画生产和交易聚集地。“世界油画看中国，中国油画看大芬”，这句话可以看出大芬村在世界油画市场的地位。其实，大芬村的发展并非一帆风顺，早年在市场上也留下了“模仿复制”的刻板印象。不过，大芬油画村最后还是实现了从“制造”到“创造”的产业集群品牌升级，成为深圳的一张文化名片。

### 二、大芬油画村的发展历程

30 多年前，大芬村还是一个芦苇遍地的小村落，经历三落三起，如今它已发展为以油画生产为主，纵向延伸至颜料、画框等配套产品的生产销售和油画相关技能培训，横向扩展到国画、书法、雕刻等相关领域的文化服务产业基地。大芬村产业集群的发展历程可以分为如下四个阶段：

#### （一）萌芽期（1989—2003 年）

大芬村位于深圳市龙岗区布吉街道，原本是一个以农业为主导的自然村。1980 年，深圳经济特区正式成立，许多香港公司基于成本优势纷纷在深圳郊区建立厂房，大芬村乘着深圳特区建设的东风，吸引了大量外来资本和人才。1989 年 8 月，考虑到大芬村租金成本低、人居环境较好等优势，香港画商黄江来到大芬村这个不到三百人的小村落开起了画室，将与油画产业相关的大量资源和经验引进了大芬村。

初期，大芬村主要采用来料加工的方式，形成了油画临摹、复制收购和批量销售的产业链雏形，依靠“流水线”般的生产线模式在油画市场上站稳了脚跟。当时，由于油画产业刚开始在国内兴起，竞争少，订单增长快，大芬村在业内很快具备了一定影响力，被冠以“油画村”的名称，众多画家、画商和美术爱好者纷至沓来。1998 年，政府开始对大芬油画村进行产业引导和环境改造，欲将大芬油画村打造成深圳文化产业的名片。此后，画笔、画布、颜料等配套产业陆续进入大芬村，形成了集聚效应。至此，大芬村的油画产业同时具备了“空间聚集性”和“产业关联性”，产业集群初具雏形。

### （二）发展期（2004—2009 年）

2004 年，大芬油画村成为深圳文博会唯一分会场，并相继举办多个全球性展览，产业集群进入飞速发展期。在之后的几年里，大芬村油画店面从原来的 100 多家发展至 1200 多家，画工多达 10000 人，被称为深圳郊外的“欧洲油画小镇”。2008 年，不少原创画家开始驻扎在大芬村，以复制名画闻名的大芬村开始出现原创绘画，这为后来的文化产业集群转型奠定了基础。经过几年的蓬勃发展，大芬村取得了许多骄人的成就，在世界油画市场中占据 60% 的市场份额。但就在大芬村发展的鼎盛时期，全球金融危机给大芬村带来致命一击，油画外销需求断崖式下降。2009 年以前，大芬村接近七成的营业额来自出口油画，仅三成来自国内销售。全球金融危机爆发后，油画出口受到重创，2008 年国外订单量骤减 60%，2009 年更出现了“零”海外订单的情况。经历这场危机之后，大芬油画村意识到将油画产业向高端原创转型的紧迫性，于是开始调整产业结构，大刀阔斧地进行改革。大芬油画村将目标转向国内市场，主攻超一线城市，形成了以商业复制为基础、原创定制和衍生品为中坚、原创作品为塔尖的金字塔形产业结构，商业模式日趋完备。

### （三）成熟期（2010—2015 年）

在成功应对金融危机后，大芬村打造了较为完备的产业链及稳定的产业结构，逐渐成为“中国油画第一村”。随着互联网经济的发展和产业经济大环境的变化，大芬村紧跟时代的步伐，全面开启在线市场，建立了大芬村垂直销售网站，接收国内外订单，大幅降低了渠道投入，在油画产业建立了明显的规模优势。2010 年至 2014 年，大芬村油画产业继续迅速增长，年营业额自 2010 年的 10 亿元增加到 2014 年的 42 亿元，已然成为深圳市文化支柱产业基地。在这一阶段，大芬油画村将原本高端的油画产业通过复制的模式形成规模化的产业，带动了绘画材料业、装裱业、国画、雕刻等周边产业的发展，产业生态更为健全，俨然成为艺术平民化的布道者。

### （四）转型期（2016 年至今）

2016 年前后，以复制名画闻名的大芬村取得了较好的经济效益，但是危机也随之而来。从艺术的角度，商品画（行画）的艺术价值较低，并且，随着 3D 打印技术的普及，电脑制作的作品也具有较高的展示效果，导致大芬村商品画的价值较低，仅在几十到几百元波动。若不及时进行产业转型，产业集群将面临衰退。为扭转这一局面，大芬村采取了两个方面的措施：其一，以人为本，通过各种方式不断吸纳人才，努力输出原创作品，在国家级和省级美术展上以原创作品崭露头角，逐渐实现从“制造”到“创造”的转型升级；其二，向创意文化产业园区转型，通过建设博物馆、美术馆等设施，发展旅游业，推动大芬村成为具有文旅特色的旅游小镇。在以上措施的推动下，大芬村逐渐克服了从“复制”走向“原创”的阻碍，也摆脱了“复制”和“高仿”等刻板印象。随着其原创势力迅速崛起，在国内重量级展览中，出现了更多大芬油画村的身影。2021 年，大芬村开展了第十届全国中青年油画展（大芬）、“走向辉煌”——庆祝中国共产党成立 100 周年美术作品展等系列展览活动，极大提高了大芬油画村的品牌影响力。

## 三、大芬村产业集群品牌升级模式

产业集群品牌升级是产业集群由低层次规模扩张向高层次质量与特色转变的过程，对推动产业经济可持续发展具有重要作用。结合大芬村的市场实践，其产业集群升级模式包括流程升级、产品升级、功能升级和产业链升级等四个层面。

### （一）流程升级——建立油画流水式生产线

在发展初期，大芬村长期以“依样画葫芦”方式复制名画，生产流程采用画工各自模仿名画的方式，效率较低。很多画工从未从事过相关行业，缺乏专业训练，作品质量难以保证。考虑到生产流程无法满足大批量国外订单的需求，大芬村决定采用流水线式生产方式，充分发挥专业化分工的优势，把底色、人物不同部位和植物等分别交给专人负责，这种联合作画的方式大大提高了效率，更好地保障了油画质量。同时，这种方式把油画解构成一个个具体的环节，降低了对画工的个人技能要求，只需对画工进行特定部分的绘画培训，就能很快上手。另外，大芬村引入喷画工艺进行生产技术改进，大大节约了作画时间。之后，为满足原创油画的市场需求，大芬再次改进生产流程，画工独立完成单幅作品的生产模式成为主流。通过生产流程升级，大芬油画村形成了分工合理、生产有序的生产组织方式。生产流程的升级让大芬村的油画业务不断扩大，出现供不应求的盛况。这不仅让大芬村人尝到了甜头，也让整个产业集群形成了油画“制造”的商业模式和品牌形象。虽然临摹性油画暂时无法提升大芬油画村产业集群品牌的价值，但为大芬村大胆进行“原创型”转变奠定了基础。大芬村自身的实力和影响力是吸引原创型艺术家聚集的重要因素，也是实现产品升级的重要保障。

### （二）产品升级——创立“复制”+“原创”多元化产品线

虽然临摹、复制名画的生产模式给大芬油画村带来了巨大的经济效益，但全球金融危机的出现，使大芬油画村失去了大量国外订单，以往批量订单、外销为主的模式不再有优势。同时，随着我国文化创意产业的发展，消费者对艺术作品有了更高的追求，大芬油画村的产品升级成为必然趋势。于是，2008 年以后，大芬油画村开始了打造高端原创油画品牌的转型升级之路。在文化产业中，实现产业转型与产品创新的关键在于产品生产者，大芬村鼓励现有画家及画工进行原创输出，同时努力吸引更多原创型人才进入大芬村。目前，大芬村吸纳了原创画家 300 余人，其中，中国美术家协会会员 34 人、省级美术家协会会员 76 人。为进一步增加原创势力，大芬村开设培训班，对原有画工进行专业训练，培养画家及画工的原创性思维，提升画工的整体素质。此外，大芬油画村还为大中专院校相关专业学生提供实践基地，帮助学生在实践中掌握理论知识，为油画产业储备和培养人才。随着越来越多原创型画家的加入，大芬村逐渐形成了“临摹”+“原创”的多元化产品线，2010 年至 2015 年期间，大芬村有近百幅原创油画作品入选国家、省级美术展。

经过 30 余年的努力，大芬油画村完成了从“复制”型低端产业到“原创”型高端产业的转型。目前，原创油画已占到大芬村油画产业的三至四成。不仅如此，大芬油画村还带动了国画、颜料、装裱等周边产业的发展，打造了更加多元化的产品线。自此，大芬油画村迈出了从“制造”向“创造”转型升级的第一步。

### （三）功能升级——塑造文化产业集群品牌形象

在相当长一段时期内，消费者对大芬村始终存在“复制”“模仿”的刻板印象。大芬村要想真正实现产业集群品牌的转型升级，必须挖掘和带动周边相关产业，增加特色产品和相关服务，打造更具“原创”特质的品牌形象。大芬村属于产业生发型的产业集群，早期存在村中各个企业独立运作，难以形成规模化效应等问题。为形成产业合力，从 1998 年开始，当地政府对聚集在大芬村的画厂、画廊、工作室进行整合和改造，并成立了大芬村美术产业协会，致力于将大芬油画村打造为独特的文化产业品牌。为加强整体规划，政府部门在 2016 年出台《大芬油画产业基地综合发展规划》，引导大芬村向原创高端产业集群转型，重点突出大芬村文化产业集群的原创特征。这一举措将大芬油画村推上了一个更高的平台，使其能够与更多来自世界各地的油画爱好者近距离交流，从而推动集群品牌走向国际化高端市场。另外，大芬村通过整合周围分散经营的企业，着力打造文化创意产业园。为此，大芬村投资 1 亿元建成了深圳建筑面积最大的美术馆——大芬美术馆，正式启动“本土艺术家推广工程”，努力建成“十大特色文化街区”。在营销推广方面，2016 年，大芬村推出《中国梵高》纪录片，讲述了大芬村从“复制”到“原创”的故事，引发了巨大反响。伴随着产业集群的功能升级，消费者渐渐认可了大芬村的原创画，改变了消费者对大芬村低端“模仿”的刻板印象。近年来，大芬油画村以油画“创造者”的品牌形象迅速出圈，可以说，大芬油画村的功能升级是其从“制造”向“创造”转型升级的助推器。

### （四）产业链升级——打造规模化与差异化产业链

大芬村作为一个文化产业集群，其优势在于能够为消费者提供完善、配套的文化产品与服务，因此，带动周边产业发展、打造文化产业链是支撑产业集群可持续发展的必要环节。从 2010 年开始，大芬油画村致力于全面布局文化创意产业，利用集群效应催生了高度关联的多元化产业形态。至今，大芬村已形成以市场为导向的良性产业链条（见图 1），上游包括画框、画笔以及颜料等产业，下游主要是国内外油画采购商。位于中游的画厂和画廊通过直销、代理销售以及电子商务等渠道，将上游相关产品传递至下游。为进一步拓宽下游消费市场，大芬村积极带动和挖掘油画相关产业，打造了集油画生产、交易、艺术展览、文化培训、观光旅游于一体的文化产业圈，大幅降低了油画生产成本，在产业集群内部形成了较为成熟的竞争创新机制和自我管理模式。通过产业链的升级，大芬村油画产业上下游各环节的分工体系更加清晰，专业性附属行业与配套性服务行业齐头并进，这为大芬村原创型油画的规模化生产提供了基础保障和动力源泉。

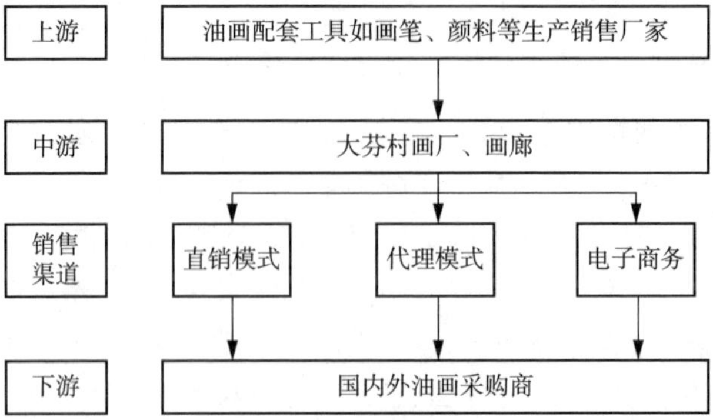


图 1　大芬油画村产业链

## 四、结语

产业集群品牌升级是当前区域经济和产业发展中的热点问题之一。尽管升级的重要性不言而喻，但在升级的模式和路径选择上，依然存在诸多需要探讨的问题。大芬油画村的个案带来了很好的启示。时至今日，大芬村已建立起了完善的油画生产、创作、展示、交易产业链条，形成了以大芬村为核心，辐射闽、粤、湘、赣及港澳地区的油画产业圈，成为我国文化产业领域具有世界影响力的产业集群品牌。大芬油画村的成功经验可以概括为以下四个方面：第一，流程升级，以“流水线式”生产流程提高油画生产效率和产品质量，同时，借助产业集群优势，完善油画生产程序与配套生产程序之间的协作；第二，产品升级，由复制油画向原创油画升级，形成“复制”+“原创”的多元化产品生产线；第三，功能升级，在政府的引导和支持下，打造文化创意产业园区，塑造文化产业集群品牌；第四，产业链升级，围绕核心文化带动更多相关产业的发展，形成完整产业链，通过产业链的良性运作和升级迭代，推动大芬村油画产业由“制造”向“创造”转型升级。

# 如何推进品牌的多元化战略?

## 中国平安的品牌进阶之路

### 一、引言

多元化战略在企业经营当中非常常见，虽然有一系列明显的优点，但若处理不当，这也常常令企业面对诸多风险，如造成企业资金、资源及管理层注意力的分散，进而导致企业丧失核心竞争力，等等。企业的品牌多元化战略也常常面临相似问题，虽然能够帮助企业占领更多的细分市场和销售渠道，分散单一业务带来的市场风险，但品牌多元化战略的成功却并非易事。这要求各个子品牌在不同的领域都能发挥最大的优势，实现 1+1>2 的协同效应，这一过程无疑充满了挑战。那么，企业应该如何实施品牌多元化战略?

中国平安是中国内地第一家股份制保险企业，仅用三十余年的时间就已成长为拥有多元业务的顶尖金融品牌，业务涵盖金融保险、银行、投资等综合金融服务，在中国乃至世界金融业都享有广泛的品牌影响力，其品牌多元化战略的成功经验值得业界思考和借鉴。

### 二、中国平安集团的发展历程

作为一家以保险业务起家的公司，中国平安在其发展的历程中一直致力于打造一个综合金融品牌。其品牌多元化战略可以分为三个阶段：第一阶段以保险业务为核心；第二阶段开始向综合金融业务方向发展；第三阶段借助科技赋能金融，打造金融生态圈。

#### （一）以保险业务为核心（1998—2001 年）

1988 年，深圳平安保险公司成立，中国第一家股份制、地方性的保险企业由此诞生。最初，公司的产品种类只有财产保险，业务类型较为单一。1991 年 8 月，平安保险公司证券业务部成立，开始发展证券业务。1992 年，在得到国家的审批之后，公司正式更名为中国平安保险公司，逐渐从区域性品牌走向全国。1993 年，平安寿险公司成立，并开创性地在全国开展个人寿险的营销宣传，其业务内容也从财险拓展到了寿险，公司的业务类型更加丰富了。

接下来的几年里，平安保险业务发展迅猛，保费收入呈快速增长态势。1994年，公司保费收入达28亿元；1995年，公司保费收入突破50亿元；1996年中国平安保险海外（控股）公司成立，公司保险业务收入首次突破100亿元大关；2000年，中国平安正式加入欧洲保险联盟，并成为该组织在中国大陆的唯一成员公司，也是平安保险国际化经营的重要一步；2001年，公司更名为“中国平安保险（集团）股份有限公司”，年度保费收入突破420亿元。在这一阶段，保险业务是平安集团的核心业务。

### （二）由保险转向综合金融（2002—2007年）

2002年，公司得到国务院批准，成为综合金融控股试点集团的三家公司之一。平安也开始明确“集团控股、分业经营、分业监管、整体上市”的管理模式，为拓展综合金融业务做好准备。2003年，公司成为国内少数几家手握“金融全牌照”（银行、证券、期货、保险、基金、信托、租赁）的企业。同年12月，中国平安在银行业“小试牛刀”，收购了福州一家小型合资银行——福建亚洲银行，并于次年2月将其改名为平安银行。2006年11月，中国平安银行业务的发展又迈出了更大一步，以49亿元收购了深圳市商业银行89.36%的股份。另外，在2004年6月，中国平安实现了在香港“整体上市”，上市以后，综合金融平台的建设速度加快。2008年，考虑到公司业务已经从保险拓展至银行、投资等领域，中国平安对品牌标志进行“换装”，这意味着中国平安正式将发展战略从单一的保险业务转向综合金融服务。

### （三）打造金融生态圈（2008年至今）

2008年，平安科技（深圳）有限公司成立，中国平安开始在科技领域投入大量资金，并开始实施“金融+科技”战略。同年，平安万里通成立，成为中国第一家通用积分平台。2009年，中国平安推出“一账通”功能，旨在为客户提供用同一个账户使用各种业务的服务。在互联网金融浪潮兴起的背景下，2011年，平安陆金所成立，作为中国平安旗下的互联网财富管理平台。同年，平安大华基金成立，这是中国平安布局投资业务的又一新举措。2012年，平安国际融资租赁公司成立。2013年，平安好车成立，该公司业务除了车险、车贷等金融服务与中国平安之前的业务相关，其他业务都属于新尝试。至此，整体来看，中国平安已经开始踏入综合金融服务发展的新阶段。

2014年，平安好医生成立，这是一款互联网健康管理的产品。同年，平安好房成立，作为中国平安旗下互联网房地产品牌。2018年，中国平安董事长马明哲提出以“金融+生态”的战略为导向，探索建立“金融、医疗、汽车、房产、城市”五大生态圈。在这一阶段，中国平安的综合金融之路的广度和深度都有所增强，业务开始延伸至健康、车、生活等领域，不断挖掘金融服务的消费应用场景，拓展综合金融服务的边界。2019年，中国平安进一步明确了以“金融+科技”为核心主业，为多元化的生态发展助力。2020年，为积极应对新冠肺炎疫情，中国平安加强了在医疗行业的投入，并积极承担社会责任，在医护人员保障、特效药研发、志愿者支持和物资捐赠等方面给予资金支持与协助。在平安集团公布的2021年前三季度业绩中，营运利润超1100亿元，集团总资产首次突破10万亿元。

## 三、中国平安的多元化战略分析

回顾其发展历程可以发现，中国平安能够成为全球最具有品牌价值的保险企业，不仅与其强大的保险业务能力相关，更与它能满足消费者在金融相关领域不同需求的多元化战略有关。中国平安采用多元化战略，从保险公司发展为综合金融服务公司。那么，中国平安的多元化战略有何特点呢？

### （一）采用集团控股的治理形式，为多元化发展提供有力支撑

中国平安的治理结构与其多元化战略是匹配的，其战略管理中心设置在集团层面，旗下的子公司由集团控股但独立运作。在这种组织结构中，集团本身并不负责运营任何具体的金融业务，集团有着充分的时间与精力为整个公司进行战略规划。这也意味着集团对公司的整体战略有很强的把控能力，能够快速收购其他子公司的股权并进行兼并重组，灵活调整公司的多元化战略结构。并且，集团具有强大的资源与能力支持各个子公司的发展，能够为子公司群体创造分享资源或共同合作的平台，形成双层甚至多层的杠杆效应。借助上述运作模式，公司能够有效避免多元化战略所造成的资源分散问题，确保各个业务模块之间互相配合，共同服务于公司的整体战略目标。另外，集团也承担起整个公司的品牌管理和营销工作，能够基于一个大的营销平台从整体上提升“平安”这一品牌的知名度、美誉度和信任感。

### （二）多元化业务之间既有区别又有联系，形成协同效应

中国平安以保险为核心业务，逐渐进入证券、信托、投资、银行等领域。一方面，这些业务领域具有明显区别和特色，有效避免了公司陷入单一业务的风险，也为公司提供了更加广阔的发展空间；另一方面，这些业务之间具有一定的匹配或互补关系，有助于凝聚业务优势，提升运作效率，满足客户的不同金融服务需求。例如，原有保险业务的客户可以向银行、证券等业务迁移，而银行、证券等新业务也能够为保险业务带来客户数量的增长。更重要的是，这些业务之间的联系可以极大地提升客户黏性和交易频率。从商业逻辑来看，在对同一个用户

需求进行二次乃至多次开发的基础上发展多元化，是一种深刻且有效的业务拓展思路。

### （三）选择进入的业务的相关程度由高到低，循序渐进

从业务相关性来看，中国平安对多元化业务的切入顺序具有“由高到低”的特点。在多元化初期，开拓相关性高的业务有助于迅速打开新局面，在较短时间内实现业务增长。中国平安最初选择的多元化业务是证券、信托、投资和银行等领域，这些业务与公司的保险业务同属金融领域，相关性较高，在运营方式、市场特性方面有相通之处，并能够共享业务技术和销售队伍等资源，间接降低了运营成本，提升了运营效率。在这些业务基本趋于稳定之后，公司又开始选择进入汽车、医疗、房产等非金融服务领域。这些业务与中国平安原有的业务相比，跨度较大且相关性较低，会带给公司一定的风险，但是这些尝试可以为公司带来新的发展突破点和新的活力。同时，这些新业务中所需的金融服务（如车险、房贷、医疗保险等）又在中国平安的原有业务范围之内，这有助于将新业务的非金融服务用户转化为公司的金融客户。所以，从总体来看，中国平安选择进入的业务的相关程度遵照了由高到低的顺序，循序渐进，顺应了公司在不同阶段的发展需要。

### （四）通过收购和兼并，拓展多元化的业务

收购和兼并是中国平安拓展新业务的重要方式之一。例如，1995 年，中国平安收购了中国工商银行珠江三角洲金融信托，在此基础上成立平安信托；2009 年，中国平安收购深圳发展银行，成立平安银行；2016 年，为进入汽车行业，中国平安收购了汽车之家；2021 年 6 月，中国平安人寿与凯德集团签署收购协议，标的资产包含上海来福士广场等六个项目。通过收购与兼并的方式，中国平安迅速地拓展新业务，进入新领域。这与中国平安集团董事长马明哲提出的“过桥理论”一脉相承。该理论强调要舍得付出一定的前期成本，借助外部力量完成自己的目标。在实施多元化战略的道路上，重新创办一家新的企业需要承担更高的成本和花费更长的时间。

### （五）顺应潮流，适时推出符合时代趋势的多元化业务

在早期发展阶段，中国平安顺应改革开放的形势，抓住国家政策放松的机会，及时推出证券、信托以及海外业务。在 2009 年前后，互联网兴起并逐渐成为中国经济的新引擎，中国平安随即迅速向互联网金融发力，推出了陆金所、平安好医生 App 等新型业务。近几年，伴随科技创新的潮流，中国平安致力于将传统金融与移动互联网、大数据和云计算等一些高科技手段结合，推出了平安云等金融科技业务，为医疗、房产、汽车、金融、城市赋能。时代在变，顾客的需求也会随

之而变，一个企业的产品不可能在每个时代都能同样地受欢迎，这也为企业推进品牌多元化战略提供了原始推动力。中国平安自诞生以来就带着改革与突破的基因，对市场的嗅觉十分敏锐，所以总是能一次又一次地把握住时代的脉搏，瞄准时机推出当下具有前景的业务，不断更新和完善自己的多元化格局。

### （六）善用新方式，一“键”打通多元化业务

中国平安曾于 2009 年推出“一账通”的功能，探索一个账户连接所有业务的模式。2015 年，公司在技术条件越发成熟的基础上，运用先进的整合技术正式推出“平安一账通平台”，用于支持管理平安集团的所有账户和部分其他机构的账户。一账通平台基于“一个客户、一个账户、多个产品、一站式服务”的整合原则，能够帮助客户全面展示其所有资产，且能够随时随地使用各种综合金融生活服务的功能。这种业务工具在公司多元化战略的成熟阶段能够发挥更大的作用，因为随着公司业务类型的增多，各种业务之间的协同、融合就会更加困难，甚至会给顾客造成不必要的成本。中国平安借助先进的科技工具，一“键”打破不同业务模块之间的壁垒，在为客户创造更好体验的同时，也增强了公司在行业内部的竞争力。

## 四、结语

品牌多元化是品牌管理的一种高阶经营模式，难度很大。基于品牌多元化战略，中国平安创造了竞争优势，扩大了品牌影响力，各个业务领域之间做到了有效协同，并实现了“范围经济”效果。总体来看，平安集团的成功要素包含以下三个方面：第一，在管理层面，公司以集团为核心、各子公司协同作战的方式确保了多元化战略能够自上而下、有条不紊地实施，资源配置方式也比较灵活；第二，在以保险为核心业务的基础上，公司不断创新、勇于突破，按照业务相关性由高到低的顺序，坚持不懈地推进多元化战略，逐渐建立起包含信托、投资、银行、医疗等行业的商业版图，打造了属于自己的金融生态圈，从一家保险企业发展成为综合金融服务集团；第三，重视各个业务领域之间的关系管理，在新业务和原有业务之间，客户可以实现有效迁移和转化，在实现业务增长的同时，也提升了客户黏性。同时通过采用先进的科技手段来赋能金融产品，形成金融科技业务优势，在改进客户体验的同时，提升了企业管理效率。

# 如何管理品牌组合？

富安娜的多品牌协同

## 一、引言

品牌组合策略指的是通过开发不同的品牌来满足不同细分市场上消费者的多样化需求，依靠多品牌的协同效应来获取竞争优势。成功的品牌组合能够很好地发挥企业各个品牌的协同效应，做到优势互补，扩大市场占有率；但如果品牌组合管理失当，不仅可能会造成品牌之间相互内耗，而且也会增加总体的品牌建设成本。品牌管理权威学者大卫·艾克（David Aaker）在接受英国《金融时报》采访时指出，品牌组合战略是品牌管理当中非常棘手的一件事情。一个品牌要想建设好已是不易，多个品牌同时建设，如何才能相互协同发展呢？家纺行业的品牌富安娜给我们提供了一个成功的范例。这家企业通过品牌组合管理，实现了快速发展，如今已经发展成为家纺行业的领导品牌，连续 13 年入选中国品牌价值 500 强。富安娜拥有五个自有家纺品牌，它是如何进行多品牌协同发展的呢？

## 二、富安娜的发展历程

富安娜成立于 1994 年，是集研发、设计、生产、营销和物流于一体的国内家纺企业。经过近 30 年的发展，富安娜已经成为我国家纺行业中首屈一指的领军品牌。其发展可分为以下三个阶段。

### （一）初创定位期（1994—1999 年）

1994 年 8 月，林国芳先生创办深圳市富安娜家饰用品有限公司。当时国内家纺市场上充斥着各种品牌，既有境外品牌，也有本土品牌，竞争十分激烈。为此，林国芳突破了家纺市场上现有产品的千篇一律，将富安娜家纺产品定位为“艺术性”，通过突出产品艺术之美，给消费者带来心灵的愉悦和享受。这种定位抓住了用户的心理需求，改变了人们传统的卧室居住环境，也让富安娜走进了千家万户。

1995 年 8 月，刚刚成立一年的富安娜尝试开创行业先例，在深圳开设了国内第一家床上用品专卖店。此后，短短 5 年内，富安娜采用直营与加盟连锁专卖店并进的形式，将全国的门店数量扩张到200家以上。这对于一个刚成立几年的品牌来说，无疑是“风一样”的速度，引得同行大为钦佩。

### （二）多品牌发展期（2000—2014年）

进入21世纪，富安娜敏锐地意识到消费者之间的差异，开始通过不同的品牌组合来尽可能扩大市场份额。2000年9月，根据自身发展及市场消费需求，富安娜推出了面向年轻消费群体的第二品牌“馨而乐”。2003年，富安娜推出顶级品牌“VERSAI”（维莎），将异域风情和高贵品质带到中国市场。2004年，推出旗下休闲品牌“圣之花”。之后，又创造了面向儿童市场的“酷奇智”。通过对这5个定位不同的品牌进行组合管理，富安娜获得了快速的发展。

基于五大自有品牌，富安娜成为全国各大商业系统的主力合作品牌。凭借优质的产品和国际领先的设计，富安娜成为天猫、京东、唯品会等电商平台的主力推广企业。2006年12月，深圳市富安娜家饰用品有限公司整体变更为深圳市富安娜家居用品股份有限公司。在快速发展的同时，富安娜也获得了诸多来自行业和政府的认可。2009年，富安娜作为家纺业唯一的品牌入选“60周年60品牌”，并于当年12月在深圳证券交易所上市。

### （三）转型发展期（2015年至今）

2015年，富安娜提出了下一个黄金十年的“二次创业”规划和发展战略，未来的营业收入将要跨越一百亿元。富安娜公司依托20多年沉淀下来的人才优势、渠道网络优势、品牌优势和资金优势，紧紧抓住“C2B模式定制家具”“集成智慧大家居”等新的商业机会，全面启动了整体家居战略。为此，富安娜引进了德国先进的全自动化家具生产系统，启动先进智能生产线，计划在全国布局三个近千亩的“集成智慧大家居”产业园区。从单一的床上用品到大家居生活方式再到整体定制家居解决方案的转型，构成了富安娜的未来发展版图。未来的富安娜将不再仅仅是单一产品的提供者，而是成为广大消费者家居装饰生活中一个全套方案的解决者。

经过近30年的发展，富安娜拥有国内行业最顶尖的研发设计团队，其研发设计的多种花型和技术一直处于国内外领先地位。从经营绩效看，哪怕是在受到疫情影响的情况下，富安娜2021年营业收入约31.79亿元，同比增加10.62%，成为家纺行业中品牌价值的佼佼者。

## 三、富安娜的多品牌策略

富安娜一直秉持着“创造美好睡眠生活，打造百年家居品牌”的经营理念，将艺术融入家纺，满足了现代消费者对高品位的追求。通过打造“富安娜”“维莎”“馨而乐”“圣之花”“酷奇智”五个自有品牌，富安娜为不同消费者提供艺术化、时尚化和个性化的产品。

## （一）多品牌的差异化定位

### 1. 富安娜

“富安娜”是公司的主品牌，主要定位于28~45岁的中高端消费群，以其“凝聚自然之源，创造艺术家纺”的品牌理念，将源于自然的艺术灵感融入床上用品，旨在为消费者打造一个艺术感与舒适感并存的睡眠环境。

### 2. 维莎

2003年，富安娜买断意大利高档品牌维莎在国内市场的经营权，将欧洲风格的时尚印花与中国的丝绸结合，把意大利的异域风情和高品质生活带给国内高端用户群体，完美诠释了尊贵、奢华的品质。

### 3. 馨而乐

“馨而乐”是富安娜公司于2000年创办的时尚化品牌，主要面向中端消费群体。馨而乐秉承了富安娜原创艺术设计核心，花色丰富时尚，以英式田园风格和现代清新风尚为主体，做工精细。馨而乐希望为寻求自然、休闲、浪漫的年轻时尚群体打造独具个性、时尚、温馨的英伦庄园风格产品，以其“漫”生活理念唤醒都市人内心最初的美好浪漫情结，为其营造舒缓、惬意的家居生活体验。

### 4. 圣之花

“圣之花”品牌成立于2004年，是富安娜的主力品牌之一，主要面向大众休闲消费群体，产品涵盖高、中、低各个档次。该品牌崇尚随意、轻松、个性，产品以简约时尚为特色，具有清新悦目、明快爽朗、自由洒脱的设计感和休闲适用的价值感。在承担“为消费者打造舒适睡眠”使命的同时，圣之花将时尚和简约的元素融入床上用品设计中，展示年轻人随性乐观的生活态度，成为大众消费者喜爱的品牌。

### 5. 酷奇智

“酷奇智”是富安娜旗下专属的原创儿童品牌，主要面向儿童群体。该品牌在富安娜的“艺术家纺”定位的基础上，通过引领国际潮流的多元设计和温馨舒适的自然风格，为中国儿童提供不同生长阶段的健康睡眠产品。产品风格富有童趣，多彩活泼，为儿童带来安全舒适、乐趣梦幻的睡眠体验。

## （二）多品牌的组合结构

品牌组合的实质在于，企业以不同品牌满足不同消费者的需求，同时通过多品牌策略保护其经济效益最好的品牌不受竞争者的袭击。

主品牌是企业获利能力最强的品牌。“富安娜”品牌作为富安娜公司的主品牌，也是最重要的品牌，凭借其卓越的设计、优良的品质获得了市场的认可和欢迎，公司80%的销售额来源于该品牌。

侧翼品牌同样能够带来丰厚利润，但满足消费者需求的侧重点有所不同。富安娜推出的时尚品牌“馨而乐”、儿童品牌“酷奇智”作为侧翼品牌，补缺了“富安娜”无法覆盖的中端时尚人群和儿童市场。这两个品牌对于富安娜来说，其目标价值不仅仅在于销售额或者市场占有率，更多的是从其战略布局意义来考虑。

企业可以推出一个或多个进攻品牌，目的是防止其他品牌对主品牌的低价竞争，其价格往往介于主品牌和市场上的其他品牌产品的价格之间。富安娜的休闲品牌“圣之花”，以低价策略面向大众消费人群，作为进攻品牌满足了消费者对于物美价廉产品的需求。如果消费者可以接受高性价比的富安娜产品“圣之花”，那么就会拒绝其他廉价产品或者富安娜仿品，很好地保护了“富安娜”主品牌不被那些品牌冲击。

威望品牌则主要面向高端群体，致力于满足其高品质和奢侈需求。“维莎”作为富安娜的奢华品牌，不仅可以补全富安娜的高端人群市场，也代表了富安娜产品的品质和地位，能为消费者带来具有品牌象征意义的产品。

富安娜基于品牌组合策略，在主品牌“富安娜”的基础上，补全了中端时尚人群市场（馨而乐）和儿童市场（酷奇智）、展示了富安娜公司的品质（维莎）、降低了廉价及山寨产品争夺其市场份额的可能性（圣之花），使富安娜成为家纺行业的领导者（见表1）。

**表1　富安娜的多品牌体系**

| 品牌 | 富安娜 | 维莎 | 馨而乐 | 圣之花 | 酷奇智 |
|---|---|---|---|---|---|
| 定位理念 | 凝聚自然之源，创造艺术家纺 | 尊贵、奢华、享受 | 个性、时尚、温馨、“漫生活” | 随意、轻松、个性 | 童趣、多彩、活泼、健康 |
| 目标群体 | 中高端消费群、主品牌 | 高端消费群、顶级奢华品牌 | 中端消费群、时尚化品牌 | 大众休闲消费者、大众品牌 | 儿童群体 |
| 设计风格 | 高贵、典雅、浪漫、温馨 | 独特的欧洲艺术风情，尊贵奢华的品位生活 | 温馨浪漫的欧陆风情、青春时尚和“漫生活” | 清新悦目、明快爽朗、自由洒脱的设计感 | 活泼可爱童趣风 |
| 销售渠道 | 专卖店、专柜、线上官方旗舰店 | 专卖店、高档商场专柜 | 专卖店、商场专柜、线上官方旗舰店 | 超市、大卖场专柜、线上官方旗舰店 | 专柜、线上官方旗舰店 |

## （三）多品牌的特色化设计风格

在研发设计上，富安娜拥有国内家纺业最好的设计团队，已累计研发了数以千计的花型。富安娜拥有全球最多的平网创新设计，已经设计出全球最大独幅真丝提花。公司自主开发的平网印花工艺、独幅提花工艺和数码印花技术已经达到国际领先水准，在制造工艺、面料使用和款式上，创造了多项第一。顶级的研发设计能力，为富安娜的品牌组合策略提供了技术支撑。

### 1. 富安娜

"富安娜"作为公司的主品牌，其设计风格以高贵、典雅、浪漫、温馨为主。其设计多为绣花、印花，结合先进的印染工艺，将艺术家纺的理念融入富安娜的设计中。在产品材质方面，富安娜均使用纯棉面料，通过高织精梳工艺，使手感更为柔软舒适，而经过丝光处理的布料，能永久保持丝绸般光泽。

### 2. 维莎

"维莎"秉承了意大利的传统工艺，每一件产品布料均取材于优质蚕丝以及埃及长线棉，密度均在600~1000针，采用精梳织造，体现了"维莎"独特的欧洲艺术风情，以及尊贵奢华的品位生活。

### 3. 馨而乐

"馨而乐"主打英式田园风格，材质方面秉承"富安娜"品牌的高品质，但在花型上面与"富安娜"完全不同。"馨而乐"的设计风格以"英伦田园风格小碎花"花型为主，色彩丰富，色调清新，结合刺绣花边等装饰工艺，呈现出温馨浪漫的欧陆风情，体现了青春时尚的气息和"漫生活"的状态。

### 4. 圣之花

"圣之花"品牌主要面向休闲大众，其设计风格偏向于随意、轻松和个性。圣之花沿袭了富安娜一贯的优良品质，设计以各种抽象艺术花卉和几何造型为主，结合绚丽的色彩和大胆的配色，体现了清新悦目、明快爽朗和自由洒脱的特点。

### 5. 酷奇智

"酷奇智"儿童家纺在传承富安娜品牌卓越品质的基础上，根据少儿不同年龄的需要，精心挑选适合少儿使用的绿色环保材料进行制作，其设计更加强调童趣天真、乐趣梦幻的风格，旨在为儿童打造美好舒适的睡眠体验，为儿童创造快乐。

## （四）差异化渠道策略

### 1. 富安娜的全渠道网络

从1994年创办到现在，经过近30年的发展，富安娜已经建立了行业内首屈一指的全渠道销售网络。在电商还未兴起之前，依靠品牌影响力，富安娜主要凭借其遍布全国主要城市的门店实现销售。1995年，第一家富安娜专卖店开业，这也是中国国内第一家床上用品专卖店。富安娜首推家纺行业“直营+加盟”的销售模式，但是并不盲目扩张，长期保持25%左右的直营店布局，使富安娜在借助直营店树立品牌形象的同时，能够以点带面辐射周边地区，带动加盟店销售。随着网络购物的蓬勃发展，富安娜也在电商盛宴中发力。在打造线上渠道方面，作为最早进军电商市场的家纺品牌，富安娜已与天猫、京东自营、唯品会、京东SOP、云集等国内成熟电商平台建立了长期的战略伙伴关系，线上渠道建设取得了很大的成功。

富安娜基于全渠道网络打通线上线下的购物界限，为消费者创造更好的购物模式，使销售渠道得以全面打通。一方面，通过线下门店带来更多客流，给实体店经销商带来更多利益，同时带动店面其他产品的关联销售；另一方面，便捷的在线购物服务也为产品提供了更广阔的市场。

2. 多品牌的差异化渠道布局

富安娜公司的线上产品以中低端为主，价格远低于线下产品，并且有单独研发团队进行研发专供线上销售。线上渠道基本不销售线下产品，只有少量断码的线下中高档产品参加秒杀等特殊促销活动。各个子品牌的渠道策略如下：

“富安娜”作为公司的主品牌，占据公司80%的销售收入来源，无论在线上还是线下都是公司主打的产品。根据其高端的品牌定位，“富安娜”的线上渠道主要包括淘宝、京东、云集等富安娜官方旗舰店以及线上经销店，其线下渠道主要是专卖店和专柜。

“维莎”作为一个高端奢华品牌，其消费群体主要为具有丰厚经济来源的成功人士，以各界卓越人士为主。因此，“维莎”基本不通过网络渠道供货，其主要销售渠道为专卖店和高档商场的专柜。

“馨而乐”作为富安娜公司重点打造的时尚品牌，依托富安娜原有的渠道网络，在品牌建立初期主要通过专柜进行销售，进驻深圳茂业集团、北京王府井集团、上海百联集团等线下渠道。到2012年，“馨而乐”已经从专柜渠道模式转化为“专卖店+专柜”的模式，在全国各地打开了市场。此外，线上渠道方面，“馨而乐”已经在各大线上网站建立了品牌的官方旗舰店。通过“馨而乐官方旗舰店”“富安娜官方旗舰店”以及线上经销商进行线上销售。

“圣之花”作为大众休闲消费品牌，在年轻时尚的中低收入群体中倍受欢迎。结合其品牌定位和目标群体，“圣之花”在线下主要通过超市和大卖场专柜销售。从2010年开始，富安娜公司将原有的商超渠道品牌“圣之花”用于线上销售，并单独设置产品研发团队，专攻“圣之花”的线上产品设计，对线上线下的销售花型加以区分，“圣之花”品牌在线上渠道取得了非常可观的销售业绩。

富安娜的儿童品牌“酷奇智”则是一个比较新的品牌，该品牌面向儿童群体，在线下通过专柜进行销售，线上则主要通过“酷奇智官方旗舰店”“富安娜官方旗舰店”进行销售。

## 四、总结

品牌组合战略是品牌管理的一大难题，很多企业在品牌组合管理方面面临诸多挑战。富安娜家纺基于多品牌组合体系为各个层次的消费者提供了优质的、个性化的产品，获得了巨大的成功。总体而言，富安娜的成功经验可以归纳为如下三点：第一，五个子品牌在市场上差异化定位，战略角色特色分明，包括主品牌、侧翼品牌、威望品牌、进攻品牌等，市场覆盖面广，同时兼顾进攻和防御。第二，内部运营能力卓越，对各个子品牌进行精细化管理。为了让消费者对其五个家纺品牌有清晰的认知，富安娜在产品设计上进行品牌区分，注重从材质、印花风格等细节体现品牌特点。五个子品牌之间避开同质化冲突，实现了优势互补。第三，对线上与线下业务进行严格区分，在子品牌和渠道的匹配方面进行动态管理。对于线上顾客，关注其视觉体验和价格敏感度，对线下顾客关注提升其感受体验和服务体验。

# 如何将 B2B 品牌延伸到 B2C 市场？

从华为通信设备到华为手机

## 一、引言

由于技术的可延展性，许多 B2B 品牌向 B2C 市场延伸，从 B 端市场（企业市场）进入 C 端市场（消费者市场），比如劳斯莱斯从飞机发动机进入汽车行业、西门子从医疗器械进入电冰箱行业、卡特彼勒从挖土机进入鞋靴行业。然而，C 端市场与 B 端市场千差万别，B2B 品牌如何延伸到 C 端市场无疑是一个巨大的挑战。已在中国通信行业占有一席之地的华为也向 B2C 市场进行了延伸，选择将对接企业的通信供应商发展为直面消费者的手机厂商。2013 年华为超越爱立信成为全球最大的通信供应商，但在终端市场鲜为人知，没想到 2003 年延伸进入手机市场后，经过近 20 年的发展，现已成为今天的"国货之光"。2003 年，当时年收入 317 亿元的华为险些以 75 亿美元的价格"卖身"给摩托罗拉，从 2018 年到 2020 年，华为的总营收分别为 7212 亿元、8558 亿元、8914 亿元，分别增长 19.5%、19.1%、3.2%。即便在遭到"芯片断供"的 2020 年，华为在《财富》杂志发布的世界 500 强名单中仍从第 61 位升到第 49 位，在中华全国工商业联合会发布的中国民营企业 500 强名单中连续 5 年蝉联第一。

## 二、华为发展简史

1987 年 9 月 15 日，华为技术有限公司在深圳成立。起初，华为的业务是代理销售用户交换机，后来开始注重自主研发并为企业用户提供通信解决方案，再后来进军个人市场，研发、制造并销售手机和个人电脑等智能终端。中国人民大学彭剑锋教授将华为的发展历程分为 4 个阶段：

### （一）初创期（1987—1995 年）

华为早期的业务是替香港公司代理销售用户交换机，在 1989 年开始自主研发、生产和销售相关产品，靠着产品集中化和低成本策略抢占市场，销售额于 1995 年达到 15 亿元人民币。

### （二）成长期（1996—2004 年）

在此阶段，华为从集中化策略转向一体化策略，向移动通信、传输等领域进军，同时开始管理变革。其中比较有代表性的有，1998 年华为花 40 亿元请 IBM 用 5 年时间协助其管理变革，并引入先进的集成产品开发模式（Integrated Product Development，IPD）。组织管理和研发流程的专业化为华为的高速发展打下了坚实的基础；2003 年华为成立手机业务部，这标志着华为消费者业务的诞生，从 B2B 开始往 B2C 延伸。

### （三）拓展期（2005—2010 年）

华为调整了其商业模式，从之前主要以售卖通信设备的厂商变成了为整体通信服务提供产品和解决方案的供应商。相对应地，组织结构也从事业部和地区相结合改为以产品线为主导。华为在 2005 年成为沃达丰优选通信设备供应商；2007 年与赛门铁克（信息安全领域全球领先的解决方案提供商）合作成立合资公司，共同开发信息安全领域的解决方案；2008 年被美国著名财政杂志《商业周刊》评为全球十大最有影响力的公司。华为从单纯追求竞争转为寻求合作共赢的战略。

### （四）腾飞期（2011 年至今）

虽然华为早在 2009 年便以 1491 亿元的销售额成为全球第二的电信供应商，但其抱负不止于此。华为要做的是打通 B 端和 C 端，打造一个从通信服务到智能终端的技术生态。2012 年 1 月，华为在美国发布在后来广为人知的 P 系列第一部智能手机“Ascend P1 S”，同年第四季度成为全球智能手机市场销量排第三的手机厂商，也是中国智能手机厂商第一次进入三强的行列；2016 年华为以 3950.09 亿元营收位居“2016 中国民营企业 500 强”榜首并蝉联至今；2019 年 8 月 9 日华为发布自主研发的鸿蒙操作系统；2020 年 7 月华为智能手机出货量为全球第一。在 2018 年，华为与沃达丰合作完成了全球第一个 5G 通话测试，并在华为成立 30 周年之际确定新的愿景：“构建万物互联的智能世界。”这意味着华为不再局限于 B 端或者 C 端，而是致力成为 5G 时代连通个人、家庭和组织与数字世界的桥梁。

## 三、华为 B2B 品牌向 B2C 市场的延伸

华为从通信服务行业延伸到智能终端行业，服务对象也从需求相对固定的企业用户变为需求多元化的消费者，因此势必要采取一些新的举措来应对挑战。这些策略不仅避开品牌延伸中的“跷跷板”，而且 B 端和 C 端的品牌效应互补，大大提升了华为的品牌价值。

### （一）充分利用原有优势，形成资源共享的协同效应

在进入智能终端行业之前，华为已经在通信行业耕耘了 16 年，年营业额达到了 317 亿元。因此不同于那些白手起家的企业，华为做手机有着众多的先发优势。

第一，通信服务行业与智能终端行业属于上下游关系，具有高度的相关性，华为制造的移动基站是手机通信时必需的中转站，移动基站和手机最核心的部件都是芯片。早在 1991 年，华为便自主研发了第一款数字芯片 SD502；2004 年，华为成立海思半导体公司；2009 年海思推出第一款手机芯片 K3V1；2014 年华为发布了麒麟系列第一款芯片 910。在智能终端行业，得芯片者得天下，2018 年华为手机利润率为 8%，位列中国手机生产商第一名，其优秀的芯片自研能力发挥了重要作用。

第二，出身高新技术行业的华为有着相对成熟的管理经验和人才储备。华为在进入手机行业之前，就进行了大规模的管理改革。在 IBM 历时 5 年的帮助下，华为建立并完善了符合自身情况的 IPD 流程管理模式。这套涉及财务、开发、技术支援、制造、采购和市场的管理流程不仅提高了华为的研发效率，更提升了各部门间合作协调的能力。制造移动基站的华为能够短时间进入手机行业，进行研发、生产和销售，离不开 IPD 模式的帮助。除了管理模式外，华为原有的人才储备也是重要因素。比如华为手机业务的负责人余承东在 1993 年加入华为，曾负责无线事业部；海思半导体总裁何庭波 1996 年加入华为，是当时华为研发工程师。更有其他默默无名的技术骨干和管理人员从其他分部过来支援，才使得华为手机在十几年内声名鹊起，成为中国的一张名片。

第三，原有的客户资源转化为华为智能终端在渠道推广上的优势。作为通信设备供应商的华为与世界各地的很多电信运营商有合作关系，而电信运营商是消费者购买和使用手机的重要渠道，这为华为快速进入手机市场打下了坚实的基础。2005 年，华为获得生产手机的资质，此时的华为手机基本上是运营商的定制机，比较典型的有华为在 2007 年为北美主流运营商 MetroPCS 定制的 CDMA 手机 M318。卖手机给运营商为华为手机赚来了第一桶金。2007 年华为手机出货量达 2000 万部，2008 年华为成为 CDMA 定制手机全球第三大供应商，2009 年华为手机出货量突破 3000 万部。虽然为运营商定制手机有着稳定的订单，但定制机的利润有限且不利于华为的长远发展。于是在 2009 年，华为在西班牙的“世界移动通信大会”上展示了自己首款 Android 智能手机，并宣布与英国电话运营商 T-Mobile 合作推广该手机。2010 年华为与中国电信合作推出华为 C8500 手机，在 100 天内卖出了 100 万部，是华为手机早期发展的重要里程碑。2019 年，华为与中国三大运营商签署合作协议，共同建立“国家级”5G 技术平台。2020 年，

华为宣布在未来十年与中国移动展开战略合作，共同构建 5G 智能时代。不管是作为通信设备供应商还是手机厂商，华为一直致力于成为运营商的最佳合作伙伴，这也是华为品牌延伸成功的重要秘诀。失败的品牌延伸往往拆了东墙补西墙或是丢了西瓜捡芝麻，华为则是很好地做到了资源迁移和共享，做到了 1+1>2，做到了与合作伙伴的多赢。

### （二）及时调整组织结构以应对不同的市场

品牌延伸是产品的延伸，面对的主要问题是产品和目标消费者的变化。而从 B2B 往 B2C 延伸面临的挑战更是艰巨，因为企业往往完全没有应对 C 端市场的经验。正所谓结构决定功能，为了应对需求更加多元化的消费者市场，华为进行了多次组织变革（见图 2）。

在 2003 年以前，华为的主要客户是通信运营商，通信运营商有着地域性强的特点，地区子公司在与当地电信服务商合作谈判时需要有较高的自主权，而集团事业部则在这个过程中提供技术及服务支持，此时华为采取的是二维矩阵式组织结构，即地区公司 + 事业部协同作战的模式，是一种典型的 B2B 组织结构。

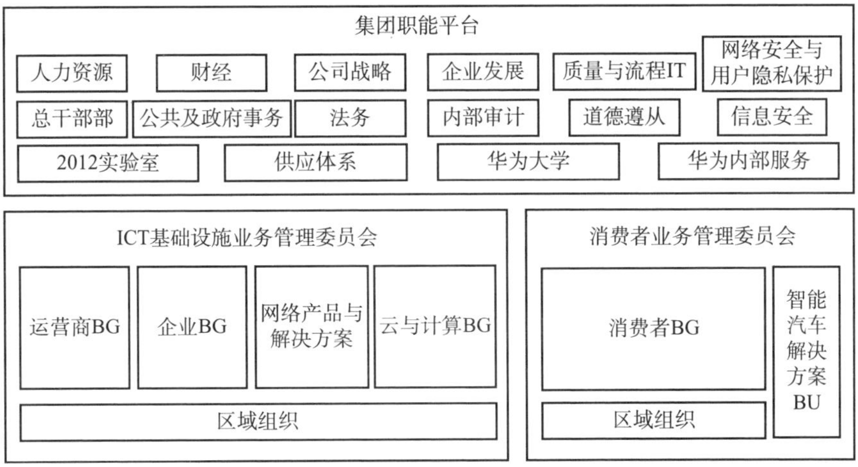


**图 2　华为集团的组织结构**

2004 年到 2012 年，华为初入手机市场，此时虽然华为手机的使用者是消费者，但目标客户仍然是 B 端的运营商。每个运营商对定制手机有着不同的需求，在这个阶段，华为使用的是产品和项目组为主导的矩阵式结构，产品解决方案、战略与营销和销售与服务等部门在每一个项目推进的过程中相互合作以确保项目的顺利完成。这是一种以产品思维为主导的组织结构，产品思维强调针对特定的客户 / 消费者的不同使用场景，提供合适的解决方法。华为对产品思维的重视是

B2B 往 B2C 延伸成功的重要保障。

2013 年以后，华为以手机为代表的消费者业务快速崛起，与 B2B 为代表的运营商业务和企业业务并驾齐驱。此时华为将消费者业务从其他业务中分离出来，形成了三大业务并行的动态矩阵式结构。原华为消费电子事业部的负责人余承东被提拔华为消费者业务的 CEO。该组织结构的调整表明华为 B2B 往 B2C 的延伸获得了成功，华为将消费者业务纳入其核心业务范畴。消费者业务的独立性和重要性大大增强。消费者业务的独立也意味着华为由上阶段的产品思维转变为品牌思维，B2C 的业务不再是一个个孤立的产品或项目，而应该是一个整合的整体，一个有竞争力的品牌。2020 年，华为将其 Cloud & AI 升为第四大业务，对应了其“构建万物互联的智能世界”的愿景。华为会在品牌延伸的不同阶段对组织架构做出相应的调整，这是其在瞬息万变的市场中经久不衰的重要法宝。

### （三）提高品牌知名度，以消费者为中心

虽然华为在通信行业大名鼎鼎，但是在华为手机刚刚进入消费者市场时，它却名不见经传。如何让消费者知道、信任并购买华为手机呢？这同样是一个不亚于技术研发和组织架构调整的难题。好在华为采取了一系列措施，完成了从手机行业“无名小卒”到“国货之光”的华丽转身。

第一，成立花粉俱乐部，倾听消费者的声音。2012 年，华为成立花粉俱乐部（花粉，为“华为粉丝”的谐音），这是华为官方推出的粉丝交流互动平台。在里面，花粉可以第一时间了解到华为产品的最新资讯，在产品使用过程中遇到的问题和改进建议也能和其他人分享；华为则能了解到消费者最真实的需求，同时在社区中传递华为的企业文化和品牌理念。2018 年底，花粉俱乐部注册人数突破 1 亿大关。2021 年 6 月 2 日，华为推出 HarmonyOS 2.0，当晚大量华为用户涌入花粉俱乐部申请升级系统，一度导致花粉俱乐部服务部崩溃，足见华为粉丝的热情以及品牌社群策略的成功。花粉俱乐部诞生于华为消费者业务起步之际，为华为聚合品牌粉丝、了解用户需求和提高品牌知名度起到了不可或缺的作用。

第二，把握消费者的需求，提供不同的产品。在移动互联网时代，消费者对手机的要求不再是简单的通信工具，而有了多元化的需求。针对这种情况，华为推出了不同的手机系列，比如 Mate 系列主打高端旗舰风格，目标用户是商务人士，主打的功能是全球网络通信；P 系列同样走的是高端路线，不过卖点则变成了时尚外观和高清摄像头；与中国电信和腾讯合作推出的麦芒系列的定位更加聚焦，面向 22~25 岁的大学毕业生及白领推出的麦芒手机强调“无畏生长”的品牌口号，鼓励年轻人张扬进取的处世态度；畅享系列则针对中低端市场，迎合那些只需要使用手机日常通信功能的消费者；子品牌华为荣耀（2020 年已被出售）则以创新、

品质和服务为出发点。面向全人群，打造智能世界。华为通过花粉俱乐部聆听消费者的声音，用不同系列、不同卖点的手机回应消费者的需求，在手机业务上做到了多点开花，蒸蒸日上。

第三，不惧技术封锁，大力创新，彰显产品自信。华为及其手机品牌能够获得今天的美誉度，除了自身产品质量过硬之外，更离不开其为掌握核心技术而开展的大力创新和未雨绸缪。2019 年 5 月 16 日，华为及其 70 家附属公司被美国商务部列入出口管制“实体名单”，这意味着华为原有的全球供应链受到毁灭性打击，无法采购关键元器件。这时候，华为宣布自主研发的海思半导体由备胎转正，这一举措不仅大大缓解了华为供应链的压力，更为国人的“中国芯”，为“中国制造”打上了一剂强心针。

## 四、总结

B2B 品牌向 B2C 市场延伸是一个新课题，对企业的挑战很大。总结华为从 B2B 往 B2C 延伸的历程，能够为品牌管理者提供启示与思考。第一，选择一个和原先品牌相关性高的行业进行品牌延伸能够达到事半功倍的效果，企业可以将原有 B 端的渠道、成本和人脉等资源优势进行共享和转化，帮助品牌更快地打入 C 端市场。第二，因地制宜，采取合适的组织结构应对复杂多变的 C 端市场。许多企业在往 C 端延伸的过程中经常用原来 B 端的班子打天下，殊不知 B 端市场和 C 端市场的运行思维完全不同，企业需要拓展一个面向消费者的组织结构。第三，打造消费者品牌。B 端市场同样有企业品牌，但在消费者市场缺乏知名度和信任。企业要想进入 C 端市场，拉近与消费者的距离、倾听消费者的声音并满足消费者的需求是必不可少的。

# 品牌传播篇

# 如何塑造品牌形象？

## 飞亚达的品牌传播

### 一、引言

品牌形象是消费者对品牌的总体印象和评价。良好的品牌形象既有助于提高产品的感知质量，也有助于提升消费者的个人形象，因此良好的品牌形象是品牌建设的重要目标。然而不少消费者对中国产品的品牌在相当长一段时期内认识不足。不过，中国表业优秀企业飞亚达（集团）股份有限公司却是一个例外。经过 30 多年的发展，飞亚达始终坚持“追求完美，精益求精”的精神，从一个初创品牌逐渐成长为中国腕表领军品牌，并朝发展成国际知名品牌而努力，其市场范围已经覆盖东南亚、中东、北非和欧美的 25 个主要国家和地区。那么，飞亚达是如何塑造品牌形象的呢？

### 二、飞亚达的发展历程

飞亚达（集团）股份有限公司（FIYTA）于 1987 年在深圳成立，截至目前，其业务范围已经涵盖手表研发、设计、制造、销售等各个环节，营销网络覆盖全国并延伸至国际市场。飞亚达的发展历程大致可以分为三个阶段。

#### （一）快速成长阶段（1987—2002 年）

飞亚达的前身是飞达表业，是一家办公面积仅有 20 多平方米的小公司。1988 年，飞亚达以 100 多款设计新颖、做工精良的飞亚达手表亮相北京新品展示会，轰动了整个钟表界。此后，飞亚达多次从国外引进先进数控设备和先进设计软件用于手表的设计与制造，实现了手表设计制造领域的计算机集成制造（CIMS）。经过数年的发展，飞亚达逐渐发展成集手表及其零配件的研发、制造、销售于一体的全产业链企业，并于 1993 年在深交所上市，成为当时我国唯一的表业上市公司。1994 年，飞亚达积极完成了 ISO9001 质量认证。1999 年底，飞亚达推出的“千禧之光”金钻表被中国历史博物馆收藏，并在北京创下 101800 元的国内手表拍卖纪录。在品牌形象传播方面，飞亚达首创的形象导购小姐成为当时的社会热点话题。另外，飞亚达投入大量的广告费用与中央电视台合作，抢占新闻联播热门时段，为其品牌形象的宣传起到不可估量的作用。2001 年，飞亚达进入瑞士巴塞尔钟表博览会，首次参加国际展会。

### （二）全面升级阶段（2003—2010 年）

2003 年起，以“神舟五号”为标志的中国载人航天计划备受世界关注，飞亚达作为该计划的太空辅助计时设备——航天表的生产企业也跟着声名鹊起。2003 年，飞亚达极限系列航天表跟随杨利伟遨游太空，同时也作为中国航天员执行飞行任务用表和地面训练用表。2005 年，极限系列航天表全程随“神舟六号”航天员驻留太空，并于 2008 年随“神舟七号”航天员完成中国第一次太空行走。2010 年，“神舟七号”舱外航天表以优异性能获得德国红点设计大奖。飞亚达航天系列腕表通过参与中国的航天事业，使其高科技的品牌形象深入人心，也逐渐受到专业收藏家、钟表爱好者的青睐，并受到国外专业媒体的报道。同时，飞亚达表也多次作为国内重大赛事的计时用表，比如 2004 年的亚洲帆船锦标赛、2005 年的“十运会”、2006 年的第六届亚洲冬季运动会等。

### （三）国际化发展阶段（2011 年至今）

2011 年起，飞亚达作为唯一中国品牌亮相巴塞尔钟表展一号馆。一号馆也称“国际品牌馆”，是制表业翘楚聚集之地。精致典雅的展台设计体现出飞亚达作为国际钟表企业的品质。从 2001 年首次参展到 2011 年进驻有着“国际品牌馆”之称的一号馆，飞亚达的品牌国际化之路向前迈进了一大步，并先后两次推出全新的高端形象展台，向全球展现中国的制表技艺和品牌文化。自 2011 年开始，飞亚达每年都入驻巴塞尔钟表展一号馆。在行业交流方面，飞亚达制表专家多次代表国家钟表行业，参加国际标准化组织钟表技术委员会工作会议，与来自瑞士、德国等国的钟表界人士共同修订钟表行业国际标准。从品牌发展里程碑来看，飞亚达近年来屡获国内国际大奖，如 2018 年，飞亚达航天表及应用项目荣获第五届中国工业大奖；2020 年，飞亚达双重视觉显示定制概念腕表荣获全球知名设计大奖——IF 设计奖。

## 三、飞亚达品牌形象塑造

飞亚达塑造的品牌形象始终紧扣时代主题和热点，在市场上获得了很好的传播效果。飞亚达的品牌形象塑造主要体现为以下三个维度。

### （一）塑造独特的品牌形象

在创立之初，飞亚达公司就对手表未来的消费趋势进行了预判，认为随着经济的快速发展，手表的价值不仅仅是一种计时工具，还会成为个人身份标志和社会地位的象征。故而，飞亚达成立之初的品牌定位就非常清晰——目标人群瞄准白领阶层和新晋的成功人士，做中国的高档手表。事实上，“飞亚达”的寓意就是飞出亚洲，达至全球。

当时高档手表市场的主流是机械表，但是该市场被国外品牌牢牢控制着。石英表以使用方便、走时精准等特点受到消费者青睐，而且市场的消费潮流有从机械表转向石英表的趋势。于是，飞亚达公司独辟蹊径，积极开发设计外形新颖、走时精准的石英表，由此顺利进入国内手表市场。为在短期内提升品牌知名度，飞亚达选择了投放电视广告，直接买下了中央电视台“新闻联播”开播前的报时时段广告，最后就有了消费者耳熟能详的广告词——“飞亚达为您报时”。该广告既塑造了飞亚达走时精准的品牌形象，也让人们记住了飞亚达品牌。随着广告逐渐深入人心，飞亚达在消费者心里打上了走时精准的烙印。在公司创建之初，总投资额才180多万元，而做广告就用了100多万元，足见飞亚达推广品牌的勇气和决心，这在国内同行中是极其少见的。当时的石英表市场高手如林，飞亚达品牌要想快速杀出一条血路，就必须倾力进行品牌形象宣传。最终，品牌宣传的效应在终端市场逐渐显现，北京、武汉等地出现排队买表的现象，一些经销商千里迢迢来到深圳，等候在飞亚达公司门口提货，成为当时腕表行业的一道“风景线”。

1988年，飞亚达营销团队策划了在当时可谓是“惊天动地”的营销活动——引入形象小姐做导购，以塑造品牌形象。当年9月，从北京开始，飞亚达招募了6名形象小姐，两人一组，站在飞亚达柜台前作为形象销售员，代替之前的销售员。飞亚达的形象销售员身穿黑丝绒旗袍，脚蹬高跟鞋，化着淡妆，胸前披着紫色的飞亚达小姐绶带。这样的打扮，在刚刚改革开放的北京，引起了极大轰动。飞亚达形象小姐第一天所在的北京西单亨得利店，顾客络绎不绝，当日单一款表就卖了156只。飞亚达在北京的形象销售成了一件新鲜事儿。从北京到上海，再到沈阳等地，飞亚达小姐一个月走一个城市，就这样走了半年多。

在提升品牌形象的探索中，飞亚达首创了自己的连锁店形式——亨吉利世界名表中心，在全国连锁经营。这家连锁店经营世界各国名表，并负责保养维修服务，其制造商会在连锁店派驻自己的代表。每个品牌名表都有自己的专柜，飞亚达也位列其中，成为中国钟表行业的唯一代表。通过这种模式，飞亚达不但可以学到国外名表品牌的销售方式、商业操作、服务方法，甚至维修技巧，还以最直观的方式表达了飞亚达作为高端手表的品牌形象。

为凸显品牌形象的独特性，飞亚达营销团队注重精细化管理，例如，统一店面装修、户外广告、城市街头的霓虹灯广告等，这些措施夯实了飞亚达的销售基础，也使飞亚达迅速成为消费者所熟知的品牌。

## （二）塑造高科技的品牌形象

2003 年 10 月 15 日，中国第一艘载人飞船“神舟五号”发射成功，实现了中华民族遨游太空的千年梦想。飞亚达专门为航天员研制的“中国航天员专用表”也随杨利伟一起遨游了太空，飞船返回地面后相关专业部门认定飞亚达航天员专用表性能良好，计时精确，完全满足航空航天需求。继瑞士的欧米茄和苏联的福利斯之后，中国的飞亚达成为能够作为太空用表的第三个品牌。

2008 年 9 月，随着“神七”航天员翟志刚、刘伯明、景海鹏的凯旋，他们佩戴的“天行者”航天表也通过了外太空的考验。相比“神五”“神六”舱内航天表系列，对于飞亚达来说，神七航天表“天行者”是一个里程碑式的跨越。在失重、黑暗、高温差、电磁辐射强烈的太空环境中，精确计时对航天员来说非常重要。为此，“天行者”采用了飞亚达首枚自主研发设计的机械机芯，除显示时、分、秒以外，还特别为航天员“太空行走”设计了 30 分钟与 45 分钟的计时表盘，为他们在规定时间之内完成任务提供计时支持；同时将显示日历的窗口改为 AM/PM 显示窗口，保障航天员的太空生活可以天地同步。在防磁性能上，普通表只可达到 4800A/m，而天行者则是普通表的 10 倍。天行者还可以在正负 80 摄氏度的真空环境下工作，玻璃透光率达 93%，经过防炫处理后，即使在漆黑环境下，航天员也可清楚地看清表针的位置。

“天行者”航天表以优异性能获得了“神七”航天员们的高度评价，也展现了飞亚达强劲的研发实力。2008 年 10 月，“天行者”限量版上市，引发了许多收藏人士的追捧。从神舟五号到神舟十一号，飞亚达始终为中国航天员提供执行任务用表和地面训练用表，陪伴航天英雄完成太空探索壮举。在表业市场上，人们不仅讲究手表的品位，更在意手表所传达的细节和故事。飞亚达正好借此讲述航天用表与航天尖端科技、中国飞天梦想之间的故事与传奇。“天行者”作为航天用表的故事极大地提升了飞亚达品牌的高科技形象，并受到了国际市场的广泛关注。

## （三）塑造时尚的品牌形象

飞亚达将时尚理念贯穿品牌传播的全过程，与消费者的时尚追求产生情感共鸣，并通过品牌年轻化以吸引年轻的消费群体。2009 年，飞亚达邀请电影明星古天乐作为品牌代言人。2011 年，飞亚达又邀请了高圆圆作为品牌代言人。为开启品牌升级，飞亚达通过短视频、微电影对当下年轻人的时间观念进行全新解读。年轻群体拥有更多元化的价值观，不被传统意义上的成功标准所局限。飞亚达由此推出宣传短片——《执为所爱》等。

此外，飞亚达还邀请与品牌气质接近的热门明星作为品牌挚友出席品牌营销活动，这些活动既为品牌带来了流量关注和提升了曝光率，也强化了时尚年轻化的品牌形象。另外，飞亚达也注重为品牌增加国际元素，明星佩戴飞亚达腕表参加各大国际时装周，借时装周的热度，增加营销话题，与年轻人产生情感共鸣，拉近与他们之间的距离，从而提升品牌的国际影响力。

飞亚达不仅邀请名人代言，还尝试对代言人的影视作品进行品牌植入，并联合热门 IP 进行合作。比如，飞亚达通过人物海报、剧集植入等形式与《欢乐颂 2》合作，多维度传递了飞亚达悦己、时尚的品牌诉求，让消费者在接受品牌主张的同时，参与品牌互动，建立情感连接，最终转化为品牌资产。

## 四、总结

对于一些受困于刻板印象的企业来说，品牌形象的塑造难度很大。国内一线品牌飞亚达的故事或许可以提供一些启示。总体来看，飞亚达的成功经验可以提炼为如下三点：第一，找准细分领域，以大手笔快速打造独特形象。在成立初期，飞亚达放弃机械表市场，选择了石英表市场。为提升品牌知名度，飞亚达大胆采用新闻联播的报时广告、引入形象导购、通过建立名表连锁店与国际知名品牌并列销售等措施，帮助品牌快速打开市场并建立良好形象。第二，助力国家航天事业发展，向市场传递高科技信号。飞亚达开发航天员用表，将“飞亚达手表是个优质产品”的形象提升到“飞亚达是个高科技产品”，同时，开发航天员用表的研发积累为飞亚达后续开辟航天系列腕表产品奠定了坚实基础。第三，重视品牌传播，消除高科技产品的“高冷感”，拉近与客户之间的情感距离。飞亚达邀请有朝气、有活力的年轻明星代言，邀请参与热度较高的国际时装周等活动的相关明星，佩戴飞亚达表在消费者群体中建立时尚、年轻的品牌形象，提升传播效果。

# 如何进行品牌社会化媒体传播？

比亚迪的创新品牌传播

## 一、引言

近年来，由于微博、微信、抖音等社交媒体的广泛应用，各大品牌纷纷将目光瞄准这一流量高地。在社交媒体时代，个人和品牌有了可以平等对话的机会，社交媒体形成的网络口碑正在重塑品牌与消费者之间的关系。但是，由于社会化媒体具有不同于传统媒体的特征，并非所有品牌都能成功运用这种新媒体来进行传播。如何通过社会化媒体将产品信息更加有效、直观地传递给广大消费者，一直是很多品牌厂商考虑的问题。我国新能源汽车品牌比亚迪，非常注重社会化媒体传播，近年来品牌影响力的提升很显著。那么，在比亚迪成为新能源汽车引领者的发展历程中，社会化媒体在哪些领域发挥了作用呢？

## 二、比亚迪的发展历程

比亚迪是深圳一家高新技术企业，致力于“用技术创新，满足人们对美好生活的向往”。从 1995 年只有 20 多人组成的创业团队开始，短短 20 多年时间内，比亚迪迅速成长为 IT 业国际巨头及电子零部件的世界级制造企业和全球第二大移动能源供应商，被誉为“制造业基因携带者”“国际 OEM 领先者”和“世界 OEM 隐形冠军”。目前，比亚迪的业务涵盖电子、汽车、新能源和轨道交通等领域，并在这些领域发挥着举足轻重的作用。其发展进程可划分为四个阶段：

### （一）初创期（1995—1998 年）

成立初期的比亚迪走自主研发的道路，以生产锂离子电池为主要经营业务，并很快投入量产。同时开启动力电池和电脑电池的研发，这为其之后的国际化发展打下坚实的资金和技术基础。

### （二）成长期（1999—2003 年）

比亚迪开始进军海外市场，成为摩托罗拉、诺基亚等工业巨头在中国区的锂离子电池供应商，在美国、韩国、中国香港地区设立子公司并扩大产品线，并于

2003年，跻身为全球第二大充电电池生产商。

### （三）拓展期（2004—2014年）

比亚迪着手建立工业园，收购汽车生产线，成立比亚迪汽车有限公司。在这一阶段，公司坚持自主研发、自主品牌、自主发展模式，以“造世界水平的好车”为产品目标，以“打造民族的世界级汽车品牌”为产业目标，立志振兴民族汽车产业，逐步迈入中国汽车行业的第一方阵，并入选全球企业新兴百强；建成西安、北京、深圳、上海四大产业基地，在整车制造、模具开发、车型研发等方面都达到了国际领先水平，产业格局日渐完善。

### （四）成熟期（2015年至今）

顺应时代发展的潮流，比亚迪开始主攻新能源产业，成为该行业的领军企业。2016年，比亚迪获得全球瞩目的“扎耶德未来能源奖”，成为中国首家获得此类奖项的企业。同时，比亚迪也是全球唯一一家包揽该奖项大型企业奖和个人终身成就奖的企业，这标志着比亚迪在国际国内的地位均获得显著提升，也显示出比亚迪在新能源产业所取得的显著成就。在产品日趋成熟的基础上，比亚迪也在不断地探索、创新品牌传播途径，借助社会化传播工具，比亚迪的品牌传播之路走得快速且高效。

## 三、比亚迪的社会化媒体传播

随着互联网技术的发展以及各大社会化媒体的广泛应用，社交平台聚集了大批量的年轻用户，在这一宏观社会背景之下，利用论坛、微博、微信、抖音等社交媒体平台进行传播活动成为企业开展营销活动、创新品牌传播、传递品牌价值的阵地。总体来看，比亚迪的社会化媒体营销始于社会化媒体蓬勃发展阶段，其主要通过微电影、微信、微博、抖音等工具开展营销活动。在不同的发展时期，比亚迪注重审时度势，分别采取不同的品牌传播策略，这使比亚迪在激烈的市场竞争中占据了一席之地，成为国产自主汽车品牌的佼佼者。

### （一）微电影传播

微电影传播往往采用了一种柔和的方式，将品牌或产品融入故事本身的叙事风格中，使观众在潜移默化中接受企业品牌，更易引发观众的情感共鸣。与其他车企相比，比亚迪更早注意到微电影这一潜在价值。在微电影还处于起步阶段时，比亚迪就推出了其新款车型F0的微电影，这是当时中国第一部点击率过亿的网剧。自此，比亚迪正式开启了微电影传播与营销之路。

2008年至今，比亚迪将微电影营销作为各种营销活动的补充手段，先后为11

款新车型赞助了15部微电影，并取得了良好的市场效果。例如，为推广“秦”系列产品，比亚迪赞助的微电影《跑不赢的飞人李建国》在网络上引起巨大反响。在这部微电影中比亚迪“秦”系列产品加速快、耗油量低的特点得以展示，该电影发布当天在优酷视频点击率就已超过35万，其幽默、诙谐的内容得到观众的欢迎与认可，大量用户通过评论与转发的形式参与此次微电影传播活动，从而使比亚迪的品牌认可度得到很大提升。这种新颖的品牌营销策略在受到消费者追捧的同时，为比亚迪提升在年轻观众群体中的知名度和认可度打下了很好的基础，也为其后续的品牌传播提供了更广阔的思路与方向。

近期，比亚迪宣布将再次携手国内领先的视频分享网站——56网展开视频创意营销之旅，届时，比亚迪汽车将冠名国内知名原创微电影首播平台——“56首映礼”展播的优秀影片。作为56网长期以来的战略营销合作伙伴，比亚迪屡次携手56网探索视频创意营销。在此前双方的合作中，56网基于多年来在视频营销领域的经验积累，通过对比亚迪汽车营销诉求的深刻理解，充分把握网友聚焦的时事热点和娱乐事件，全方位、多角度地展现比亚迪汽车的特点，引导用户更深入地接触和了解比亚迪汽车，其广告营销案例也多次成为视频营销领域的经典之作，获得专业广告机构、广告营销类媒体颁发的营销大奖。

### （二）社交平台传播

比亚迪在借助微电影开展品牌传播的同时，还借助论坛、微信、微博等社会化媒体推广手段，扩大其品牌口碑传播的覆盖面。在比亚迪“秦”系列上市期间，比亚迪就邀请垂直类热门社区对上市活动做论坛直播，其中，汽车之家直播帖点击超过32万人次，回复超过2000条；太平洋车网直播帖点击近4万人次，回复超过300条。以上活动吸引了众多用户参与进来，形成了品牌集聚效应，通过大家自觉的点击与回复，有力提升了本次论坛直播话题的热度，为比亚迪“秦”系列产品的销售打下了良好基础。

微信公众号作为一种品牌推广工具，也是一个极其有效的传播途径。比亚迪在微信公众号发展之初，就敏锐地抓住了先机。相关数据显示，从比亚迪“秦”系列预热到上市，有效粉丝数净增长超过3万个，粉丝精准度较高，特别体现在比亚迪“秦”新车上市后三周内，一半以上的粉丝与微信公众号产生互动，如阅读、点赞及留言等，将微信的吸引粉丝的功能发挥到极致。公众号“比亚迪汽车”发布的相关产品信息，吸引了越来越多的用户加入比亚迪大家庭，进一步提升了比亚迪品牌的知名度与市场占有率。

微博是当前国内使用人数最多的社交媒体之一。比亚迪紧紧地抓住这一重要的信息传播渠道，在“秦”系列上市当天就选择与多个微博大V合作，这些微博大号纷纷转发相关微电影，用户参与度高，点击率与转发量空前高涨，活动取得了良好的传播效果。除了进行产品的宣传，微博也是比亚迪品牌宣传的重要渠道。2020年，比亚迪汽车微博以提升自主汽车品牌形象为目标，策划了一系列弘扬中国文化的主题活动，提升了粉丝们的民族自豪感。该项活动还令比亚迪汽车微博荣获第九届社会化营销金蜜蜂年度自媒体奖。此后比亚迪延续中国文化的宣传风格，先后两次开启行摄营销活动，与华为等国产品牌合作，将比亚迪的汽车产品与中国风光、中国品牌等概念紧密结合起来，最终荣获虎啸金奖、IAI银奖和国际广告节营销案例奖等多项大奖。比亚迪也逐渐成为中国人心中的优秀民族品牌。

### （三）短视频传播

短视频作为一个新崛起的流量池，在抢占人们碎片化时间的同时，也逐渐形成一种不可替代的商业阵地，成为许多品牌追捧的新战场。比亚迪以其超前的营销洞察力，意识到短视频将成为品牌营销传播的利器，于是紧跟时代潮流，开展短视频营销。

2016年9月1日，“宋”系列产品的盖世版上市时，比亚迪整合了多家平台资源，汇集了最新最炫的传播手段，打通网站、媒体、行业大咖、直播、自媒体等传播通道，发布会开播便创下了144万人次观看的收视热潮、1小时销量破千的销售纪录。2017年比亚迪在推广“宋”系列产品时仍以短视频作为传播主阵地，通过成为《这！就是街舞》官方合作伙伴，特邀人气实力选手拍摄宣传短片，成功开启了一场“Dancing宋Pro敢赞敢Battle”的跨界文化盛宴。

2018年9月，比亚迪为推出新一代“唐”系列产品，突破原有明星助阵、品牌代言等短视频宣传手段，在短视频App抖音上发起一个“#BYD不要抖”挑战赛。挑战赛的规则为用户只要加上“#BYD不要抖”话题，选择挑战赛专属“不要抖”贴纸或贴合“BYD不要抖”主题展示创意，就有机会获得“7天免费英国游”、比亚迪精美车模等礼品作为参与奖励。此次抖音活动策划，比亚迪收到了很好的推广效果。相关数据表明，该项目上线当天的浏览量就高达1.47亿人次，而最终的浏览量超过23亿人次，超过80万用户自主参与该挑战，其火爆程度可见一斑。该活动旨在通过发动用户参赛，与用户产生接触，借助专业生产内容带动用户生产内容，并选择与其品牌和产品相贴合的意见领袖进行活动推广，扩大受众范围，与更多潜在客户进行深度互动。本次“BYD不要抖”抖音挑战赛获得了较好的市场反响，成为比亚迪迈向新未来的开端。自此之后，比亚迪推出了一系列抖音挑战赛，如比亚迪汉EV换装大赛等，也都在短视频平台上掀起了一阵风暴。

此外，比亚迪也重视在短视频平台上举办品牌活动，通过紧跟时事的话题和平易近人的沟通方式吸引更多社交媒体用户积极参与，展开品牌话题讨论，有效提高了品牌关注度与曝光率。2021 年，随着英雄联盟 S11 全球总决赛落下帷幕，比亚迪携手武汉 eStarPro 战队，以电竞圈层为切入口，以短视频为输出口，实现与青年群体的近距离对话，加强了比亚迪品牌与青年人的情感链接，大幅提高了比亚迪在青年群体中的关注度。

### （四）纸媒、电视传播

相较于在新兴媒体上开展传播活动，比亚迪并没有完全放弃传统的信息传播途径。在传统的纸媒、电视媒体上，比亚迪也投入大量的广告，希望以此提升品牌的知名度和美誉度，从而抢占市场份额。这种做法对于某些细分消费群体而言，是更为稳妥且更加值得信任的推广方式。在与纸媒合作的过程中，比亚迪主要选取华东、中南、华北等经济较发达地区的省级报纸，主攻当地的客户群体，其形式多以促销广告为主、产品广告为辅；在选择电视媒介合作的过程中，投放媒体主要以主流媒体投放为主，央视广告占据其全部投放份额的 64%，投放节目的选择主要集中在目标受众关注度较高的新闻、体育、财经频道。这也看出比亚迪在传统媒介上的投入向精细化投放方向发展。

## 四、总结

在移动互联网时代，比亚迪通过整合各种社会化媒体营销工具，走出了一条具有自身特色的品牌传播创新之路。通过根据具体场景适配不同的社会化媒体，比亚迪不仅能够成功地推广自身产品，而且还促进了品牌口碑的传播。总体来看，比亚迪在品牌传播创新方面的成功要素可以概括为以下三点：

### （一）与时俱进，选取合适的传播媒介

比亚迪在新产品上市期间进行的微电影营销、微信营销、微博营销和短视频营销等都取得了不错的效果，比亚迪也已经成为国产新能源汽车的代名词。从微时代到短视频时代的品牌传播活动，是比亚迪善于运用互联网思维的最好体现。通过灵活选择合适的社会化媒体，比亚迪用多样、新颖的互动模式激发用户热情，让更多消费者自觉地参与品牌传播活动，以此扩大品牌影响力和知名度。

### （二）关注年轻消费者，创新品牌传播方式

随着中国汽车消费者的年轻化，自主品牌要想抓住这个市场，就要花大力气去开展有针对性的营销创新活动，提升品牌形象，打造产品口碑，最终抓牢市场终端用户。面对年轻用户，品牌更应拒绝墨守成规，善用互联网思维，用多元化、新颖的互动模式和传播渠道激发不同层次用户的热情，让更多消费者参与进来。

### （三）社会化媒体与传统媒体互补

比亚迪在选择新兴媒体进行品牌推广的过程中，并没有放弃纸媒和电视媒体等传统推广渠道，而是在进行取舍之后，选择经济发达地区的报纸、拥有良好声誉的央视广告、目标顾客精准化的财经 / 体育频道，进行有目的、有秩序的精准投放。这种方式有利于品牌针对顾客进行全媒体传播，形成了社会化媒体与传统媒体之间的互补，提高了传播效果。

# 如何走出品牌的"低价陷阱"？

## 百岁山的高端品牌战略

### 一、引言

在激烈的市场竞争中，很多品牌迫不得已采用低价策略来抢占市场份额。这些品牌也希望塑造成高端品牌，从而名利双收。然而，真正能够成为高端品牌的毕竟是少数，绝大多数企业在冲击高端品牌的路上铩羽而归。在饮用水行业，景田公司却敢为人先，成功打造了"百岁山"这一高端品牌。中国饮用水市场是一个竞争激烈的战场，农夫山泉、娃哈哈、怡宝、恒大冰泉等品牌已经占据大部分中低端市场份额，而高端市场则是依云、巴黎水等品牌的天下。在这样的背景下，作为后起之秀的百岁山在短短几年内成为国内饮用水市场的高端品牌，并连续多年位列中国天然矿泉水市场的榜首。那么，百岁山是怎样走出一条高端品牌之路的呢？

### 二、百岁山的发展历程

作为一家瓶装水生产企业，景田公司并非一开始便实施高端品牌战略。公司最开始推出的纯净水产品在市场上采取了平价策略，但很快便面临价格战的问题。在意识到市场对高端饮用水需求之后，景田公司毅然决定转型，以打造"水中贵族"为目标开启了其品牌高端化的历程。回顾历史，景田公司发展经历可以分为探索期、转型期和成熟期三个阶段。

#### （一）探索期（1992—2006 年）

1992 年，景田公司在深圳成立。作为最早一批进入饮用水行业的企业，景田公司的起步可谓艰难。当时，虽然中国经济已经开始高速发展，人民生活水平有所提高，但消费者并没有纯净水的消费习惯，因此瓶装水的年销量很不理想。但创始人周敬良相信，在一个超过 10 亿人的市场里，瓶装水一定能够成为饮料市场的主流。

随着经济的进一步发展，人口流动加速，人们对快消品的需求开始明显增加。

这对饮用水行业来说无疑是天赐良机，景田公司敏锐地捕捉到了这一商机。为了在市场上实现产品差异化，公司从设计和包装入手，针对桶装水系列推出了新的桶形，引起业内外的轰动。2003年，景田公司将水源地选在了道教圣地罗浮山的山脉腹地，优质的水源加上人与自然和谐共生的完美结合让公司产品有了更深的寓意。2004年，景田公司推出了如今最为大众熟知的产品——景田百岁山，这是其问鼎天然饮用水市场的重要一步。

### （二）转型期（2007—2016年）

百岁山的高端品牌战略开始于2007年。当时国内瓶装水市场正处于价格战的漩涡，百岁山的决策层决定反其道而行之，及时推出百岁山高端矿泉水，并将其定位为“水中贵族”。按照水质的不同，瓶装水可以划分为纯净水、天然水、矿物质水和天然矿泉水四大类别，其中天然矿泉水作为超越一级水源的特级水种，品质表现最佳。百岁山选择了天然矿泉水这一高端水种。出于对水源的底气和自信，百岁山把“水中贵族”这一定位作为企业的品牌策略，向消费者传播展示贵族精神文化，与其他瓶装水品牌形成了明显的区分。自2009年起，百岁山连续11年位列国内天然矿泉水市场的榜首。

### （三）成熟期（2017年至今）

2017年3月，AC尼尔森数据显示，国内瓶装水六巨头依次为农夫山泉、华润怡宝、康师傅、百岁山、娃哈哈、冰露，以上六巨头占有国内瓶装水市场80.7%份额。从水种分布看，除百岁山是矿泉水外，其他品牌大都以纯净水、天然水为主。同年，百岁山在意大利投资建厂，成为第一个走出国门的矿泉水品牌。至2018年，景田百岁山一直保持高速增长，连续超越冰露、娃哈哈、康师傅，成为唯一一个跻身中国瓶装水市场前三名的矿泉水品牌，正式迈入瓶装水第一阵营。2021年，百岁山已经成为全球单体产量最大的矿泉水工厂，目前拥有4条最先进的德国克朗斯生产线。

## 三、百岁山的品牌识别系统

打造高端化品牌的前提是塑造消费者对品牌的认知，建立不同于其他品牌的识别方式。百岁山围绕“水中贵族”这一核心理念，着重从产品、公司和品牌个性三个方面打造其高端品牌形象，成为消费者认可的“贵族”品牌。

### （一）创新产品设计

百岁山在产品外观设计上下足了功夫，旨在塑造精致与高端的产品形象。在瓶身设计上，百岁山摒弃了市场主流的瓶身样式，选择线条流畅、简约干练的瓶身样式，且别出心裁地采用了平肩瓶型，使消费者能够在众多产品当中快速识别百岁山。

虽然通过改进瓶身设计收获了一定的市场效果，但百岁山很快遇到了新的挑战：其一，其他瓶装水品牌也开始涉足高端瓶装水市场，包括依云等国外高端瓶装水品牌，也开始进入大陆市场，市场营销中强调简洁、干练及具有艺术性等概念的瓶装水品牌越来越多；其二，在进军高端瓶装水市场之初，百岁山产品价格处于市场上较高的水平，但随着消费者收入的增加及通货膨胀等因素的影响，最初的价格已经无法体现产品的高端优势。面对上述挑战，百岁山在 2017 年底推出了一款英文名为“Blairquhan”（中文名为“本来旺”）的玻璃瓶高端水产品，市场定价在 10 至 12 元不等；并且，根据市场需求，百岁山把这款新产品分为苏打汽水与天然矿泉水两种产品。在推出新产品的手段上，百岁山采用了与传统矿泉水品牌截然不同的营销策略，主要面向具有时尚和潮流意识的消费者，在知名的时装周活动上首发亮相，将潮流和时尚与瓶装水产品相关联。在设计“本来旺”这款产品时，百岁山在瓶子的包装设计中融入了音乐理念，以灰黑色和砖石蓝为主要色调，在瓶颈处设计了四条如同琴弦般的金色线条，目的是使消费者将“本来旺”与乐器贵族——小提琴联系在一起，间接映射了“水中贵族”的品牌定位。

## （二）打造“水文化生产基地”

“贵族”一词象征着优越、稀缺与精致，因此要成为水中贵族，必须从水源和公司形象上都体现贵族文化精髓。在水源方面，百岁山的水源生产基地满足了贵族的稀缺特性。天然矿泉水不是湖水、河水等地表水水源，百岁山从不使用地表水，因为地表水不同程度地被酸雨、农药等有机物污染；天然矿泉水是含有天然矿物质和有益元素的水种，且一定是采自地下无污染的水源。百岁山最初的水源地址位于惠州罗浮山，该水源深藏于群山地下数百米深的岩石裂隙中。该山脉所蕴藏的矿泉水含有丰富的微量元素，且水质优异，是目前国内罕见的珍贵矿泉水源。基于自身的水源地优势，百岁山尝试将生态旅游与优质水源传播结合在一起，进一步打造“水文化生产基地”，目的是希望消费者通过旅游体验，深入了解与感受该水源地优异的生态环境，进而引发积极口碑传播。截至目前，百岁山除了在国内拥有惠州罗浮山、江西宜春、四川蒲江、广东鳌峰等地的优质水源地之外，还在亚洲与欧洲的部分国家或地区开发了一系列优质水源地，并且一如既往地将水源地与文化旅游相结合，打造生态、旅游与休闲为一体的水源体验基地。

## （三）塑造“水中贵族”的品牌个性

在国内六大瓶装水品牌中，百岁山是唯一一个具有天然矿泉水认证的企业，且拥有采矿证书。在企业网站、社交媒体等传播渠道中，百岁山进行了非常有针对性的营销宣传，例如“有采矿证的水源，才是优质矿泉水源”“采矿许可证是优质水源的身份象征”“瓶身标有‘天然矿泉水’，才是真正矿泉水，请认准瓶身执行标准号 GB 8537”“真正天然矿泉水，源自于地下数百米的岩石层”“百岁山取水位均为无污染区域，销量排名第一，已出口全球 30 多个国家及地区”等，通过向消费者传递以上信息，百岁山成功凸显了自己的品牌个性。另外，百岁山还善于利用广告媒体，例如，其第一部品牌广告片“老人因水结缘公主”，讲述了公主与百岁山品牌的奇遇经历。故事以公主为主体，广告画面唯美、格调细致。从该广告片及花絮中不难看出，其创意背景以苏格兰城堡为主要场景，片中演员、服装和道具展现出浓郁的欧洲风格，令整部广告片流露出欧式贵族般的气质。片中背景音乐、音质等细节的处理精益求精、优雅而浪漫使人不知不觉沉浸在浓浓的英伦风情中，无形中也令人联想到了百岁山“水中贵族”的品牌定位。广告还借助城堡、皇家、护卫队宣扬了其皇家贵族精神，提升了百岁山“水中贵族”的品牌格调，片尾出现的百岁山产品和 logo 并配上舒缓坚定的广告语“水中贵族百岁山”，让百岁山贵族水的气质深入人心。其品牌广告在央视、各大卫视以及视频网站等平台同步播出后，引起了强烈的市场反响，剧情式广告吸引了消费者注意力，有效刺激了消费者对广告信息的记忆。开放式结局引发了话题裂变和讨论，热心网友对其创意的探讨也瞬间激增，纷纷根据自身理解对该广告片内容给予诸多精彩纷呈的诠释。

第一部广告取得巨大成功，百岁山在 2015 年、2017 年相继推出第二部广告片“为爱走天涯”以及第三部广告片“新生代的公主”，广告继续延续第一部的宫廷风格，画面保持优雅唯美，剧情上也有所衔接。三部广告片均以宫廷核心人物“公主”为主角，围绕着公主的际遇与爱情讲述故事，将百岁山品牌融入公主的故事当中，为百岁山品牌注入了故事内涵，提升了品牌内涵和深度，使百岁山矿泉水的美好形象深入人心。

近年来，在广告媒体之外，百岁山采用了更加多样化的形式来凸显品牌个性。例如，2021 年 6 月，上海国际电影节隆重开幕，作为其合作伙伴，百岁山同台见证了国内影视人的匠心和风采，现场明星们优雅的饮水时刻，也让百岁山矿泉水成为全场的焦点之一。

## 四、百岁山的品牌精准传播

有了明确的品牌识别系统，还要有相对应的精准传播渠道进行匹配。除了传统的电视媒体之外，百岁山擅长面向消费者群体开展精准营销，通过在高端会议及高端运动竞技赛当中进行冠名或投放广告，准确地触达目标受众。

## （一）百岁山的会议营销

百岁山非常关注高端会议的举办。2017年，备受瞩目的世界互联网大会在中国乌镇举办，会议聚集了全世界多位政要及国际组织的负责人。百岁山通过层层竞争和筛选机制，成为会议的指定用水供应商，这对百岁山而言意义非凡。通过这次活动，百岁山不仅得到了足够的曝光度，还通过与各国政治精英与科技精英的现场互动，再次稳固了其在消费者心目中美好的形象。随后，百岁山又相继获得了博鳌论坛、中亚欧博览会、中非峰会、国务院新闻发布会、国家体育总局以及各个省市级政府会务等高端会议的指定用水资格。

近年来，百岁山进一步拓展了会议营销的新形式，除了传统的官方会议之外，一些民间或行业会议，或者重要的人群聚集地，成为百岁山开展精准传播的新场合。例如，2021年6月高考期间，在全国多地考场门口，百岁山天然矿泉水早早搭起了送水帐篷，“每个考生都可以领取，祝你们考试顺顺利利！”2021年9月，百岁山携手第24届深圳春季茶博会，参与了多场茶饮活动，强调“用天然矿泉水泡制出来的茶，衬托茶的鲜爽，更好地激发茶的原味”。

## （二）百岁山的体育营销

众所周知，网球、保龄球、高尔夫球和斯诺克一同被誉为“四大贵族运动”。作为体育运动中的“贵族”项目，网球与百岁山矿泉水定位一致，理所当然地得到了景田公司的重视。2016年5月，景田公司宣布加入中网大家庭，双方成为白金级战略合作伙伴，集安全、天然、营养和健康等多种益处于一身的百岁山矿泉水现身比赛现场，为选手们提供天然矿泉水。

2016年10月，百岁山矿泉水亮相上海网球大师赛，成为唯一指定的用水。2017年10月，在上海100多家媒体见证下，拥有100多年历史的澳大利亚网球公开赛与中国高端矿泉水品牌百岁山举行了签约仪式。这次签约具有历史性意义，在享誉全球的四大满贯赛事之一的顶级网球赛事中，百岁山矿泉水成为第一家入驻澳网的中国食品饮料品牌。这是中国快消品牌首次登陆欧美高端体育运动赛事，在此次招标活动中，百岁山矿泉水击败欧美各大竞争品牌，体现出中国高端快消品牌已经得到欧美消费群体的认可。据统计，澳网目前在中国拥有超过2.2亿球迷，而2017年澳网在亚太区的直播收看时长逾2.78亿小时。借助网球赛事，百岁山在全球市场进一步打造了其高端品牌形象。除了赞助、冠名各大顶级网球赛事之外，百岁山在其他“三大球”（足球、篮球、排球）领域也在不断拓展自身的国际影响力。例如，2017年，百岁山与世界顶级足球俱乐部尤文图斯签约，成为尤文图斯唯一的指定用水；与此同时，尤文图斯为百岁山提供专设的平台或场地，例如电视转播、赛场广告屏和球员衣帽间等，让全球球迷更直观地了解百岁山这个品牌。2018 年，百岁山正式成为国际篮联全球合作伙伴，为其 2019 年在中国举办的篮球赛事提供全程用水服务；同年，景田公司与国际排联签下四年合作伙伴合同，成为国际排联的全球赞助商。近两年来，景田公司在与各大顶级赛事的合作中，融入了最新的科技成果。例如，2021 年 7 月 15 日，按下两个月暂停键的中超联赛重新开赛，百岁山矿泉水再度牵手老朋友中超联赛，作为唯一官方指定饮用水在赛场上频频亮相。值得关注的是，在此次中超联赛的揭幕战开球画面中，球场中央显示的百岁山标志，以及演播室电视转播画面内的百岁山广告，其实都是由虚拟 VR 广告完成的。

百岁山助力世界顶级赛事的行为既强化了其高端品牌形象，又突出了天然健康的品牌卖点。

## 五、总结

景田公司打造百岁山高端品牌的战略提供了一个有益借鉴。总体而言，启示如下：

第一，景田公司的成功始于清晰的品牌识别系统，始终以“水中贵族”为品牌宣传核心，其高端产品的形象深深烙印在消费者心中。

第二，景田公司通过全方位及立体式的营销方式，传递其品牌理念。比如：一流的水源、一流的厂房、一流的设备为其产品形象奠定了产品和设备基础；产品包装设计巧妙融入艺术及音乐元素，形成了差异化品牌形象；在品牌营销策略层面，通过各式高端会议、高端赛事、高端消费场所增加百岁山的品牌曝光度，加深消费者对百岁山高端、贵族形象的感知。

第三，景田公司保持对市场的敏锐洞察，及时推出更能适应高端消费人群的新产品（如“本来旺”苏打水），并不断挖掘品牌推广的新场景，持续巩固百岁山矿泉水的高端产品形象。

# 如何培育高端品牌？

## 歌力思女装的品牌形象塑造

### 一、引言

长期以来，人们对众多中国品牌的知名度认识不足。在高质量发展与构建新发展格局日益成为主旋律的今天，中国企业如何培育高端品牌？服装行业的故事或许能给予一些启示。20 世纪 80 年代以来，服装行业是中国发展速度较快的行业之一。不过，大多数服装企业主营业务是为国际知名品牌进行贴牌加工，少数自主品牌则分布于中低端市场，品牌附加值较低，导致市场上鲜见成功的中国高端服装品牌。然而，在国外品牌占据主流市场的格局下，国内女装品牌歌力思却能异军突起，逐步成为中国高端女装行业的一张名片。这个有着 20 余年历史的中国品牌，在激烈的市场竞争中不断进取，在全国主要城市设立 300 多家 ELLASSAY 品牌店，连续多年成为唯一入选“中国 500 强最具价值品牌”榜单的女装品牌，同时还连续多年获得“深圳 500 强企业”的殊荣。尤其值得一提的是，疫情导致大量服装品牌面临业绩下滑甚至倒闭的情况，但歌力思仍能屹立不倒，并创造出销售奇迹。那么，歌力思的成功秘籍有哪些？在成为中国高端女装品牌的过程中，其品牌发展战略是什么？

### 二、歌力思的品牌发展历程

歌力思服饰股份有限公司（以下简称歌力思）于 1999 年 6 月 8 日在深圳成立。自成立伊始，该企业始终专注于高端时装品牌的建设，其品牌发展战略根据市场需求不断做出调整，实现了从单一品牌到多品牌战略的转变，市场占有率持续提升。经过二十余年的不断努力，歌力思已经成为中国高端时装主导品牌，引领时尚女装潮流。歌力思的成功可圈可点，其品牌发展历程可分为初创期、发展期和高速上升期三个阶段。

#### （一）初创期（1996—2007 年）

1996 年，夏国新先生创立了高级时装品牌歌力思（ELLASSAY），其品牌灵感来源于法国香榭丽舍大街。1999 年，深圳歌力思公司正式成立，其主品牌 ELLASSAY 开始在全国范围内运营，目标客户集中在 25~40 岁的现代都市女性。2002 年，第一家品牌旗舰店在深圳开业，简洁、时尚和极具现代感的购物环境使其获得良好口碑。从 2004 年开始，该企业专注于品牌形象建设，秉承经典、雅致、简洁、时尚的设计风格，致力于吸引都市女性群体，逐步实现打造国内女装主导品牌的目标。

### （二）发展期（2008—2014 年）

随着消费者对高端女装需求的增加，歌力思开始从风格设计、产品质量以及销售方式上着手，打造高端女性服装品牌并走向国际化。从 2008 年开始，歌力思尝试走向国际舞台，并大力引进国际高端人才队伍，这一年也是歌力思步入国内一线女装品牌的重要转折点，陆续取得傲人成绩，包括获得“中国服装品牌年度大奖”“第五届中国500最具价值品牌”和“深圳市500强企业”等称号。2009 年，歌力思获得凯雷集团投资 1.5 亿元人民币，这为其发展成为中国高端女装龙头品牌提供了重要保障。随着高端、时尚、优雅等都市风格越发盛行，歌力思的品牌知名度不断提升，市场需求量持续高涨。为满足细分市场的需求，该品牌旗下开辟了三种产品系列：正装（ELLASSAY）、休闲装（ELLASSAY WEEKEND）和高级成衣（ELLASSAY FIRST）。其终端门店在 2013 年末已经高达 362 家，覆盖全国多个省份和城市，全国性的营销渠道网络初步形成。同时，在 2013 年，歌力思首次尝试线上销售模式，推出唯颂品牌（WITH SONG），主要面向追求时尚和款式更换频繁的年轻女性群体。

### （三）高速上升期（2015 年至今）

经过不断的努力，歌力思的竞争实力持续提升，于 2015 年正式登陆 A 股市场。之后，该企业开始以并购扩张的途径构建多品牌矩阵，打造具有国际竞争力的“中国高级时装集团”，开启了高速发展的阶段。它在专注主品牌 ELLASSAY 内涵发展的基础上，先后收购了德国 Laurèl、美国 Ed Hardy 和法国 IRO 等国际知名品牌，实现从单一品牌到多品牌发展模式的转变，逐步形成从高端女装到轻奢潮牌的全面布局。2016 年，歌力思收购百秋电商，布局线上线下相结合的销售渠道。中华全国商业信息中心数据显示：歌力思品牌从 2011 年开始，就连续多年在综合服装类行业市场占有率排名前十位；2017—2019 年，歌力思品牌更是分别获得中国高端女装综合市场占有率的第三名、第一名和第二名的好成绩。

## 三、歌力思品牌发展战略

歌力思凭借精准的产品定位、持续的创新设计、合理的产品布局、网络化的多渠道战略，稳居中国高端女装引领者地位。其品牌发展战略可归纳为以下四点：

### （一）持续创新设计，挖掘独特品牌内涵

服装行业竞争激烈，产品、面料和款式趋同的现象十分突出，这些因素会导致许多品牌缺失独特的个性风格，不利于核心竞争力的打造。歌力思始终坚信创新设计对品牌发展的驱动效应，在正式进入市场之前，首先将目光聚焦于推崇独特个性的现代都市女性群体，这一群体具有稳定的支付能力和时尚鉴赏能力，并追求高品质产品。基于此，ELLASSAY 女装的设计风格围绕经典、雅致、简洁和时尚等元素，采用进口面料，为消费者提供经典简约又不失时尚的高级女装，促进该品牌形象与都市女性风格相匹配。此外，为了提升产品质量，让歌力思品牌走向世界，该企业重视引进高端设计人才，其中包括聘请法国圣罗兰高级成衣研发总监 Jean Paul Knott 先生为品牌设计顾问，策划并推出许多影响力显著的时装秀，使其品牌知名度得到质的提升，这为歌力思成为国内领军高级女装品牌奠定了重要基础。同时，该企业还利用产品生命周期管理（PLM）系统的数据，科学管理产品的研发过程，不断提高产品设计的精准度。独特设计是服装品牌发展的核心所在，歌力思通过深度挖掘品牌文化和内涵，并推出符合市场需求的设计风格，有效提升了品牌竞争力。

### （二）优化定位，创建多品牌矩阵

精准的市场定位是品牌制胜的重要法宝，服装的定位离不开对风格设计和目标群体的定位。通过对目标市场和消费群体的不断细分，延伸品牌产品线和产品类别，可以快速扩大目标市场占有率。歌力思在发展主要品牌的基础上，以收购的模式不断扩张品牌影响力，打造高端轻奢品牌。其中，该企业在以正装为主的 ELLASSAY 品牌基础上，发展了休闲装（ELLASSAY WEEKEND）和高级成衣（ELLASSAY FIRST）两种产品系列，并于 2013 年推出受年轻女性追捧的唯颂品牌（WITH SONG）。以上关于设计风格和目标市场定位的调整，使公司品牌具有了更高的包容性。此外，为打造具有国际竞争力的高级时装集团，歌力思专注于收购国际知名品牌，以此实现多品牌矩阵构建，完成从高端女装到轻奢潮牌的布局。自从 2015 年登陆 A 股后，歌力思先后收购了德国高级女装品牌 Laurèl（定位：严谨、积极、自信的女性）、美国轻奢潮流品牌 Ed Hardy（定位：注重独特个性、热爱生活和追求创新的群体）、法国轻奢设计师品牌 IRO（定位：注重简洁、自然的高品质产品）。这些品牌的定位与歌力思品牌较为契合，大多以高端、轻奢为主。

歌力思的多品牌定位，可以很好地匹配消费者对轻奢品的偏好，因为绝大部分“80 后”一般具有良好教育背景，对生活品质具有较高追求，更加注重细节、

质量、品位、创意和个性文化等。多品牌矩阵的打造，有助于歌力思对收购品牌的资源进行优化整合，强化竞争优势，从而最大限度触达目标消费群体，创造新的利润增长点。

### （三）依托科技元素，打造独特体验

歌力思重视借助高新技术，为顾客创造独特体验，激发她们对高端女装的形象联想和价值认可，从而获得更多的关注热度，并加速品牌传播。例如，该品牌在 2008 年推出了中国首部互动体验时装电影《光影城市——ELLASSAY WEEKEND 时装发布会》，完美融合了影像和时装，为大众提供全新的视觉盛宴。2020 年新冠肺炎疫情期间，歌力思率先通过绿幕技术实现线下走秀和线上数字虚拟场景的完美结合，为大众打造了“云上时装秀”，引爆讨论热度，实现即看即买的独特观秀体验。同时，歌力思大胆尝试以品牌自主创作的模式推出虚拟偶像 Elisa，并于 2021 年春季投放以其为主演的虚拟数字大片《界无止境》，依托科技为艺术设计赋能，极大提升了观众的视觉体验，引领了中国时尚产业新的发展方向。这一举措进一步展示了品牌创造力，为高端女装形象的打造带来持续性竞争优势。

### （四）创新营销渠道，推动品牌网络化

随着互联网的不断推广和应用，服装销售走向网络化是大势所趋。歌力思由线下渠道为主、线上销售为辅的模式逐渐走向线下线上相结合，并以品牌联盟、直播销售以及网红带货等创新方式，促进产品销售。有效的营销方式是企业强化竞争力的重要依托，可以促进品牌快速传播，提高品牌知名度并增加品牌价值。2016 年，歌力思收购了百秋电商，借助其在中高端国际品牌运营方面的经验，为歌力思对接更多的国际品牌资源，进一步拓宽销售和推广渠道。同年 9 月份，歌力思联合曼妮芬通过领客平台 SDK 接口，连接两者的消费场景，通过数字化营销的方式，强化了消费者的购买和服务体验，这一举措为两大品牌吸纳了大量流量。随后，歌力思积极推进数字化、智能化销售，大力布局智慧门店，专注于以用户为中心的 C2M 模式，具体包括利用 SAP 系统、VIP 管理系统、3D 云试衣镜等高新科技精准分析消费者的需求和偏好，形成以消费者为主导的生产链，为他们提供高端定制服务，极大满足了消费者的个性化表达。2020 年歌力思开始全面数字化转型，并于当年 9 月与腾讯智慧零售达成战略合作，充分利用腾讯平台在流量和大数据方面的优势，积极布局微信生态圈，依托微信视频号、线上智能导购、小程序商城等手段，获取更多新的顾客，并强化品牌与已有顾客间的黏性，加速渠道扩张和效率提升。这一转型有效缓解了由疫情引发的市场冲击，并取得优异的经营绩效。同时，歌力思还大力创造高质量的内容输出文案，并通过当下流行的

传播媒体平台，例如小红书、抖音、快手等聚焦顾客的需求，对品牌进行深度传播。为进一步加强数字化品牌传播，2020 年歌力思与全球首个时尚产业链 3D 数字化服务平台 Style3D 达成合作，通过 Style3D 虚拟时装走秀让歌力思的服装效果在线动态展示，同时 VR 展厅场景应用也将歌力思服装进行场景化呈现，使消费者身临其境感受歌力思的设计理念与品牌风格。

## 四、结语

品牌形象是消费者对品牌的认知和评价，反映了品牌的实力。对于企业来说，品牌形象的塑造是至关重要的，它是快速占领消费者心智的关键一环。而高端服装品牌形象的成功塑造离不开精准的市场定位、独特的品牌内涵、优质的产品体验以及全方位的营销传播创新。第一，在市场定位方面，歌力思精心识别和研究了市场对高端女装需求的缺口，最终把目标消费群体锁定为具有一定时尚品位和消费能力并追求个性的现代都市女性。第二，在品牌内涵方面，歌力思深知在服装行业中，独特的设计理念和品牌文化是提高品牌辨识度的基础，有利于品牌个性的建设，促进核心竞争力的培育。为此，歌力思将高端、时尚、简约、优雅等都市风格作为其品牌文化的核心理念，在此基础上进行产品开发和品牌传播。第三，在产品体验方面，歌力思开发了 ELLASSAY 正装、ELLASSAY WEEKEND 休闲装和 ELLASSAY FIRST 高端成衣等三个产品系列，这一决策有效彰显了品牌个性，提高了歌力思在国内同类女装中的识别度和影响力。此外，为打造具有国际竞争力的高级时装集团，歌力思通过收购国际知名品牌，实现了品牌复合化，在迅速扩大市场份额的同时，强化了其高端和轻奢的品牌形象，创造了新的利润增长点，并提升了品牌的国际影响力。第四，在营销传播方面，歌力思紧贴市场趋势，通过数字化和智能化转型，实现了线上和线下销售全面融合的布局。同时，利用品牌联盟、直播和网红带货等方式增加用户流量，促进品牌快速传播，进而提升了品牌的知名度和美誉度。

# 如何打造“网红”品牌？

## 喜茶持续走红的奥秘

### 一、引言

近年来，互联网的发展加速了品牌传播的速度和广度，催生了一批又一批“网红品牌”，如“答案茶”“泡面小食堂”“黄太吉”等。不过，很多品牌只是风靡一时，昙花一现。一个品牌要“走红”尚且不易，又该如何做到持续“走红”呢？喜茶，就提供了一个很好的范例。近年来，传统茶饮已不能满足年轻人的需求，新式茶饮应运而生。这种新式茶饮将中式茶底和西式芝士巧妙融合，成为年轻人的新宠。凭借优质的口感和丰富的品类，再加上创新的营销，喜茶很快成为新式茶饮市场中的“网红”。随着时间的推移，喜茶的热度也没有随之消减，而是在不断扩张和持续走红。

### 二、喜茶的发展历程

喜茶，一个名不见经传的奶茶品牌，创业十年，已经从一家小店成长为新式茶饮界的翘楚。从创立至今，喜茶的产品和模式就一直受到资本青睐，前后完成了五轮融资，投资方包括腾讯、红杉、高瓴、淡马锡等多家知名风险投资机构。从小有名气到爆红网络，再从爆红网络到持续走红，喜茶走出了一条网红的可持续发展之路。

#### （一）初涉行业（2012—2015 年）

2012 年，“90 后”年轻人聂云宸在广东江门名叫江边里的小巷开了一家名为“皇茶”（Royaltea）的奶茶店，2013 年将市场开拓至东莞、中山等地区，2014 年进入佛山市场，2015 年在广深两地的高级商圈陆续拥有了自己的门店。由于“皇茶”无法注册，团队决定直接更名，花了 70 万元购买了“喜茶”的商标。在这一阶段中，喜茶致力于研制口感更优的产品，如推出布蕾珍珠奶茶，开始进行早期的口碑积累，但拓展速度较慢。

### （二）爆红网络（2016—2017 年）

2016 年，喜茶将总部迁至深圳，创立了深圳美西西餐饮管理有限公司。这一年，喜茶在两广地区开了多家门店，在广深两地已然引起人们的追捧，并在同年拿到风险投资机构 IDG 一轮融资，在更核心的商圈开了多家店铺，同时引入了概念店的形式。

2017 年喜茶开始进军北京和杭州市场，推出了当季限定新品——芝芝莓莓和芝芝芒芒，成为市场上的爆款产品。同时，喜茶加大了宣传投入，前期积累的口碑在这一年得以引爆，喜茶成为当之无愧的网红奶茶。每逢节假日，在喜茶店门口排队的队伍经常长达 30~50 米，喜茶甚至专门聘请保安来维持秩序。作为一种时尚消费品，对于前往消费的年轻人来说，喜茶不仅仅是一杯饮料，更是一种走在前沿的象征，人们买到喜茶必定先与之“合影留念”，再发到社交平台上。正是由于这种指数级的传播方式，喜茶在 2017 年全年的百度指数平均都在 5000 以上，4—7 月的指数均值更是达到了 10000 以上。喜茶在这一阶段成为名副其实的“网红”品牌（见图 3）。

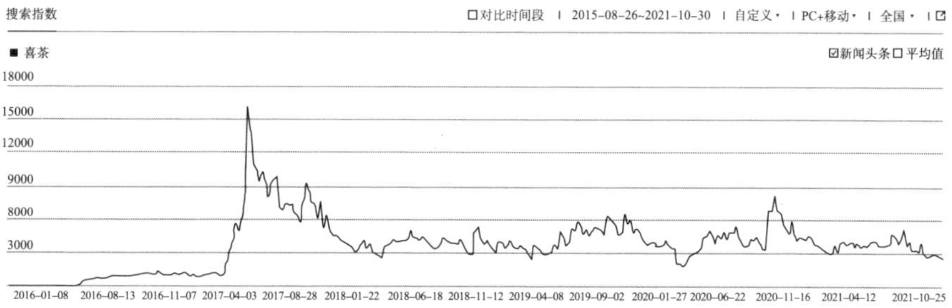


图 3　喜茶百度指数（2016 年 1 月—2021 年 11 月）

### （三）持续走红（2018 年至今）

喜茶在爆红后并没有沉浸在其已有的业绩中。深谙市场营销之道的喜茶，秉持着“让喝茶成为一种风格，一种生活方式”的品牌理念，面向年轻人进行更具针对性的品牌和产品设计。例如，喜茶推动品牌 logo、产品包装及店面设计均向简约优雅靠拢，强调喝茶之趣，并成功把“酷”“潮”“禅意”“灵感”等品牌形象充分体现在产品中。这些举措让喜茶的品牌形象深入人心，并持续走红市场。

就店铺覆盖面和数量而言，截至 2021 年第三季度，喜茶在全国覆盖了众多一、二线城市，门店数量多达 835 家；就百度指数而言，喜茶从 2017 年爆红之后，到 2021 年 11 月，其热度一直稳定在 3000~5000 的水平。2020 年 8 月底，深圳创富百人榜发布，其中喜茶估值 160 亿元，创始人聂云宸也凭借 40 亿身家登榜，排名第81位。这些足以说明喜茶已经摆脱“昙花一现”的行业规律，一直保持了较强的影响力。

## 三、喜茶的“网红”品牌之路

回顾喜茶的发展历程，聂云宸表示：“喜茶的模式不仅是一家奶茶店，而是想让茶这种古老文化，焕发出年轻的生命力。”经过多年的洗礼，喜茶找到了自己的品牌之路。从上游的供应链运营，到中游的门店定价，再到终端的消费者体验，喜茶层层把关，不假借他人之手，才有了如今的“爆红”；从产品到品牌、从饮品到理念，喜茶不断优化产品、优化服务才有了持续的“走红”。

### （一）喜茶如何成为“网红”

1. 品类创新

近十年来，大量新式茶饮品牌蜂拥而至，行业已呈现严重的产品同质化问题。随着消费升级，新的需求被不断挖掘与分化，新式茶饮企业要想在市场上站住脚，产品品类创新的重要性不言而喻。喜茶在产品上不断创新，追求不断迭代优化，其市场表现可圈可点。通过聚焦年轻消费者群体，喜茶根据其新的消费趋势进行产品和品类创新，目前已有茗茶、纯茶、超级水果奶茶等9个品类，包含芝士四季春、芝士青雾等30多种单品。喜茶每月必有新品，甚至在一个月内推出10款新品。从芝士奶盖茶到大品类产品珍珠奶茶的品类创新，每个系列产品品类都会融入“灵感因子”，打上专属于喜茶的烙印，表现出极强的产品创新能力。除了纵向深耕新式茶饮，喜茶还在横向产品衍生方面做了尝试，如推出咖啡、热麦面包等产品，以保持年轻人群对喜茶品牌的忠诚度和美誉度。

2. 极致品质

在创立之初，喜茶也曾遭遇过好评率下滑的危机。聂云宸通过不断反思，认为是品质没有得以把控才造成当时的局面。此后，喜茶非常重视质量的把控，致力于打造极致品质的产品。为此，喜茶对奶茶的制作、消费空间的升级、员工的培训以及门店的经营模式等环节都进行了严格的管理。在落实以上措施之后，喜茶通过输出极致的产品，颠覆了新式茶饮市场的低端形象。各个环节的具体做法如下：

在奶茶制作上，早期奶茶的产品制作过程较为简单，消费空间和环境主要为街头档口。洞察到行业现状之后，喜茶对传统的奶茶饮品进行了改良，选用进口的原料作为产品的制作原料，鲜奶不含饱和脂肪酸，如此制作出来的奶茶饮品具有更好的口感。喜茶以优质的原料、考究的工艺，打造出“好喝到惊艳”的产品品质。同时，喜茶颠覆了街头茶饮在消费者心中固有的定位，与之前街头茶饮以新鲜、专属调制表达品牌的传统做法不同，喜茶以“灵感之茶”赋予品牌崭新的精神内涵。

在消费空间方面，喜茶的每家门店都为顾客提供极具设计感的消费空间，现今已经有标准风、黑金风、粉色风、波谱风、莫兰迪风、水墨风等各种风格，并开设不同的主题店，如“白日梦计划”门店、环保主题店、宠物友好主题店等。

在员工培训方面，由于门店的产品制作以及服务都要依靠员工来完成，为了保证门店的服务质量和产品口味，各个店长几乎每个月都会为员工提供技术培训。通过全面的技术培训，喜茶稳步地提升了门店的服务质量。

在门店经营模式方面，喜茶的所有门店均为直营店，这样一方面可以避免加盟商为了利润而偷工减料，另一方面可以收集各个门店的一手数据，及时调整优化服务品质。

3. 口碑营销

新式奶茶行业品牌多，竞争激烈。为了在众多品牌中脱颖而出，喜茶十分重视多渠道品牌营销，而口碑营销是其成为网红奶茶的重要方式之一。喜茶在微信、论坛、QQ、微博、微信公众号等各类社交媒体上进行了大量营销宣传。借助其产品优势，喜茶将好喝、排队人数多等特点推广开来，反而激发了消费者想来看一看、尝一尝的冲动。每一个品尝到喜茶的消费者，往往热衷于用朋友圈、微博等方式来告诉大家，自己喝过喜茶，味道不错。这种朋友圈的二次传播更加迅捷，也更加值得信赖。同时，喜茶的店铺设计、产品原料展示、门口长长的队伍，同样能激发顾客拍照或转发朋友圈的欲望，强烈激起消费者的认同和共鸣，进一步促进了喜茶口碑的传播。为了营造好的口碑，喜茶非常重视消费者的网上评论。公司设有专门团队对消费者的网上评论进行搜集和分析，开发新产品时会通过消费者的评价进行进一步改良，选址时也会优先考虑公众号后台消费者的呼声。这种重视评论的行为，为喜茶塑造了更好的口碑。

## （二）喜茶如何持续“走红”

1. 品牌定位

在创立初期，喜茶就传递出“以星巴克的模式打造新式茶饮”的概念，希望能够依据本土的茶文化建立属于中国年轻人的“第三空间”，建立一种新潮且舒适的环境，“让喝茶成为一种风格，一种独特的生活方式”。近年来，中国的消费者对于消费体验越来越重视，作为体验的直接体现，门店服务成为品牌形象建设的重中之重。除了方便奶茶堂食之外，门店要体现出品牌所倡导的生活方式和品质。随着消费的不断升级，体验式营销成为品牌的关注重点。喜茶从空间体验入手，逐渐完善自己的门店服务，扩大门店规模，并改善门店的装修设计，使门店成为一个年轻人休闲和娱乐的第三空间。此外，喜茶的门店空间设计也在传递表达灵感、酷、禅意的品牌文化。多年来，喜茶不断成长，践行自己的品牌愿景，通过灵感与设计为新式茶饮文化融入更多可能性。也正是这种品牌文化与定位，吸引了无数青年消费者。

2. 产品迭代

喜茶是一家以产品驱动运营的公司，产品研发及创新能力是其核心竞争力。自 2012 年成立至今，喜茶已有芝士茗茶、当季限定、莓莓芒芒家族等 9 类产品品类，每种品类下有多种系列产品。2020 年，喜茶子品牌喜小茶推出瓶装汽水饮品。喜茶每种产品的口味和口感均不相同，每种产品从选材、取材、研发、测试到改进都会经过严格的质量把关，反复进行产品打磨迭代，竞争对手难以模仿，从而保持并持续增加自己的市场份额。

虽然喜茶研制了多个品类的产品，但喜茶的 SKU 只有大约二十种产品，相较于同行的动辄三五十种，其数量实属不多。不过，喜茶的 SKU 的更迭速度却非常快，很多当季新品基本只卖一两个月。这是考虑到水果茶以及芝士水果茶系列大多使用的是当季水果，这种产品迭代不仅可以保持饮品的新鲜度，也可以保持喜茶产品的集中度，加强对消费者的引导，增强消费者对品牌的信任感。

3. 体验优化

当门店的数量少、品牌势能大时，往往会出现长时间的排队。为了提升消费者的购买便利性，除了加速扩店提高产能，喜茶还采用新兴技术来缓解这一问题。2018 年 3 月起，喜茶陆续在深圳、上海上线"喜茶 GO"小程序，消费者可提前下单，无须排队等待。此外，当其他的茶饮品牌还在追求销售额和销量的时候，喜茶已经开始把空间体验作为品牌建设的一部分。在喜茶设立的独特空间内，茶饮料成了环境的一部分，也成为消费者体验的一部分，如喜茶 PINK 主题体验店、喜茶热麦店铺复合形式空间、喜茶"白日梦主题"店等。这为新式茶饮提供了新的发展机会。当产品趋于同质化的时候，体验优化便成了制胜法宝。为消费者提供更舒适的体验空间，成为新式茶饮品牌面临的新机遇。

4. 公益营销

喜茶在自身不断发展壮大的同时，也积极承担企业的社会责任，以实际行动回馈社会。喜爱计划是喜茶于 2019 年推出的公益计划，其内容包括环保、产业扶贫、弱势群体帮扶以及公益活动等。这一年，喜茶参与了云南红河红米产业扶贫公益项目，捐赠 200 万元人民币用于产业帮扶，同时采购当地红米研发出两款新型产品——爱心红米包，并呼吁消费者支持产业扶贫项目。

此外，喜茶还参加了心智障碍儿童艺术康复和就业引导公益活动，借助心智障碍儿童的作品并加以衍生创作，设计并研发周边产品以募捐善款。虽然喜茶是一个年轻的新式茶饮品牌，但一直在探索新公益模式，并多元化、多角度开展公益活动，为社会发展贡献自己的力量。这种公益活动为喜茶积累了更多的口碑，帮助喜茶在消费者心中树立了热爱公益的形象。

## 四、结语

很多网红品牌来也匆匆去也匆匆，真正长久的不多。喜茶成为网红品牌后，非常注重品牌的可持续发展，通过营销组合、产品升级、优化体验等手段来维持品牌活力。从喜茶的成长路径来看，其品牌理念的明确贯彻、重视产品与顾客反馈的运营模式以及全方位体验式营销的方法值得行业学习。

对于一个想要成为“网红”的新兴企业来说，要思考的不仅是如何打造爆款，同时也要思考如何打造更优质的产品与服务，增强用户的黏性。为了打造“网红”品牌，企业需要重创新、重质量、重营销，前两者是营销的基础，而营销是其成为爆款的催化剂；在增强用户黏性、维持热度方面，企业需要重文化、重迭代、重体验、重公益，这四者可以帮助企业在顾客心中塑造持久的形象，不断更新顾客体验，从而留住顾客。在这些方面，喜茶为每个想要成为“网红”的品牌提供了借鉴。

# 如何保持品牌活力？

## 康佳的品牌年轻化策略

### 一、引言

如何保持品牌活力，一直是品牌管理的难题。管理得当，一些老品牌也能永葆青春，如创立于 1886 年的可口可乐依然充满活力；管理不善，一些光芒四射的品牌也会未老先衰，如太阳神、健力宝都面临这一问题。深圳的康佳集团也面临同样的问题。作为改革开放后的首家中外合资电子企业，康佳集团励精图治，曾一跃成为一代家电巨头，但岁月不饶人，40 岁的康佳也遭遇了“中年危机”。幸运的是，康佳直面问题，及时采取了一系列品牌年轻化策略，防止了品牌形象的老化。这从康佳近几年营业收入上就可见一斑。从 2017 年到 2019 年，康佳营业收入分别达到 312.28 亿元、461.27 亿元、552.57 亿元，分别增长 53.84%、47.71%、19.79%。即使是疫情严重的 2020 年，营业收入也达到了 503.52 亿元，甚至净利润同比增长 125.26%。2020 年 7 月 27 日，《财富》杂志公布中国 500 强企业最新排行榜，康佳集团位列第 186 名，排名相比上一年提升 10 位。

### 二、康佳发展简史

1980 年 5 月 21 日，在改革开放前沿阵地深圳，诞生了中国改革开放后的首家中外合资电子企业——广东光明华侨电子工业公司（康佳集团前身）。从一开始的收音机，到随后的电视机，再到后来的白色家电，康佳逐渐涉足了多个领域的研发、制造和销售。其发展进程可划分为四个阶段：

#### （一）初创期（20 世纪 80 年代）

成立初期的康佳从事收音机制造业务，而后在 1984 年顺利投产第一条电视整机生产线，生产出遥控彩电 500 台，在彩电领域初露头角。

#### （二）成长期（20 世纪 90 年代）

康佳确立了“科技兴企”的战略，建立了产品研究中心，通过科技带动康佳品牌发展。在此阶段，康佳逐步成长为一个总资产近百亿的企业，1999 年已是国内的彩电巨头。

### （三）拓展期（21 世纪初）

到 2007 年，康佳已经连续五年全国彩电销量排名第一。借着康佳品牌知名度不断上升，旗下手机也开始打入市场。康佳在前进中探索新的方向，产业范围扩大，产品类型增多。

### （四）转型期（2017 年至今）

面对逐渐饱和的家电市场，康佳开启了转型之路。除了彩电、手机等传统业务，康佳还深入互联网运营，并进入供应链管理领域。2018 年，在成立 38 周年庆典暨战略转型升级发布会上，康佳发布了“科技创新驱动的平台型公司”的全新定位，并计划到 2022 年底之前进入“营业收入达千亿俱乐部”。

## 三、品牌年轻化

时间带给品牌历史的积淀，但也带给品牌岁月的痕迹。诞生于改革开放初期的康佳，其优质产品带给一代人美好的回忆。但随着时间的推移，康佳品牌逐渐出现知名度和美誉度下降、市场占有率降低等现象；同时，随着忠诚顾客年龄的增加，品牌在消费者心中的形象也逐渐老化。面对市场情形的转变以及消费者需求的更新，康佳在 2017 年正式提出了年轻化的品牌形象转型，打响了一系列品牌年轻化的突围战。

### （一）管理团队年轻化

早在 2016 年，康佳就对臃肿的管理组织架构进行了整合。通过“海选”机制，康佳组建了以新任总裁周彬为首的“70 后”高管团队，为品牌建设增添了年轻血液。过去的康佳，在业务上正如很多老派品牌一样，更多施行的是保守发展的路线；而面临中年危机的康佳，必须寻找新的对策，需要进行一次新的跨越。如周彬所说，为了实现康佳新的发展目标，品牌年轻化是关键的业务放大器，是大跨越式发展的跳板。团队的年轻化为品牌年轻化提供了组织保障。新上任的“70 后”高管团队以新的品牌管理思维，让品牌再一次变得年轻有活力。

### （二）产品创新升级

年轻群体是未来市场的主力军，他们拥有较高的知识水平和较为宽阔的视野，有较强的消费欲望和购买能力。此类年轻群体的消费需求不再是简单的产品质量诉求，而是偏爱于具有高科技含量和创新设计理念的产品。康佳瞄准他们，推出一系列科技创新产品，使品牌形象更新有了实体的支撑。例如，AI 智能冰箱、定制壁纸电视等都让康佳在年轻消费群体心目中的地位得到提升。以电视为例：

2020 年新推出的 55 英寸 D8 电视，拥有远场语音识别、4k 超高清无界全面屏等特色。集折叠屏、不插电等一系列黑科技于一身的康佳未来电视也已投放市场。应对消费者对于游戏的喜好，康佳还与宏碁（Acer）合作，打造“电脑 + 电视”的高能游戏体验。随着人工智能（AI）技术的普及，康佳将 AI 与电视结合，于 2019 年创立了高端家电子品牌 APHAEA（阿斐亚）。2020 年，在 APHAEA 首周年全球发布会上，康佳发布了 APHAEA 全新的品牌战略和生态规划战略，传达了 APHAEA 智慧生活产品布局，也表明从“康佳电子”到“康佳科技”的康佳集团品牌战略转型。

与中国移动咪咕公司的战略合作增强了康佳集团协同创新的能力。自 2016 年签约以来，双方资源互补，推动了电视机屏和智能手机屏的无缝链接，带给观众双屏观影体验。此外，2018 年还整合双方优势，联合推出了一款智能电视——咪咕康佳电视。该款电视配备了高标准的硬件设备和新一代人工智能技术，融入了视频、音乐、动漫、游戏、阅读等应用体系，使得电视成为一个充满乐趣的娱乐终端。紧跟新技术的发展趋势，双方还共建了 5G 超高清联合实验室，研发更多基于 5G 技术的新产品。

### （三）借势体育

借势体育是康佳进行年轻化转型的重要一步。在 2017 年初，康佳成为江苏苏宁易购足球队官方顶级赞助商；随后，又放眼国际赛事，与国际米兰俱乐部联手推出定制版电视机；此外，还签约西甲，成为西班牙足球甲级联赛中国区官方合作伙伴。这一系列的赛事赞助提升了康佳品牌在年轻人群体中的曝光度。为了进一步拉近品牌与年轻人的距离，2017 年 3 月 10 日，由康佳组织的康佳球迷协会正式成立。康佳球迷协会设立了很多丰富多彩的主题活动，例如球服设计、赛事有奖竞猜、前往门店观看中超比赛、选拔人员前往江苏苏宁易购训练基地等。康佳球迷协会作为家电行业跨界体育的一股力量，给消费者带来了很多新鲜、独特的体验。在不断的互动过程中，康佳更为准确地抓住年轻群体的消费特性，进而对相应产品进行调整和升级，以满足年轻消费者的需求，展现康佳的年轻化形象。一系列体育 IP 的借势，使康佳成功融入国内年轻球迷群体，也借着国际体育赛事而渗透进全球年轻人的生活中。

### （四）赞助影视娱乐

影视娱乐已经成为当代年轻人生活的一部分。康佳深谙此道，通过赞助这些节目和活动，与年轻的消费群体建立了紧密的关联。

2017 年，康佳对《减出我人生》第二季进行了赞助。《减出我人生》是江苏卫视的一档真人秀节目，通过魔鬼式训练及考验，让选手从内而外发生蜕变，减重减出新的人生。其第二季继续延续第一季科学减重的理念，通过选手们一步步地减重，电视观众也加深了对改变和健康的重要性的理解。在观看节目的过程中，消费者逐渐加深了对康佳的品牌认识。

2019 年底，康佳携旗下 APHAEA A3 电视独家冠名“爱奇艺尖叫之夜”。爱奇艺尖叫之夜是爱奇艺一年一度的青春时尚娱乐活动，每年都会用行业最顶尖的科技感来装点，形成科技与文艺的完美结合。本届尖叫之夜中，康佳推出创意舞蹈秀《康佳让家有 AI》，让旗下 APHAEA–A3 电视的全景 AI 技术大显身手，同时与时尚明星有趣的互动点燃了粉丝们的青春热情，引爆了整个社交媒体。在中国国际广告节 2020 广告主盛典上，康佳凭借《2020 爱奇艺尖叫之夜总冠名》荣获“年度整合营销案例奖”。

2019 年 4 月，康佳电视签约偶像明星，使得康佳品牌与年轻人产生共鸣。8 月，新电影《上海堡垒》上映，康佳集团以“因 AI 勇敢，为爱而战”为主题，在北京、上海、深圳三地发起品牌线下粉丝活动，进一步与年轻群体互动。2020 年，青春剧《穿越火线》在腾讯视频上开播，康佳成为家电领域的独家赞助品牌。该剧制作精良，内容有趣，引发年轻网友热议，上线 44 小时网络播放量便超过 12 亿次，成为骨朵数据热度指数网剧第一名。康佳也借势受到年轻网友的关注。

2020 年 11 月 10 日晚，康佳集团再次与娱乐结合，特约赞助了苏宁易购 1111 超级秀直播活动。30 多位明星参与其中，不仅奉献了一场精彩舞台表演，更是将直播带货融入其中，打造了一场“电视综艺 + 直播 + 全场景互动”紧密结合的盛宴。

### （五）结缘音乐艺术

音乐是年轻人生活的必需品。一次偶然的机会，康佳集团与磊落组合跨界结缘，一起谱写了一段音乐的叙事诗。康佳集团多年来秉持用科技创造美好生活的理念，与磊落组合的音乐主张不谋而合。双方不仅共同拍摄了视频《在一起，让美好自然生长》，而且康佳集团作为战略合作伙伴，支持了磊落组合在北京、上海、杭州、深圳、秦皇岛多个城市的巡演。康佳集团与磊落组合独家限量生产了名为《大地上的美好》的透明红胶唱片，作为巡演现场的特殊奖品。通过科技与音乐的跨界联合，康佳期待向年轻的用户群体传递成长美好、幸福相伴的理念。除此以外，康佳还通过赞助音乐会等形式与音乐结缘（如作为首席合作伙伴赞助“大湾区 2022 新年音乐会”），既扩大了品牌知名度，又强化了品牌的美化生活理念。

除了音乐，康佳还与艺术联合，使科技也融入了艺术范儿。2021 年 3 月的“春分”节气，康佳启动了一个“青年艺术家计划”。6 名青年艺术家以“万物生长”为题，以色彩斑斓的笔触，描绘出对康佳的创想和理解。这种新的艺术形式不仅让康佳增加了年轻的艺术气息，而且凸显出康佳万象更新的创新精神。

为了直接与年轻人接触，康佳集团与中国大学生广告艺术节学院奖强强联合，走进了大学校园。通过成为这个国家级大学生创意活动的广告命题人，康佳一年当中就收获了近5000组优质的创意作品，这有助于康佳了解到年轻人对康佳品牌的看法，同时也了解到年轻人对智能家居产品的需求趋势。此外，学院奖帮助康佳在年轻人群体中建立起富有朝气和创意的良好形象。

### （六）通过互联网加强沟通

互联网时代的品牌传播，尤其是针对年轻人的传播，离不开互联网社交媒体。在新浪微博上，康佳集团开设了官方微博，昵称“康康”，目前粉丝数量超过240万。康佳创建了大量的原创帖，同时也参与了热点话题的讨论，加强与用户之间的交流，帖子数量已超过1.69万条。例如，#KONKA 早安心语 #，每天向所有用户发送一条早安问候，有时是正能量的话语，有时是偏向网络化的轻松语言，有时是一句简单的问候；# 和康佳说晚安 #，每天保持和用户道晚安，用拟人化的形象，通过轻松、诙谐的语气拉近与用户间的距离；# 本周话题 #，每周找一个主题，吸引用户参与讨论；等等。

通过热点事件制造话题，进而引发网民的热搜和热议，形成一种“病毒式营销”活动，也是康佳在互联网营销方面的一个尝试。2017年，康佳新推出一台母婴专用kmini洗衣机。为了给这台洗衣机造势，康佳在京东618店庆日期间发布了一条“奶爸洗衣机煮奶粉”的视频，在网络上进行传播，激起了年轻人的好奇心。后期，“洗衣机竟能煮奶粉”“用洗衣机煮火锅”等内容也成为当时多个网站及手机App的推送热点，进一步引起消费群体的关注。2018年，康佳又拍摄了一个温情短片《妈妈，谢谢你》。片中两代人的母爱让人感触至深，引起很多观众的共鸣，最后出现的康佳kmini婴幼儿高温煮洗洗衣机画龙点睛，体现了康佳“为爱加温”的人性关怀。短片获得大量转发，很好地虏获了年轻消费者的心，同时也提升了康佳的品牌形象。

## 四、总结

随着消费需求的不断变化和技术的升级迭代，历史较长的品牌很可能会出现品牌老化的现象。为了不让品牌被消费者遗忘，就应及时采取品牌激活的策略，使品牌摆脱衰老的迹象，再一次焕发活力。在经历了40年的发展历程后，康佳一批原有消费者正在逐渐变老，品牌形象也需重塑。因此，康佳采取了一系列措施来恢复乃至升级品牌在消费者心中的形象，再一次使自身以年轻的状态活跃在市场上。

法国著名品牌学者让－马克·勒夫（Jean-Marc Lehu）教授指出，品牌激活可以从产品服务、目标市场和传播三个方面来展开。康佳的品牌年轻化之路遵循了类似的规律：针对产品服务，康佳紧跟市场需求和科技创新的步伐，及时推出富含高新技术的产品，使得品牌更新拥有了实体支撑；针对目标市场，康佳通过借势体育、赞助电影娱乐、结缘音乐艺术，深入年轻群体的生活当中，拉近品牌与消费者的心理距离，提升年轻群体对康佳品牌的认可度；针对品牌传播，康佳积极运用微博平台与年轻群体保持联系，拍摄短视频来与年轻人产生共鸣并获得转发，创新了互联网背景下的品牌传播模式。作为组织保障，康佳的全新高管团队为其品牌更新保驾护航。

面对一代人的回忆，作为老牌的国民品牌，康佳的持续创新之举帮助其自身度过了“中年危机”，也为类似的传统品牌找到了一条可借鉴的年轻化升级之路。

# 品牌国际化篇

# 如何让中国品牌走向世界？

## 中集集团国际化发展之路

### 一、引言

品牌国际化是企业转型升级、优化资源配置和融入全球价值链的重要途径。越来越多的中国品牌不再局限于国内市场，加快了“走出去”的步伐。从需求侧来看，品牌国际化可以促进海内外市场之间的协同，推动国内市场的消费升级；从供给侧来看，品牌国际化可以推动国内的优势产业走向国际市场并开展有效的产能合作，客观上也有利于推动国内的供给侧改革。然而，中国企业在品牌国际化进程中所遭遇的困难也是显而易见的。究其原因：一方面，中国品牌起步晚，需要逐步培养国外消费者对中国品牌的信任度；另一方面，东西方文化差异与贸易壁垒也是品牌国际化进程中必须面对的挑战。因此，从市场实践看，中国企业的国际化进程充满了挫折，能在其中脱颖而出的企业屈指可数，中国国际海运集装箱（集团）股份有限公司（以下简称中集集团，CIMC）即是其中的翘楚。在激烈的市场竞争中，中集集团历经数十年的努力，在全球范围内广泛拓展了市场覆盖范围，同时实现了从单一品牌到多品牌企业的转变，并保持连续26年盈利纪录。

### 二、中集集团品牌的发展历程

1980年丹麦宝隆洋行和招商局合资，在深圳成立了中集集团。1994年，中集集团在深圳交易所上市。历经40多年的探索，中集集团从最初的单一品牌不断发展壮大，如今已形成11个子品牌并存的多元化发展格局，其业务主要聚焦于以下领域：集装箱、道路运输车辆、能源化工及食品装备、海洋工程、重型卡车、物流服务、空港设备等。回顾其发展历程，可以将其划分为两个阶段：

#### （一）单一品牌发展阶段（1980—2000年）

1980年成立伊始，中集集团就面临激烈的市场竞争。在当时的宏观背景下，公司充分把握住改革开放的机遇，瞄准国内劳动力成本和生产制造成本较低这一比较优势，以标准集装箱为品牌发展的切入点，专注生产经营标准集装箱长达10

年。随后，中集集团根据国际市场需求并结合企业自身情况，将目光瞄准了集装箱的中高端产品——冷藏集装箱和特种集装箱，并长期深耕这一品牌旗下的细分业务，包括干货箱、冷藏箱、特箱、模块化建筑、地板五大业务，做到“干一行，专一行”，以此打响品牌声誉。当时，国际市场上很多集装箱企业因利润低而放弃标准集装箱业务，中集集团却反其道而行之，在标准集装箱这一领域投入大量技术和人力，最终依靠标准集装箱业务挣到“第一桶金”，并由此奠定了后续发展的基础。经历近二十年的努力，公司完成了从“中集制造”到“中集创造”的转变，并成长为全球唯一能够提供全系列集装箱产品且拥有完全自主知识产权的供应商。

### （二）多品牌发展阶段（2001 年至今）

2000 年之后，中集集团认识到仅仅依靠劳动力和生产环节的低成本红利，已经不足以在激烈的国际市场竞争中保持优势。为此，中集集团采取了两方面的措施：一方面，继续在集装箱行业进行深入探索和挖掘；另一方面，依托中集集团先进的生产经营管理模式在其他领域开疆拓土。

在获得世界集装箱市场 50% 以上的份额之后，如果想进一步扩大企业规模，成为世界级企业，就必须寻找新的利润增长点，毕竟集装箱市场的总体规模和市场潜力是有限的。这一思考促使中集集团启动了多品牌战略。从 2002 年开始，中集集团陆续将产品从单一集装箱延伸到集装箱、道路运输车辆、空港设备、海洋工程、现代物流、能源化工、金融和房地产八大业务板块，并在道路运输车辆、登机桥等 20 个细分设备领域成为世界第一。事实上，从一到多，不仅是中集集团板块的多元化，也是单个业务板块产品的多元化。多元化产品及板块的衍生印证了中集集团从传统制造向多元高端制造转型升级的全过程，其中不乏“伟大的创举”：在中集集装箱这一冠军产品上，中集集团应用“黑科技”为集装箱系列增加了新成员——全球首款独立蓄热控温集装箱，成功解决了中欧铁路极寒天气下无法运输电子产品的难题；在道路运输车辆上，中集集团形成了包括集装箱运输专用车、冷藏运输专用车、粉粒物料运输专用车、厢式车、罐式车和其他特种车在内的 600 多种类型的六大专用车产品系列，并自 2013 年起，连续八年保持半挂车销量全球第一；在海洋工程上，中集集团在 2008 年进入海工装备时仅是平台的“包工头”，经过近十年的锤炼，中集海工不仅锻造了“蓝鲸 1 号”及其姊妹“蓝鲸 2 号”，而且已交付 20 余座深水半潜式及自升式平台，这些平台分布在挪威北海、波斯湾、墨西哥湾、里海、南海等全球主要海洋油气产区作业，已成为国内海洋工程平台高端制度领域的领跑者，产品已步入国际一流行列；在地产行业，中集集团就将集装箱所代表的模块化、标准化理念延伸至建筑领域，并与世界连锁酒店集团希尔顿、万豪、洲际以及世界三大矿业巨头力拓、必和必拓、FMG 建立了长期稳定的战略合作关系，诞生了澳大利亚科廷大学学生公寓项目、英国纽卡斯尔大学 1269 套学生公寓、澳大利亚珀斯希尔顿逸林酒店等作品。总体来看，“全球营运，地方智慧”是中集集团最为显著的竞争优势。

## 三、中集集团的品牌国际化策略

在国际市场，中集集团通过整合资源、优化成本、扩大规模、多栖发展、深化改革等措施，凭借全球领先的物流装备研发制造能力，在“一带一路”沿线国家和地区进行网点布局，同时以创新引领发展的思维对传统业务进行升级改造，全力推进中集集团的品牌国际化，其主要策略可以总结为以下五个方面。

### （一）通过成本控制获得国际竞争优势

锤炼技术，实现质优价低。中集集团自成立以来，自始至终非常重视基础材料、基础工艺和技术基础，并基于上述各环节控制材料单耗指标，在成本与质量之间取得平衡。自 2014 年起，中集集团开始针对旗下的制造工厂启动一系列技术升级项目。例如，其著名的“灯塔”工厂已对标全球严苛的欧洲生产标准，通过智能化生产线实现了生产工序之间的精密衔接，用模块化方式生产整车部件。此举节省了约 40% 的人力投入，使生产效率和物流效率大幅提升，并实现了从传统劳动密集型企业向现代环境友好型企业转型升级，让中集集团产品在全球同类竞品中拥有更高品质和价格优势。

集约统筹，发挥规模效益。在集团规模扩大以后，公司领导层深谙规模效应对企业成本优化的重要性，基于集约化经营思维，主要采取以下措施：统一采购，以大规模的集中订货取得单个企业无法得到的最低原材料进货价；统一接单排产，安排就近生产，创造单个企业无法做到的最低运输成本；统一资金使用，以集团集体信誉和效益统一对口全球金融界，得到单个企业无法享有的最低资金使用成本；统一战略管理，使每个企业以最低的费用享受单个企业无法得到的战略管理资源。

科学措置，优化部署能力。为提升成本管理水平，中集集团投入 3000 万元构造了全面信息管理平台，其中的成本管理系统使各核算单位的运营成本几乎实现了实时和透明。借助这一智能化管理体系，中集集团构建了成本自动优化机制，与以往下达硬性成本控制指标相比，这种柔性管理机制的效率提高了约 10%，且其效益在管理国际市场的应用中显得尤为突出。

### （二）以技术革新挺进国际市场

第一，优化原有业务技术。在技术与业务流程方面，中集集团持续开展对制造流程的升级及改进，并聚焦模块化设计及自动化生产。在长达 20 多个月的研发、设计、建造以及调试的艰辛历程后，2019 年 9 月，由中集来福士、中集海洋工程研究院举全厂之力研发建造的国内首条以激光复合焊接设备为基础的滚装船和特种船智能化生产线正式投产，这标志着中国船舶焊接已经达到了世界领先水平。2022 年初，中集集团为世界 500 强雪松控股总部园区建造的智能立体车库顺利交付，这一项目充分彰显了中集集团智能自动化技术和高端装备制造实力已获得广泛的市场认可。

第二，引进先进技术。为了使产品可以更好地进入国际主流市场，中集集团积极推动外来技术“为我所用”方针，并遵循“学习—改进—颠覆”的技术发展路径，加强对先进技术的消化和吸收。在产品开发上，除了在技术上严把质量关外，中集集团还牢固树立品牌意识，不论是对标准化程度较高的业务，还是对服务意识要求很高的业务，都积极强化品牌形象中的技术元素。由此，以超级游艇幻想号（*Illusion Plus*）等产品为代表的“大国重器”获得了广泛好评，不仅从技术上体现了中集集团的能力，还进一步打响了中集集团在国内外海工领域的品牌知名度。

### （三）通过绿色制造融入国际环境

中集集团把可持续、可再利用作为企业发展理念和拓展新市场的着力点及出发点。绿色制造是未来世界制造业的发展趋势，也是破解资源和环境“瓶颈”制约的关键所在，目前中集集团正在按照建设生态文明的要求，大力推进绿色工程。2021 年底，中集集团表示将在未来加强研发及推广新能源、智能化、数字化与轻量化的绿色产品，通过积极利用新材料、新能源，推进低碳化、循环化的生产方式，减少资源浪费，提高产品再利用率。

中集集团在绿色产品的自主研发上一直都走在业界前列。在海外业务中，中集集团积极应对欧美主要国家对我国设置的绿色壁垒，加大了对生态环保产品的开发研究。在国内业务中，中集集团在全国集装箱行业率先开展油性漆改水性漆工程，从源头对现有项目进行技术改造。2021 年，仅按一家子公司为计算单位，将目前年使用量约 900 吨的油性漆全部改用水性漆喷涂后，预计年减排的挥发性有机物可达 18.4 吨，年减少危险废物达 400 多吨。这些举措进一步提升了中集集团在国际市场的绿色品牌形象。

### （四）以国际并购充实多元化的跨国业务

早在 2007 年，中集集团就已开始全球化战略布局。2007 年 6 月，中集集团完成了对荷兰博格工业公司（Burg Industries B.V.）的收购。这一收购使中集集团的罐式产品业务扩大到储罐业务、道路罐式设备等领域，集团层面的罐式储运业务范围基本形成。值得关注的是，这次收购实现了中国制造优势和欧洲技术的有机结合，将进一步提升中集集团在罐式储运业务领域的全球化竞争能力。对博格的成功收购，也帮助中集集团初步搭建了“依托中国优势的全球化营运体系”，面向全球主流市场的跨国公司架构初具雏形。2007 年 8 月，中集集团又与安瑞科能源装备控股有限公司达成并购协议。对安瑞科的并购重组使中集集团的现有业务扩展到燃气能源装备领域，并使集团旗下拥有了第一家上市公司。2021 年 9 月，中集集团宣布以 10.84 亿美元收购马士基海运冷机业务，以期提升集团在冷链装备领域的核心能力，这一举措也是对“集装箱 +”应用领域的进一步拓展。以上系列收购不仅拓展了中集集团国际业务的范围，而且也扩张了集团的国际化版图，同时上述公司在国际市场的影响力，也为中集集团带来了品牌联合效应。

### （五）以海外本土化人才支撑国际化经营

中集集团在海外扩展中形成了善用本土人才、任人唯贤的企业运营发展战略。在英国挂车企业 Retlan 中，887 名员工没有一个来自中国；在德国齐格勒，员工数量从 2015 年的 900 多人增至 1400 多人，其中大部分都是当地人；在美国的品牌 CIE，只有几位员工来自中国或是华裔。正是这种雇用当地人的人力资源管理方式，不仅使中集集团迅速熟悉本地情况并站稳脚跟，而且便于中外双方高层的交流与管理。中集集团通过资源的支持，实现全球营运，通过发挥各公司的主动性，体现地方智慧。由此，中集集团的出口业务管理得以加强。截至 2022 年初，中集集团已在亚洲、北美、欧洲、大洋洲等地区拥有 300 余家成员企业及 4 家上市公司，客户和销售网络遍布全球 100 多个国家和地区。

## 四、结语

在全球化发展日益加快的今天，中国品牌走向世界成为一种必然，但要想成为享誉世界的品牌，其过程必然非常艰辛。回顾中集集团 40 多年来的国际化历程，公司从小型合资企业成长为世界领先的物流装备和能源装备供应商，并通过多种途径不断拓展海外市场，为中国民族品牌的国际化道路提供了参考范本。具体来看，中集集团的国际化历程对其他中国企业的管理启示如下：第一，夯实成本优势，强化成本管理，通过规模效应做到“质优价低”，在国际竞争中建立比较优势；第二，坚持技术创新，掌握核心技术，不断推出创新产品来提高企业的国际竞争力；第三，以可持续发展为理念，在制造当中增加绿色环保的考量，塑造负责任的品牌形象，更好地融入国际市场；第四，通过国际并购扩充业务范围，增加产品之间的协同效应，同时凭借被并购方的国际影响力提升自身的品牌形象；第五，雇用当地人才，减少国际市场的进入障碍，拉近与东道国的关系，更快更好地在当地开展业务。

# 如何建立中国品牌的国际影响力？

## 中兴通讯的国际化征程

### 一、引言

在经济全球化趋势下，中国企业陆续走出国门，开启了国际化征程。在此背景下，对于中国企业来说，如何在国际市场上建立品牌影响力，是一个充满挑战的课题。在通信设备行业，中兴通讯是与华为齐名的国际化企业，被视为中国本土品牌国际化的典范。作为全球领先的综合通信解决方案提供商，中兴通讯已与亚洲、非洲、美洲、欧洲等 160 多个国家和地区的电信运营商、政府机构、企业等成为战略合作伙伴，成为很多国家主流的电信设备供应商，国际品牌影响力和美誉度日益提高。

### 二、中兴通讯的国际化历程

从 1995 年至今，中兴通讯坚持技术创新，在与外界的竞争与合作中构建了自己的产品与服务体系，逐步从亚非拉地区向欧美地区渗透发展，国际化征途如火如荼。在国际化的道路上，中兴通讯避开跨国通信巨子的锋芒，采用“先边缘后核心”的模式，其国际化历程大体可分为探索期、成长期、奋进期三个阶段。

#### （一）探索期（1995—2001 年）

1995 年，中兴通讯确立了“走出去”的国际化战略，选取了南亚和非洲的一些国家作为其实施国际化战略的起点。同年，中兴通讯以国外代理商的身份参加了日内瓦电信展，正式宣告走向世界。此后，中兴通讯成立了公司国际部，参与了孟加拉国电信公司投标，将产品小规模地出口到印度尼西亚、马来西亚等国家，实现了海外市场“零”的突破。自 1998 年起，中兴通讯开始大规模承包海外电信工程，并将多元化的通信产品输出到国际市场。例如，与巴基斯坦签订金额为 9700 万美元的通信总承包项目，并在巴基斯坦建立第一家海外生产基地，逐渐在世界市场中引起关注。此后，在美国的新泽西、圣地亚哥、硅谷等地设立第一批海外研究所，并在海外市场设置了 20 多个营销中心。至此，公司在海外市场完成了由“点”到“面”的突破。

### （二）成长期（2002—2011年）

中兴通讯在市场、人才、资本等各个方面都实行了国际化战略。随着国际化战略的发展和完善，中兴通讯在非洲20多个国家设立办事处，业务逐渐覆盖亚、欧、非、拉美等70多个国家或地区，并成为印度、越南等国家的主要电信设备供应商。同时，中兴通讯也开始进入俄罗斯、巴西这样市场潜力巨大且人口众多的海外市场，为进军欧美高端市场奠定了基础。2006年初，中兴通讯借助“本地化”及“跨国运营商”（MTO）战略，一方面向欧美成熟市场挺进，另一方面与全球跨国运营商深度合作，实现了对西欧、北美等市场的全面突破。中兴通讯在这一年基本完成了全球营销布局。2007—2011年，中兴通讯开始部署海外重点业务，除了继续对高潜力国家市场增加覆盖以外，重点把注意力集中在跨国运营商上。在此期间，中兴通讯终端设备进入美国四大运营商采购名单，在欧洲市场实现零突破，海外市场营收额超过国内市场营收额。

### （三）奋进期（2012年至今）

在这一阶段，中兴通讯通过国际许可证及MTO战略向全球逾180个销售网点和160多个国家或地区提供通信服务并展开业务合作，全面服务于全球主流运营商及企业网客户，业务范围涵盖5G、芯片、云计算、大数据、ICT、无线宽带、手机及家庭终端、政企业务、AI等方面。中兴通讯在澳大利亚、俄罗斯等亚太区的几个核心市场取得了重要突破，在德国、美国等欧美市场同样表现不俗，海外市场收入超过年度营业总收入的半壁江山。此外，中兴通讯自主创新技术发展稳健，在关键技术核心专利储备方面位列全球第一方阵。截至2021年末，中兴通讯全球专利申请达8.4万件，全球累计授权专利4.2万件。值得骄傲的是，作为国际通信行业巨头之一，中兴通讯也是全球5G技术研究、标准制定重要贡献者，牵头制定了多个5G标准，获得了多个标准主编的席位。

## 三、中兴通讯的品牌国际化

在整个国际化历程中，中兴通讯内外兼修，始终坚持品牌国际化战略不动摇，积累了许多宝贵经验。其中，适配于东道国市场的技术创新、以国际体育赛事为主导的营销创新、品牌国际化建设的人才支撑体系，是其获得成功的重要因素，值得学习借鉴。

### （一）适配于东道国市场的技术创新

改革开放初期，国内通信行业百废待兴，中兴通讯在此时决定踏出国门，远渡重洋开辟一片市场新天地。彼时，中兴通讯的 2G 通信等相关核心技术落后于国际竞争对手。基于市场调研，公司从客户实际需求出发，以性价比和灵活性优势逐步打开局面，先后拓展了巴基斯坦、孟加拉国、印尼、马来西亚等亚洲国家的市场。

经过研发团队多年坚持不懈地开展自主技术创新，以及数万市场业务人员的共同努力，中兴通讯在 3G、NGN、IPTV、宽带数据、数字集群等全球热点技术和应用方面跃居于国际领先水平。中兴通讯先后研发出 CD-MA2000、GOTA 等当时处于全球领导地位的产品，在印度、尼日利亚、摩洛哥、蒙古、埃及、尼泊尔、阿尔及利亚等亚非地区传统优势市场捷报频传；在以东欧、拉美为代表的部分新兴市场中，中兴通讯品牌的影响力也与日俱增，逐步进入欧美高端主流市场。

经过一段时间的技术积累与创新，中兴通讯继续加大对技术研发创新的人力和资金投入，在中国、美国、法国、瑞典、韩国和印度等多个国家共建立了 15 个研发机构，共有 3 万多名国内外研发人员专注于行业技术创新，初步形成了自己的全球研发网络。在国际市场上，中兴通讯从 3G 通信技术陪跑慢慢过渡到 4G 通讯技术并跑，也逐渐形成了 B2B、B2C、O2O 等多元化运营的商业模式。通过在不同地区市场进行运营实践并逐步完善技术体系，公司成功地与法国电信、西班牙电信、意大利电信、美洲移动、巴西 VIVO、德国 NetCologne、美国 Verison 等世界主流电信运营商建立了合作关系，成功拓展并稳固了其在欧美地区众多国家的通信市场。

中兴通讯是 5G 通信技术标准制定的重要参与者之一，在技术、标准、市场和产业等多个维度处在领先地位。在 5G 通信核心技术——网络切片技术方面，中兴通讯已经开始积极探索，开始包括云游戏、远程控制、智能制造等多种应用场景的网络切片试点，从标准、技术、商业模式等方面深耕网络切片技术。网络切片技术具有普适性，能够助力 5G 商业模式从单一的 B2C 流量经营向 B2B、B2B2C、B2B2B 等多元化的切片经营模式转型。截至 2021 年 9 月，中兴通讯凭借全球领先的“5G 端到端”全系列产品与解决服务方案，与全球约 100 家运营商和 500 多个行业伙伴达成了 5G 深度合作协议，覆盖欧洲、亚太、中东等主要 5G 市场，加速推进了全球 5G 商用规模部署。由此可见，中兴通讯 5G 国际化市场品牌的影响力将会更上一层楼。

### （二）以国际体育赛事为主导的营销创新

体育赛事是一种整合营销，具有海量目标群体、性价比高、消费者接纳程度高、广告覆盖面广等特征，是企业开拓国际市场的利器。2004 年，中兴通讯在雅典夏季奥运会上，首次将宽带 ADSL 引入希腊；2008 年，中兴通讯为北京夏季奥运会提供了高品质、安全稳定的通信业务。这两次奥运会业务合作，使得中兴通讯与体育赛事结下了不解之缘，形成了以国际体育赛事为主导、兼顾其他营销方式的品牌营销策略，从而在国际市场上有效提升了品牌影响力。

2011年，中兴通讯成为西班牙马德里网球公开赛官方技术合作伙伴，再次通过国际体育赛事进行品牌营销。同年，中兴通讯两次与宝马 Motorrad 西班牙队在西班牙、欧洲摩托车锦标赛展开合作。参赛选手的服装上都印有中兴通讯的品牌标志，这让中兴通讯品牌在当地体育爱好者和媒体面前建立了一定的知名度和影响力。在体育营销方面，中兴通讯并不采用简单的复制粘贴模式，而是先通过数据对各种体育赛事进行多维度分析（如选择什么体育赛事项目、签约 / 赞助什么样的运动队和明星运动员、本土消费者的消费习惯和喜好如何等）后，用本土化的思维方式去理解消费者，使用本土消费者乐于接受的沟通方式去传播品牌形象。比如，曲棍球在加拿大普及程度高，棒球在日本非常盛行，中兴通讯就通过数据分析有针对性地选择了多伦多枫叶曲棍球队 Joffrey Lupul 和日本福冈软银鹰棒球队进行合作。这些在当地极具影响力的体育明星在和球迷见面、签名互动中使用中兴通讯的产品，更容易让球迷接受。在欧洲市场，足球联赛是最具影响力的国际体育赛事之一。中兴通讯通过与塞维利亚足球俱乐部和德国门兴格拉德巴赫足球俱乐部（以下简称门兴）展开合作，开展了历时两个月，覆盖西班牙、德国、波兰、意大利、法国等国家 15 个主要城市的欧洲市场路演，让这些城市的球迷对中兴通讯的产品有了良好的印象。同时，中兴通讯还趁机推出了门兴 logo 定制手机，并在 FanShop 设立中兴通讯手机专柜以满足球迷的购机需要。中兴通讯的本土化体育营销方式，帮助其打开了海外本土市场，提升了品牌影响力。

在进行体育营销的同时，中兴通讯也会开展公益营销，以拉近跟当地消费者的关系。在北美市场，中兴通讯先后签约火箭、勇士、尼克斯、公牛和骑士 5 支 NBA 球队，还与美巡赛进行顶级高尔夫赛事全球独家合作。其间，中兴通讯每年都会和签约球队一起举办“感恩季”系列社区慈善活动，如去看望患癌儿童，邀请贫困家庭的儿童到主场观看比赛并参加圣诞派对。体育营销和公益营销的组合强化了本土球迷对中兴通讯品牌的认同感和情感偏好，彼此之间建立起更深层次的品牌联系，同时中兴通讯也赢得了当地主流社会和社会媒体的赞誉。通过一系列的体育营销运作，中兴通讯品牌在北美市场的知名度从默默无闻提升到 42%，市场份额也随之从最开始的不足 1% 增长到稳居北美前四位。

### （三）品牌国际化建设的人才支撑体系

人才国际化是中兴通讯国际化征途的核心战略之一。中兴通讯在选拔、培养、任用人才方面形成了富有自身特色的一套方法论，坚持以实践作为检验人才的标准，让人才国际化逐渐升级成国际化人才。

招纳贤才是中兴通讯人才国际化战略的首要工作。中兴通讯主要通过以下五个渠道策略完成这一重要工作。其一，从国内外高水准一流院校（如麻省理工学院、斯坦福大学、清华大学、哈尔滨工业大学、北京交通大学）和研究机构（如美国硅谷、中国深圳、德国杜塞尔多夫等地区的科研机构）中招揽各领域高级人才。其二，在世界范围内（如北美地区、欧洲、亚洲等地）设立中兴研发中心，为高级人才提供有竞争力的薪酬和岗位，助其施展才华。其三，创办中兴通讯学院人才培养学院，从内部挖掘和培养人才。其四，通过海外市场并购获得企业人才资源。例如，2014 年，中兴通讯完成了对阿尔卡特——朗讯网络运营维护服务公司的海外收购后，其公司原有 750 多名经验丰富的员工全部并入中兴通讯企业内部，继续在德国开展工作。其五，通过企业形象和企业文化等其他因素或渠道吸引和招聘高级人才。中兴通讯有着良好务实的企业文化，成功打造了关注员工需求、尊重员工、以价值贡献者为本的优质雇主品牌形象，吸引了不少高级人才前去应聘。

各司其职，人尽其才，人尽其用。中兴通讯在从人才国际化（具备多文化背景、开阔国际化视野的人才）到国际化人才（符合公司国际业务场景的胜任力测评要求的人才）的过程中进行了有效的探索。在“以人为本”理念下，实行利益驱动与价值导向并举方案，满足企业员工的物质需求和精神需求。中兴通讯在利益分配机制上将员工的利益放在首位，采用不封顶的薪酬分配制度，包括按劳分配、按股分配、奖励分配三个层次。当满足了员工生存需求后，中兴通讯因势利导，全方面健全公司培训体系和机制，激发员工潜能，帮助员工在工作中发挥自我所长，施展自我才华，实现自我价值。同时，中兴通讯为进一步规范人才国际化战略，根据企业自身实际情况，并顺应企业市场发展规律，与时俱进地引进了国际上最先进的 $6\sigma$ 管理模式之一，以此量化考核体系、优化内部管理。中兴通讯通过这些措施优化了企业人才培养方案，进一步促进了从“人才国际化”到“国际化人才”的转型，为进军国际市场并提高品牌影响力打下了坚实人力基础。

## 四、总结

中国品牌要想在国际市场上建立影响力很难一蹴而就，需要长期的苦心经营，过程也异常艰辛，困难重重。然而，中兴通讯积极探索、不懈奋斗，在国际化市场上打下了一片江山，建立起良好的品牌影响力，为中国本土品牌提升国际影响力提供了宝贵经验。

经济全球化背景下的国际竞争本质上是高级人才的竞争。中兴通讯立足长远，顺应通信市场和产业国际化发展规律，秉承以人为本国际化理念，践行人才国际化战略并进行全面精细化管理。在已有技术和产品的基础上，中兴通讯坚持市场导向，以满足消费者需求为核心，注重商业模式和技术创新的结合，通过改变产品和服务的提供方式成功地开拓了国际市场。同时，中兴通讯重视运用体育赛事开展品牌营销创新，助力拓展国际市场，与本地消费者进行有效沟通，激活了本地用户对中兴通讯品牌的偏好，提升了品牌忠诚度。

# 如何进行差异化的品牌国际化经营？

创维彩电的启示

## 一、引言

在全球化时代，品牌国际化经营成为企业开拓市场和增强竞争力的重要途径。然而，品牌国际化的失败率非常高，一个重要原因是，不同国家政治、经济、文化、科技环境差异很大，采用标准化的营销策略无法同时满足这些国家市场的需求。当一个品牌进入多个国家市场时，如何制定一个差异化的国际营销策略组合，来同时竞争这些国家的市场份额呢？这对于所有开展国际化经营的企业而言，都是一个很大的难题。近些年，很多中国品牌走向国际市场，在不同国家均建立了良好的声誉。比如，彩电行业的创维（SKYWORTH），凭借差异化的国际化经营策略，在近 20 年的国际化历程中不断发展壮大，其海外市场已覆盖全球 3/4 的国家和地区。如今，创维已经成为世界知名品牌，品牌价值高达近千亿元。那么，创维的品牌国际化经营策略对业界有哪些启示？

## 二、创维集团的发展历程

创维集团有限公司（Skyworth Group Co., Ltd.）是一家以彩色电视机、监视器、显示器、通信器件为核心的消费电子及智能制造公司。总体来看，创维的发展历程可以划分为如下三个阶段：

### （一）创业成长阶段（1988—2003 年）

1988 年，创维实业有限公司在香港成立。1992 年，成立创维集团，开始生产彩电、DVD、VCD 等电子产品。1994 年，创维与中国（深圳）彩电总公司、中国电子器件工业总公司合资，成立了深圳创维 -RGB 电子有限公司。1996 年，创维电子城在深圳市宝安区建成投产，在国内率先推出多媒体系列电视，掀起中国彩电业的数字革命风暴。1998 年，创维产销量跃居同行业第四位，从此进入行业“第一集团军”行列。2000 年 7 月，创维 -RGB 电子有限公司成功通过深圳高新技术企业认证，成为深圳市政府重点扶持高新技术企业之一。2001 年 6 月，创维彩电事业部成立，至此，创维集团的多元化战略框架明确，彩电事业部、多媒体国际公司、显示技术公司、数字技术公司、光电背投公司、移动通讯公司、群欣安防公司等七大专业公司成为创维的赢利板块。2002 年，位于深圳市高新科技园区，面积达 60000 余平方米的创维（深圳）数字研究中心投入使用。2003 年，“SKYWORTH 创维”荣获广东省著名商标称号。

### （二）成熟阶段（2004—2014 年）

2004 年，创维荣获“国家级企业技术中心”称号，位列中国电子行业前 15 名；同年，创维发动“平板风暴”，全力进军平板产业。2005 年，“中国第一清”——A12 音频引擎推出，代表创维在音频技术上处于领先地位；同年，创维与广东 Linux 中心签订合作开发数字电视系统合作协议。2006 年，中国首款国标手持数字移动电视在创维诞生，同年，创维“LCD 电视屏稳技术”顺利通过专家鉴定，全球首台 3G-USB 液晶电视及屏变技术在创维诞生。2007 年，创维集团成为中国航天事业合作伙伴和中国航天事业赞助商，创维电视、创维手机、创维安防监视器成为中国航天专用产品，同年，创维联合美国 Real Networks 公司推出全球首台 RM/RMVB 格式液晶电视。2008 年，创维在国内市场的销售总额首次超过国内外其他品牌成为全国第一。2009 年，国家出台了家电下乡政策，创维借此机会发布了新农村战略白皮书，提出要在农村市场成为领军者。2009—2011 年，创维的营业收入实现了快速增长，说明其农村策略取得了成功。自此直到 2015 年，创维一直在国内彩电市场保持市场占有率第一的地位，并逐渐把目光转向海外市场。

### （三）国际化发展阶段（2015 年至今）

虽然创维集团的核心业务是彩电，但其总裁杨东文认为创维要实现国际化，必须进入白电市场。2015 年，创维旗下白电产业公司创维电器与东芝旗下生活电器株式会社（TLSC）签署战略合作协议，双方在白电产品领域（冰箱、洗衣机、吸尘器）展开长期战略合作，合作内容包括市场销售、产品开发、供应链及精益制造领域等全方位合作。为更顺利地进入欧洲市场，创维一直在寻找机会收购一个欧洲电视品牌。2015 年 6 月 1 日，创维成功收购了 Metz 电视业务相关的资产和 Metz 品牌，并继续保留 Metz 在德国巴伐利亚齐尔恩多夫的运营中心作为其进军欧洲市场的桥头堡。借助 Metz 品牌在德国乃至欧洲的美誉度及销售渠道，创维采用双品牌并行的销售策略，在欧洲市场全面推广产品，这为创维的品牌全球化发展进一步奠定基础。2018 年创维旗下新品牌 METZ Blue 正式发布，目前已经登陆欧洲、印度和中国香港等市场。2021 年创维发布的财报显示，来自海外市场的营业额为 155.10 亿元人民币，营收贡献为 38.7%，较上年增长 42.39 亿元人民币，增长率高达 37.6%。通过多年的奋斗，创维 SKYWORTH 已成为家喻户晓的世界级家电品牌，同时还拥有 METZ、COOCAA 两个子品牌。

## 三、创维彩电差异化的品牌国际化策略

为了在不同国家站稳脚跟，创维因地制宜，针对不同国家市场采取了不同的营销战略和策略。具体而言：

### （一）设厂和并购相结合的品牌进入战略

创维品牌走出国门第一步，首先考虑的问题就是以怎样的战略路径进入海外市场。结合市场现实，创维采取了设厂和并购结合的进入战略。

1. 布局海外生产基地

创维首先把东南亚市场作为自己走向海外的突破口。之所以做出如此选择，主要考虑如下原因：首先，东盟十国的市场容量相当于国内市场容量的40%~50%，市场潜力巨大；其次，由于东南亚各国地理位置以及生活消费习惯等与国内相似，市场风险相对较小；最后，和欧美市场相比，以同样的成本用于新兴市场或许能获得更好的效益。综合上述原因，东南亚成为创维集团最有发展潜力的海外市场。

在印度尼西亚市场，创维成立了 TJP 工厂，以此作为公司在东南亚市场的重要生产基地之一，这标志着创维的生产环节也正式走向海外。如今，创维还在泰国、越南、印度、菲律宾、马来西亚等国分别设立了海外分公司，进一步拓展其海外市场业务。另外，创维还将成立东盟大区，利用印尼生产基地的供应链资源辐射整个东盟市场，并统一其产品规划，充分发挥海外生产基地的作用，提升其营运效率。

2.“兼容并包”实施海外并购

在进军海外市场时，创维一直遵循“兼容并包”的原则处理海外业务。实施海外并购，可以一定程度上提升企业的市场进入速度，降低品牌推广成本。因此，收购国外品牌是创维能够快速且有效推进品牌国际化的重要途径。此举不但能够快速提升品牌的国际影响力，而且还可以基于资源共享提升公司业绩。

在管理海外市场业务中，企业所面对的最大困难是如何实现“企业文化的融合统一”。尤其是在面对欧美高端市场时，企业首先需要考虑如何协同和整合东西方的文化差异，积极处理文化冲突。创维对德国电视机品牌美兹（Metz）的收购就是有效整合文化冲突的成功案例。受欧洲经济持续低迷的影响，在德国业界有着“奢侈品电视机”美称的美兹（Metz）电视机由于成本高，且其产品主要针对欧洲高端市场，销量不断下滑，最终走向破产边缘。创维敏锐捕捉到这一市场机遇，迅速抢占先机，于 2015 年 6 月完成了对美兹品牌的收购。创维在收购美兹之

后，需要面对一系列问题：如何处理老员工与新员工的关系？如何化解创维与美兹之间的文化矛盾冲突？如何推广自己的品牌？为解决这些问题，创维虚心了解、聆听美兹的需求，并采取了如下措施：一方面，创维给予美兹品牌原团队最大的信任和尊重。在人力配置方面，创维并没有直接空降管理层，把原有员工解聘，只是派驻了基本的财务管理人员，并保留了原美兹团队超过 2/3 的岗位，具体包括研发、制造、销售及服务等业务领域，并重新与这些员工签订了劳动合同。另一方面，创维还派出了国内团队进入美兹，专门向其老员工学习，重视培养优秀的国际化人才，还借此机会与欧洲国家搭建了友谊桥梁。

通过实施“兼容并包”的并购方式，创维不仅帮助美兹品牌延续其传统优势，还提升了自身品牌的国际影响力。美兹也成为创维成功进军欧洲中高端市场的经典案例，基于上述实践，创维在品牌积累、制造理念、技术人才储备等方面取得质的飞跃。在之后一年时间内，创维陆续实现了进军西班牙、意大利、法国等多个欧洲国家市场的目标，销售额累计超过 1 亿美元。

### （二）以高品质提升品牌美誉度

进军海外中高端市场，必须撕掉品牌的廉价标签，这已是国内不少家电品牌在国际化实践中形成的共识。对于创维来说，是一个偶然事件帮助公司扭转了品牌刻板印象。数年前，美国一件突发事件让一台液晶彩电成了人们津津乐道的“网红”。具体来说，在美国某城市的一家便利店附近发生了一起枪击事件，几枚子弹穿透便利店的玻璃门飞进室内，幸运的是，一台用来播放促销信息的液晶彩电挡住了一枚本该朝着店主飞去的子弹。更令人惊讶的是，中枪后的电视虽然液晶屏碎裂，留下了不小的创口，但是事后它竟然还能开机，只是弹孔位置变成了黑斑，中心有些漏光，但基本不影响观看。消息传出后，美国网友纷纷在社交媒体发问：“这么厉害的电视是哪个品牌生产的？”巧合的是，这台彩电正是由创维生产的。

创维彩电“子弹救人”故事虽然看似偶然，但其背后隐藏着一个不可否认的客观事实，中国彩电行业的制造水平在经历了一次次全面升级之后，已经有了很大程度的提高。在很多年以前，对于海外市场而言，尤其是在欧美市场，对中国品牌的市场形象可能还停留在替他人作嫁衣的刻板印象，但随着中国技术的成熟以及中国企业品牌意识的提升，如今“中国制造”已不再是贴牌和代工的代名词。在美国拉斯维加斯举行的每年一次的国际消费类电子产品展览会（CES）展馆里，创维集团旗下的家电产品展示了其最新技术——量子点、芯片、曲面技术以及人工智能等，这些新技术都可与其他国际知名品牌相媲美。在 2022 年的 CES 上，创维电视凭借全球首款量产 OLED 变形电视 W82，荣获当年 CES 官方颁布的“视频显示”类创新奖，而该奖项也是电视产品领域最具分量的奖项之一。此外，创维 W82 还作为该品类近三年唯一获奖的中国电视产品，同时斩获了“游戏”品类的 CES2022 创新奖项。

依托高质量产品，创维品牌的国际美誉度与影响力得到显著提升。一方面，成功的背后，离不开创维对产品和技术的大力投入，比如公司把全年 50% 的研发资金投入海外市场，并逐年提高这一比例。另一方面，强大的消化吸收能力也是其高质量产品的重要支撑。创维特意在欧洲建立了研发中心，以高质量标准来制造企业产品；同时，它还有效地利用美兹品牌研发与制造体系的优势，将有着“德国基因”的尖端设计以及先进科技运用到自身产品，不断革新产品技术，逐渐从“中国制造”走向“中国智造”。

### （三）打造多元化的品牌营销渠道

作为一家全球领先的家电企业，创维并未止步于海外市场范围的拓展，为打造国际化的品牌形象，公司在品牌和渠道建设方面也投入了大量资源。首先，在终端客户服务方面，公司努力推进品牌本土化，根据各个市场的特征，从产品的性价比、服务差异化等方面做起，推出满足客户需求的产品，初步实现了从产品出海到品牌出海的目标；其次，加强海外渠道建设，为品牌提供更多在国际舞台展示的机会。正如担任创维全球营销中心海外区域营销总部常务副总经理的梁锦华所说：“企业在参与海外市场业务的竞争中，首先要让渠道商认可，得到展示的空间，第二步才是如何把我们的产品介绍给消费者。”

在初次进军海外市场时，不少中国品牌只重视了品牌宣传，相关广告铺天盖地，然而，如果没有当地渠道作为支撑，结果只能事倍功半。因此，创维从销售渠道入手，在当地通过收购、合作等多方式拓展自己的营销渠道，并提供令渠道商满意的服务，同时进一步完善了自身的品牌形象。在欧洲市场，创维通过收购欧洲知名机顶盒品牌企业 Strong Media，借助其完善的销售渠道，成功将自身产品打入欧洲中高端市场；在北美地区，创维与当地多个渠道商展开战略性合作，利用当地渠道商的优势，成功将旗下的创维数字以及数字电视网络视听全系列产品打入北美一线运营商市场。借助渠道优势，创维的数字机顶盒产品在欧美中高端市场取得了成功。2021 年 11 月，创维依托强大的当地营销渠道，联合尤文图斯打响意甲营销战役，相继推出“电商 +O2O”、体育营销等系列营销活动。总体来看，创维已经走出了一条有别于国内其他品牌出海之路。

## 四、总结

随着“中国智造”的崛起，国内越来越多的品牌开始走向海外市场。为了适应不同国际市场的差异化环境，企业需要采用差异化的国际化品牌策略。在这方面，创维为我们展现了一个范例，其经验可总结为以下方面：第一，根据当地国情，设厂与并购结合，因地制宜，灵活决策。其中，设厂的目的是利用当地的生产能力和生产资源，提高运营效率，而并购的目的是利用被并购品牌的市场影响力和技术优势，加快进入当地市场。第二，不同的国际市场采用不同的营销渠道。例如，在欧洲市场注重联合营销，与本地机顶盒企业 Strong Media 合作，利用其营销渠道进入市场，而在北美地区则是与当地多个渠道商展开战略性合作，利用当地渠道商的优势推广产品和品牌。第三，不管采用哪种差异化策略，在产品方面必须坚持技术创新，并且重视营销推广。例如，创维一方面加强技术研发，另一方面积极参加国际消费类电子产品展览会，向市场展示企业最新技术和产品，逐渐使海外市场转变了对中国制造的刻板印象。

# 如何实现品牌海外本土化？

## 传音手机征战非洲市场

### 一、引言

对于中国企业而言，海外市场宏观环境和微观环境跟国内相比千差万别，如何进行海外本土化变革，以便融入海外市场，是中国企业品牌面临的一大难题。传音手机提供了一个很好的示范。21 世纪初，中国手机市场进入了快速增长期，三星、摩托罗拉、诺基亚等国际大品牌开始通过深挖低端市场来扩大份额，国内市场竞争进入白热化。传音手机，一个在国内鲜为人知的品牌，避开竞争激烈的中国市场，在非洲闯出了一片天地。2021 年第一季度，传音在非洲智能手机和功能手机市场上分别获得了 44.3% 和 78.7% 的占有率，远超三星、苹果等品牌，成为非洲手机市场的销售冠军。那么，传音究竟是如何实现品牌本土化，从而在非洲市场获得成功的呢？

### 二、传音公司的发展历程

传音公司从创立至今，一直秉持着“Think Globally，Act Locally”（全球化视野、本地化执行）的理念，致力于为用户提供优质的、以手机为核心的多品牌智能终端。从 2006 年进入非洲市场开始，短短十几年，传音手机就成为最受非洲消费者喜爱的品牌，并在 2021 年上半年实现营业收入 228.5 亿元，同比增长 58.7%。在这个过程中，传音手机品牌经历了三个阶段。

#### （一）品牌创立阶段（2006—2008 年）

2006 年，传音创始团队就认识到了非洲的手机市场空间和发展潜力，决定避开国内市场的激烈竞争，将非洲作为国际化经营的起点，并逐渐覆盖中东、东南亚、南亚及拉美的部分国家和地区。

作为传音公司 2006 年进军非洲市场的第一款产品，TECNO 致力于为广大消费者带来融入最新科技趋势、高性价比的手机产品。但随着对非洲市场环境的认知加深，传音公司发现 TECNO 在价格上偏中上水平，并不能被大部分非洲人民所接受。基于上述考虑，2007 年，传音公司针对非洲地区消费水平低的特点，推出了入门级手机品牌 itel，致力于为非洲大众消费者提供物美价廉的移动通信设备。itel 一经发售，凭借其较低的价格和较高的性价比，深得非洲消费者喜爱。

### （二）品牌发展阶段（2009—2013 年）

随着公司的发展和市场的逐渐扩大，传音公司开始认识到打造完整手机产业链的重要性，公司业务开始朝着手机研发、制造、销售的下游延伸。2009 年，公司成立售后品牌 Carlcare，专业做售后服务。传音公司希望利用良好的售后服务系统来打造用户口碑，从而达到扩大手机市场的目的。

同时，伴随着非洲社会经济水平的发展，年轻消费者在手机市场中占的比重日益提高，传音公司趁机推出为年轻消费者打造的高端互联网手机品牌 Infinix，希望利用这一品牌扭转消费者心中有关传音公司产品的刻板印象。Infinix 为消费者带来最前沿的技术、大胆时尚的设计，一经推出就备受市场好评，为年轻消费者带来了更多体验创新技术和智能生活方式的选择机会。2013 年，传音旗下所有品牌总销量高达 3700 万台，在智能机领域取得骄人业绩并广受好评。

### （三）品牌成熟阶段（2014 年至今）

传音公司在这一阶段致力于提高品牌服务质量，完善产业生态。2014 年之后，传音公司手机品牌体系已经趋于完善，但其认识到在手机配件和智能家电等产品的研发方面仍有进步的空间。2014 年，传音公司创立配件品牌 Oraimo；2015 年，又创立家电品牌 Syinix。在这些举措并行的格局下，传音公司形成了较为完整的手机产业生态，所有的产业脱胎于传音手机，但又都服务于传音手机。传音十年耕耘，在全球新兴市场成绩斐然，2019 年正式在科创板上市，之后也荣获“中国民营企业 500 强”“中国制造业民营企业 500 强”“《财富》中国 500 强”“中国新经济企业 500 强”“深圳企业 500 强”等殊荣。

## 三、传音控股本土化之路

传音公司的官网上有这样的文字：紧跟“全球化思维，本地化经营”的理念，致力于将前沿科技转化为本地化产品。传音在非洲取得辉煌成就的原因就在于其把海外本土化经营的思维发挥到极致。传音控股的海外本土化主要表现在产品和营销两个方面，具体如下：

### （一）产品海外本土化

#### 1. 品牌定位海外本土化

针对非洲市场的不同群体，传音控股创立了不同的品牌。其中，TECNO 是传音最早在非洲推广的双卡手机品牌，也是传音旗下的优质品牌，所提供的产品类型也最为多样，包括功能机和智能机；随后创立的品牌 itel 则是面向中低端市场，是专注在移动解决方案领域的科技创新品牌；Infinix 属三者之中推出最晚的，它的目标群体是年轻消费者，采取的销售模式主要是线上销售，相对于其他子品牌，该品牌是传音为追求时尚新潮、智能生活的年轻一代专门打造的高端智能手机品牌。这三个子品牌一起帮助传音涵盖了几乎所有的用户。在知名泛非商业杂志《非洲商业》（*African Business*）于 2021 年 6 月发布的“最受非洲消费者喜爱的品牌”百强榜上，TECNO 连续多年位居入选的中国品牌之首，itel 位居中国品牌第二名。这无疑说明，传音控股旗下的手机品牌，在非洲市场上获得了空前成功。

2. 产品功能海外本土化

非洲社会文化与中国文化差别非常大。针对这些差别，传音在软件和硬件上都定制了属于非洲的“专属手机”。

在拍照功能上，由于非洲人肤色以深色为主，传音手机优化了深肤色人的拍照体验。公司围绕深肤色消费者影像成像的核心诉求，自主研发了深肤色影像算法技术。同时，公司基于非洲本地化需求为深肤色消费人群专门定制了 Camera 硬件器件，与自主研发的深肤色影像算法技术结合形成独特的本地化深肤色拍照技术。这些技术可以用牙齿和眼睛来定位脸部，另外还增加了适合非洲人的美颜功能，解决了黑人拍照难的问题。

在扬声器功能上，非洲人民喜欢音乐，喜欢随时随地载歌载舞，传音就在保障音色的情况下加大了扬声器的功率，随后专门推出了一款音乐手机，并配送一个定制的头戴式耳机。传音手机的音量设计一般比其他手机高出八分贝，同时预装了传音自研的 Boomplay 音乐平台。截至 2020 年 12 月，Boomplay 拥有 1.3 亿全球用户，歌曲 5000 万首，是最大的非洲在线音乐曲库。

针对在非洲炎热的气候下，人容易出汗的特点，在防汗防摔功能上，传音控股研发了 UV 喷涂防腐蚀技术，可以提升手机壳喷涂防腐蚀、抗脏污的性能，大幅改善油漆抗酸性不足导致的汗渍腐蚀哑光、浅色产品表面易残留脏污或锈蚀、变色继而涂层剥落等问题。

在手机卡方面，传音手机设计了多卡模式，非洲部分国家存在着多个网络运营商，跨运营网络的通信费用高于同网络间通信的费用。为节省通信费用，当地人民往往会随身携带两三张 SIM 卡，需要随着通信对象的网络不同来选择给手机插入不同的 SIM 卡，这给当地人民造成极大的不便。基于这些需求，传音引入了当时中国正火热的双卡双待手机，迅速被当地人民所接受，后面还推出了三卡、四卡手机。

在手电筒功能上，非洲晚上大部分地方没有路灯，所以传音就在手机上加入大功率的闪光灯，以提升手机手电筒的亮度。

在电池功能上，针对非洲偏远地区存在供电不足的问题，传音在手机上用了超大容量的电池，号称可以待机一个月。

在语言功能上，由于非洲各个国家存在多个语种，消费者的英文水平较低，于是传音专门适配了相应版本的本地语言。

这些本地化的手机功能，精准解决了非洲消费者手机使用中的独特“痛点”。

## （二）营销海外本土化

### 1. 数据海外本土化

在传音控股进军非洲之初，有关手机的设计、功能的开发、硬件的生产都是基于对顾客需求的充分调研，传音手机成功的重要原因之一便是根据顾客需求来提供产品。公司创立之初，为了解目标顾客的需求，传音控股的全球副总裁阿里夫·乔杜里和技术人员一起去过非洲 100 多次。传音控股基于非洲市场的庞大用户体量，对用户的使用习惯、配置偏好以及手机性能、电池续航、发热、系统/应用稳定性、通信环境等多个维度的基础体验特征进行分析，以指导研发、生产、售后等多维度全链条业务迭代，不断提升用户使用体验。数据本土化让传音控股能充分了解顾客需求，所生产的产品能直击消费“痛点”，这为其非洲市场的“定制化产品”提供了数据基础。

### 2. 价格海外本土化

“高质低价”是传音手机在非洲价格本土化的策略。传音手机的成功并非偶然，通过深挖市场并了解当地的经济社会情况，发现非洲市场消费者收入低，甚至很多人还挣扎在温饱线上；文盲在当地一些国家的民众中占很大比重。在此情况下，传音手机决定主打低价语音通话的功能机，这类手机性价比高，能充分满足消费者的需求，在非洲更有市场。目前，传音手机有平均售价 454 元的智能手机产品和平均售价 66 元的功能机产品。其产品最低仅需几十元人民币，最高也仅需千元左右，这样的定价几乎让每个人都能够消费得起，从而快速占领市场。

### 3. 服务海外本土化

传音公司注重为顾客提供便利。为提高服务质量，帮助顾客解决问题，传音公司针对非洲售后体系不完善、维修需求较高的现实情况，推出了售后服务品牌 Carlcare。Carlcare 旗下拥有超过 2000 个服务接触点（含第三方合作网点），据悉已经成为非洲最大的用户服务网络。传音公司坚信，良好的服务态度和行动会赢得好的口碑，从而促进手机的推广与销售。专业化的售后服务体系进一步增强了终端用户的产品黏性，为公司巩固和提升市场份额提供了强有力的保障。

同时，在 OS 系统及移动互联网产品服务领域，公司通过洞察非洲本地市场需求，深耕本地化服务和内容合作，并依托较高的市场占有率，形成基于非洲市场的高流量应用产品矩阵。公司针对非洲流量成本高、网络不稳定、带宽低、内存配置低等特点，自主研发流量节省技术、客户端 / 服务端多级缓存技术等，有效提升了用户体验。同时，传音手机均搭载了基于 Android 系统平台深度定制的手机智能终端操作系统（传音 OS），围绕传音 OS，开发了应用商店、游戏中心、广告分发平台、大数据服务平台以及手机管家等工具类应用程序，为用户提供了便利。

4. 推广与渠道海外本土化

传音手机在广告营销方面主要采用了全方位渗透、全渠道推广、大面积影响的宣传方式。初到非洲时，传音公司发现，由于当地经济水平有限，最有效的推广方式就是大规模宣传。在电线杆、居民区、机场道路旁等场所，贴满了刷墙广告，这种在我们看来并不新潮的覆盖式营销方式在非洲社会却起到了不错的效果。

在营销渠道方面，由于非洲不少国家政局动荡或处于战乱状态，采用经销商模式可以降低风险，所以传音在与当地电信运营商合作的同时，也找到了那些被冷落的经销商们，形成了以经销商销售为主，少量运营商为辅的营销模式。同时，对于重点市场及重点经销商客户，公司坚持渠道下沉策略，配备销售专员与经销商、分销商和零售商保持长期稳定的日常沟通，以及时获取一手市场反馈和需求信息，与渠道商共同成长，这些措施使产品竞争力和市场占有率不断提高。

5. 公益营销

在传音控股的官网上记录了这样一句话："作为一家深耕新兴市场的中国科技企业，传音从非洲起步，多年来一直致力于与本地社会共生共赢，为新兴市场不断创造更多社会价值。"本地化发展是传音的长期承诺，这意味着传音持续并深度参与广大新兴市场的经济社会建设，以实现共赢。

在产业方面，传音一路与当地供应商、渠道商、经销商等合作伙伴共同成长，参与当地的通信产业建设，同时带动周边产业（如零售批发、广告业、物流和金融等）的发展。在经济方面，传音创造了更多工作机会及商业机会，提高了本地青年就业技能，为本地社会培养和储备行业人才，并在一定程度上推动了区域基础设施建设。在社会方面，传音注重企业社会责任，在非洲组织开展了多项企业社会责任活动，帮助当地人们过上更美好的生活。

仅从最近两年来看，传音控股集团及旗下各子品牌组织大型公益活动 18 次。例如，2019 年，旗下品牌 itel 联合尼日利亚拉各斯粮食银行举办世界粮食日公益活动，为当地儿童捐赠食物及餐盒，同时宣传健康饮食的重要性；2020 年，传音与联合国难民署达成合作伙伴关系，携旗下手机品牌 TECNO 支持联合国难民署全球教育项目——"教育一个孩子"，帮助非洲难民儿童改善教育条件，获得更多受教育机会，为促进当地社会和谐发展积极贡献力量等。以上行动表明，传音手机在海外本土化的过程中，充分塑造了一个充满社会责任感的企业形象。

## 四、总结

中国企业要想在国际市场上立足，离不开海外本土化经营思路。传音控股秉持“全球化视野、本地化执行”的发展理念，在非洲市场取得巨大成功，为其他中国品牌厂商进入海外市场提供了经验借鉴。通过回顾传音手机的案例，品牌海外本土化应当注意以下几点：第一，必须深入了解顾客需求，品牌在进行海外本土化的过程中，企业对目标顾客是陌生的，企业应通过实地调研、大数据等方式了解当前目标市场存在的痛点，才能确定品牌的定位与发展方向。第二，品牌要想做好海外本土化，核心策略是产品定制化。企业需要研发针对性的技术，定制满足海外消费者需求的个性化产品，如传音开发适应于深肤色人种的拍照功能，便于快速融入非洲市场。第三，提高服务水平，要学会为顾客提供便利，完善产业生态，全方位提供更高效的服务，以此增加产品的黏性。第四，做好营销，选择最适合当地的营销方式，不一定是高大上的做法，适合的就是最好的。第五，注重企业社会责任，积极参与当地的公益活动，拉进与当地居民的关系，树立良好的品牌形象。

# 如何塑造高端的国际品牌?

## 国瓷永丰源的国际化之路

### 一、引言

在企业国际化经营的浪潮中，越来越多的中国品牌“走出去”。如何在国际市场上树立中国品牌的高端形象，成为绝大多数中国企业在国际化发展道路上的一大难题。中国的陶瓷行业在近些年遇到了来自日本甚至欧洲部分同行的激烈竞争。不过，中国陶瓷仍然有许多优秀代表在国际上声名显赫，比如国瓷永丰源集团（以下简称永丰源）就培育出具有国际影响力的高端陶瓷品牌，其所创造的“AURATIC”“BAMBOO”“GLANCE”“STAR FESTIVAL”等品牌风靡全球。历经数十年发展，国瓷永丰源已成为集研发、设计、生产、销售和文化旅游于一体的现代陶瓷产业文化基地，在国内外都享有盛誉。那么，国瓷永丰源是如何塑造高端的国际品牌的?

### 二、永丰源陶瓷品牌的发展历程

1982 年，为利用深圳在人才、外贸、物流等方面的区域优势，永丰源集团最终在深圳投资建厂。具体来说，永丰源的发展经历了探索、创新发展和全面国际化三个阶段。

#### （一）探索阶段（1993—2002 年）

1993 年，永丰源集团创始人刘权辉跟随商务考察团到达沙特阿拉伯，在当地的大型百货市场和超市里均未见到中国的瓷器，所见产品几乎全是欧洲和日本的品牌。刘权辉很受打击：中国作为陶瓷大国，为什么中国陶瓷在沙特这些市场没有一席之地? 带着对这个问题的思考，他先后抵达日本和欧美，借鉴它们工艺和品牌运营精髓用以完善中国瓷器，为把中国瓷器推向世界做铺垫。自1996年开始，刘权辉不只在产品质量上下功夫，同时也更加重视专利知识产权。1997 年，国瓷永丰源瞄准国际高档陶瓷市场，花费 11 万欧元的资金邀请来自德国、意大利的瓷艺专家进行品牌设计及产品设计，相继推出了“AURATIC”“BAMBOO”“CIP”三个不同品牌。从此，永丰源开始进行自主知识产权的专利设计，正式进入创建自主品牌的探索阶段。经过不断地探索和学习，永丰源通过打造文化产业园和推广高端自主品牌等方式，在国际舞台上逐渐崭露头角。

### （二）创新发展阶段（2003—2005 年）

虽然永丰源有了自主品牌，但仍缺乏足够的技术支持和产业链供应。为此，2003 年，永丰源投资 1.6 亿元在深圳观澜建厂，并对整个产业链进行全面革新。在建厂后的短短两年时间，永丰源在技术和工艺创新中创造了陶瓷行业的“三个世界第一”：在自主研发的“满堂红”“帝王黄”中，红黄釉彩第一次实现无铅无镉，超过世界陶瓷最高卫生标准；首次实现红、黄两色的高度均匀、细腻，瓷色和原色基本一致；“深圳瓷”系列产品中的强化瓷“超世纪瓷”，其强度超过一般强化瓷的 3~5 倍，骨瓷的釉面和透光度高于国际标准。此外，永丰源还拥有独创的色釉分离技术、国际一流的釉中金工艺、可从不同角度观赏呈现颜色变化的新假金粉技术等。这意味着，永丰源凭借着世界级的自主创新能力在高端陶瓷行业已占有一席之地，主要客源市场涵盖了日本、欧美、中东和北非等一些国家和地区，其中在中东高端陶瓷市场的占有率一度高达 70%。

### （三）全面国际化阶段（2006 年至今）

在不断革新工艺技术的基础上，永丰源开始尝试将中国文化精髓融入陶瓷设计和生产制作之中。此举意在将具有中国文化底蕴的产品设计推向国际市场，使其从单一的功能产品消费走向身份符号象征、高品质生活象征的品质消费，驱动品牌进行国际化升级。2006 年，永丰源的 AURATIC 高端系列产品成功列入沙特阿拉伯和日本皇室御用日用高档瓷器清单，进一步巩固了该品牌的高端形象地位。随着，永丰源陶瓷在 2014 年 APEC 峰会、2015 年纪念中国人民抗战及世界人民反法西斯战争胜利 70 周年、2016 年 G20 杭州峰会、2017 年“一带一路”高峰论坛和金砖国家会议、2018 年博鳌亚洲论坛年会、上合青岛峰会等重要国际场合中被广泛采用，奠定了其国礼“专业户”“国宴瓷”的品牌地位，让更多国际友人体验到中华民族特色与高端创新技术相结合的高端陶瓷产品。2019 年，永丰源旗下的先生瓷 · 海上明珠、先生瓷 · 四海升平分别再揽“一带一路”峰会和博鳌亚洲论坛两场宴会的用瓷大任，承制“敦煌 · 青金”和“华章 · 中国蓝”两大系列新品并亮相世园会，助力大国外交。2022 年，国瓷永丰源作为冬奥会特许生产商，将北京冬奥元素注入精美瓷器当中，生产了上百万件冬奥会特许商品。永丰源以国瓷为载体，以冰雪文化为纽带，在冬奥会期间与世界“一起向未来”。

## 三、永丰源的国际化品牌策略

回顾永丰源的发展历程，我们可以看到一个中国民族品牌国际化发展的缩影。

永丰源如何用 30 多年的时间从深圳出发，走向全国，再迈向世界呢？归纳起来，永丰源的国际化品牌策略有以下四个方面：

### （一）细分市场，塑造高端品牌形象

精准的市场定位，有利于品牌形象的建设。永丰源从最初的工艺模仿到对专利产权知识的重视，逐渐建立了拥有自身品牌特色的研发设计团队，将原创设计摆在首位，不断分析市场需求，在品牌细分上精耕细作。为了满足不同档次市场的需求，永丰源创立了不同的品牌，如 BAMBOO、AURATIC 等。其中，BAMBOO 品牌的主打市场是工薪阶级，而 AURATIC 品牌系列产品主打高端市场，目前已经是日本和沙特等国家的皇室御用日用高档瓷器，逐渐超越同类欧美日品牌。此外，随着永丰源进入国际市场，为提升竞争力，品牌传承和国际化接轨势在必行。因此，国瓷永丰源深度挖掘文化内涵，在产品设计上融入多种中国特色元素，如青花、帝王黄、满堂红、西湖蓝、黑珍珠、黑牡丹等，依托高新工艺技术，研发设计了许多高品质和造型精美的产品。原创品牌的建设、降低产品可复制性等举措既有利于永丰源高端品牌形象的塑造，又提升了永丰源的品牌核心竞争力，使其无论在国内还是国外都有着举足轻重的影响力。

### （二）专注技术创新，强化可持续发展力

永丰源坚持将传承和创新做到极致，积极推动原创品牌建设，强化自身核心竞争力。为了迅速与国际接轨，它大力投资核心技术研发，引进国际先进的智能化生产平台，组建高水平研发设计团队。截至 2022 年 4 月，永丰源共拥有 620 项专利（不包含产品获得的版权专利），其中包括了 55 项发明申请专利、35 项发明授权专利、21 项实用新型专利和 509 项外观设计专利。同时，它的工艺深受国家认可，在许多国宴和国礼中被广泛使用，突出东西方文化相融合的设计风格，促使其独创、高端的民族品牌形象在国际市场上得到广泛传播。

更重要的是，永丰源企业的董事长刘权辉在其早期的德国之行中，意识到环保的重要性，为该企业走向可持续发展道路奠定了坚实的基础。永丰源开创性地将环保技术引入陶瓷生产，增投 3 亿多元人民币，在深圳建立了具有全球最高环保级别的陶瓷工厂。这些举措一方面响应了全球变暖趋势下迫切需要减少污染和降低耗能的要求；另一方面，也通过履行企业社会责任，建立了积极环保的品牌形象，增强了消费者对品牌的美誉度。瑞琼科技材料有限公司是国瓷永丰源集团全产业链体系中承担陶瓷和玻璃装饰材料研发生产的分公司，凭借其先进的核心技术和尖端的国宴瓷产品，荣获“推动中国陶瓷装备与技术智能制造和绿色生产杰出贡献企业”称号。从整个行业看，永丰源的环保创新技术引领中国陶瓷行业走向低耗能、低污染、高品质的道路，做到了可持续发展。

## （三）创新营销方式，扩大国际影响力

为了打造中国精品瓷文化，提高品牌影响力，永丰源积极打造世界第一的瓷文化创意产业园——“观澜瓷谷”。2009年，永丰源成功获得文博会举办权并将“观澜瓷谷”设为分会场，而“观澜瓷谷”与文博会的结合则充分表明了永丰源打造世界顶级陶瓷品牌的决心及实力，这为其带来了明显的宣传效果和市场回报。2009年，永丰源与日本的“九谷烧”签订了合作协议；2011年，永丰源分别与宜春市政府、鄂尔多斯市政府签订了合作协议。此外，永丰源还通过品牌联盟的方式，与泸州老窖在酒瓶包装、销售代理等方面展开合作。泸州老窖通过永丰源为其提供的高端瓷器酒瓶包装提高了产品附加值和礼品酒档次，永丰源利用其全国100多个销售网点代理销售泸州老窖，强强联手使双方达到了共赢，永丰源也借此机会拓展了中高端礼品消费市场。

2015年，在中央政府为庆祝西藏自治区成立50周年、新疆维吾尔自治区成立60周年举行的庆典制瓷活动中，国瓷永丰源脱颖而出，承揽了定制任务。同时，永丰源开创性地与权威媒体央视合作，请央视为永丰源“夫人瓷”展播宣传片。携手央视，标志着“夫人瓷”站在行业的高点，以更高的姿态传播中国陶瓷文化。峰会期间，永丰源的高端品牌形象通过社交媒体及各大纸媒得到了广泛传播。2018年5月12日，永丰源在第十四届文博会上大放异彩，通过“陶瓷文化荟”的系列展览，还原古代集市场景，以生动有趣的形式展示中国瓷器发展历史，强化了观展者的体验。此外，永丰源通过软文宣传，发布了《瓷器带你体验进击人生》的H5，以拟人化的方式简洁扼要地描述了中国瓷器从没落到复兴的过程，整个画面生动有趣，能够快速引导消费者的品牌认知，并增强与他们之间的互动性。2021年，永丰源于建党100周年之际推出了“胜利”“初心”“先锋”等三大系列的红色文创产品，以“满堂红”“中国红”作为主打颜色，传承红色精神，献礼百年华诞。

## （四）强化国际标准，吸引国际人才

提升民族品牌的国际竞争力，需要打造符合国际标准的品牌。一方面，永丰源在研发生产上投入了大量资金，建立了符合国际标准的生产线，按照国际安全、环保等相关质量标准生产瓷器，逐步完善了陶瓷产业链，实现了产品品质和系统品质的标准化；另一方面，永丰源打造了一支具备国际品牌管理经验的人才队伍。这些人才能够帮助永丰源了解相关的国际知识和标准，合理分析国际市场需求，有利于海外市场的开拓和管理。在人才引进方面，永丰源做得十分到位，在品牌建设初期就已经花费巨资邀请了多国瓷艺专家参与品牌设计和产品设计。比如，曾任日本知名骨瓷品牌诺丽塔克总裁的佐佐木先生受邀担任永丰源的CEO，来自

德国的专家 Steven 博士曾担任永丰源技术总监。另外，永丰源在 34 年前便开始参加广交会，为公司扩展国际视野、引入全球顶级人才提供了重要的契机和平台。2020 年，深圳北国际人才驿站正式启用，这是国际人才办理“外国人来华工作许可证”的先行示范点，永丰源在此设立了展厅，持续吸引国际人才加盟，并把该展厅打造为向世界市场展示品牌形象的窗口。

## 四、结语

许多中国品牌都希望塑造高端国际品牌形象，但在技术创新、品牌文化、营销模式、刻板印象方面面临着很大挑战。作为陶瓷产业的高端国际品牌，国瓷永丰源已经实现从制造转向智造、高端、环保节能等多个层次的转型，其品牌实践值得陶瓷企业乃至许多民族品牌借鉴学习。具体而言，永丰源的成功经验包括如下几方面：第一，以高端消费群体作为目标市场，将品牌进行高端定位。为了跻身国际高端品牌行列，永丰源以中东、欧美、日本的皇室贵族作为目标市场，由此大大提升其在国际市场的高端形象。第二，具有自主产权的先进技术和充满东方文化的产品设计是高端国际品牌建设的重中之重，永丰源持之以恒地研发新技术为企业带来了强有力的国际竞争力，同时将东方文化融入设计也使其产品在国际市场上尽显独特魅力。第三，选择具有高势能的品牌传播方式，高举高打。永丰源专注于为大国外交活动提供国宴瓷，由此建立起“国瓷”的品牌形象，并借此将品牌影响力传播到国际市场。第四，重视与国际标准接轨，加强吸收国际化人才。永丰源建立了符合国际标准的陶瓷产业链，并招揽了熟悉国际市场及技术的海外优秀人才，这些举措为永丰源的品牌国际化和高端化奠定了坚实的基础。

# 如何打造天生国际化品牌？

## 观澜湖高尔夫球会国际化战略

### 一、引言

常见的品牌国际化模式都是企业在国内发展到一定程度后，再走出国门以获取新的市场空间，但有一种国际化企业，从成立之初就通过国际市场销售获得大部分收入，这种企业被称为“天生国际化企业”。由于国内市场营销经验少，这些天生国际化企业在“蛙跳式”的国际化品牌建设中会面临更大的困难。当然，也有一些企业在天生国际化道路上走得顺畅，比如观澜湖高尔夫球会。在香港企业家朱树豪先生的带领下，观澜湖高尔夫球会历经三十年的艰苦经营，多次举办世界顶级高尔夫赛事，在一片荒山野岭中成长为享誉中外的世界第一大高尔夫球会。

### 二、观澜湖高尔夫球会的发展历程

观澜湖高尔夫球会成立于 1992 年，先后获得 50 亿港币投资，目前由香港骏豪集团投资管理，总占地面积 20 平方公里，具备 216 洞 12 大球场的规模。该球会是全球唯一实现汇聚五大洲风格的球会，已取得连续十二年高尔夫世界杯的主办权。经过三十年的不断探索和发展，观澜湖球会的业务范围从单一的高尔夫产业拓展到整个休闲产业群，从单纯的体育项目演变成国际经贸文化交流平台，被吉尼斯世界纪录组织评为“世界第一大高尔夫球会”，获得由国际高尔夫旅游协会颁布的“全球最佳高尔夫旅游休闲胜地”称号。

#### （一）品牌初创阶段（1992—1994 年）

在改革开放大潮中，港商朱树豪先生发现广东缺乏一个能够与外商对接的国际化休闲和交流平台。于是，他凭借其在国外投资高尔夫产业的经验，决定在中国内地投资建设高尔夫球会并发展综合休闲产业，而深圳的观澜镇则被选为球会的地址。1992 年，球会正式开始建设，并将其命名为观澜湖高尔夫球会，代表了球会的湖光山色。1994 年第一个球场竣工后，观澜湖高尔夫球会开始正式营业。在球会发展初期，由于球会的营销模式单一且知名度较低，品牌发展十分受限。

### （二）快速发展阶段（1995—2008 年）

为提高知名度并快速抢占市场，观澜湖高尔夫球会通过举办顶级赛事扩大影响力，由此进入快速发展期。1995 年，观澜湖球会代表中国争取到了第 41 届高尔夫世界杯球赛的举办权，这是中国第一次举办世界顶级的高尔夫赛事。4 天的比赛让海内外人士充分领略了中国顶级高尔夫球场的风范，观澜湖球会一举成名。在随后几年里，观澜湖球会又陆续举办了 1995 年和 1996 年的沃尔沃中国巡回赛、1998 沃尔沃亚洲比洞赛、Hugo Boss 四人两球赛、1998 尊尼获加超级巡回赛和 1999 欧米茄 PGA 锦标赛等。通过举办职业赛事，观澜湖高尔夫球会的知名度大大提升，成功进入世界顶级球会的行列。2000 年，观澜湖 5 个球场全部建成，这 5 个球场分别邀请了五大洲顶级的高尔夫球场设计师进行设计，观澜湖球会也因此成为亚洲最大、世界上唯一一个集合五大洲风格的球会。随后，观澜湖球会为满足不断增加的业务需求，很快又兴建了 5 个球场。2004 年，随着 10 个球场的全部启用，观澜湖球会成了世界第一大高尔夫球会，并以 180 洞 10 个球场的规模被载入吉尼斯世界纪录。很快，观澜湖球会又以 216 洞 12 个球场刷新了这一纪录，还连续获得了 12 届欧米茄观澜湖高尔夫世界杯的举办权。

### （三）品牌国际化阶段（2009 年至今）

为了与世界级的球场相匹配，观澜湖球会先后投入上百亿资金进行景观环境和配套设施的综合开发，兴建了四大会所、高尔夫别墅群、五星级酒店、多家高尔夫及网球学院、SPA 中心以及娱乐运动美食设施等，从单一的高尔夫项目发展成拥有综合体育休闲设施的大型产业园区。这些优越的环境资源和卓越的配套设施，使观澜湖球会入选“鹏城十景”，并荣获“中国 5A 旅游区”等荣誉称号。随着各种国际赛事的举办，世界名流不断造访，观澜湖球会也积累了丰富的人文资源。为此，观澜湖球会开始全面启动国际时尚生活圈的规划和建设，其品牌内涵也再次得到升华和丰富。2009 年，观澜湖球会借助世界第一大高尔夫休闲品牌的光环，发展了海口观澜湖度假区。两年后，第 56 届高尔夫世界杯在该度假区成功落下帷幕。2010 年之后，观澜湖球会开始专注于“Golf and More”的产业结构拓展，至今已发展成为集“吃、住、游、购、娱、文、教、会、养、赛”十大业态于一体的休闲产业群，创建了一种高端、时尚、健康、亲近自然的国际化生活方式。球会每年吸引近 180 万人次的国内外游客，其中每年的海外游客高达 120 万人次。

## 三、品牌国际化发展战略

在观澜湖球会的发展历程中，品牌国际化战略始终是其品牌建设的主线。这一战略可以从国际化战略定位、业务经营、品牌推广、管理团队几个方面来理解。

## （一）国际化战略定位

早在1992年，当朱树豪先生决定在深圳和东莞交界处建设观澜湖球会的时候，就确立了一个高起点的国际品牌发展战略，不局限于国内市场，立志要做“国际一流、亚洲第一”。这既体现了朱树豪先生的决心和眼光，也与高尔夫行业特点和当时的市场环境密切相关。观澜湖球会虽然成长于僻远小镇，但高尔夫毕竟是一项时尚运动，与国际接轨是必然的发展方向。在当时的国际社会，高尔夫早已经成为一种商界非常流行的社交方式，只是在中国的发展刚刚起步，远远落后于国外市场，而珠三角地区外商云集，高尔夫球会在这里的发展空间是相当大的。然而，若想在起步较晚的情况下，从全世界几万个高尔夫球会中脱颖而出，必须要有国际眼光和独创精神。因此，观澜湖球会在成立伊始就确立了国际品牌发展战略和独树一帜的球场建设理念，最初的五大球场分别邀请五大洲的顶级设计师进行设计，希望在一个球会中呈现多种风格，让打球者获得更丰富的运动体验。这也使观澜湖球会成为唯一汇聚五大洲球场风格的球会。球会在某方面成为第一必然会引来关注，随后又再次打破纪录、创造奇迹、承办赛事。几年积累下来，观澜湖球会慢慢在国内外打响了品牌的知名度。目前，观澜湖球会的品牌战略定位是：“中国休闲产业的领航者，世界第一大高尔夫休闲品牌。”可见，观澜湖球会的国际品牌战略定位的内核从未发生改变，“接轨国际，争做第一”是其不变的追求。

## （二）国际化业务经营

对于一个成功的高尔夫球会品牌来说，拥有世界级的球场远远不够，还需要开拓更多的国际化业务。因此，观澜湖球会在建设球场的同时，不断投入资金美化环境、建设配套设施和营造人文氛围。具体而言：首先，围绕高尔夫产业不断进行品牌延伸。球会在建设过程中非常注重开发景观环境和配套设施，兴建了一批高档会所、乡村俱乐部、五星级酒店、别墅，同时在娱乐休闲方面兴建了一些美食餐厅、SPA会所和游乐场，运动方面还在高尔夫球基础上扩充了网球、壁球、桌球、排球、羽毛球等球类运动，最终从单一的高尔夫项目发展成大型产业园区，并汇集了“吃、住、游、购、娱、文、教、会、养、赛”十大业态。其次，营造人文氛围，创造品牌文化。观澜湖球会凭借一流的环境和配套设施，不断举办国际大赛和各种国际交流活动，吸引世界各国的明星政要和商界精英聚集于此。这些举措不仅提升了球会的知名度，也为观澜湖高尔夫品牌增添了社会和人文价值。最后，建设国际生活圈，丰富品牌内涵。观澜湖球会基于景观、配套和人文氛围优势，启动了国际生活圈建设，旨在将观澜湖打造成中国成功人士的居住地，将打球、居住、商务、休闲和文化完美结合。至此，观澜湖品牌不再仅仅代表高尔夫，更代表了一种时尚生活态度。

丰富的品牌内涵也为观澜湖球会带来了丰厚的商业价值。为充分挖掘球会的商业价值，观澜湖球会推出了很多会籍产品，如特许钻石卡、钻石卡、金卡、翡翠卡、绿宝石卡、红宝石卡、商务通卡、商务卡等，不同产品之间的圈层分级相当明确。目前，世界上大部分高尔夫球会都采用会籍制，只对会员开放。虽然，随着市场的发展，也出现了一些公众球会和半公众球会（例如，海口的观澜湖球会就向公众开放，不销售会籍），但观澜湖高尔夫球会始终坚持国际会员制球会的经营模式，只为成功人士、社会名流提供运动、休闲和社交的私密空间。投资会籍的人，既是为了追求时尚、高端的生活方式，也是为了寻求更多的商业机会。世界第一大球会的名头，加上汇聚五大洲球场的风格，给每一位球手提供了无可比拟的体验和乐趣，一系列综合配套设施也为会员们搭建了社交商务平台。此外，观澜湖位于珠三角核心区域的深圳和东莞，区域经济发展水平较高，来往的多是各界成功人士，在这样一个国际性的会所，会员们可以通过“以球会友”获得更多商机，这也正是观澜湖会籍的含金量所在。2009 年高尔夫世界杯结束后，观澜湖的会籍价格更是创造了新纪录，其中，最为尊贵的特许钻石会籍价格升至 180 万元。由此可以看出，观澜湖高尔夫的品牌内涵铸就了商业价值，商业化运作又进一步丰富了品牌内涵，在这种良性循环中，观澜湖高尔夫品牌成功在国际上站稳脚跟，并成为中国高尔夫品牌的翘楚。

### （三）国际化品牌推广

为开拓海外市场，增强国际知名度，观澜湖球会借助明星效应，依托顶尖赛事，积极建立与全球顶尖球手和文体巨星之间的关系，加速该品牌在消费群体中的传播效应。1995 年，观澜湖球会首次举办有“高尔夫奥林匹克”之称的高尔夫世界杯比赛；2001 年，球会邀请国际顶尖球手泰格·伍兹到访；2007 年起，球会连续 12 年取得高尔夫世界杯举办权；2012 年开始，连续两年举办世界女子高尔夫锦标赛……基于以上种种赛事，观澜湖球会打破了顶级赛事由欧美国家承包的历史。此外，2010 年，球会创立的首届观澜湖世界明星赛在海口观澜湖举办，该赛事为两年一届；2013 年球会发起了泰格·伍兹 VS 麦克·罗伊的挑战赛；2019 年 5 月，球会举办年代会员高尔夫邀请赛；2020 年 4 月 15 日，球会举办第 17 届高尔夫马拉松大赛……目前，观澜湖举办的赛事已经高达 100 多场次，包括高尔夫、网球和自行车等国际赛事和巨星到访活动。

为进一步提高国际化影响力，观澜湖球会积极寻求与知名的国际企业达成战略合作。比如，观澜湖球会与法国豪华汽车品牌 DS 的联盟合作是国际休闲产业领军品牌与豪华汽车品牌的结合，有助于快速提升两者品牌形象，共享目标客户，优化品牌宣传效果。两者达成的高端战略合作，进一步促进了高尔夫运动在中国以及整个亚洲地区的推广，为其达到世界级水平提供了重要的学习和交流渠道。

### （四）国际化管理团队

观澜湖球会积极学习国际化管理方法，从价值观、行为方式、创始人影响力、人才培养等多个方面打造企业文化。在价值观方面，观澜湖以打造世界休闲产业领导品牌为发展愿景，以和谐包容、追求智慧、真诚奉献、锐意进取、主人翁精神为核心价值观，不断激励员工创新，致力于为广大消费者创造一种快乐、休闲、和谐的生活方式。在行为方式方面，观澜湖始终采用 ISO 标准化管理体系，以国际化标准来改进管理水平。在人才培养方面，观澜湖非常重视综合型人才培养，并根据国际管理人才标准制定培养计划，鼓励持续创新，打造高效、敏捷、善于沟通的管理团队。

## 四、结语

天生国际化企业与普通国际化企业在品牌建设方面有所不同，其国际化之路没有缓冲区，注定对企业提出了更高的国际化要求。观澜湖高尔夫球会的国际化之路给了我们一些启示。作为天生国际化企业，观澜湖球会在成立之初，就确立了国际化的品牌战略定位，清晰认识到自己未来的发展方向，并以此来规划球场建设和未来管理方式，最初的 5 个球场就分别邀请了五大洲顶级的设计师设计，最终成为世界上唯一汇聚五大洲风格的球会，后期又不断增加球场，成为世界上规模最大的高尔夫球会。为了积极推广国际化品牌形象，观澜湖球会主动争取承办了各种国际赛事，与高端国际品牌联合，提升了消费者的品牌认知度。此外，观澜湖球会也善于通过科学管理打造国际化的品牌管理队伍，从价值观、行为规范等多个方面开展国际化的企业文化建设。以上措施有效支撑了观澜湖球会的品牌国际化战略，加速了其天生国际化的步伐。

# 科技品牌篇

# 如何炼成高科技品牌？

## 优必选机器人的品牌修炼

## 一、引言

高科技产品素来以其独特的科技优势获得市场地位，似乎不需要刻意通过营销策略来打造品牌。然而，随着技术的普及，高科技产品也逐渐面临同质化的问题，品牌成为凸显产品差异化的重要手段。不过，高科技品牌的塑造方式与传统消费品牌不同，因为高科技产品研发周期比较长，产品启动量产之前的投资金额巨大，研发和（或）生产的技术门槛较高。在这样的背景下，高科技品牌究竟如何炼成？2016 年中央电视台春节联欢晚会节目现场，伴随着歌手孙楠的一曲《走向巅峰》，540 台智能机器人以其酷炫的舞姿震撼全场，这些特别的伴舞是来自深圳优必选科技有限公司的 Alpha 1S 人形机器人。这次亮相让无数观众记住了这个亮眼的科技品牌——优必选。自此，这群可爱的人形机器人从央视春晚舞台开始走向全球市场，走进了千家万户。

## 二、优必选的发展历程

深圳市优必选科技有限公司（以下简称优必选）成立于 2012 年，是一家集人工智能、人形机器人、平台软件研发及销售于一体的全球性高科技企业。公司以发展人工智能技术为核心，以智能人形机器人为主要产品，致力于打造“硬件 + 软件 + 服务 + 内容”的智能服务生态圈。优必选十年的发展历史可以大致分为三个阶段。

### （一）初创期（2012—2014 年）

2009 年，公司创始人周剑在日本出差时偶然看见了一批人形机器人，他敏锐意识到这将是一片市场蓝海，回国后着手成立优必选公司来推动机器人产业化。机器人的核心技术是它们的“关节”——舵机，而一个进口舵机需要花费 500~1000 元，成本实在太高。于是，优必选花了 4 年时间对舵机进行自主研发。终于，在 2012 年优必选成功研发了伺服舵机，其特制算法的芯片让舵机更加灵活也更加优质，且成本仅需 20 元。然而，巨大的研发支出也曾让公司面临资金短缺，幸运的是，比亚迪创办人之一夏佐全看到了优必选的技术潜力，大胆地投下这笔关键性资金。通过对智能机器人核心技术刻苦钻研，优必选接连攻克了高性能伺服驱动器及控制算法、运动控制算法、面向服务机器人的计算机视觉算法、智能机器人自主导航定位算法、ROSA 机器人操作系统应用框架和语音等大批核心技术。

### （二）高速发展期（2015—2018 年）

在 2015 年之前，优必选面临着资金短缺和销售低迷的困境，2014 年之前的天使轮和 A 轮融资之和仅有 4000 万人民币。2015 年，优必选获得 A+ 轮 2000 万美元的融资。随后，经过数轮融资，优必选获得了来自科大讯飞、腾讯、海尔等多家企业的青睐。2018 年 5 月，优必选完成了 8.2 亿美元的 C 轮融资，成为国内人形机器人制造领域唯一一家估值超过 50 亿美元的“独角兽”公司，一跃成为全球估值最高的 AI 创业公司。

与此同时，优必选开始在央视节目上大放异彩：2016 年，Alpha 机器人登上央视元宵晚会；2017 年，642 台“Jimu 醒狮”机器人亮相央视元旦晚会；2018 年，狗年特别版机器人“Jimu 汪汪”亮相央视春晚主会场，在顶流传播平台的亮相提升了优必选的市场知名度和美誉度。随之而来的是优必选销售额逐年递增，从 2015 年到 2018 年，优必选年销售收入完成了 1000 倍的飞跃，2018 年销售额超 20 亿元人民币。

### （三）全面发展期（2019 年至今）

在机器人市场站稳脚跟之后，优必选开始拓展机器人的应用场景，目前可以为智慧党建、智慧政务、智慧园区、智慧医疗、智慧金融、智慧展馆、智慧电力和智慧机房等场景提供智能机器人解决方案。优必选的产品线分为 B2C 和 B2B 两大类：B2C 产品线包括消费级人形机器人 Alpha 系列、STEM 教育智能编程机器人 Jimu 和 IP 机器人；B2B 产品线包括智能云平台商用服务机器人 Cruzr 和双足机器人 Walker。另外，优必选也注重国际市场的开拓，其机器人产品已覆盖 67 个国家。2020 年，优必选用 20 天时间研发出三款防疫机器人及智慧防疫解决方案，在 12 个国家上岗提供无接触服务；2022 年 3 月，优必选紫外线消毒机器人“ADIBOT 净巡士”开始承担公共区域消毒任务，助力深圳疫情防控。在人工智能教育领域，来自全球六大洲，超过 40 个国家的约 150 万名学生通过优必选学习人工智能。

## 三、优必选的品牌修炼

高科技行业具有高投入、高创新、高效益等特征，这使得高科技品牌的打造有着不同于传统品牌的特点。以下从品牌定位、品牌传播和品牌联合三个方面来具体分析优必选的高科技品牌“修炼”策略。

## （一）注重场景化应用的品牌定位

机器人的使用大多出现在特定场合而非生活化场景，因此消费者尚未将机器人列入日常消费品行列。尤其是，购买机器人的高昂费用也让许多国内消费者望而却步。为提高市场普及率，优必选坚持自主研发，以确保产品在不输质量的同时在价格上也占据优势。想要普及机器人的使用，除了降低价格，更关键的是要针对不同场景解决消费者的需求痛点。研发人员发现，机器人需要适应日常居住环境，必须能够做到上下楼梯和跨越障碍物，于是优必选瞄准“人形机器人”这种产品形态。为适应不同应用场景，优必选的产品开发围绕面向消费者（To C）和面向企业、制造商（To B）两条功能线展开。在家庭消费场景中，优必选产品功能定位聚焦于教育、交互娱乐和家庭服务；为满足组织市场，优必选推出了安防类的通用服务机器人，以及为企业提供个性化定制服务的专业型机器人，如展馆讲解机器人、门店接待机器人等。

至此，优必选的市场定位已经非常明确：做普通消费者买得起的、高品质的机器人，让机器人融合教育、娱乐、服务等功能以适应各种真实场景，让人形机器人得到广泛的商业应用，走进千家万户。针对此品牌定位，优必选构建了内容生态、软硬件技术（包括伺服舵机、语音识别，以及图像处理技术）、生产成本和品牌优势等“四大壁垒”以确保品牌具有可持续的竞争优势。

## （二）抢占制高点的品牌传播

在品牌传播方面，优必选独辟蹊径，选择区别于传统广告的高端平台战术，让品牌的高技术、高品质和高创新形象深入人心。

### 1. 结缘春晚，一舞成名

如果说优必选的品牌传播一直走高端路线，那么 2016 年的央视春晚就是这条路线的起点。作为全国收视率最高的电视节目，央视春晚曾捧红无数明星，优必选的一夜成名既是偶然也是必然。为获得这次重量级的表演机会，优必选与科研院所和其他机器人公司展开了激烈的竞争，许多机器人在现场测试时遇到了控制不稳定的问题，而优必选凭借着全场表现最佳的稳定性脱颖而出。优必选首席技术官熊友军曾在一次采访中回忆，在春晚开播前约半个月，他们临时收到通知表演场地由深圳改为广州，但在广州现场调试时受到了强烈的信号干扰，有些机器人不能动，好在技术人员用最快的时间解决了控制可靠性的问题。最后，借助春晚的媒体资源，优必选以 540 台机器人零失误的表现在 10.33 亿观众面前赢得了广泛赞誉，成为明星产品。对优必选而言，春晚的品牌传播不仅面向观众个体，还面向电视机前的数千万个家庭。

2. 登国际高度，“晒”中国智造

继春晚“出道”后，优必选对品牌传播渠道的选择更加严格，想要打入国际市场，品牌传播平台的高度尤为重要，进入市场的初始印象决定了企业未来发展。借助中国“智”造的优势，优必选争取到出席国际顶级会议的品牌传播机会。2018 年 5 月，优必选创始人兼 CEO 周剑出席中国—印度尼西亚工商峰会，之后访问日本并出席中日韩工商峰会，7 月再次作为国内人工智能和机器人企业的代表访问南非并参加金砖国家工商论坛，与中非企业家共同探讨合作发展之路。与周剑一同出席会议的是优必选最新研发的人形机器人悟空，悟空的亮相成为现场焦点，金砖峰会创始主席 Patrice Motsepe 博士对悟空机器人多维度交互功能和多场景应用功能给予了很高评价。与会期间，在南非教育部的邀请下，悟空机器人作为 AI 亲善大使到当地托儿所和中小学进行 AI 支教。国际平台的传播渠道不仅让优必选的声音漂洋过海，同时也在国内市场为其打上民族科技品牌的标签，让国人为之骄傲。2018 年 9 月，在悟空机器人正式发布会上，周剑宣布，悟空机器人已经给优必选带来了 5 亿元的订单。

3.AI 支教，彰显社会责任

企业履行社会责任经常作为品牌传播的重要内容，也极易成为热点话题，但是收益与风险并存，机遇与挑战同在。如果公益活动形式太过老套，很难形成影响力；如果公益成分太多，容易导致产品被淡化；噱头太大的公益活动可能被认为夸张报道甚至造成负面影响。基于上述可能风险，优必选充分思考了自身的产品创新优势，与拥有 56 亿流量的真人秀节目《爸爸去哪儿》达成战略合作，开创了 AI 支教新形式，机器人悟空成为该节目的“独家指定智能机器人”。该节目的观众主要是有孩子的家庭和年轻人群体，节目场景常常深入到我国各地的贫困山区，产品受众与节目公益性质的匹配度很高，合作取得了空前成功。

优必选公益形式的大胆创新，成为品牌传播的一大亮点。面对贫困地区留守儿童教育资源匮乏、缺乏陪伴等问题，悟空机器人得以大显身手。通过绘本朗读、物体识别、百科问答等形式为孩子解决学习问题；强大的视频通话功能让在外务工的父母可以远程了解到家中的动态场景，拉近亲子距离；机器人搭载腾讯叮当 AI 交互系统，天气、新闻、音乐一应俱全，给留守儿童更多交流和陪伴。《爸爸去哪儿》第六季已是未播先火，这种双赢的品牌传播合作也将持续使优必选受益。

## （三）基于专业化合作的品牌联合

品牌联合是高科技品牌提升知名度、塑造专业品牌形象的有效途径。品牌联合作为一种提升品牌资产的有效手段已在各行业得到广泛运用。优必选注重与企业品牌、业内专家、粉丝用户的合作，在 To B 端重点打造品牌能力形象，在 To C 端重视提升品牌知名度和美誉度，强化消费者对优必选的品牌认知。

1. 企业品牌联合

优必选的品牌联合分为技术合作型和渠道合作型。

对于技术合作型品牌联合，重点在于通过合作弥补已有产品技术或功能上的不足，同时将合作品牌的良好形象迁移到优必选。机器人的制作与操控是优必选的强项，但要想让机器人“活”起来，还需要更加成熟的 AI 交互技术以及专业的服务内容。因此，优必选与腾讯、和晶、知乎等企业进行品牌联合，增强消费者对品牌的能力认知。腾讯为机器人提供定制化的 AI 解决方案，将腾讯叮当载入机器人，整合了包括 QQ 音乐、腾讯新闻、十万个为什么等 200 余项内容和生活服务资源，为优必选提供了平台级的业务支持。和晶给予优必选在教育业务上的专业支持，合力打造中小学智能教育、Steam 教育（跨学科教育）。知乎拥有强大的知识问答库，可以为优必选服务机器人系统 ROSA 引入丰富、有趣、多元的海量知识内容，扩大了机器人的知识储备和服务内容宽度。出口型机器人不同于面向国内市场的产品，优必选基于亚马逊云服务的 Alexa 语音助理研发出人形机器人 Lynx，为国外消费者带去人性化体验。

渠道型品牌联合更注重品牌展现度，在为企业拓宽销售渠道的同时，也拉近了品牌与消费者的距离。优必选为企业提供的机器人主要用于销售或服务，产品可见度较高，可与消费者直接接触，更有利于提高品牌知名度，这与传统的 B2B 商业合作模式具有很大不同。例如，优必选为迪士尼定制的游戏机器人，《星球大战》第一军团冲锋队员；与美国漫威合作，打造钢铁侠定制版编程机器人；结合上海当代艺术馆提供的艺术品内容定制展馆讲解机器人；与苹果公司合作，响应美国“编程一小时”活动，在 AppleStore 独家发售 Jimu 编程机器人。

2. 专家个人品牌联合

为提升品牌竞争力，强化品牌在机器人技术上的专业化形象，优必选启动了国际先进人才引进计划，用企业品牌联合专家个人品牌提升产品内在技术和外在品牌形象。2016 年，优必选宣布欧洲科学院院士、悉尼大学教授陶大程加入优必选，并担任“人工智能首席科学家”，清华大学赵明国教授担任优必选“人形机器人首席科学家”，并邀请 IEEE 前主席 Howard Michel 担任优必选董事等。2018 年，优必选邀请连续三年荣获新财富金牌董秘的张钜担任优必选 CEO 兼董秘，并引入奥美时尚前 CEO 及奥美贺加斯中国区总裁谭旻（Michael Tam）担任优必选首席品牌官。日本著名的发明家、东京大学教授、Robi 机器人之父高桥智隆（Tomotaka Takahashi）也加入优必选，出任首席产品官。

3. 与粉丝生态圈的价值共创

用户反馈对高科技产品的设计与制作有着重要作用，华为、小米等诸多高科技企业的成功案例展示了用户如何通过品牌社群与企业进行价值共创。2018 年 6 月，优必选首次推出了“机器人共创活动”，开启了人工智能行业第一个粉丝生态圈的建设。此次活动中，优必选共筛选了 9080 名用户，其中包括逐一联系的种子用户近 800 名，招募了应用开发、外观设计、表现力设计、图形编程等人员，和公司一起对悟空机器人的研发方向进行价值共创。通过机器人设计比赛的形式，培养了第一批意见领袖（KOL），他们将从用户角度对产品进行审视，为产品迭代提出意见和建议。

## 四、总结

当今世界进入一个科技高速发展的时代，各类高科技产品不断涌现和迭代，彼此之间的竞争在逐渐加剧。打造高科技品牌成为这些企业获得持续竞争力的重要途径。优必选经过十年的发展，已成长为机器人和人工智能领域的“独角兽”，其品牌建设经验值得借鉴。具体而言，可以概括为如下三点：第一，突出应用场景的品牌定位。优必选正是准确把握了消费者需求场景和市场痛点，从机器人价格和功能两个方面努力，提升了市场普及率。第二，选择高端的传播渠道，集中资源，重视机遇，抢占制高点，一战成名。例如，在国内传播渠道，优必选抓住春晚的机遇；在国际市场，优必选获得数个国际工商峰会的机会推广新产品。第三，以打造专业化的品牌形象为核心任务，结合高科技行业的特点，多层次、多角度推进品牌联合，提升品牌知名度并强化专业化的品牌形象。

# 如何锻造 B2B 高科技品牌?

大族激光的技术营销

## 一、引言

在推进“中国制造向中国创造转变、中国速度向中国质量转变、中国产品向中国品牌转变”的时代背景下，高科技品牌的塑造对于国家战略发展和企业转型升级都显得极其重要。从业务领域看，现有的品牌塑造活动主要集中在面向消费者市场的 B2C 领域，其实组织市场上的高科技企业同样需要建立品牌。然而，很多 B2B 领域的企业受“唯技术论”的影响，专注于技术研发或渠道关系管理，忽略了品牌管理。在激光装备行业，大族激光（HAN'S LASER）很好地实施了技术营销，成为世界知名的激光加工设备生产商。作为世界上仅有的几家拥有“紫外激光专利”的公司之一，大族激光在 B2B 市场上的高科技品牌锻造之路可以为众多制造企业提供借鉴。

## 二、大族激光的发展历程

大族激光的创始人高云峰被誉为“中国激光第一人”，毕业于北京航空航天大学的飞行器设计专业。1992 年，高云峰南下香港从事技术工作，开始接触激光设备制造行业；经过四年行业经验的积累，高云峰来到深圳，创办了大族激光。在之后二十多年的发展历程中，大族激光始终坚持技术营销的策略，在激光加工设备制造领域摸爬滚打，成功打造出一个举世瞩目的高科技品牌。

### （一）以租代购，打开温州市场（1996—1999 年）

1996 年，大族激光于深圳成立，主要生产激光打印设备。在大族激光创立之初，激光打印设备的应用并不广泛，大多数制造企业都没有体会过这种设备的生产效率有多高。因此，如何扩大市场规模以提升激光打印设备销量，是大族激光当时面对的首要问题。

为普及激光打印技术，打开销售市场，大族激光首先瞄准了温州纽扣生产行业。由于当时温州纽扣生产量极大，但纽扣印花技术非常落后，印花效果较差，而激光打印技术能够在很大程度上提升纽扣印花效率与质量，进而提高纽扣生产率。不过，温州纽扣商因纽扣成本与利润问题，并不愿意花费较高的价钱购买大族激光打印设备。高云峰及其团队并未因此而放弃，他们决定为纽扣厂商承担风险，采取以租代购的方式，先免费提供机器给工厂，等盈利后再返还设备费用。最终，大族激光成功地打开了温州纽扣行业的市场。公司在纽扣市场的成功推广产生了示范效应，由于大族激光设备质量优越，成本相对低廉，温州皮革制造等小商品制造工厂也选用了大族激光的产品。仅在温州一地，大族激光两年的销售额就突破 3 亿元，创造了商业奇迹。1999 年，与成立之初相比，大族激光的收入翻了 6 倍。

### （二）毛遂自荐，跻身高端供应商（2000—2009 年）

在之后的企业发展中，大族激光的目标市场不断扩大且日趋高端化。21 世纪初期，手机行业还处于初步发展阶段，大族激光瞄准了为移动设备提供激光打印设备与技术的前景。为实现这个目标，大族激光凭借相对低廉的设备成本，争取到美国通信行业巨头摩托罗拉的激光设备订单；之后，通过销售团队的不懈努力，公司又成功将激光焊接机与印制线路激光钻孔机等设备卖给摩托罗拉的各大配套厂商，获得了相当丰厚的利润。得到摩托罗拉的认可之后，西门子、三星、三洋、松下、索尼、诺基亚、爱普生、欧姆龙和飞利浦等相关配套企业的订单接踵而至，前期的努力获得了丰厚回报。

2009 年，大族激光凭借切割机和裁剪机成为美国苹果公司的供应商，随后又介入苹果公司的焊接机和打标机。与苹果公司的合作对大族激光意义非凡，正如大族激光董事长助理王磊所说："苹果是大族激光最大的国际客户，苹果产品机身上那个被咬掉一口的苹果 LOGO，就是用大族激光打标机打上去的。"与苹果的合作也进一步确立了大族激光在精密激光焊接领域的行业领跑者地位。

### （三）飞速发展，铸就激光巨头（2010 年至今）

在获得国际顶级科技企业认可之后，大族激光开始积极拓展业务范围，进入多个高精尖领域以打造高科技品牌。2010 年，大族激光进军 LED 产业，当年公司实现营业总收入 31.27 亿元；2011 年，大族激光名列中国软件业务百强企业，并获批成立博士后创新实践基地，科技创新能力得到进一步加强；2014 年，大族激光携手第一创业公司成立"一创大族机器人产业基金"，次年牵手国信弘盛设立"国信大族机器人产业基金"，正式进军机器人领域；2015 年，大族激光成立新能源装备产品线，并于该年荣获"十佳工业机器人企业"奖；2017 年，大族激光设立新能源装备事业部，进一步布局新能源产业。在上述业务布局的基础上，大族激光的销售业绩突飞猛进。2018 年，大族激光销售额突破 110 亿元；2021 年，大族激光仅前三季度营收已经高达119.3亿元。值得一提的是，大族激光分别于2014和2019年度两次获得“国家科学技术进步奖”二等奖，这是中国科技界最高奖，也是对大族激光高科技品牌最好的认可与背书。

## 三、大族激光的技术营销

在B2B市场中，技术领域的创新更容易为企业创造竞争优势。然而，酒香也怕巷子深，企业在掌握高新技术的同时，也要时刻洞察市场的需求，才能在激烈的市场竞争中立于不败之地。大族激光在贯彻技术创新理念的同时，也重视对市场需求调研和挖掘，并探索出一系列行之有效的技术营销策略。总体而言，大族激光的技术营销策略主要体现在提高产品自研能力、建立完善的服务体系、寻求高端形象背书以及吸引与留住技术型人才上。

### （一）提高产品自研能力

在大族激光前期的自主研发阶段，曾经希望通过引进海外先进技术实现弯道超车，然而事与愿违，反倒是浪费了宝贵的发展时间与公司资源。2000年，大族激光将目光转向半导体晶片激光切割机，试图攻占芯片市场。研发该项技术必须掌握紫外激光技术，通过借鉴国内的相关研究成果，大族激光做出了一台样机。然而，样机测试数据不符合标准，始终无法达到商用需求。情急之下，公司从意大利直接购买了相关技术，希望通过走捷径的方式实现机器量产。花费了巨额的专利费用之后，公司终于拿到了专利，没想到在公司众多技术人员摩拳擦掌准备大显身手之际，却因为技术不配套而无法解决实际问题。在这次事件之后，高云峰意识到，想要在激光这个高技术壁垒行业做出一番事业，通过购买专利无法解决问题，中国企业要想走在世界的前列，就必须靠自主创新来实现。

随后，大族激光便坚定了走自主创新的科技之路，投入大量的人力与资金进行自主研发。目前大族激光用于研发的投入占据了企业总营业额的8%以上。截至2021年12月31日，大族激光已获得专利共3939项，其中发明专利934项、实用新型专利2280项、外观设计专利725项和100多项计算机软件著作权，其中多项核心技术处于国际领先水平。

### （二）建立完善的服务体系

大族激光的主要客户是制造企业，而制造企业对生产辅助设备最大的需求就是稳定与安全。但是，企业在采用新技术的过程中，不可避免地会产生系列的设备故障。因此，在大族激光发展初期，公司必须解决的业务痛点就是技术创新所带来的设备性能不稳定与客户需求之间的矛盾。高云峰在意识到这一情况之后，及时委派大量工程师驻扎在温州本地，甚至做到为销售的每一台设备配备工程师。

基于以上措施，公司工程师在为客户技术人员提供培训服务的同时，也随时可以对发生故障的设备进行维修，建立了全天候的客户服务体系。客户的机器一旦出现故障，驻地工程师就在第一时间把问题解决掉。这一举措为大族激光赢得了口碑，其产品附加值也随之大幅度提升。

在夜以继日的检测和维护实践中，大族激光在维修过程中亦积累了大量经验，并满足了客户需求。基于这些经验和知识，大族激光在此后的设计制造工作中，积极吸收了来自客户和工程师群体的改进意见，其制造工艺不断提升，产品功能也逐渐完善。以上市场实践驱使大族激光的业务重点从单一的基础技术应用转变为以市场导向为主的技术创新，也随之完成了一次产业地位的升级。

## （三）寻求高端形象背书

大族激光虽然拥有不俗的技术储备与研发能力，但在企业的早期阶段，在市场上苦于无人知晓，其产品无人问津。为此，大族激光采取了“先用后付”的营销方案打开市场。其中，与摩托罗拉的合作是大族激光打开高端市场的重要转折点。2004 年，当时如日中天的摩托罗拉正在筹备其新款手机 V3，各大配件厂家都在盯着这块“肥肉”。大族激光敏锐地意识到了其中的机会，遂决定免费提供激光设备给手机按键加工企业，赶制出一批激光工艺加工出的手机配件。摩托罗拉的技术人员对其工艺表示满意，最终达成第一次合作。之后，大族激光乘胜追击，继续为摩托罗拉提供其他相关的激光工艺配件，正式成为摩托罗拉的关键设备供货商。有了摩托罗拉的背书与认可，大族激光顺利拿到了国际市场的“通行证”，西门子、三星、飞利浦等行业巨头纷纷投来合作的橄榄枝。大族激光用高科技赢得客户，在行业内成功跻身为一线供应商。

2018 年，大族激光当选美国激光学会（LIA–Laser Institute of America）理事单位，这也是 50 年来中国企业首次当选该学会的理事单位。同年，大族激光智能激光设备亮相于中央电视台与工业和信息化部联合制作的大型工业纪录片《大国重器》中。大族激光以技术为敲门砖，通过在行业内施展“合纵”与“连横”，完成了从“寻找巨头”到“巨头”的跨越。

## （四）吸引和留住技术型人才

为了吸引技术型人才加盟，高云峰分别于 2000 年和 2003 年邀请中国激光技术泰斗级人物王大珩和王之江两位院士入职大族激光，前者受聘为公司科技顾问，后者出任公司副董事长兼总工程师。两位院士的加盟意味着公司可以通过“产学研”的方式将更多高校及科研院所的技术人才引入大族激光，同时，也间接提升了公司的知名度。此举让大族激光成为中国激光产业的人才聚集地，美国华人激光专家周正复也正是在这一背景下决定加入大族激光的。之后，周正复带领技术团队成功研发出高效率、高功率的三次谐波激光产生技术，该技术获得美国两项技术专利。在此基础上，大族激光生产出我国首台自主研发商用紫外激光器芯片切割机，成功打入全球芯片市场。

除了吸引外部人才之外，大族激光充分利用行业专家与理论专家的资源，在公司内部大力培养技术型人才。目前，公司主要的技术人才均是从大学毕业时就开始在大族激光工作的员工。通过长期的学习与培训，这种类型的人才不仅具有技术上的优势，还对公司有着强烈的价值认同。大族激光也乐于同员工共享发展成果，为吸引并留住核心人才，公司采用了多种激励方式，例如，在上市公司层面授予股票期权，在子公司层面进行股权转让或增资扩股，等等。

## 四、结语

技术营销能够帮助高科技企业在B2B领域建立品牌。在这当中，产品服务体系是保障，高端形象背书是催化剂，技术型人才是基础，而核心还是技术自主创新能力。从企业发展历程看，无论企业处于何种发展阶段，大族激光都坚守了技术自主创新这一导向。例如，在2008年世界金融危机之时，面对市场严冬，公司却投入大量的资金用于研发光纤切割机。大族激光这一举动在当时并不被市场看好，然而，正是依靠这种坚守，大族激光目前已经成为世界范围内激光切割机领域的领导者。近年来，大族激光关注到人工智能技术对制造行业的冲击以及由此带来的市场机遇，开始在智能制造与机器人领域布局，并且已经将人工智能技术应用于激光打印设备。总之，自主性的技术创新是大族激光取得行业领先地位的基石，敏锐的市场洞察力则指引着大族激光前进的方向。

在新发展格局下，随着科技的发展、经济环境的变化以及市场需求的变迁，中国企业同时面临挑战和机遇。对于B2B领域的科技型企业而言，如何打造高科技品牌，仍是一个既陌生又困难的问题。大族激光的市场实践充分说明了技术营销对于制造企业长远发展的重要性。对于高科技品牌来说，技术创新是企业的核心竞争力，但一味闭门造车，同样会被市场淘汰。技术营销恰如鸟之两翼、车之双轮，“技术”和“营销”两者之间既要协同，又要匹配，方能产生最佳的市场效果。

# 如何以技术创新锻造自主品牌？

## 迈瑞医疗的战略启示

## 一、引言

在科技变革时代，国与国之间的经济竞争很大程度上取决于科技发展水平的高低。中国企业在国际市场上面临的技术“卡脖子”问题，导致这些企业的经营业绩受到影响。为此，我国企业要想持续发展，必须不断推动技术创新，打造自主创新品牌。然而，在技术与发达国家还有很大差距的前提下，如何通过技术创新来迎头赶上，锻造强势的自主品牌？这是当前很多中国高科技企业面临的重大问题。在医疗器械行业，迈瑞医疗坚持走自主研发和技术创新的道路，在医疗器械领域成功锻造了一个高端的技术创新品牌，创造了多项“中国第一”，不断填补国内国际空白。如今，迈瑞医疗已成长为全球领先的医疗器械龙头企业，被称为中国医疗器械界的“黄埔军校”。那么，迈瑞医疗的技术创新之路可以带来哪些成功启示呢？

## 二、迈瑞医疗的企业发展历程

迈瑞医疗国际股份有限公司（以下简称迈瑞，Mindray）成立于1991年，是全球领先的医疗器械与解决方案提供商，业务范围覆盖生命信息与支持、体外诊断、医学影像三大领域。自成立以来，迈瑞一直以客户需求为导向，以“普及高端科技，让更多人分享优质生命关怀”为使命，坚持自主研发和技术创新，力求为世界医疗器械行业提供优质的产品，为客户、员工、股东乃至整个社会创造价值，引领中国的医疗器械行业走向国际化。2021年，公司营收额为252.7亿元，净利润达80亿元，市值高达3844亿元。迈瑞的发展历程可以划分为以下三个阶段：

### （一）初创阶段（1991—1996年）

20世纪80年代，中国在医疗器械领域缺乏核心技术，医疗设备依赖进口，高端医疗器械更是被国外品牌垄断。1991年，40岁的李西廷希望打破中国医疗器械市场的困顿局面，于是与志同道合的徐航、成明和等人离开了当时医疗器械领域的龙头企业——安科，创立了迈瑞医疗。迈瑞刚成立时资金紧张，也没有研发部门，业务主要以代理医疗器械贸易为主。虽然代理医疗器械给迈瑞带来了一年上百万元的收入，但迈瑞创始团队并没有在“舒适区”过多停留，毅然选择了自主研发这条艰难的道路。1992 年，迈瑞自主研发出中国第一台单参数血氧饱和度监护仪。1995 年，迈瑞组建本土医疗设备设计团队，开展工艺设计创新。1996 年，由于前期研发投入过大，导致资金链断裂，部分创始人陆续离开，迈瑞因此受到重创。

### （二）快速发展阶段（1997—2015 年）

1997 年，在公司现金流告罄、研发进程受阻的艰难时刻，迈瑞获得了美国华登国际的投资。这笔资金帮助迈瑞渡过了难关，也让迈瑞开始加大自主研发投入，确定了以自研产品创建自主创新品牌的战略方向，从而进入快速发展阶段。1999 年，依靠自主研发产品，迈瑞销售收入达到 1 亿元。2000 年，迈瑞的产品获得德国 TUV 的 CE 认证，开始进军海外市场。在之后的五年时间里，中国第一台便携式参数监护仪、中国第一台准自动三分类血液细胞分析仪、中国第一台全自动生化分析仪等医疗器械相继问世，这些自主研发产品初步构成了迈瑞的产品体系。2006 年 9 月，迈瑞在美国纽约交易所成功上市，成为中国首家海外上市的医疗器械企业，进一步扩大了迈瑞品牌的全球知名度。2008 年，迈瑞成功收购了美国的监护仪厂商 Datascope，顺利跻身全球生命信息监护领域前三强，就此打开了北美及欧洲的医疗器械市场，加快了国际化战略进程。2009 年，迈瑞打破了国外对 IndAC™ 双相波的技术垄断，生产出了中国第一台拥有完全自主知识产权的双相波除颤监护仪。2010 年，迈瑞启用新版企业标志，实施新品牌战略，为其自主创新品牌的锻造奠定了坚实基础。2013 年开始，迈瑞为实现高效合规的产品全生命周期管理，构建了 MPI 研发创新体系，不断提高研发管理水平。2015 年，迈瑞推出中国第一台自主研发的高端台式彩超 Resona7，取得高端彩超研发技术的重大突破，并开始进军全球高端彩超市场。

### （三）成熟阶段（2016 年至今）

随着国内资本市场趋于成熟，并考虑到中美资本市场的差异，2016 年 3 月，迈瑞以 33 亿美元完成私有化交易，从美股退市，重新回归国内市场。此后，迈瑞的研发体系和医疗基建日趋完备，进入高质量发展阶段。2017 年，在国家发展改革委发布的《发明专利拥有量前 50 名企业》榜单中，迈瑞成为唯一入榜的医疗器械企业。2018 年 10 月，迈瑞医疗（股票代码：300760）正式登陆创业板，在深圳证券交易所挂牌上市。2019 年，在中国医学装备协会医学装备售后服务满意度调查中，迈瑞的监护类、麻醉类、检验类、超声类设备均获第一。2021年，迈瑞收购了全球领先的欧洲原材料企业海肽生物（HyTest），增强了迈瑞核心原料自研自产的能力；同年，迈瑞血球团队“血液细胞荧光成像染料的创制及应用”获得了“国家技术发明奖”二等奖。如今，迈瑞已经实现高、中、低端市场全覆盖，成为国内领先的高科技医疗设备研发制造厂商，也踏入了全球医疗设备创新领导者的行列。目前，迈瑞的医疗器械产品和解决方案服务于全球190多个国家及地区，覆盖国内近11万家医疗机构和99%以上的三甲医院。

## 三、迈瑞医疗的技术创新策略

技术创新是高新技术企业的命脉，也是其竞争优势的来源。迈瑞自创立以来，秉承着“自主创新”的理念，坚持自主研发和技术创新，在医疗器械领域不断推陈出新，一路高歌猛进。总体而言，迈瑞的技术创新策略主要体现在以下四个方面：

### （一）先生存后发展，代理与研发并行

20世纪90年代，迈瑞选择以门槛较低的代理经营模式进入市场，通过代理西门子、日立、惠普等国外知名品牌的监护产品，顺利在医疗器械领域站稳脚跟。迈瑞的创始团队都曾从事医疗器械行业——徐航是中国第一台彩色B型超声诊断仪的研发带头人，李西廷和聂彤也曾经参与过中国第一台核磁共振成像仪的研发。可以说，迈瑞从出生开始就携带了研发基因，在技术创新方面有着先天的优势。面对国内医疗设备落后、中高端市场被跨国公司垄断的局面，迈瑞创始团队决定利用技术优势自主研发医疗设备，确定了代理与研发并行的发展道路。然而，由于医疗器械对技术要求高，投入相对较大，对于刚起步的迈瑞而言，完全自主研发在当时是很难实现的。通过对医疗器械市场进行全面分析，迈瑞选择以中低端市场为切入点，实施“农村包围城市”的战略。1992年，迈瑞启动临床监护仪产品研发，在产品外壳和中文显示上进行创新，推出了第一款自主研发的血氧饱和度监护仪MET-503A，采用低价渗透策略在中低端市场上占据了一席之地。此后，迈瑞开始启动全数字黑白超声影像设备、全数字彩色超声影像设备的研发，并加大市场推广力度，以技术创新优势不断推出“中国首台”医疗器械设备，在高端市场建立了稳固的市场地位。

### （二）加大研发投入，坚持自主创新

在医疗器械行业，只有坚持技术创新，真正掌握自主核心技术，才能拥有长久的竞争力。迈瑞将研发创新作为企业的“生命线”。为营造自主创新的文化氛围，迈瑞始终保持对研发的高投入，将每年销售额的10%用于研发创新。2021

年，迈瑞的研发投入高达 27 亿元。同时，迈瑞不断完善奖励机制和考评体系，设立了诸如专利奖、创新奖等诸多奖项，将晋升考评与创新指标挂钩，在企业内部形成了“创新即游戏”的工作氛围。在坚持自主研发、科技创新的道路上，迈瑞意识到仅仅依靠国内研发团队不足以支撑医疗器械的技术创新，为解决这一问题，迈瑞积极搭建全球化研发网络，快速吸收世界前沿科技。目前，迈瑞已在美国和中国建立了研发创新平台，并在深圳、武汉、南京、北京、西安、成都以及美国硅谷、西雅图、新泽西和欧洲设立了 10 个研发中心，走上医疗设备研发的快车道。截至 2021 年底，迈瑞共计申请专利 7418 件，其中发明专利 5308 件。另外，为降低研发的成本和周期，迈瑞投入大量资金进行事前控制。迈瑞北京研究院负责技术预研，在研发项目开始之前，研究院组建研发团队对项目拟采用的关键技术进行研究，评估项目的可行性以及可能会面临的技术障碍。这很大程度上排除了项目的不确定性，使得后续的产品研发、上市以及投入都在可控范围内进行。

正因为对研发投入的重视和对自主创新的坚持，迈瑞的研发实力不断增强，每年推出 10 余款新产品，平均每款新产品至少使用 10 项专利技术，在国际上处于领先水平。迈瑞先后推出了中国第一台便携式多参数监护仪、第一台全自动生化分析仪、第一台高端笔记本彩超、第一台高端台式彩超、亚洲第一台全电子流量计高端麻醉机，填补了医疗机械领域的空白，重新定义了医疗质量和效率的新标准，也在不断地向世界重新诠释“中国制造”。

### （三）利用外延式并购，加快技术创新

外延式并购策略是迈瑞医疗的重要增长点，在提高迈瑞技术研发能力和市场竞争力方面功不可没。自 2008 年起，迈瑞开始并购国内外具有突出技术或在新领域拥有前瞻布局的公司，借助并购整合，不断扩大业务领域，提高自主研发能力和产品性能。2013 年，迈瑞以 1.05 亿美元完成对美国超声诊断系统生产公司 Zonare 的并购。此次并购，让迈瑞直接获得了 Zonare 开发的区域成像技术（ZONE–Sonography™）。迈瑞利用该技术和域光平台显著提高了昆仑系列高端彩超图像的质量，在超声成像域扫描、全域动态聚焦、全息域技术、智能声速匹配四个领域取得重大创新和突破，这使迈瑞医疗成为我国首家进入高端超声市场的公司。2021 年，迈瑞全资收购全球最顶尖的体外诊断（IVD）原料提供商海肽生物，直接得到了海肽生物在抗原抗体这一核心原材料领域的研发生产能力，补足了迈瑞在自研 IVD 试剂原料领域的短板，为迈瑞体外诊断业务的全球化奠定了基础。

至今，迈瑞已完成了 13 起并购，涉及生物信息监护、超声影像、硬管内窥镜及配套手术器械、骨科材料等领域。外延式并购推动了迈瑞在各个细分领域的技术积累，为迈瑞医疗器械自主创新提供了技术支持。

## 四、重视科技人才引进和培养

高科技企业的发展离不开高科技人才的支撑。在迈瑞医疗董事长李西廷眼中，技术人才一直是迈瑞最大的竞争力。迈瑞秉持着“选拔大于培养”的理念，在人才引进方面，迈瑞一边从国际上引入拥有从业经验的高端人才，一边从高校招募高素质技能型人才。在人才培养方面，迈瑞坚持人才自主培育策略。首先，迈瑞建立了完善的员工培训和职业发展体系，帮助员工制定职业发展规划。其次，与高校签署人才联合培养协议，根据研发需求进行人才培养。从 1997 年开始，迈瑞先后启动了与清华大学、北京工业大学等多所高校的人才联合培养计划，不断为迈瑞北京研究院培养和输送人才。另外，迈瑞还注重与高校开展产学研合作，坚持以企业为主体，不断提升研发成果转化效率。2020 年 6 月，李西廷以个人名义向中国科学技术大学捐赠 1.068 亿元，并成立“李西廷基金”用于高端人才的培养、引进以及高新技术的创新研发等。截至 2021 年 12 月，迈瑞拥有研发人员 3492 人，在员工总数中占比 23.78%。在人才激励方面，迈瑞不断完善薪酬激励体系，在 2022 年推出首个员工持股计划，让优秀人才共享公司持续发展带来的收益。经过 30 余年的发展，迈瑞建立了完善的研发人员培养体系和绩效考核机制，为优秀研发人才提供公平的晋升通道，在研发领域培养的人才数量和质量都远高于行业平均水平。

## 五、总结

中国经济要实现高质量发展，必须拥有一批通过技术创新而产生世界影响力的自主品牌。从迈瑞的市场实践来看，品牌的科技自主创新之路并不是一蹴而就的，而是经历了重重困难，最终走出了创新之路。总体来看，迈瑞以技术创新，锻造了自主品牌，其成功经验可以归结为以下四个方面：第一，生存与发展并重，把握发展节奏。在品牌创立初期资金实力有限的情况下，迈瑞在决定自主研发医疗设备的同时，确定了代理与研发并行的发展道路，度过了最初的艰难时期。第二，明确长期目标，坚持自主研发，重视技术创新。迈瑞将每年销售额的 10% 用于研发投入，积极引进和培养技术人才，鼓励技术创新，在医疗器械领域不断推陈出新，创造了多个“中国第一”。第三，利用并购补充技术短板，加快技术创新。迈瑞在全球范围内进行了 10 余起外延式并购，通过并购整合增强技术实力，加快技术创新，推动迈瑞进军高端市场和国际市场。第四，重视技术人才，做到“向前”和“向后”的人力资源管理。管理前端介入到高校的人才培养环节，人才进入公司之后，公司依靠完善的人才培养体系、绩效考核机制、薪酬激励体系和员工持股计划，能够留住“人心”，为人才提供施展空间。

# 如何培育互联网品牌黏性？

## 腾讯互联网生活圈的打造

### 一、引言

随着移动互联网的迅猛发展，各种网络游戏、社交媒体、网购平台、数字文娱层出不穷，彼此之间竞争异常激烈。由于各竞争品牌的产品都在不断更新，功能在不断完善，因此要想保持自身品牌对用户的黏性，显得越来越困难。然而，对于互联网企业而言，培育品牌黏性以维护用户流量又是关乎其生存的大事。在这方面，腾讯做出了典范。目前，腾讯已发展成中国最大的互联网综合服务提供商之一，也是中国服务用户最多的互联网企业之一。人们已经无法用特定的产品来定义腾讯，它已成为人们日常生活的一部分，代表着一种生活方式，在用户当中具有极高的品牌黏性。那么，腾讯公司是如何培育互联网品牌黏性的呢？

### 二、腾讯社交产品简介

1998 年 11 月，由马化腾、张志东、许晨晔、陈一丹、曾李青等五位创业者共同成立了深圳市腾讯计算机系统有限公司（以下简称腾讯）。在早期阶段，腾讯的业务主要是建立网上寻呼系统。1999 年，QQ 的前身 QICQ 正式面世，并在当年 11 月达到了 100 万的用户注册量。巨大的用户群体，让 QQ 的衍生产品也获得了快速的发展，QQ 游戏、QQ 空间、QQ 旋风和 QQ 医生等组成了生态系统链。2010 年，QQ 同时在线人数突破 1 亿，这在当时是全球首款用户数量破亿的应用 App。QQ 不仅是一种社交方式，更是互联网生活圈的体现。2011 年，腾讯推出微信，再次掀起了社交方式的变革。截至 2021 年第一季度，微信及 WeChat 的合并月活跃账户数高达 12.4 亿，同比增长 3.3%，环比增长 1.4%；QQ 的移动端月活跃账户数为 6.06 亿，同比下滑 12.6%，环比增长 1.9%。基于这个渐变过程，人们彼此间的联系方式发生了巨大的改变，通信方式由电话和短信转变为 QQ 和微信。

腾讯旗下的游戏产品也逐渐成为社会大众放松娱乐的首选，和朋友一起玩《王者荣耀》或《刺激战场》已成为现代人的新型社交方式。不仅如此，腾讯通过授权合作和投资等方式，构建了一个完整的互联网生活圈，在交通出行、金融交易、信息搜寻等各方面都有腾讯的影子。目前，腾讯已经成为中国规模最大、用户最多的互联网综合服务提供商之一。2021 年 8 月，在《2021 胡润世界 500 强》榜单中，腾讯名列第 6 位；在 Brand Finance“2021 年全球品牌价值 500 强”排行榜中，微信名列第 10 位，以最高品牌实力指数 95.4 分（满分 100 分）和品牌实力评级 AAA+ 成为最强科技品牌。以社交起家的腾讯俨然成为中国互联网领域无可争议的社交霸主。

## 三、腾讯品牌黏性的培育之道

从名不见经传的小公司发展到家喻户晓的知名企业，腾讯的品牌黏性为其持续稳定发展发挥了重要作用。以下从品牌黏性基础、品牌黏性巩固、品牌黏性延伸三个角度来深入挖掘其品牌黏性背后的培育机制。

### （一）品牌黏性基础：具备“流量”和“留量”的核心产品

根据马斯洛需求层次理论，社交是人们在满足生理需求和安全需求之后产生的高层次需求，腾讯把这个具有高度黏性的需求作为市场运营的起点。产品和服务是品牌的载体，产品特征在很大程度上决定了品牌特征。要打造品牌黏性，产品黏性是基础，需要具备“流量”和“留量”特征的产品作为支撑。腾讯的社交和游戏两大产品类型，正是其构建高度品牌黏性的基础。

1999 年 2 月，腾讯公司推出 QQ 的第一个版本——QICQ99Beta1，奠定了以社交为主的基调。在当时国内市场，QQ 这类即时通信软件确实解决了当时社交中通信费用高、时效性差等痛点，迅速吸引了一些企业和少数互联网早期消费者。借助互联网不受时空限制的特性，QQ 为人们扩大社交圈提供了很好的沟通渠道。人们通过 QQ 的搜索功能，可以找到特定区域或志趣相投的人群，在虚拟网络空间中建立另一层关系网，而这一层虚拟网络社会关系网，帮助腾讯构建了最初的产品黏性。2010 年，QQ 成为中国互联网社交类产品最大的流量地。

由于 QQ 一开始就瞄准学生群体，因此相应的娱乐功能越来越花哨，以至于无法满足中老年用户的社交需求。同时，QQ 的繁杂功能更适合台式电脑，而不适合手机等移动终端。于是腾讯开始着手开发一款使用更便捷的社交软件，从而吸引更大范围的用户。通过“自我改革”的方式，腾讯在 2011 年推出另一款即时通信软件——微信。微信以更简洁的功能和更严谨的好友认证，成为一个更注重熟人社交的适应人群更广的聊天软件。QQ 的成功无疑给微信的发展增添了不少动力，短短两年内，微信注册用户数就突破 2 亿。人际关系网可以说是最牢固的“网”，作为社会人，人们无法逃离人际关系网独自生存。如今，这层网则建立在以“泛社交”为主的 QQ 和以熟人社交为主的微信两大产品上，这张“大网”的铺开，让腾讯的产品具备了真正的“流量”和“留量”。

如果社交是现代人建立彼此联系的需求，那么游戏更是在繁忙工作之余，满足人们在虚拟世界中的娱乐需求。腾讯正是将游戏作为构建品牌黏性的另一大基石。诚然，游戏本身就具有高用户黏性的特点，但如果缺乏社交性，用户对游戏的黏性也会随着挑战性的降低而减退。做社交产品出身的腾讯深知单机游戏的局限性，2003 年 8 月，腾讯推出了 QQ 游戏平台，把游戏和社交两者进行了结合。以这类多人竞技和多人娱乐模式的游戏为起点，腾讯拉开了游戏社交化的序幕。腾讯旗下的游戏，无论是《穿越火线》和《地下城与勇士》，还是后来火热的《王者荣耀》和《和平精英》等，基本保持了社交的特性。单纯的聊天交友显然不能满足人们对虚拟空间的想象，但在游戏这个“自由的乐土”，对玩家而言，可能性则是无限的。人们不但可以在游戏上和朋友征战四方，甚至还能打造自己的王国。无论是为了与朋友一起夺取“胜利的荣耀”，还是不断“精进”自我获得朋友的崇拜，抑或在游戏中与好友共同建造“梦想家园”……总会有一个让用户牢牢“黏在”游戏上的理由，这是社交和游戏结合的强大魅力。

### （二）品牌黏性巩固：微创新下的用户体验升级

单纯依靠产品特性打下品牌黏性的基础并不牢固。如果市场上出现体验更优的同类型产品，品牌黏性就难以为继。良好的用户体验，更要从功能和情感上满足用户需求，这是巩固品牌黏性的关键点。纵观腾讯的发展历程，无论是在初期的 QQ 还是后续产品中，市场上都不乏众多同类型的产品，有很多更是该产品的初创者。然而，作为跟随者，腾讯的产品能得以幸存，其背后正是腾讯为确保用户体验而不懈努力。这种良好的用户体验，是腾讯不断对产品进行微创新的结果。

在 QQ 推出之时，市场上已经有大批中文即时通信软件，如台湾地区的 CICQ 和南京的网际精灵等。经过一番市场争斗后，最终被留下的只有 QQ。当时，即时聊天软件只限于聊天功能，QQ 在第一版推出的几个月后，就相继推出了公共聊天室、文件传输、语音聊天等功能，大大提升了用户聊天时的体验。当时国内个人电脑仍不普及，消费者普遍在网吧使用不同电脑上网，聊天记录容易丢失。面对这种情况，QQ 率先推出了聊天记录云端保存功能，很好地解决了这一痛点。通过对当时互联网用户需求的深入洞察，QQ 通过微创新来超越它的对手，陆续推出包括截图、断点传输、QQ 空间和 QQ 秀等功能，不断进行用户体验升级，巩固了品牌黏性。此外，QQ 在商业模式上另辟蹊径，实行免费模式。通过与中国移动和联通的合作，寻找既能让用户免费使用，又能实现商业变现的方式（如在 QQ 客户端中发布广告）。QQ 会员制的推出，更是 QQ 建立虚拟社区和实行友好变现的关键一步。因为会员所拥有的特权与非会员原有的权益并不冲突，使得 QQ 能在不放弃原有用户体验的基础上得到免费流量的有效变现，用户体验和品牌好感度都得以提升。

在其他产品上，腾讯也通过微创新对产品功能进行改进，提升用户体验。在微信语音功能中，能根据人们使用语音的场景，加入了距离感应功能，很好地解决了人们因在嘈杂的公共场合而无法听清扬声器声音的痛点。同时，当接收同一人的多条语音信息时，在播放完一条信息的情况下会自动播放下一条，免去人们重复操作的步骤。此外，腾讯对人们的日常需求观察入微，根据消费者养成的行为习惯进行产品微创新，为腾讯品牌黏性加上了更牢固的一环。对于一个主打熟人社交的软件来说，微信 2014 年春节顺势推出了微信红包功能。微信红包不但满足了人们在春节期间发红包的需求，更满足了熟人间的“人情”需求。金额不高的微信红包成了人们日常联络感情、朋友玩乐的方式之一。微信红包的出现在很大程度上改变了中国人的送礼习惯，成为一种生活方式，在改变人们生活体验的同时，更增加了品牌黏性。

### （三）品牌黏性延伸：构建互联网生活圈

2005 年 9 月，腾讯提出打造在线生活产业模式，在咨询、娱乐、沟通和电子商务上进行产业布局。通过 QQ、QQ 游戏和财付通等产品，腾讯为用户打造了一个完整的互联网在线生活平台。随着市场规模的扩大，市场细分程度也越来越高，腾讯也有可能在新的细分领域被后来者超越。腾讯意识到这种危机感，通过授权合作和投资等方式在广度上进一步发展，着力打造一个更完善的互联网生活圈，构建自己的商业版图，让已有的品牌黏性得以延伸。

2011 年，腾讯品牌战略实行转型，开放、合作和共赢成为公司的主要战略。这意味腾讯已不再是一个纯粹的互联网产品企业，而是一个去中心化的赋能平台。之后，腾讯贯彻合作战略推出三大开放平台——基于 IM 客户端的 Q+ 开放平台、SNS 开放平台和微博开放平台。2016 年，微信推出微信小程序，为个人和企业提供了更便捷的应用发布平台，解决了传统软件应用在上线、迭代和分发等方面的问题。企业和个人的小程序依托微信流量实现快速商业化，微信也因众多小程序的加入逐渐成为一款“超级应用”，迅速弥补了自身的功能缺陷，开放式的合作让腾讯的互联网生活圈环境愈加完善。

IP 授权是腾讯在内容上扩充商业版图的另一个主要方式。2011 年，腾讯开始尝试凭借自身丰富的游戏 IP 资源，在文学、周边用品和电影上进行授权合作。2012 年，腾讯互动娱乐事业部正式提出“泛娱乐”概念，聚焦游戏、动漫、文学、影视和音乐五大领域，标志着其在文化产业上初步完成战略布局。腾讯的“泛娱乐”布局，正是建立在 IP 打造和授权的基础上。2013 年 9 月，腾讯成立了腾讯文学，开始在文学领域打造自己的文学 IP。2014 年，腾讯文学和盛大文学合并成阅文集团，这一强强联合，让阅文集团基本囊括国内主流文学机构，为腾讯建立起丰富的文学 IP 库。考虑到 IP 的延伸和市场化计划，2015 年 9 月腾讯又成立腾讯影业，完美连通了文学、动漫、游戏和影视各个环节，推出了《庆余年》等优质作品。面对数量庞大的 IP 库，腾讯更积极展开授权合作，通过卡通玩偶、定制衣服等方式对游戏 IP 进行授权开发。在 2016 年腾讯游戏嘉年华（TGC）上，腾讯对旗下数十个 IP 授权开发出的 250 余件产品进行展出。2018 年，腾讯互娱从“泛娱乐”概念转换到“新文创”，意味着腾讯将会以更深度的合作和授权方式对文化内容进行拓展。

随着内容的扩充和投资版图的扩张，腾讯基本建成了能满足人们日常各方面需求的互联网生活圈。如今，互联网产品已成为生活必需品。腾讯产品融入了每个人的生活，真正意义上构建了具有高品牌黏性的“企鹅帝国”，从长远来看，其品牌黏性也随着商业版图的扩大而不断延伸。

## 四、总结

品牌黏性是衡量品牌是否能持续健康发展的重要指标。腾讯培育品牌黏性的过程，对其他企业有以下值得借鉴之处：首先，腾讯找准了具有黏性特征的产品和服务——社交和游戏，利用核心产品和服务奠定了品牌黏性的基础。一方面社交为游戏引流，带来巨大的玩家流量；另一方面，通过游戏中玩家互动反哺社交，加强彼此间的社会关系网，使得社交产品更具黏性。两者相辅相成，相得益彰，产品黏性的持续累积，为品牌黏性打下坚实的基础。其次，企业要挖掘客户的真正需求，不断对产品和服务进行创新并将其做到极致，通过提升用户体验对品牌黏性进行巩固。同时，企业还可以通过微创新提升产品功能，增强企业产品在同类产品中的竞争力，从而有效提升用户体验，增加用户的忠诚度。在黏性产品的基础上，企业还要善于运用功能和情感的优势来巩固品牌黏性。最后，通过不断推出覆盖用户生活的产品，创建在线生活产业模式，构建完整的互联网生活圈，使品牌黏性得以不断延伸。腾讯通过持续推出新产品或更新现有产品，打造在线生活产业模式，覆盖人们日常生活的诸多方面，建立了互联网生活圈，消费者和品牌关系得到加强，进而极大地提高了品牌黏性。

# 如何打造互联网平台品牌？

## 土巴兔品牌信任的建立

### 一、引言

互联网时代的兴起拓宽了商家的宣传渠道与消费者的信息获取途径，催生出互联网消费新业态。在这一消费场景下，互联网平台扮演了媒介角色，连接供需双方，实现双边市场交易。与传统交易场景相比，在网络消费场景下，消费者无法面对面检验商家资质及商品质量，信息辨别成本较高，容易产生信息不对等问题。因此，互联网平台在为消费者带来快捷体验的同时，也给消费者带来了信任和决策难题。从我国消费品互联网的市场实践看，目前的交易品类主要集中于消费品零售业务，高价值商品仍然较少涉及，主要是因为高价值商品的交易往往伴随着更大的交易风险，信任问题更加突出。然而，在互联网装修行业，土巴兔作为互联网家装行业的杰出代表，敢于打破家装行业固有模式，瞄准行业痛点，依托互联网科技实现信息透明化，在市场上成功建立了品牌信任。那么土巴兔是如何做的呢？

### 二、土巴兔的发展历程

土巴兔诞生于 2008 年，最初是连接客户与设计师的设计网站，后逐步发展为国内知名的互联网家装平台。截至 2021 年初，土巴兔平台累计入驻 130 多万名设计师、逾 11 万家装修公司以及 9000 多家家具材料供应商，业务覆盖国内 300 多个城市，累计服务约 3500 万用户，被誉为“互联网装修领导者”。其发展历程可以分为家装信息服务平台阶段、保障交易服务平台阶段和智能一站式平台阶段。

#### （一）家装信息服务平台阶段（2008—2011 年）

土巴兔成立之初，当时国内许多传统家装企业还未意识到互联网渠道所蕴藏的巨大市场潜能，但土巴兔很早就已瞄准这一机遇，致力于建立室内设计师展示分享平台，并基于互联网思维来打造家装品牌平台，从而为设计师与客户提供精准连接。2009 年，土巴兔网站正式上线，这种把家装行业搬到互联网上的运作方式吸引了众多设计师入驻，同时也吸引了大批家装客户。

在业务发展过程中，土巴兔及时抓住装修公司与业主对接困难的痛点，调整业务方向，逐步打造对接平台：采取免费策略，按用户需求匹配装修公司，为客户提供售后服务，让客户与装修公司的对接更加顺畅。此举得到大批装修公司以及家装客户的关注。2010年，土巴兔推出线上交易平台；2011年，其商业模式得到资本认可，获得经纬创投A轮投资数百万美元，平台业务初具规模。

### （二）保障交易服务平台阶段（2012—2014年）

土巴兔为保障交易服务质量，开始着力提升平台的服务保障能力。2011年前后，平台的装修公司表现为“有量缺质”，甚至有部分装修公司通过平台联系到客户后进行私下交易，不仅会给业主的装修效果带来风险，一定程度上也对平台的形象造成不良影响。为解决上述业务痛点，2012年，土巴兔推出“装修保”与第三方质量检验服务。“装修保”将装修公司与客户签订合同额的20%作为尾款押在土巴兔公司账户，只有等完成装修验收后，尾款才会打到装修公司的账户中。虽然一开始众多装修业的业内人士并不看好这一做法，但是这一举措获得较多客户认可，客户对平台的信任度大大提高，用户需求也明显增加，众多与土巴兔解除合约的装修公司又逐渐回归。2013年，土巴兔获得经纬创投A+轮投资，此后不断完善施工管理和供应链体系设计；2014年，完成与经纬创投、红杉资本的B轮融资，开始发展装修保险业务，成为业内较早推出该业务的平台。这不仅说明土巴兔的发展模式已经得到市场认可，还体现了公司在国内互联网家装市场的领先位置。

### （三）智能一站式平台阶段（2015年至今）

土巴兔通过一系列业务举措，逐步形成智能一站式平台运作模式。2016年，土巴兔推出“云工长”服务，为具有标准化需求的业主提供工长预约服务，有效拓宽了标准化家装服务市场；2017年，土巴兔建立云口碑系统，成为全行业最大的口碑系统；2018年，土巴兔通过3D云设计平台图满意系统，开发智能家居，打造一站式装修平台，提高了业主的满意度。与此同时，土巴兔一站式家装解决方案模式受到行业的推崇：对于客户，平台提供信息资源，可以按照客户的个性化需求智能匹配服务供应商，其后还包括项目执行及质检，支持客户先装修后付款，并提供相关增值服务；对于供应商，土巴兔则提供订单推荐、贷款推介、保险推广及供应链管理解决方案等一系列服务。此外，面对目前装修公司效率低，企业缺少经营人才和技术等短板，土巴兔通过盘活资源帮助产业上下游企业，促进平台形成完整的生态闭环。2019年，据极光发布的《移动互联网行业数据研究报告》显示，土巴兔移动端的月活跃用户规模（MAU份额）在综合平台中占比已达83.3%；2021年，土巴兔在Fastdata公布的中国互联网家装平台月活跃用户排名榜单中，排名进入前四，成为名副其实的行业“独角兽”。

## 三、土巴兔平台品牌信任的建立

信任是互联网平台发展的基础。过去互联网家装平台仅仅定位为信息中介平台，缺乏诚信保障体系，无法搭建稳固的供需关系。土巴兔以建立品牌信任为抓手，针对家装行业中货款交付、质量监控以及售后服务等多个行业信任痛点，从制度、服务等方面进行创新突破，逐步形成诚信口碑影响力，并扩大了品牌联盟在行业的公信力。

### （一）流程革命，“装修保”重塑信任

“鸡蛋从里打破是新生”，传统的家装运作模式是装修公司先收钱后装修，容易出现装修公司入场加价、装修质量难以保证，甚至还有卷钱跑路等问题。为解决装修质量保障问题，2012 年土巴兔的“装修保”应运而生。装修保推出之初，土巴兔平台收取装修合同金额 20% 作为尾款，后来尾款占比逐步达到 100%，即实现先装修后付款的装修模式。“第三方支付 + 第三方托管”的模式，不仅可以保障用户的资金安全与装修质量，而且能够发挥第三方中介的作用，便于妥善处理交易纠纷。此举赢得大量消费者青睐，装修企业在市场导向下也纷纷回归加盟，土巴兔以行业革命式的创新之举，在业内建立了初步的平台信任。其后，土巴兔还针对家装过程中非标准化技术服务环节多、专业性强的特点，拓展了第三方监理服务，通过第三方直接介入交易，进一步创新交易治理模式，从而督促装修公司装修过程保质保量。近两年，土巴兔还将原有服务进行优化升级，整合成一套完整的服务保障体系，在解决用户痛点的同时，提高用户对平台的满意度，进而形成对平台的诚信认可。具体来看，土巴兔通过先装修后支付、第三方质检、建工意外险、正品辅材、售后延保、在线预算审核、陪同签约以及新房验收这八类装修服务，最大限度地保障了用户的个人权益，进而重塑了家装行业的诚信形象，为消费者的交易保障注入“强心剂”。由此，土巴兔在 2020 年入选商务部首批“数字商务企业”名单。

### （二）服务透明，云服务提升信任

土巴兔平台通过价格透明、设计透明、执行透明、监管透明等一系列举措，构建起公开公正的互联网家装运营体系。在费用报价上，土巴兔免费提供正规公司出具的设计方案和报价，结合土巴兔的免费预算审核，通过可视化工具让装修费用明细一目了然。在设计服务上，土巴兔利用技术优势全面介入装修的各个环节并呈现在平台上，促成平台一站式透明服务。例如，土巴兔官网的“云视图”展示了各类真实的装修风格、装修效果图、装修日记以及消费者评价等，根据用

户的关注度与访问量优化导航栏，集中呈现对用户最具价值的内容与服务，涵盖装修公司、效果图、装修攻略、服务保障等四大版块以及家居商城、智能家居、3D云设计等七大功能，装修企业与消费者由此建立起高效精准的连接。"云设计"打造了强大的3D云设计图满意系统，客户能够在线完成户型绘制、改造，一方面能够以更强的视觉冲击力展现土巴兔的产品与服务，另一方面进一步提升了界面的美观度。由此，客户需求得到精准、清晰地满足，也累积形成对平台的信任。"云工长"为具有标准化需要的业主提供预约工长功能，既节省用户时间，也通过减少多重中间商差价来节省费用，还能提高装修工人待遇，激励工人保质保量完成任务，在赢得多方信任的条件下推动标准化需求市场的发展。此外，土巴兔还建立起客户关系管理系统以及施工监管系统等一整套完整的装修运营管理体系，进一步提高了其家装标准化程度与可信度。2022年初，土巴兔创新打造设计师认证体系，通过平台联动业主为设计师打分。总之，通过一整套透明化体系建设，土巴兔逐步优化了互联网平台生态，建立起平台双边信任。

### （三）口碑传播，创建信任平台赋权赋能

建立完善的口碑体系是平台品牌信任的基础。诚信口碑效应可以提升品牌的可信度，从而促进品牌传播；平台也可以依据口碑评价体系，及时了解消费者反馈的问题，巩固消费者对平台的信任。为此，土巴兔推出"云口碑"体系，从业主评价、项目经验、工期数据、企业实力和施工质量等五个方面对装修公司进行动态评分，基于用户数据和实时反馈为业内装修公司建立自己的信用"口碑值"，为用户选择装修公司提供权威标尺。从消费者的视角来看，用户评价透明的诚信口碑体系有助于消费者客观选择装修企业，降低决策成本，同时也让消费者在装修中占有主动权，保证了装修质量，提升了消费者体验；就装修企业的视角而言，透明的企业评价体系，激励装修企业不断改进自身，"能者上，庸者下"，为提升行业美誉度出力。2020年，土巴兔联合南京23家装饰公司，组建"诚信商户服务联盟"。2021年底，土巴兔创始人兼CEO王国彬在第七届土巴兔生态大会上宣布"整装赋能"战略，提出从厂家品牌和交付质量等维度全方位提升顾客满意度，进一步在消费者群体中强化土巴兔的诚信口碑。目前，土巴兔诚信口碑已成为行业权威的信用口碑体系，为建立平台品牌信任夯实了基础。

### （四）品牌联盟，建立信任的全行业生态体系

平台信任体系的构建离不开全行业诚信生态的完善。土巴兔也着手引进多种角色进入互联网平台，打造诚信品牌联盟。土巴兔作为首家推出线上装修消费贷款的互联网家装企业，通过与中国建设银行、招联金融合作，推出装修消费贷款，开展"装修分期"业务，让业主享受先装修后还款的优质服务，为消费者家装提

供了更多便利，同时也树立起平台诚信的品牌形象。此外，土巴兔也为平台上信用良好的入驻企业提供工地保险业务，从而提升企业为客户服务的动力。2021 年，土巴兔考虑到疫情对家居行业的冲击，决定加大对生态链企业的扶持力度，从流量、技术、内容、保险、服务工具等多个方面给予扶持。通过夯实、优化平台上的分级分类政策，不仅帮助头部企业，也惠及腰部企业以及长尾的中小商家；通过鼓励商家根据各自的定位、需求去匹配平台的政策，更好地支持不同发展阶段的商家实现高效的协同发展。例如，在完善家装产业链的过程中，面对目前很多公司效率低、缺人缺技术等短板，土巴兔通过融合产业资源，为装修企业赋能，打通上下游产业链，逐步搭建出一站式装修的平台，形成了完整、和谐的产业生态，推动建立多边信任。

## 四、总结

对于互联网平台企业而言，市场对其品牌的信任都是至关重要的生命线。对于高价值的产品或服务而言，品牌信任更是平台企业经营的立足之本。在这方面，土巴兔提供了一个很好的范例。通过对互联网家装行业连续十余年的不断深耕，土巴兔在市场上呈“一骑绝尘”的良好发展态势。总体来看，土巴兔品牌信任的建立主要依据以下几点：第一，充分发挥互联网家装的平台优势，通过“第三方支付 + 第三方托管”的模式提升双边信任，实现“信任—交易—口碑—云口碑”之间的良性循环。例如，公司基于“云口碑”体系，支持客户对装修公司进行动态评分，激励装修公司不断改进，帮助行业摆脱“污名化”；组织家装企业建立“诚信商户服务联盟”；等等。第二，把新技术融入行业本质，苦练内功，提升公司核心竞争力。例如，公司借助“云视图”系统，根据用户需求，集中呈现对用户最具价值的内容与服务；“云设计”可以帮助客户实现在线绘制和改造，以更强的视觉冲击力展现土巴兔的产品与服务。第三，培育产业生态，履行社会责任。具体表现为，基于平台打分，在行业内部打造设计师认证体系；推动平台的诚信口碑成为行业权威的信用口碑体系，提升形象；为平台上信用良好的企业提供工地保险业务，提升企业为客户服务的动力；在疫情期间，加强对生态链企业的扶持力度。

# 如何修炼“独角兽”品牌?

## 柔宇科技的品牌成功之道

### 一、引言

“独角兽”公司是指发展速度极快，备受资本追捧，且创业十年内估值能超过10亿美元的企业。截至2022年8月，中国的“独角兽”企业达312家。尽管从数量上讲仅次于美国，排在全球第二位，但相对于更多的创业型企业而言，中国的“独角兽”企业仍属凤毛麟角。如何修炼“独角兽”品牌，成为资本市场的新宠？作为全球柔性电子产业、虚拟现实显示及相关智能设备的开创者，柔宇科技发展迅猛，备受投资者青睐，创业3年内便获得了约11亿元的C轮融资，步入“独角兽”企业之列。2020年柔宇更是以60亿美元的企业品牌估值位列《2020中国新经济独角兽200强榜单》第12位，成为全球最有投资价值的“独角兽”企业之一。在修炼成为百亿级体量“独角兽”品牌的过程中，柔宇科技如何规划发展路径？其品牌和营销工作有什么值得借鉴之处？

### 二、柔宇科技发展简史

柔宇科技的创始人刘自鸿是一位理工界的“天才”，本科和硕士均就读于清华大学，博士毕业于美国斯坦福大学。2012年，刘自鸿从IBM辞职，和几位来自清华大学和斯坦福大学的同学一起创办了柔宇科技公司，在深圳、香港以及美国硅谷同步运营。创业初期，为了节省开支集中财力用于研发，团队所有成员都挤在深圳留学生创业大厦一个不到100平方米的房间里。公司团队比较年轻，核心成员都在柔性领域研究多年，这为柔宇钻研自身核心技术奠定了人才基础。

一年后，柔宇科技发布了首款自主研发的产品——超薄柔性显示背板，并连续两次获得风险投资。2014年，柔宇科技成功开发出柔性电子新型产品，研发出全球最薄的柔性彩色显示屏。凭借这款“黑科技”，柔宇科技受到了众多投资机构的关注并纷纷抢投。2015年3月，柔宇科技获得近11亿元C轮融资，成为全球独角兽公司俱乐部的一员。同年7月，柔宇科技率先启动世界首条超薄柔性显示模组及柔性传感器量产线，开启B2C端产品的布局。同时，研发生产基地通过

ISO9001 质量管理体系认证，全球首条第 6 代超薄彩色柔性显示屏量产线项目正式奠基。2018 年，柔宇科技全球首条全柔性显示屏大规模量产线成功点亮投产。

2016—2021 年，柔宇科技业务发展迅猛，一路狂飙。从业务范围看，柔宇科技实行“B2B+B2C”商业模式，面向移动终端、办公教育、智能交通、文娱传媒、运动时尚、智能家居六大行业，为全球 500 余家企业提供解决方案和终端产品。例如，2020 年 11 月，柔宇科技与中国电信合作成立“中国电信·柔宇科技融合创新实验室”，正式发布电信版 FlexPai 2 折叠屏手机；2021 年 7 月，柔宇科技与中国中车合作，将第三代蝉翼全柔性屏运用于世界首套 600 公里时速的高速磁浮系统。截至 2020 年底，柔宇科技在全球拥有 4 个研发基地，核心技术知识产权数量累计超过 3000 项，推出了多种颠覆性的柔性屏技术的产品。例如，3D 移动影院 Royole Moon、柔性手机原型 FlexPhone™、柔性屏时尚衣帽、3D 头戴显示器、柔记智能手写本 RoWrite 2、可折叠柔性屏手机 FlexPai 2 等。如今，历经 9 年的发展，柔宇科技在柔性电子领域的地位举足轻重、引人瞩目。

## 三、柔宇科技如何成为“独角兽”？

投资人注重未来的投资回报，而未来的想象空间有多大，离不开优秀的团队和卓越的产品。要在短期内成为“独角兽”企业，“靠谱”的团队和产品是两个关键要素。两者结合并加以营销推动，开发出广袤的商业前景，进而受到众多投资者的追捧。

### （一）自主研发超前的“黑科技”

在技术层面，柔宇科技一直专注于柔性显示技术。自主创新技术是柔宇科技的核心竞争力，在创业之初，柔宇科技就放弃了国外主流曲面显示技术路线，坚持自主研发，为公司在市场竞争中打造牢固的知识产权壁垒。虽然在速度上自主研发暂时无法赶超行业中的技术引领者，但刘自鸿和其科研团队都认为，只有自己掌握核心技术，企业未来的发展才不会受制于人。正是刘自鸿和其科研团队的这份“固执”，这些有着自主知识产权的“黑科技”，构成了后来柔宇占领行业高地的核心竞争力。在公司研发产出的高峰期，平均一天就会有 1 到 2 项的知识产权专利产生，这对于一个初创公司来说，速度可谓惊人。

在柔性显示方面，行业内主流厂商使用的是以三星为主导的低温多晶硅（LTPS）技术，柔宇科技则采用了自主研发的“超低温非硅制程集成技术（ULT-NSSP）”，这两种技术在柔性屏生产成本、体验、特性等方面都存在很大差异。2014 年，柔宇科技研制出全球最薄、仅 0.01 毫米厚的彩色柔性显示屏，其能实现任意角度弯曲，并且在弯曲折叠 5 万 ~10 万次的频率下依旧可以保持高质量的画面。因其超薄、轻便且富有柔性，可直接使用于智能终端等设备，如智能手机、平板电脑、可穿戴设备等。柔性显示屏技术的突破，意味着柔宇科技已建立起自身的核心竞争力。

柔性传感器是柔宇科技另一项核心技术。柔性电子传感器是集新材料、新工艺、新设计于一体的全方位创新产品，由柔性显示技术衍生而来。与传统产品相比，柔性传感器可大幅缩短生产周期，制作成本低，性能卓越，具有极大的市场竞争力。此外，柔性传感器与柔性显示器在技术层面可以相互结合或独立使用，目前已广泛应用于文娱传媒、智能交通、智能家居、办公教育、运动时尚、移动终端等多个领域。

除此之外，柔宇科技还自主研发了新型快充技术——柔充，这是柔宇最新发明的基础技术之一。柔充不仅能助力“柔性 +”电子终端产品大幅提高充电续航体验，还能为各行各业需要快速充电的产品带来全新的解决方案。

### （二）专业专注的“工匠”文化

真格基金的董事总经理顾旻曼表示：“投资最本质的因素是看人，事情是人做出来的，有靠谱的团队才有靠谱的项目。”柔宇科技正是有着这样靠谱团队的企业，团队成员都有着专业的知识背景和难得的“工匠精神”，其核心团队中已有上千位具有国内外丰富经验的高端研发和管理人才，这也是柔宇受到资本追捧并实现快速发展的重要原因。

企业文化与创始人有很大的关联。柔宇科技创始人刘自鸿，把他对技术极致追求、对工作极度认真和努力的“工匠精神”带到了企业中。作为企业的 CEO，刘自鸿对“认真”和“勤奋”真正做到了以身作则。自己平均一天的工作时长就达 16 小时到 18 小时，员工们常常会在凌晨两三点收到刘自鸿的工作邮件，但第二天他又会是第一个出现在办公室。所以，在员工眼里，他们的 CEO 每时每刻都在超负荷工作。刘自鸿潜心工作的工匠精神，感染了公司的很多员工。据刘自鸿介绍，有一天他很早到了公司，发现实验室的门很难推开，后来才发现原来有一名员工躺在门后面睡着了；还有一次他加班到凌晨 1 点半，出来后发现公司长椅上睡着一位姑娘，原来是自己员工的女友，而该名员工还在为解决产品的问题而努力工作。这些事情，让刘自鸿觉得对不起员工的同时，又很感动。

在创业初期，因为研发和产品方面经常会出现很多问题，而公司又横跨深圳、香港和美国硅谷三个地方，刘自鸿和团队几乎每个月都会在深圳和美国硅谷间频繁往返。国内外巨大的环境反差没有让刘自鸿和几位团队成员感到不适，反而每个人都干劲十足。这种熬得住寂寞、受得了委屈和忍得住诱惑的工匠精神，在公司内部形成了强大的凝聚力，在公司外部则表现为品牌的软实力。依靠公司全员的艰苦奋斗，其他企业需要用十几年时间才能完成的技术突破，柔宇科技只用了短短几年就实现了。

## （三）权威的品牌背书

创业初期，柔宇科技主推 B2B 商业模式，很少与消费者直接互动。因此，在公司发展初期，柔宇科技并不为消费者所熟知。尽管 B2B 模式是建立在买卖双方都对产品有足够了解的基础上，并不需要对产品进行过多的营销宣传，但因为单次成交量大、交易风险高等特征，B2B 模式极度依赖双方的信任度。所以，当柔宇科技面向市场时，不仅需要有好的产品，更需要给客户一个值得信任的理由，良好的品牌背书则是获取客户信赖的关键。

对于初创公司而言，要赢得客户的信任，团队实力和团队背书是不容忽视的重要环节。柔宇科技的人才团队阵容强大，实力雄厚。一方面，刘自鸿等几位团队成员都拥有名校名企背景，有着专业的行业知识；另一方面，早在 2013 年，柔宇科技团队就已经获评"深圳市孔雀计划海外高层次人才创新创业团队"，2014 年，该团队以第一名的成绩成为广东省"第四批海外高层次人才创新创业团队"，这些荣誉称号本身就是强有力的团队背书。

此外，产品质量是客户最关心问题之一，产品背书也非常重要。2014 年，当柔宇科技开发出最薄柔性显示屏时，行业内部夹杂着很多质疑的声音，很多人根本不相信这种"黑科技"的存在，认为这只是企业为了融资抛出的噱头。

参加国内外展会和比赛则是柔宇科技获取行业关注和产品背书的另一重要环节。自 2015 年开始，柔宇科技连续三年参加美国消费电子展（CES）并获奖，逐步在国际市场上积累自身的品牌影响力。例如，2017 年 1 月，柔性电子智能背包斩获美国国际消费电子展"健康运动生物科技"创新产品国际大奖。此外，在 2017 年和 2018 年，柔宇科技带着自主研发的产品出席德国柏林国际消费电子展，进一步提升自身在国际市场上的知名度。在国内市场上，柔宇科技也是高交会近年来的常驻企业之一，并在各大展会上陆续斩获多项大奖。

## （四）体验式的产品营销

柔宇科技在行业内部站稳脚跟后，开始进军 B2C 市场。通过产品展示和消费体验两种方式进行品牌和产品营销。2015 年，柔宇科技第一款 B2C 产品——Royole-X 智能移动影院发布后，同时也为消费者开通了体验通道。感兴趣的用户都可以在相应的时间到公司免费体验产品，之后每款产品的发布，柔宇都会举办类似的体验活动。例如，2020 年 9 月发布折叠屏手机 FlexPai 2 后，也举办了免费体验活动。然而，预约式体验活动在时间、空间方面也存在一定的局限性，为解决这个问题，改进消费者体验，公司决定开设旗舰店。2018 年 3 月，柔宇科技在深圳开通 CEEC 旗舰店，旗舰店占地面积 200 多平方米，店里展示柔宇旗下所有产品。用户可以在其中戴上 Royole 系列产品，来一场沉浸式的观影享受，也可以通过柔记智能手写本 RoWrite，为自己画一幅 Q 萌的画像。

柔宇科技为了让更多消费者关注公司推出的产品，还通过体育赛事进行产品营销和品牌传播。例如，2018 年俄罗斯世界杯决赛，热情的球迷把装有柔性显示屏的衣服和礼帽带进了决赛的观众席，人们不但能现场感受世界杯决赛的精彩瞬间，更能在衣服和帽子上观看近距离高清版的直播和进球回放。国外球迷把这种“黑科技”发到了 Twitter 和 Facebook 上，其受到了世界各国消费者的关注和追捧。此外，柔宇科技也注重挖掘和利用明星效应，并收到了良好的品牌营销效果。例如，乐队组合“羽泉”成员之一胡海泉戴着柔宇柔性屏时尚礼帽亲临比赛现场，为柔宇产品点赞。

## 四、总结

成为“独角兽”企业是诸多创业型企业梦寐以求的目标。柔宇科技以它惊人的发展速度和雄厚的企业实力，成为“独角兽”品牌。从柔宇科技的“独角兽”品牌成长历程来看，有一些“修炼”之道值得借鉴。

首先，企业要注重自主研发技术创新。柔宇科技仅仅用了 9 年的时间，就已拥有 3000 多项自主知识产权技术专利，并在业界实现了多项技术突破，包括全球最薄彩色柔性显示屏、业内首个 Micro-LED 弹力柔性屏技术、全球首款折叠屏手机 FlexPai，并建立了全球首条全柔性显示屏大规模量产线，等等。其次，把“工匠精神”融入企业的品牌内涵。柔宇科技创始人以身作则，用自身良好的行事作风赢得团队的尊重，企业团队成员团结一致，艰苦奋斗，逐渐把“工匠精神”纳入企业员工的精神内核，并为企业品牌注入新的内涵。再次，柔宇科技基于强大的技术团队、权威新闻媒体报道、参加国内外展会和比赛等三个方面宣传自己的品牌，在市场上建立了良好的品牌声誉，并收获了业内消费者和投资者的信赖。最后，企业要注重产品体验和品牌营销。例如，为改进消费者体验，柔宇科技在推出预约式体验活动的同时，也相继推出线下 CEEC 旗舰店作为补充，构建了双重体验通道。此外，公司还通过体育赛事、明星效应进行产品营销和品牌传播。

# 如何炼就行业领先的高科技品牌？

## 华大基因的品牌建设

### 一、引言

高科技行业研发周期长、成本高，因此要想生存下去就必须通过高市场份额来平摊成本，或者通过产品的高附加值来抬高售价，这两者都需要通过打造行业领先的品牌来实现。然而，竞争如此激烈，品牌要做到行业领先谈何容易！以基因科技为例。基因科技是 21 世纪的新兴朝阳产业，全球众多企业纷纷在此新赛道布局发力，以期抢占一席之位。由于该行业具有高进入壁垒的特征，处于行业领先的国内企业屈指可数。不过，华大基因历经 20 多年的发展，成为中国基因科技领域的龙头企业和全球领先的生命科技和精准医疗服务提供商，其业务覆盖了本行业全产业链和全应用领域，业务涉及 100 多个国家和地区。在国际权威学术期刊《自然》（*Nature*）发布的 2022 自然指数年度榜单中，华大基因位列亚太地区生命科学产业机构榜首，世界第八位，在国际上具有很高的品牌知名度和影响力。那么，华大基因是如何成为行业领先的科技品牌的呢？

### 二、华大基因的发展历程

华大基因的发展历程是一个典型的科研成果向实践应用转化的过程，其愿景是通过实现基因科技行业中的基础研究重大技术突破和领先技术开发来造福人类。华大基因的发展过程可以分为以下三个阶段：

#### （一）基础期（1997—2006 年）

早在 1997 年湖南“张家界”会议中，华大基因发起人杨焕明、于军、汪建等人就中国人类基因组计划议题，明确提出了一整套具有前瞻性的战略构想，这孕育着中国基因组学的发展和未来，为华大基因的诞生和发展提供了前提保障。1997 年 7 月，伴随承担人类基因组计划“中国部分”——“国际人类基因组计划”1% 项目的下达，北京华大基因研究中心正式成立。中国成为继美、英、日、德、法后第六个加入国际测序组织的国家。1998 年 8 月，中国科学院遗传研究所人类基因组中心在北京揭牌成立。1999年9月，北京华大基因研究中心成立。2001年，“杭州华大基因研发中心”在杭州市西湖湖畔成立。从此，华大基因如雨后春笋般出现在了六十多个国家。2001年，华大基因在杭州研发中心启动的超级杂交水稻基因测序项目完成，在国际上引起了极大关注。2003年，由于华大基因在SARS病毒抗击战中的突出表现，被并入中国科学院。2005年，以华大基因为主力承担的“10%国际人类基因组单体型图计划”研究成果在《自然》上发表。2006年，华大基因批量购买了第二代基因测序仪从事基因测序的商业服务，“BT+IT”规模产出模式初具雏形。

## （二）成长期（2007—2016年）

2007年6月，汪建率领一些科技人员在深圳创办了华大基因研究院。南下深圳半年内，华大基因便独立自主绘制了第一个亚洲人基因组图谱。此后，华大基因首创并尝试科技与产业相互推动的发展模式，陆续成立华大健康、华大科技，全面进行市场化运营，开始提供商业性质的科技服务。同时，华大基因开始实行国际化战略，布局海外市场。为迅速扩大提升基因测序能力扩大市场，华大基因于2010年贷款数亿元购买了128台新一代测序仪Hiseq2000，逐步成为全球规模最大的基因测序服务机构。2012年末，华大基因接受了来自光大控股领投、红杉资本等创业投资机构的风险投资，继续拓展基因测序业务，进一步实现全产业链贯串。2013年，华大基因对美国Complete Genomics公司进行了全额收购，实现了基因测序仪器的国产化。在这些年发展过程中，华大基因建立了大规模测序、生物信息、生育健康、农业基因组等技术平台，其基因测序以及基因组分析已达到了亚洲第一、世界第三的水平。2014年，非洲暴发埃博拉疫情，华大与合作方成功研制出埃博拉病毒核酸检测试剂，助力纾解了世界性难题。凭借持续的高研发投入和丰富的全产业链资源，华大基因于2015—2016年先后推出了两种自主研发的基因测序仪BGISEQ-500和BGISEQ-50，这也使得其成为国内唯一、全球三家中能够量产临床级基因测序仪的企业。2018年6月，华大智造自主研发的MGISEQ-2000基因测序仪通过CFDA的审查，获得医疗器械注册证。

## （三）引领期（2017年至今）

2017年7月，华大基因在深交所创业板成功上市。上市之后，华大基因在科研、数据库、技术、产品、质量认证等方面均取得了明显的阶段性成果，产品资质申报、文章发表数量与专利申报和授权数量不断增多，构建了多种基因组学数据库，组建完善了多种类型的基因测序、质谱分析及全基因组合成等大数据技术平台，产品或实验室获得了欧盟CE等多种国际权威质量认证，使得其在基因检测的分析、检出、数据传输以及临床应用方面在行业中更具领先优势。此外，华大基因参与制定了多项国家、地方、行业、企业标准与共识，引领行业稳健发展。2017 年 11 月，华大基因入选时代影响力·中国商业案例 TOP30。2020 年新冠肺炎疫情之后，华大基因加强了“覆盖全国、辐射全球”的国际化战略布局，其产品力和全球行业影响力不断深化。截至 2022 年 8 月，华大基因在亚太、欧洲、美洲等地区合作的海外医疗和科研机构逾 3000 家，与 30 多个国家和地区的医疗主管机构达成了战略合作。

## 三、华大基因的行业领先之法

华大基因是如何成为行业领先者的？归纳起来，华大基因的成功之道有以下几点：

### （一）持续科技创新，通过质量认证

华大基因通过持续科技创新拥有了一系列全球领先的行业技术，构建了品牌核心竞争力。华大基因率先突破无创产前基因测序业务技术难关，研发出该先进技术且不断迭代优化，推出了基于全基因组检测临床应用的产品和全面解决方案，连续多年保持着业界标杆的领先地位。除业务领域技术外，华大基因在平台技术方面的水平也是业内翘楚。华大基因自主建立了世界领先的高性能计算、云计算、一体机等多种形式的数据分析平台，包括基因测序平台、质谱平台、遗传变异解读平台、一体机 HALOS 和基因云计算平台 BGIOnline 等，打破了行业技术壁垒，建立了核心技术优势。此外，华大基因也在科研和产业化过程中积累了海量的数据，建立了遗传病、肿瘤、病原体等多种基因组数据库，建造了可持续发展“护城河”。比如，华大基因组建了中国国家基因库，这是世界领先的存、读、写一体化的综合性生物遗传资源基因库，对人类社会的健康和可持续发展具有非常重要的战略意义。

华大基因始终贯彻“以引领质量的方式引领行业”的战略方针，高标准严要求铸就了产品和实验室资质认证体系，稳固了其行业国际领先地位。华大基因致力于打造国际高标准质量水平实验室，其在亚太、欧洲、美洲等地区设有 200 多个海外中心和核心实验室，前瞻性地进行了实验室质量管理体系认证。华大基因先后取得了环境（ISO14001）、职业健康安全（OHSAS18001）、质量（ISO9001）、信息安全（ISO27001）、医疗器械质量管理体系（ISO13485）、ISO17025 检测实验室认可、CAP 认证、CLIA 认证以及欧盟 CE 认证等多项国际权威的专业实验室认证资质，这些质量管理体系的认证表明了华大基因在基因科学研究领域的规范性、准确性以及可靠性均达到国际领先水平。此外，实验室研究成果也具有高质量的特征。如，华大基因多种基因测序仪、无创产前基因测序业务的配套试剂获得了 CFDA 医疗器械注册证，新冠病毒核酸检测试剂盒先后取

得欧盟、美国、澳大利亚等多个国家和地区的准入和使用认证。2022年5月，华大基因猴痘病毒核酸检测产品获得了欧盟CE证书，可在认可欧盟CE资质的180多个国家销售，进一步提升了其国际竞争力。

## （二）率先制定标准，引领行业发展

一流的企业制定标准，华大基因自成立始便将标准化工作列为公司发展的重要组成部分，主要体现在三个方面。其一，助力行业标准建设。华大基因拥有多个国际、“一带一路”区域和国内行业标准组织或产业联盟的重要席位，参与制定了数百项标准，涉及国家、行业、地方、团体、企业等层面标准，成为行业内标准的引领者。其二，助力国际标准落地于“一带一路”沿线国家与区域。2018年，华大基因发起成立了“一带一路”生命科技促进联盟，以进一步推动国际标准的研制发布、培训和认证工作，进而推动先进的精准医学系列技术在该区域国家和地区的应用。其三，建立华大基因标准认证评价体系。华大基因通过共建联合实验室和技术创新转移的方式推动中国技术、中国经验、中国标准“走出去”，建立了华大标准认证评价体系——BGI-CSP。如今，华大基因已在全球200多个联合实验室导入运行华大标准认证评价体系，对实验室检测能力以及标准体系的运行成效进行评估和认证，用标准助推全球精准医学综合能力的提升。2020年，华大基因牵头发布了全球首个新冠病毒检测国际标准，已陆续获欧盟、美国、加拿大等14个国家和地区的相关资质及认证，并率先进入WHO应急使用清单。

## （三）推动强强联合，加速开拓市场

为加速发展，华大基因积极推动强强联合。一类是与国内外领先的研究机构进行合作，另一类是与行业领先的企业进行业务合作。这些合作不仅增强了其实力，而且也是华大基因开拓海外市场的有力措施。

发达国家基因研究、基因检测和生物信息分析市场比较成熟，外来者开拓海外本土市场挑战很大。华大基因经常采取直接与当地研发机构合作的模式，这样不仅可以申请到一定的科研经费，而且也有益于其扩大公司在当地市场的品牌知名度。例如，华大基因与美国费城儿童医院、戴维斯大学、艾伦研究所的合作项目等。而对于发展中的国家和地区，市场还处在待开发阶段，华大基因往往会采取先自设代表处然后再寻求合作的发展模式，有效支撑其国际战略布局落地。华大基因在埃塞俄比亚地区建立了当地第一个ISO13485 IVD工厂，为非洲地区人民生产量身定制的传感染疾病防控相关的产品。

与研究机构合作，有助于夯实基础研究；而与行业领先企业合作，有助于直面实际应用。2014年，华大基因与欧洲领先的医学诊断服务公司Unilabs签订合作协议，为欧洲客户提供创新的基因检测服务和医疗解决方案。2020年，华大基因与美国 Natera 公司强强联合，成功开发了为瘤患者定制化监测的 Signatera 技术，做到了更早、更精准地预测肿瘤复发和疾病进展。2022 年 7 月，华大基因与沙特 Faisaliah 集团签署合作协议，在临床实验室检测服务和医学技术方面进行合作，共同在中东市场提供精准医学服务。

## （四）重视科技人才，夯实发展基础

华大基因的人才开发理念与众不同，讲究“三观三好”。“三观”是指世界观、人生观、价值观。“三好”是指身体好、学习好、工作好。华大基因认为员工首先需要身体好，再次是学习好，最后是工作好，而不是企业内常见的先谈工作好，然后谈学习好，最后谈身体好。实际上，这三好要求员工具有“三自”意识：身体好，要自律；学习好，要自主；工作好，要自驱。

华大基因探索出独具特色的人才培育体系——“翼线”和“鹰线”两线相结合的人才进阶梯队培养模式。“翼线”是指新员工能力培养线，“鹰线”是指员工骨干 / 干部培养线。在“翼线”培养体系中，坚持“以项目带学科、带人才”的培育理念，创新性采用“超级干细胞”高潜人才培养计划、“2+2+X”学生培养以及硕博士联合培养模式，与国内外顶级高校建立联合培养的合作关系。“鹰线”则侧重给予员工骨干挑大梁的机会，进行管理岗位的锻炼，激活他们的创造性和使命感，引导他们积极担负起公司业务改善、服务提升、战略规划等不同岗位职责。“翼线”和“鹰线”为华大基因培养了一批批既具有战略和宏观思维，又有执行和落地能力的世界一流人才梯队，坚实构建了企业底层核心竞争力。

华大基因秉持“因材而用”的原则，识人长处，用人所长，尊重员工的职业发展需要，把员工用在合适的位置，发挥所长。为此，华大基因建立了员工管理和专业“双通道”的职业发展体系，从机制上保证员工在公司内多通道发展，提供多样化选择，鼓励员工“之”字形职业发展路径。与大多数企业不同，华大基因摒弃论资排辈，重要岗位优先在内部公平、公正竞聘，形成规范的轮岗和输出机制，持续保持员工工作的稳定和活力。华大基因打破简单的雇用方式，用赋能而不是管控来管理员工。员工考核更倾向于用目标与关键成果法，而不仅仅是用关键绩效指标法。员工短期和中期激励侧重薪酬政策、福利待遇、个人发展等方面，长期激励实施合伙人机制，设置不同层级的合伙人，打造“群英治华大”的运营管理模式。

## （五）开展科技惠民，传扬公益形象

华大基因始终秉承“基因科技造福人类”的愿景与使命，践行科技惠民公益项目，传递负责任的品牌形象。除了为自然灾害或全球重大卫生事件捐赠钱物、保护环境外，华大基因还通过成立华基金和光基金等公益基金开展各种公益项目，支持慈善事业，引领普惠民生项目。例如，2022 年 2 月，华大基因正式成立天下无“贫”公益专项，为地中海贫血、镰刀型贫血等血红蛋白病罕见病患者提供支持与帮助；同年3月，华大基因成立“天下无癌”公益专项项目，进一步将先进的防癌抗癌技术成果为癌症病患者提供筛查防控服务。

此外，华大基因一直秉持“科普即公益”的造福初心，注重生命健康公益科普，大力推动建设公司自营宣传渠道以提高全民健康意识。除线下讲座外，华大基因开设了微信公众号、微博、抖音、喜马拉雅、音频节目《天方烨谈》和访谈视频节目《非要你健康》等新媒体科普专栏节目；同时，不断探索并创造出更加贴近社会大众需求的科普内容，在海外社交媒体平台、微信公众号、微博发布原创科普帖数均高达数百条，公司全媒体渠道覆盖全球逾2亿人，受到了医疗专业人士及社会群众的广泛认可。

## 四、总结

在高科技行业，成为行业领先的品牌对国内本土品牌来说充满挑战，这要求企业具有非常强的软实力和硬实力，同时需要苦心经营数十年，过程十分不易。华大基因通过以下五个策略苦心经营发展20多年，成为全球领先的基因科技企业，引领了行业发展，在国际上具有很强的品牌影响力。其一，科技创新是关键，质量保证是基础。没有先进的科技和稳定的品质，高科技品牌无法立足；其二，建立行业标准，掌握行业话语权，引领行业发展风向；其三，与领先的科研机构和企业强强联手，不断进行科研和技术创新并开拓市场；其四，注重人才保障，践行以“三观三好”为核心的人才管理体系，培养具有战略视野和专业水准的优秀人才，构建品牌核心竞争力；其五，秉持初心，持续开展科技惠民公益项目，传扬品牌社会责任，打造良好品牌形象。

# 服务品牌篇

# 如何推动服务品牌创新?

深圳航空的服务创新

## 一、引言

服务业是完全不同于制造业的一类产业，其无形性、可变性、易逝性、同步性等特性导致服务品牌的重要性比制造业品牌更大，并且服务品牌的建设难度比制造业更大。尽管制造业品牌建设的经验丰富，但行业差异使得很多经验难以直接借鉴到服务品牌上面。这也导致真正优秀的服务品牌并不多见。另外，服务措施本身并不具备核心竞争力，一些创新的做法很容易被模仿，从而使得很多服务企业的产品同质化程度严重。为此，必须不断创新服务品牌，增强顾客对服务品牌的认知和认同，从而提升服务企业的竞争力。

民航运输业属于典型的服务业，近些年也面临航空服务市场竞争激烈、产品同质化严重的问题。如何打造独具特色的服务品牌、增强市场竞争力成为各大航空公司的当务之急。深圳航空作为国内民航运输行业的后起之秀，自成立以来一直秉承“任何时候、自然体贴”的服务理念，深耕服务创新管理，成功打造了特色服务品牌，先后获得“亚洲品牌 500 强”“中国 500 最具价值品牌”“深圳企业百强”等荣誉称号，如今已成为航空行业的服务标杆，被誉为深圳的一张亮丽名片。那么，深圳航空是怎样走出一条服务品牌创新之路的呢?

## 二、深圳航空的发展历程

深圳航空有限责任公司（以下简称深航）成立于 1992 年，主营航空客、货、邮运输业务，是国内第五大航空公司。自成立以来，深圳航空立志成为世界上最受推崇和最有价值的航空公司，奉行“以用户需求为核心”的服务理念，积极开展服务精细化管理和特色服务创新，坚持以优质、个性化的服务来打造品牌。深圳航空的发展历程可以划分为以下三个阶段:

### （一）起步期（1992—2005 年）

1992 年 11 月，由中国国际航空股份有限公司、广东广控集团有限公司等五家公司共同投资的深圳航空正式成立，并于次年 9 月 17 号顺利开航，首航是厦门和北京。最初，深圳航空只招收了23名飞行员，拥有两架波音系列飞机。在激烈的竞争环境下，作为与特区共同成长起来的航空企业，深圳航空“居危思危”，不断壮大企业规模，在紧抓客运业务的同时，积极开拓货运业务，并发展餐饮、旅游、工贸等与航空运输相关的产业链。2000年，深圳航空第九架和第十架飞机陆续飞抵深圳机场，月运输人数自此突破十万人次大关。在业务量稳步增长的同时，深航推出了舒适经济舱、免费大巴接送和网上订票服务，开始以特色服务培育航空服务品牌。2005年，已获得国际航空运输资格的深圳航空开通了首条国际航线：深圳—吉隆坡，开始走出国门，进入国际市场。

### （二）发展期（2006—2017年）

2006年，深圳航空根据国家“十一五”规划和“建设民航强国”的战略部署，提出“369”品牌发展战略规划，进入快速发展阶段。2007年初，为了确保战略目标稳步实现，深航创建了适合自己的罗盘管理模式，开始打造五星级航空运输企业。作为特色航空领跑者，深航先后获得“首届哈佛商业评论管理行动奖”金奖和“中国500最具价值品牌”等荣誉称号。2012年11月29日，深圳航空正式加入星空联盟，此举在扩大国际影响力的同时，也推动了深圳航空向国际水平看齐。截至2015年底，深圳航空拥有各类客机170多架，包括空客320、空客319和波音737，运营了近200条国内外航线。从2015年至2017年，深圳航空的营业额一直保持稳步增长，2017年销售额突破120亿元，盈利18.51亿元，成为中国五大航空公司之一。

### （三）成熟期（2018年至今）

2018年，深圳航空开通“深圳—伦敦”首条定期洲际航线，在中欧“一带一路”合作中发挥重要作用。这一年也是深航实行“369”品牌发展战略的关键年。在深圳市政府公布的《2018年深圳市消费服务品牌消费者NPS口碑指数表》中，深圳航空以28.7的NPS值排名第一，其优质的“空中服务”与“航班服务”让深圳航空成为旅客的首选。2020年，深圳航空的一“旅”阳光优质服务示范组荣获“2019年感动交通十大年度人物”称号。2021年，深圳航空启动服务“体验官”项目，持续打造特色服务品牌，当年营业收入高达185亿元，同比增长6.4%。2022年，深圳航空成为国内民航业的佼佼者，机队规模达200架（不含旗下子公司拥有的飞机）。至此，深圳航空用30年时间实现了跨越式发展，以安全第一的理念、创新的特色服务、舒适的乘坐体验获得了旅客的好评和行业的肯定。

## 三、深航的服务品牌创新策略

为解决民航市场服务产品同质化问题，建立竞争优势，深圳航空把特色服务创新作为攻占市场的重要突破口，力争为消费者提供更多的附加价值，以服务品牌优势摆脱低水准的市场竞争。基于这一市场策略，深航成功走出了一条航空企业服务创新的新路径，其服务创新可归纳为服务理念创新、服务界面创新、服务系统创新以及服务技术创新四个方面。

## （一）服务理念创新

深圳航空坚持“创新科技、高效连接、高端定制化”的核心价值观，致力于为每位乘客带来独特的用户体验。“任何时候、自然体贴”是深圳航空一直坚守的服务理念，经过长时间的沉淀，已经成为深圳航空的品牌承诺。“新体验、心感动”的服务行动，是对“用高质量特色服务用心感动每一位乘客”的高度凝练，是对“任何时候、自然体贴”企业口号的具象化，也是对“创新”价值观和“感恩”价值观的传承和发展。

基于上述服务理念，深圳航空不断推出新的服务内容，致力于为旅客提供更加细致、体贴的服务。2004 年，深圳航空成立旅客服务室，主要负责进、出港航班旅客的接送机事务。之后，旅客服务室不断开拓创新，开展了一系列特色服务项目，如：登记管家、儿童雨衣、登机口健身操、航延路线指引等。2006 年 9 月，深圳航空率先在深圳推出“网上值机”服务，后又推出“一程无忧”值机全流程服务，包括一站式改签、线上选座、自助值机、一站式逾重费缴纳等，从细节层面推动了服务创新。2008 年，深圳航空启动“深航女孩”品牌，受到广泛关注。“深航女孩”一直秉承着深航的价值追求和优质服务，在 2019 年开展了“辣鹏特色辣椒酱”、“爱心姐姐”无陪儿童专属服务、节假日机上活动、机上绘画比赛等特色活动。“深航女孩”在宣传深航服务品牌的同时，也为旅客带来了难忘的乘坐体验。2020 年,“深航女孩”创新工作室通过打造“满意客舱”“品味客舱”等项目，开发了独具深航个性和特色的产品，如云栖“书荐”、云栖“茶享”、“洗手间消毒打卡”、“爱心便利贴”。2021 年，深圳航空的“隔离区智慧改签”服务为旅客应对新冠肺炎疫情带来的误机风险提供了保障。另外，涵盖智能应答系统、智能客服机器人系统、智能语音分析系统的深航智慧客服体系进一步提高了深圳航空品牌的核心竞争力。30 年来，深圳航空持续推进服务创新，增加服务内容，为旅客提供多样化的服务，逐渐成为行业的标杆。

## （二）服务界面创新

深圳航空的服务品牌培育并不是在一朝一夕间完成的，而是划分成服务品牌、品牌服务、品牌管理三个阶段，逐步实施与推进。服务品牌阶段是不断推出具有特色的创新服务，品牌服务阶段是将品牌推广给消费者，品牌管理阶段的核心宗旨是把品牌特质看作深航最重要的“无形资产”来运营和调控，通过品牌相关战略的制定和开展，实现公司各个事业群品牌的相互支持和共同发展，最终达成深航服务品牌“无形资产”的可持续发展。由于航空行业的服务很大程度上是在与旅客接触的过程中完成的，因此，构建与旅客接触的新界面和新平台对于企业的服务品牌创新而言具有重要作用。基于此，深圳航空在与旅客接触界面的服务创新方面进行了探索。

在公司发展的早期阶段，深圳航空的网站为旅客了解深圳航空、获取线上咨询提供了方便，但随着移动支付的普及，旅客需求更加多样化。为提高旅客服务质量，加强与旅客之间的交流与互动，深圳航空创建了掌上深航 App 和微信小程序，旅客可以在线上进行购票、改签、智能客服查询等操作，保证深航服务人员与旅客的沟通不受时间和空间的限制。随着数字经济时代的到来，深航及时抓住数字化媒体营销这个当下热门的传播形式，在微信、微博和抖音上都注册了官方账号，不断丰富用户的触达界面。其中，公司微博的粉丝数量达到 374 万人，公司抖音账号有近 52 万的粉丝和 150 万人次左右的点赞，深航发布的系列推文和短视频对塑造和培育深圳航空服务品牌具有极大的推动作用。随着数字化和智能化技术的发展，深圳航空将服务界面与人工智能进行融合，加强 95361 客户服务中心的智能系统建设，构建了智慧客户服务体系，通过创新服务界面，打造极致客户体验。

### （三）服务系统创新

对于航空公司，每一次飞行服务都需要通过内部组织安排、管理和协调，确保每一个环节有效完成任务，避免出错。在推出新的服务理念时，航空公司需要重新设计服务流程、调整内部组织、培养高素质员工以满足旅客的多样化需求，为旅客提供新的服务感知价值，提高航空企业服务品牌的美誉度。

为了使旅客获得高质量服务，深圳航空在服务传递系统上对各种航空运输服务进行分段处理，尽可能量化每一个服务环节。经过 30 年的发展和沉淀，其服务系统和服务链条已经相对完善，包括客舱服务部、地面服务部、配餐部、营销委员会、服务发展部。同时，也形成了涵盖标准管理、监控管理、危机管理和创新管理四大模块的服务质量管理体系。根据经营环境的变化，深圳航空的服务传递系统经历了从传统模式到智能模式的转变。2012 年，深圳航空提出建立全行业领先的旅客服务管理系统（Customer Service Management，CSM）。2013 年 9 月，CSM 系统正式上线，借助先进的管理系统，深圳航空的服务管理水平再上新台阶，服务流程和服务方式逐渐标准化。2022 年 4 月，深圳航空正式推出基于华为鸿蒙操作的系统化服务，用户只需进入服务中心搜索“深圳航空”，即可申请机票预订、防疫查询等服务，直接触达用户需求，为用户带来了全新的服务体验，也提升了用户对深圳航空品牌的形象认知。

### （四）服务技术创新

科学技术的发展为航空公司的服务创新提供了更多的机会，深圳航空以开放的心态，积极拥抱数字化、智能化和智慧化的转型浪潮，应用互联网技术、信息技术、大数据、人工智能等为服务品牌赋能，创造了巨大的品牌价值。

2018 年 10 月，深航和腾讯就“互联网 + 智慧航空”项目达成合作，希望将新技术与航空出行、行业生态融合发展相结合，进一步实现航空服务网络和人的连接，推动航空服务升级和模式创新，助力国家建设“交通强国”目标。双方在项目、产品、技术和运营等层面开展了广泛合作，合作领域涉及智慧航空出行、大数据和云计算领域、差旅、航空金融支付创新、信息化建设、人工智能应用以及公益、品牌建设 7 个板块，涵盖了航空体验服务的全流程。深航的线上服务以“深航码上飞”小程序为基础和纽带，深度介入旅客出行和服务的各个场景和环节，全面增强用户的良性体验和重复使用率，并探索 AI 在旅客身份识别等领域的应用，从信息安全、出行保障、支付便利、创新技术等角度，推进数字技术在民航领域的运用。所有使用“深圳航空”微信小程序的旅客，可享受深航带来的全方位服务以及科技赋能的出行体验。小程序具备认证登录、行程列表、航班动态、值机选座、电子行李条等基础的出行服务功能，在遇到出行高峰、航班不正常等特殊时段，可以有效提升服务办理速度。之后“深圳航空”小程序还增加了航延赔付、儿童选座、电子发票、机上升舱、人脸识别、易行服务、国际航班、地图指引等增值服务，持续推动服务创新工作，提高旅客满意度。为持续拓展服务范围，深圳航空借助大数据技术，基于用户数据输出用户画像、用户行为特征和兴趣偏好，进而为旅客提供专属的定制化航空出行服务，实现数字化智慧出行。

## 四、总结

与有形产品不同，服务没有实物形态，也很难建立固定的服务质量标准，客户对服务质量的评价更具主观性。同时，服务产品的同质化又日趋严重。因此，服务品牌的创新势在必行。深航在服务品牌创新方面探索出了成功经验，概括为以下四个方面：第一，适时提出新的服务理念，以差异化服务增加消费者的感知品牌价值；第二，构建新的服务界面和平台，为用户提供多样化、个性化的服务方式和交流途径；第三，打造新的服务传递系统，以更加顺畅、智能的服务流程带给旅客全新的用户体验；第四，在服务中应用新技术，以高科技为服务品牌赋能，塑造智慧航空品牌形象。深航的服务品牌创新经验，不只为航空企业，也为其他的服务行业提供了参考和借鉴。

# 如何锻造专业化的服务品牌？

## 顺丰速运科技赋能物流

### 一、引言

服务业在三大产业当中的比重不断增大，越来越多的服务企业不断涌现，也带来了激烈的市场竞争。如何打造专业化的服务品牌？物流行业的顺丰速运能够带来一些启示。在传统的印象中，物流行业总是给人一种劳动力密集型产业的感觉，但顺丰速运运用科技为物流服务赋能，形成了智慧供应链解决方案。这家创立于 1993 年的物流公司，经过近 30 年的拼搏奋进，现已成为全球第四大快递公司。特别是在国内物流服务业，顺丰一马当先，成为国内领先的快递物流综合服务商。国家邮政局的调查显示，2021 年顺丰速运的快递服务满意度排名全国第一。在“2021 年胡润中国 500 强”排名中，顺丰控股以市值 3310 亿元位列第 29 位。在 2021 年凯度 BrandZ™ 最具价值中国品牌 100 强排行榜中，顺丰速运以 187.72 亿美元的品牌价值排名第 20 名，位列快递业榜首；在 2022 年《福布斯》全球企业 2000 强排行榜中，顺丰控股名列第 613 位；而在 2022 年《财富》世界 500 强排行榜中，顺丰控股首次上榜，以 321.20 亿美元的年营业收入名列第 441 位。在竞争激烈的物流行业，顺丰速运是如何凭借专业化的服务，成为领军品牌的？

### 二、顺丰的发展历程

从创立至今，顺丰已走过了近 30 个年头。这 30 年也是中国物流行业快速发展的 30 年。从一家小微企业发展成为中国首屈一指的物流快递巨头，顺丰历经了三个阶段。

#### （一）起步扩张阶段（1993—2001 年）

1993 年 3 月，顺丰创始人王卫以 10 万元的资本在广东顺德注册顺丰速运，当时公司仅有 6 人。在业务起步阶段，王卫和员工们用背包和拉杆箱运货，采用“割价抢滩”的低价策略吸引了大批顾客。在建立一定的业务根基后，王卫觉察到要想将顺丰做大做强，必须做到以专业取胜。由此，顺丰开启了“加盟扩张”模式，搭建顺丰速运的专营网络：每在一地新建据点，就成立一家新公司，分公司归当地加盟商所有。这种扩张模式使得顺丰在短短几年时间内就占领了珠三角市场。到 1997 年，顺丰几乎垄断了所有通港快件，当时通港的快件货运车中有 70% 是属于顺丰的。业务发展相对稳定后，顺丰渐渐开始向长三角地区拓展，继而进军华中、华东、华北地区。

在扩张业务的同时，顺丰企业内部架构也在进行着同步调整。1999 年，公司将员工的收入模式调整为提成制，此举提升了员工的积极性与工作效率，员工的服务质量与专业度也随之提高。2001—2002 年，为适应业务的需要，顺丰决定增加中转班次和进出口班次，并加强对值班员工的岗前培训，从数量和质量两方面提升专业服务能力。

### （二）管理优化阶段（2002—2011 年）

在加盟模式下，一些加盟商受利益驱使，擅自在货运中夹带私货，甚至延揽业务成为“土霸王”。为彻底解决这类问题，2002 年顺丰速运启动业务模式变革。为实现品牌服务的专业化，顺丰决定提升专业管理水平，加强总部领导能力和控制能力，重点对公司管理模式进行整合，从原来的特许加盟模式转变为“直营模式”，由总部对子公司统一经营、统一管理，保障了服务的整体性和专业性。

2003 年，“非典”暴发，顺丰瞄准航空运价大跌的机遇，转“危”为“机”，与扬子江快运签订包机 5 架的协议，在行业内部率先把民营快递带上高空，以“快”为优势，奠定了顺丰的竞争优势地位。除了专机以外，顺丰还与多家航空公司签订协议，利用国内 230 多条航线的专用腹舱，完成快件在全国各个城市之间的运送。2005—2006 年，顺丰全面提速，不仅扩大了网点分布，还提供多项增值服务，并在行业内重新进行定位，瞄准中端市场，强调提高服务质量。2009 年，顺丰组建航空公司，并一次性购买两架属于自己的飞机，从而专注于提升快递运输效率。自 2010 年开始拓展国际件服务，顺丰陆续开通美国、日本、韩国、新加坡、马来西亚等国家的快递服务，以及 200 多个国家和地区的跨境 B2C 和电商专递业务。2011 年，顺丰速运拥有 15 万名员工，销售额已经达到 150 亿元，年平均增长率 50%，利润率 30%。

在管理优化阶段，除上述措施之外，顺丰还注重明确产品定位，主要聚焦中端客户，做小件快递，不做大件、重件，不做与四大国际快运重叠的高端业务，也不做同城低端线。基于这一阶段的专心发展，顺丰的业务量迅速增加。

### （三）战略升级阶段（2012 年至今）

2012年，顺丰速运与亿柏国际设计中心开展战略合作，对快递工具进行升级。根据中国人的生理特征和人工力学原理，设计出时尚、简约、智能的快递工具，节省操作人员的体力和时间，提高各项流程的协作效率。2015 年，顺丰为进一步深化“快、专、优”的品牌服务形象，推出“顺丰次晨”业务：在指定的服务范围（“环渤海”“长三角”“珠三角”三大经济圈内城市）和时间内邮寄的快件，将于次日 10：30 以前送达，并做出时效承诺——如若超时派送，则主动抵免运费。2017 年，成立 24 年的顺丰在 A 股借壳上市，依靠资本的力量走上发展的快车道。通过增加投资，顺丰加强了公司基础设施建设，积极开发、引进高新信息技术，装配先进设备，提高业务自动化、专业化水平。目前顺丰速运已经具备了全流程的信息监控、跟踪、查询及资源调剂的能力，进一步优化了快递网络。在综合物流成为大势所趋的行业背景下，顺丰前期的供应链布局开始彰显效果，公司在中高端市场逐步占据领先优势。2020 年 9 月，顺丰与中国铁塔股份有限公司签署战略合作框架协议，顺丰将为中国铁塔提供能源电池仓储物流运输、通信工程设备供应链业务等整体解决方案。顺丰通过与行业龙头客户强强联合，发挥各自优势，共享资源，联合开发技术解决方案，提高了专业服务的效率与灵活性。另外，顺丰也重视围绕客户及其上下游供应链，进一步挖掘和拓展业务。截至 2022 年初，顺丰已形成可覆盖国内外的综合物流服务网络，拥有“天网 + 地网 + 信息网”——“三网合一”的专业化服务能力。

## 三、顺丰的品牌专业化策略

顺丰秉承“以客户为中心，以体验为根本”的理念，坚持提供专业化服务，在确保快件邮递安全的前提下提升服务效率；同时注重优化服务团队，完善供应链一体化建设，促进物流技术创新，推动智慧物流，拓展服务维度，致力于为客户提供专业、迅捷、安心、智能的快递服务。

### （一）聚焦业务时效性与安全性

为提升服务效率，顺丰实行三班制，昼夜不间断营运。为满足客户需求，公司新增夜晚收件服务，延长收取快件时间，在北京、天津、山东、“江浙沪”、广东以及安徽的部分地区推出夜晚收件服务，保证客户的快件能够在第一时间进行中转派送。在运输设施方面，顺丰速运创建了自营的运输网络、信息监控系统，通过 HHT 手持终端设备和 GPRS 技术全程监控快件运送过程。顺丰拥有自己的航空公司以及专运货机、自有专机和 400 余条航线的航空资源，借助庞大的地面运输网络，保障快递在各环节都能做到尽快发运，在正常情况下可实现快件“次日达”。顺丰通过专业化的管理以及专属的运输网络，以机动性和时效性彰显了公司的专业化能力，提升了品牌影响力。

为提升运输安全，顺丰从源头和中转两个方面加强管理。在下单及收件阶段，顺丰实行实名寄件和收寄验视，运用科技手段，从流程植入系统强制实名和考核监控等维度，确保实名认证制度的有效执行。此外，公司将实名情况在系统线上展示，实行网点监控，并将未实名数据纳入收派员的考核标准。除在寄件源头开箱验视外，顺丰还搭建“天犬”预警系统，严控高风险物品流入快递渠道。2019 年，顺丰成功截留违法违禁品 10573 件。在中转运输阶段，顺丰通过快件集约、专业容器装载等方式，降低电池类、易碎类等物品的自燃及损坏风险。同时加强运输安保管理，采用厢式货车运输，采用实体锁或电子锁、封签等辅助工具，并在运输途中实时监控车辆停靠位置，规范停靠时间与行车线路，保障快件在运输中转环节的安全。顺丰速运的安全事故发生率在业内排名最低，体现了专业管理制度对安全性的保障效果。

### （二）优化服务团队，打造品牌口碑

物流快递是一个“向服务要效益”的行业，谁的服务能得到消费者认可，谁的市场就更广阔。一家优秀的物流企业，离不开专业化的服务人员。这些服务人员就像是企业对顾客展示的名片，他们以特色鲜明的服务模式形成企业的核心竞争力，也铸就企业的专业化品牌。基于此，顺丰从客户群体的服务场景出发，深挖不同场景下的客户需求，针对服务产品类型及客户不同需求，设计适合不同客户的服务方案，明确收派员操作及中转操作指引，搭建售前售后客服必需的知识库，保障有针对性的差异化，为客户提供专业化优质服务。

为打造一支优质精干的专业化服务团队，顺丰整合全网优质培训课程资源，结合实际业务情景，制作易懂易学的网络学习课程，为员工提供全面的业务培训；通过客户满意率、客服失误率、邮政申诉率、理赔处理时长等指标对客服人员进行考核，并将考核结果用于绩效管理，以多元化激励等方式提升客服人员服务水平。在国家邮政局公布的《2021 年快递服务满意度报告》中，顺丰在快递行业满意度排名和企业满意度排名中均名列第一，连续 13 年蝉联行业榜首，进一步提升了顺丰品牌的口碑传播效应。

### （三）优化作业流程

为提升专业化能力，顺丰优化了针对各个业务环节的作业管理，并在业务中积极采用最新的科技成果，有效提升了服务质量与服务效率。各环节的优化措施如下：

下单环节：在客户下单环节，顺丰以地址匹配服务，帮助用户完成地址录入，提升地址规范化水平及用户体验；通过智能语音交互，以及启发式的话术设计代替人工客服，精准识别客户的意图并获取关键信息。

收派环节：顺丰结合收派员的工作场景，定制了可穿戴智能蓝牙耳机，支持

语音唤醒和语音指令交互，提升收派员的工作专业性；使用有加密隐藏功能的电子运单加强客户的私人信息保护，同时进一步发展绿色环保物流；研发可追踪可回收的“丰·BOX”、食品医药温控的包装体系以及专业的重货包装解决方案，为不同包装需求提供了多元化、智能化、专业化的选择。

运输环节：顺丰基于海量业务数据，运用深度学习和智能匹配，提升运输效率；顺丰构建了网络与线路规划算法系统，根据特定的物流产品需求，结合时效、运力、容量等关键指标，合理高效地配置运力与作业资源；为解决诸多特殊场景的运输难题，公司全面布局物流无人机领域，使其作为公司现有运力补充的同时，实现对服务覆盖范围的延伸。

中转与仓储环节：顺丰研发了多种低成本、高可靠性的专业化分拣系统，通过部署快递物流自动化分拣设备，实现 24 小时连续高速处理包裹，有效降低分拣差错率；顺丰构建了完整的顺丰云仓数字化和自动化体系，支持冷运仓、医药仓等多种仓储业务形态，通过多维度数据分析与智慧分仓，为客户提供细分行业的系统解决方案。

### （四）创新智能物流技术

顺丰通过整合内部资源，依托海量经营数据，运用大数据计算与分析、运筹优化、人工智能等技术打造物流运营分析平台、业务预测平台等智能决策平台，以数据和科技驱动决策、引领经营，简化管理流程，有效提升经营决策的效率和科学性，通过打造顺丰的“智慧大脑”，实现数据驱动科技、科技赋能物流。以顺丰速运针对物流行业自主研发的国内首创音视频识别（IVA）行业产品“慧眼神瞳”为例，该产品实现快件全流程可视化追溯及破损情况检测，可实时监测各地各类违规操作，能有效降低破损件和丢失件概率。

截至 2022 年，顺丰已形成大数据系统、区块链平台、自动化分拣系统、AI 设备和中转场网络的合理科学布局，支撑物流各个环节高效运转，被喻为“披着快递马甲的科技公司”。

## 四、结语

在信息技术日益发展的今天，专业化服务品牌的打造需要依靠科技的赋能。顺丰作为快递服务行业的翘楚，其品牌专业化实践对其他品牌具有借鉴价值。具体而言：第一，作为服务品牌，顺丰深刻把握服务产品本质，强调在满足客户一般需求的基础上，最大限度地满足客户的个体需求和特殊需求，深挖业务场景，为不同场景设计不同的客户服务方案，从而树立了顺丰专业化的品牌形象，也形成了顺丰的核心竞争力；第二，重视技术的作用，积极采纳最新技术，打造专业形象。公司在业务水平与效率、服务人员队伍、作业环节、智能物流这四大维度专注发力，例如，引入监控和预警系统，自主研发专业化分拣系统，打造“智慧大脑”，等等；第三，充分发挥人的主观能动性，以人为本，基于业务实践和客户反馈开展员工培训，并实施多元化的员工激励措施；第四，坚持品牌的“专业化”底色，在拓展服务品类的同时，不忘初心，围绕核心能力开展多元化，始终不偏离核心业务，具有很强的战略韧性和战略定力。

# 如何培育会展业的平台品牌？

## 深圳文博会的品牌方略

### 一、引言

随着市场经济的快速发展和创新产品的不断涌现，当前会展经济已进入一个蓬勃发展的时代。然而，综观国内外各个行业的会展，可以发现多数行业会展规模较小，定位雷同，且缺乏品牌影响力与持续性。不同于传统的品牌，会展品牌是典型的平台品牌，必须同时考虑参展商和观展方双边市场，因此品牌建设有其特殊性。如何在众多的行业会展中脱颖而出，成为一个具有影响力的会展品牌，是会展经济从业者需要考虑的问题。中国（深圳）国际文化产业博览交易会（Shenzhen International Cultural Industry Fair；以下简称文博会）就是这样一个会展行业的领先品牌。作为落户于深圳的国家级展会，深圳文博会通过一系列的市场化运作，不断扩大国内外影响，成为会展业的平台品牌代表。

### 二、深圳文博会简介

深圳文博会的发展既是我国推行文化产业发展国家战略的产物，也是深圳文化立市和文化强市的产物。早在 2003 年，深圳市就确立了“文化立市”战略。借获得联合国教科文组织“创意城市网络”的“设计之都”称号之际，深圳在多方协同下开启了文博会的发展之路。2004 年 11 月，深圳首届文博会顺利举办，当年即入选了 2004 年“中国文化十件大事”。首届文博会原计划由原文化部产业司、广东省文化厅、广东省新闻出版局、广东省广播影视局和深圳市人民政府共同主办，但为了体现国家文化战略，扩大文博会影响，最终升格为由文化部、国家新闻总署、原国家广电总局及广东省政府共同主办，深圳市政府承办，深圳广电集团、深圳报业集团协办。从成立之初，文博会就被赋予了与生俱来的高起点，为后来成为我国第一个国际性、专业化、高规格、大规模的文化产业综合展会奠定了坚实的基础。2005 年，第二届文博会拉开帷幕的同时，专业化的文博会有限公司也宣布成立，开启了文博会“政府办会企业办展”的市场化运作新模式。2006 年 11 月 9 日，深圳文博会一跃成为国际展览联盟认证展会，这是当时中国唯一获得该认证的综合性文化产业博览交易会。不久后，深圳文博会又被列入《国家“十一五”时期文化发展规划纲要》重点扶持的展会之一。2010 年 1 月，中宣部专门为加强文博会管理成立了“文博会协调领导小组”，对文博会办展进行指导。2020 年以来，受疫情影响，首次在线上举行的“云上文博会”吸引了来自全球 30 个国家和地区的参展商前来参展，以及全球 106 个国家和地区的 10490 名境外采购商注册观展。在 2021 年的第十七届文博会上，线下主会场开展的同时，“线上文博会”也在同步开展。随着知名度和海内外影响力的不断提升，深圳市文博会历年的参展商数量也在稳步增加（见图 4）。

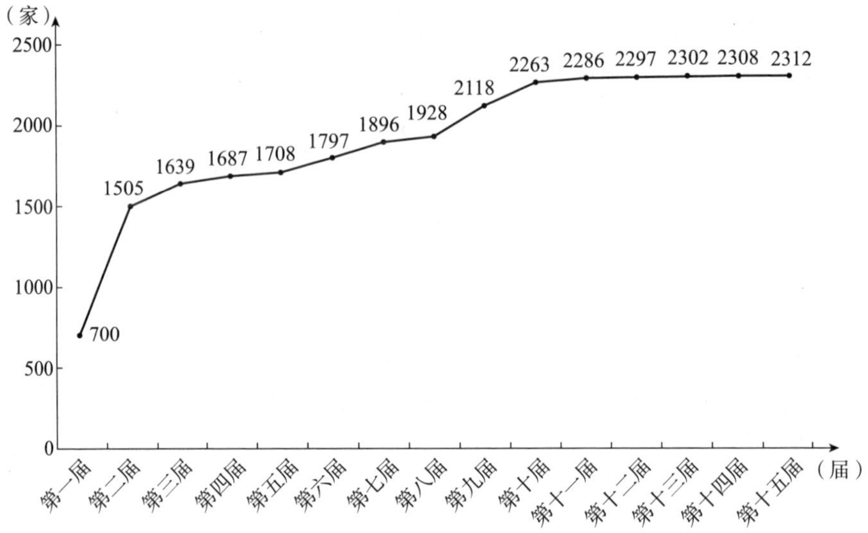


**图 4 文博会参展商数量**

## 三、深圳文博会的品牌培育策略

会展现场的硬件条件和活动运营是服务的基础，而会展的品牌知名度和品牌形象则是大力吸引双边用户的重要原因。无论是面向参展商一方，还是面向观展商和大众一方的吸引力，都离不开有效的品牌培育策略。深圳文博会通过品牌定位、品牌符号、品牌传播、品牌创新四个方面的策略赋能品牌，推动其会展品牌持续成长。

### （一）品牌定位

品牌打造的首要工作是定位，平台品牌也如此。作为平台品牌的深圳文博会在成立之初就确立了清晰的品牌定位策略，并始终围绕“国家级”“国际化”“综合性”三大核心定位，不断丰富三个层面的品牌内涵，全力打造中国文化产品与项目交易平台。同时，其品牌定位也在不断升级，当前“科技化”也成为深圳文博会的一大亮点。

1. 国家级会展品牌

深圳文博会成立之初，深圳市政府就强调了深圳文博会要办出国家级水平。发展战略上，文博会作为中国文化产业会展的代表平台，向国际市场敞开大门。发展支持上，主办单位的升格和国家的高度重视与支持，使得深圳文博会发展有着国家强大的资源作为支撑。发展历程中，文博会的国家级定位也随着多年来展会的开展不断强化，逐渐成为了解中国文化产业发展现状和文化产品市场、进行文化产业技术和信息交流的国家级渠道，为中国文化产品的国际采购提供集中的“卖家资源”，推动双边市场的有效采购。时至今日，深圳文博会已成为闻名海内外的“中国文化产业第一展”。

2. 国际化会展品牌

“国际化”定位始终贯串于深圳市文博会多年来的发展历程之中。2004 年 3 月，深圳市委召开会议，决定要打造出一流的国际平台，把中国一流的文化产品推向世界，承载着这一国际化使命的深圳市文博会应运而生。从展会效果上看，文博会的海外专业观众在逐年稳步增长，国际化程度不断提升。例如，2018 年第十四届文博会吸引了更多来自全球各地的参展商和专业观众，海外展区的面积占比已达到整个展会展览区的 1/5，“一带一路”国际馆展示区全面展示了全球各地的多种文化内容。此外，文博会积极响应政府相关政策，不断加强与国际知名会展公司的交流合作，持续与国际水平的大型会展靠拢接轨，抓住每一届展会举办的契机，通过增加国际化展区、内容与主题活动，吸纳更多海外参展方和观众，大力增强展会自身品牌的国际影响力。

3. 综合性会展品牌

深圳文博会定位于综合性会展品牌，具体体现在以下多个方面：展会产品涉猎广泛，涵盖了文化旅游类、影视动漫类、新闻出版类、数字文化类、艺术品类、创意设计类、非物质文化遗产类、工艺美术类和互联网类等综合性类别。参展商则来自全国各地，企业规模不仅包含上市公司、中大型国企和民企，也纳入了众多创新型企业。海外参展商类型也十分多样，例如，2021 年文博会期间，有来自匈牙利安塔尔·约瑟夫知识中心、古巴图书委员会、法国深圳投资促进会、韩国忠清道工艺协会等综合性机构和企业前来参展。平台服务方面，也体现出深圳市文博会的综合性定位，参展商可以便捷地通过官方选择广告服务、直播服务、VR 展厅、票证服务等综合性服务板块。

4. 科技化会展品牌

在全国数字经济快速发展的大趋势下，也得力于深圳“科技之都”的特色优势，深圳文博会已经在历年发展中逐步稳固了科技化会展品牌的定位。历年会展中的参展企业、会展内容和展览模式等多方面均体现出深圳市文博会的高水平科技化。例如，借助科技化展会内容，在2021年第十七届深圳文博会上，众多数字文化企业展示5G、大数据、云计算、人工智能、物联网、区块链等在文化产业领域的集成应用。会展的展示方式也借助数字技术实现内容、模式和业态创新的生动案例，充分体现了深圳文博会的科技化品牌定位。

### （二）品牌符号

依据其功能性质及品牌定位，文博会打造了一套识别性和传播性高的品牌识别系统。2007年5月，第三届文博会正式启用统一的文博会视觉识别系统——文博会会徽和吉祥物小水滴“文鹏”。文博会会徽是汉字“文”与两个字母“SZ”（深圳）的艺术结合，其蕴含的寓意是博览的舞台、交易的纽带。从整体视觉效果上来看，是一个挥舞的“文”字，以此表达中华民族博大精深的文化形象；同时，会徽也是“S”和“Z”两个字母的融合，借以展示深圳这个国际化大都市包容和宽大的胸怀。

文博会吉祥物的外形是一滴小水滴，取名为“文鹏”，体现“鹏城”深圳滨海城市的独特风情。除了会徽和吉祥物，文博会公司还自创了专属会歌，不断塑造文博会独特鲜明的会展品牌形象。此外，文博会的线上传播渠道如官方网站、微信公众号等UI设计的基础风格都比较统一，以蓝色简约风为主要基调，与其国际化的品牌定位相匹配。

### （三）品牌传播

作为第三产业中的新兴行业，会展属于平台品牌，其品牌培育的核心是吸引双边市场（参展方和观展方）达成合作。深圳文博会不仅在面向参展商一方的品牌传播中整合了多方渠道和策略，同时面向会展观众一方的传播策略也实施得十分到位。

#### 1. 参展方品牌传播

文博会公司整合多方渠道，吸引优质参展商参展和有效发掘潜在用户。线上传播方面，通过在国内外举行联合新闻发布会或密集广告宣传等公关方式，引进相关参展商和行业协会。在其官方网络平台中，文博会也积极与各新闻媒体建立联系，与各大相关网站建立友情链接，尤其注重利用企业端较为关注的媒体融合使用。另外，文博会还与艺术网等网站达成了战略合作，充分发动热点话题，聚焦业界目光，力求实现广泛而及时的品牌传播，在各行业的B端形成影响力。此外，与参展商之间的有效沟通拉近了参展商与深圳文博会品牌之间的距离。文博会在品牌传播前期着重于让参展商知晓品牌，在传播中期则将目标定位于让参展商了解品牌，在传播后期强调巩固品牌地位，持续宣传品牌竞争力。针对广大参展商的媒体使用习惯，针对性地进行多渠道宣传。参展商服务层面，深圳文博会网站的在线服务遵循对话、互动、增值、独特的规则，既拉近与参展商的距离，也从参展商切身利益出发提供服务。能满足参展商个性化需求的沟通方式也提高了双方互动频率，增加了文博会的品牌亲和力，让参展商触达文博会的每一个细节点。

2. 观展方品牌传播

观展方的品牌传播旨在吸引更多观众前来参观文博会，其中包含能为参展商带来直接合作效益的 B 端专业观众，也包含能为参展商企业提升知名度和人气的大众用户。文博会针对观展方的品牌传播采用了整合传播方式。例如，主办单位依托深圳报业集团、深圳广电集团、深圳出版发行集团开展宣传，三家集团旗下多家报社和媒体发挥各自强大的媒体宣传优势，宣传幅度涵盖珠三角各个领域和区域。宣传包括传统的纸质媒体、电视媒体、户外和地铁广告等形式，也不乏各个合作单位的创新性传播活动。通过此类大众媒体进行品牌传播，构成了每届文博会吸引大量游客进行参观的重要基础。此外，文博会网络宣传依托官方网站和其他多个互联网平台进行全方位的品牌传播，并且依据其国际化品牌定位，在文博会官网等网络平台设置了英文版浏览模式，大大提高了海外观众使用文博会官方网站的便捷性。

### （四）品牌创新

作为国际创新之都，深圳的区位优势是文博会在品牌发展中不可或缺的重要部分。在城市品牌特色以及创新包容的城市环境下，文博会在品牌创新方面得以持续发展。在深圳这个充满创新与活力的城市，文博会运用模式创新、主题创新和机制创新思路，打造具有深圳特色的会展品牌。

1. 模式创新

深圳市文博会在展会模式方面的创新十分具有借鉴性。传统的展会模式较为单一，尤其在场地等客观因素的限制下较难充分考虑参展商和观展方的需求多样化。深圳市文博会采用主会场 + 分会场的模式，不仅使得主会场突出当届会展的核心主题，同时在不同细分主题的分会场中满足了参展各方的需求，也增加了会展内容的丰富度，提升了会展运营水平和效率。会展开展模式也依据市场需求和环境变化不断创新。例如，疫情之下，突破式的模式创新满足了防疫要求，也持续为市场提供展会功能，通过展会服务及产业交易对接模式创新，并模拟线下文博会场景，在云上平台设置文化产业综合馆等十大展馆。展会模式还利用科技理念不断突破旧模式，例如，3D 虚拟现实云展和 VR 技术打造的线上“全景看文博”等模式，综合关于文博会的各类信息动态。

2. 主题创新

会展主题老化是行业常见的现象，而历届深圳文博会的活动主题都在跟随时代变化和特征，结合传统文化和前沿科技不断进行展会内容更新。例如，2020年的第十六届文博会遇上全球蔓延的新冠肺炎疫情，于是聚焦“云上文博会”主题，利用大量先进技术开启了由云开幕、云展厅、云招商、云签约、云大数据等“五朵云”。2021年，正值中国共产党成立100周年，第十七届深圳文博会也相应突出中国共产党成立100周年重大主题。此外，历届展会的各分馆主题也与时俱进，例如在2016年，文博会初次设立“文化科技馆”，从文化与数字创业产业融合发展方面展示我国近年来取得的重要成果。2018年第十二届文博会，主办方特别设立了“一带一路”主题馆，全方位展示了各国的特色文化产品。

3. 机制创新

“政府办会，企业办展”是深圳市文博会在机制创新上的一大亮点。一方面，在文博会的品牌发展中，政府的支持起到了十分重要的作用。政府能够有效指导分配会展的各项要素，同时政府的权威性也具有不可替代性，可以为文博会起到强有力的品牌支撑。另一方面，专业化的文博会有限公司自身的服务质量也过硬，对内大力宣传、对外引导交流合作，在各方达成深入合作意向的同时也让文博会成为世界了解中华文化的渠道。在政府和企业双边的大力合作下，深圳文博会历届展会质量都保持了较高的水平。

## 四、总结

从一个服务型平台逐渐成为国际化、专业化、创新型的会展品牌，深圳文博会吸引了越来越多的国际参展商和参观者，品牌国际知名度不断提高，逐渐成为代表中国对外进行文化交流的第一展会品牌。

深圳文博会的成功有客观原因，也有主观原因。客观上，受到国家重视，被寄予厚望，可谓集天时地利人和于一身，赶上了国家大力发展文化产业的好时机，抢占了先机。主观上，深圳文博会从品牌定位、品牌符号、品牌传播、品牌创新四个层面做足了功夫。依托深圳特区优势与科技资源，文博会及时把握时机、整合资源，不断培育品牌内涵，持续打造会展品牌的独特性和影响力。结合移动互联网、大数据、物联网、人工智能等新技术，加大品牌传播力度，提升品牌知名度；同时，文博会还持续注重会展内容的不断丰富和更新。这些举措均有助于文博会在国际化的道路上迈出更大的步伐。

# 如何打造科技赋能的主题乐园品牌？

## 华强方特的文化科技融合

## 一、引言

随着我国经济的飞速发展和消费水平的持续升级，文娱产业也得到迅速发展。其中，主题乐园在规模和数量上得到了空前的增长。然而，在主题乐园的高额投资成本和运营成本下，巨大的市场竞争压力使得品牌打造更具有挑战性。尤其是在迪士尼等国外主题乐园品牌巨头入驻中国市场的前提下，本土主题乐园品牌建设自身品牌资产之路则更为艰辛。不过，即使面临种种压力，我国主题乐园也在世界主题乐园的版图上占据了一席之地，比如华强方特主题乐园。在世界主题乐园权威研究机构 TEA 发布的 2019 年度全球主题乐园调查报告中，我国华强方特旗下主题乐园品牌“方特主题乐园”游客接待量达到 5039.3 万人次，连续 4 年位于全球主题乐园前五强（见表 2），游客接待量同比增长 19.8%。与传统的主题乐园相比，华强方特主题乐园注重文化科技融合，打造了科技赋能的主题乐园品牌。

**表 2　2018—2019 年全球主题乐园游客总量前十强**

| 排名 | 公司名 | 2019 年游客总量 | 2018 年游客总量 | 变化 | 所属国家 |
|---|---|---|---|---|---|
| 1 | 迪士尼 | 155991000 | 157311000 | –0.8% | 美国 |
| 2 | 默林娱乐 | 67000000 | 66400000 | 0.9% | 英国 |
| 3 | 华侨城 | 5397000 | 49350000 | 9.4% | 中国 |
| 4 | 环球影城 | 51243000 | 50068000 | 2.3% | 美国 |
| 5 | 华强方特 | 50393000 | 42074000 | 19.8% | 中国 |
| 6 | 长隆集团 | 37018000 | 34007000 | 8.9% | 中国 |
| 7 | 六旗乐园 | 32811000 | 32024000 | 2.5% | 美国 |
| 8 | Cedar Fair | 27938000 | 25912000 | 7.8% | 美国 |
| 9 | 海洋世界 | 22624000 | 22582000 | 0.2% | 美国 |
| 10 | Parques Reunidos | 22195000 | 20900000 | 6.2% | 西班牙 |

资料来源：TEA/AECOM 2019 年度全球主题乐园调查报告。

## 二、华强方特主题乐园的简介

华强方特文化科技集团属于华强集团，是国内著名的集主题乐园、特种电影、动漫于一体的大型文化科技公司。华强方特集团深耕文化科技主题乐园产业，打造了集“创意—研发—生产—销售”的全产业链，是国内唯一一家率先成套设计、制造、出口大型文化科技主题乐园的企业。目前华强方特已在全国20余座城市（比如芜湖、济南、青岛、株洲、沈阳、郑州、厦门、天津、宁波等）拥有31座文化主题乐园，具体分为八种类型：“方特梦幻王国”“方特欢乐世界”“方特水上乐园”“方特东方神画”“方特东盟神画”“方特东方欲晓”“方特丝路神画”和“方特国色春秋”。由于在“文化＋科技”方面的出色展现，华强方特曾获十一届“中国文化企业30强”、第六届国家“文化出口重点企业”、“国家文化产业示范基地”、国家5A级景区等十余项殊荣。同时，鉴于公司自身的研发能力，目前集团已申请500余项国内外专利、600余项商标，拥有近400项著作权和软件产品登记。华强方特沿着“文化＋科技”的道路，在文化上深耕细作、科技上攻坚克难，打造出优质的主题乐园品牌。

## 三、华强方特主题乐园品牌建设的密码

华强方特旗下的主题乐园品牌众多，这些品牌的建设都体现了三个特点：差异化定位、文化科技融合和准确的选址布局。

### （一）利用特色资源进行差异化定位

传统的主题乐园多以休闲娱乐、文化历史、人文风景、科技体验等为主，尤其是一些中小型的主题乐园，定位大多以模仿为主，缺乏鲜明的个性化主题。华强方特基于华强集团的电子产品和信息技术的研发背景，定位于“文化＋科技”这一特色品牌发展之路，为自身项目科技相关的需求提供了保障。基于市场对科技和文化两方面的大量需求，方特主题乐园的差异化定位一方面充分发挥了企业本身雄厚的科技背景资源，另一方面也充分利用我国优质的文化资源，助力其快速获得市场竞争优势及积累品牌口碑。

在1998年，该集团就已进入到与文化产业相关的智能化设备研发和生产领域。发展到2000年左右，由其开发的数字电影系统、环幕电影系统等已经远销欧洲、美洲、东南亚的十几个国家和地区。这个时期，华强方特的生存和发展主要是依靠出售这些系统设备。后来，由于这些在国外电影市场上容量有限，技术出口不足以支撑企业的长远发展，华强方特开始把眼光放在开发国内市场上。经过不断的技术和产品积累，华强方特开始尝试着将多种产品聚集在一起，打造主题乐园。

2005年，华强方特跟重庆的一个开发商合作，由他们提供场地，华强方特提

供技术，在重庆尝试建立起华强方特的第一个户外主题公园——方特科幻乐园。这个乐园占地面积相对较小，只有3万多平方米，但由于游乐项目比较多，开业之后市场反应出奇的好。虽然由于场地小、游客容纳量有限，且在节假日时门票易售罄，给游客带来了不好的消费体验，但是方特科幻乐园的受欢迎程度却给华强方特人打了一剂强心针。经过重庆初次“探路”的成功，华强的这笔投资坚定了其在国内建设科技型主题公园的发展方向。在2005年之后，华强集团开始开发室内数字游戏项目，这个决定为其后来建成国内30余家主题乐园、大型商场购物中心提供了强有力的技术支持。

华强方特还拥有数码电影专业研制机构，深度挖掘中国古典文化、中国传统故事，并成功自主研发出十多类特种电影形式、百余个引人入胜的特种电影项目。随着当前“互联网+”理念深入人心，大数据、云计算、VR、AI等新技术正在加速改变着传统业态。华强方特集团高级副总裁丁亮曾表示：“为文化插上科技的翅膀，是华强方特的发展宗旨。”华强方特的这一差异化的品牌定位不仅有别于我国其他传统主题乐园，而且也确实满足了科技浪潮下现代消费者对主题乐园的新要求。

### （二）利用科技讲好文化故事

在“文化+科技”的品牌定位路径下，华强方特逐渐成为从主题乐园创意设计、研究开发、内容制作、施工建设，到市场运营全产业链运营的企业，匠心铸造文化精品，用心讲好中国故事。自创建开始，华强方特就一直坚持着“文化+科技”融合的发展战略，“以文化为核心、科技为依托”，创新文化发展模式；坚持文化原创，坚持自有知识产权，坚持文化产业中国制造，以高科技手段提高中国文化产业的附加值和竞争力。为了达到这个目标，华强方特组建了三千多人组成的创意院、研究院和设计院团队，共同承担科技产业的研发与设计工作，通过挖掘文化内容、创新项目表现形式，同时开发技术设备并对园区进行包装，形成了主题乐园“创研产销”的一体化产业链。

从方特梦幻王国开始，华强方特就开始摸索在主题乐园中加入中国文化，通过科技实现传统文化的创新。比如，将中国传统故事《白蛇传》里的“水漫金山”情节与方特的游乐特技手段相结合，呈现了一场四十吨水从游客头顶排山倒海呼啸而过的震撼场景。在随后的探索中，华强方特不断深入挖掘传统文化和地方特色文化，打造出多个传承中华文化、增强文化自信的高科技主题项目，将大众熟知的《女娲补天》《水漫金山》《大闹天宫》《西游传说》等著名文学作品，用独特的艺术手法、高科技手段展现出来，最终打造成一个展现中国传统文化精粹的新型中国文化主题乐园——“方特东方神画”。“方特东方神画”园区的打造坚持了华强方特“创新和传承中华文化”的设计理念，通过将中国传统文化与高科技相结合，为园区建设增添了不少中国风韵。作为华强方特“美丽中国三部曲”项目的第一部曲，自2012年以来，“方特东方神画”已在宁波、芜湖、厦门、济南建成开园，运用数字影像集成技术及微型模拟器、智能座椅、动感轨道车等高科技虚拟交互娱乐装备，创作开发了全息AR剧场《千古蝶恋》、AR Ride《女娲补天》、全景式动态穹幕项目《牛郎织女》、无轨寻迹式360°立体环幕剧场《魅力戏曲》等多个独具文化魅力的主题娱乐项目，将东方文明以多维视觉的方式呈现在观众面前，让游客“身临其境”地感受中华五千年历史文明的悠远厚重、体验现代高科技的精彩绝伦。

“方特东方神画”的推出，证明了华强方特能真正做到将中国故事讲好、讲有趣，也赋予了主题乐园灵魂和文化内涵，更是践行了华强方特以高科技的形式创新和传承中华文化的理念。央视在节目中点评道：“目前方特东方神画系列主题乐园已在荆州、绵阳、长沙、厦门等8个城市开园，形成了区域文旅特色新品牌；这是华强方特集团对中国五千年历史文化中的知名IP进行挖掘和创新的成功实践。”

华强方特不仅利用科技弘扬中国传统文化，还将域外特色文化引入国内，例如其打造的国内首座主要展示东盟历史文化的主题乐园——南宁方特东盟神画主题乐园。园区巧妙地将东盟十国富有代表性的民间传说、神话故事与自然风光等内容与飞翔球幕影院、幻影成像剧场、立体式跟踪电影、室内轨道电车等国际一流的高科技主题乐园设施相结合，针对不同国家的地域文化特点分别建设主题区域，打造出了《塔銮盛典》《走进吴哥》《千岛之歌》等11个极具感染力的主题项目，形成了华强方特定制系列主题乐园的新思路——多地域风情完美融合。而且，与以往主题乐园不同的是，针对东盟神画乐园的地形起伏多、高差大这一难题，华强方特设计院的项目团队变难度为创意，设计建造起第一个依附地形的方特主题乐园，为游客带来了丰富的视觉效果和多层次的氛围感受。有数据显示，南宁方特东盟神画主题乐园开业当天即接待游客万余人。

2018年8月11日，《飞越千里江山》在郑州开幕。《千里江山图》是一幅长达11米的巨型画作，由右向左，横向展开；而方特所打造的《飞越千里江山》并不仅仅是在看画，而是在画中“遨游”，这便要求这幅画必须能够实现“由横转竖”。此外，球幕影院的视觉效果也要呈现全包围视野，让观众不仅可以看到自己眼前的景象，也可以兼顾头顶、脚下的景象。通过三维技术，华强方特将北宋王希孟创作的绢本画卷作品《千里江山图》以3D的形式进行了完美复制，在全国11个方特主题乐园予以呈现。游客可通过“飞行观画”模式，在直径22米的巨幅球形银幕前体验强烈的超重、失重、悬空、飘浮等飞行感觉，“翱翔”于青山绿水间。当初王希孟绘制《千里江山图》时，先后进行了五道工序进行着色才有其灵动的色彩效果，所以对《千里江山图》的复原难度特别大。后来，方特主创人员通过反复观察原画，根据原画绘制的大概步骤，用中国画的勾勒、皴染技巧，先后进行了 10 次数字着色，才使得画面无限接近原画韵味。而在制作水特效时，采用传统做法会使得体验、观感降低，华强方特的技术团队另辟蹊径，大胆地借鉴了中国碧玉的质感效果，将碧玉附着在水面上，最终达到了完美的展现效果。《飞越千里江山》体现了华强方特的匠心精神。

在《飞越千里江山》的开幕式上，华强方特的副总裁丁亮曾说过这样一段话："希望能在观众和孩子的心中埋下一粒种子，让他知道中国有千里江山，不管他懂不懂，我在他小时候就让他记住这个词，等长大后好奇心便会驱使他去探索，去寻找答案。"这足以让人感受到华强方特的家国情怀。而专家和游客们也给了这幅作品这样的评价：华强方特开创了一种传承和弘扬中国古典文化艺术的新思路，让人们感受到古典文化艺术作品和高科技相结合所迸发的独特之美。

### （三）选址布局

选址布局是主题乐园打造的一大要素，土地成本、预估客流量、发展潜力、竞争环境等都需要纳入主题乐园等选址决策中。在发展初期，华强方特面临着很多的竞争对手，比如深圳的华侨城、上海的迪士尼等。为了避免同质化竞争，华强方特主题乐园的选址避开了北上广深等一线城市，选择在芜湖、重庆、辽阳等二、三线城市发展。事实证明，华强方特有效的选址布局为其后来的品牌发展之路提供了强有力的支撑。

2006 年，华强方特开始在安徽芜湖建设第一所真正意义上的大型主题乐园——方特欢乐世界。芜湖方特欢乐世界占地 1000 亩，在当时总投资达到了 20 亿元。在投资这个项目时，华强方特的团队对于"要不要做这么大？"还曾纠结过挺长时间，但最终华强方特团队还是坚持把第一个主题乐园做成大规模的主题乐园。开业之后的销售业绩令人欣喜，旺季时游客如潮。到了开业一周年时，游客接待量达到了 180 万人次，这给华强方特团队以及当地政府带来了很大的信心。2008 年 10 月，芜湖市人民政府主动找到华强方特要趁热打铁建造第二个主题乐园——方特梦幻王国。接着，华强方特又在芜湖建造了方特水上乐园、方特东方神画。如今，一提到芜湖，人们就会想起芜湖方特。经过 10 年的运营，芜湖方特从最初单一的主题乐园，发展成为集旅游、休闲、度假于一体的一站式旅游区，使芜湖这座城市成为安徽旅游产品中一大旅游名牌，塑造了更加璀璨的"欢乐芜湖"城市名片。

有了在芜湖的成功经验，方特主题乐园随后开始在全国拓展，山东济南、天津、辽宁沈阳、福建厦门、浙江宁波等城市相继有 23 个主题乐园建成开园。更令人意外的是，华强方特还走出国门，向伊朗伊斯法罕市、乌克兰等输出主题乐园，开中国文化科技主题乐园“走出去”的先河。经过快速扩张，华强方特已发展成世界第五、增长最快的主题乐园集团。在扩张过程中，华强方特并非简单地复制粘贴，其在各地打造的主题乐园并非完全一致，而是根据当地的地域文化特色做出创新。因此，华强方特在国内外都受到了游客的喜爱，获得了良好的品牌效应。

## 四、总结

《全球主题公园／博物馆游客报告》显示，近年来中国的博物馆、科技馆发展势头迅猛，这反映出大家的娱乐方式在改变。对于大众游客而言，博物馆、艺术馆等尤其是历史方面的内容太过庄严、厚重，无法满足其在休闲娱乐等方面的需求。因此，近年来主题乐园等的发展速度十分可观。然而，品牌作为企业的重要资产，在主题乐园行业还有较大的发展空间。

主题乐园的核心竞争力就在于通过鲜明的文化和IP进行品牌打造。与华侨城的欢乐谷游乐主题公园、世界之窗景观主题公园、海昌海洋公园的动物主题公园等不同的是，华强方特打造的是科技文化类型的情景模拟主题公园，其主题公园里都融合了高科技与文化内容，比如幻影成像电影项目《聊斋》、实拍环幕立体电影《秦皇求仙》、抓举式动感跟踪电影《火焰山》、全景球幕电影《西游传说》等项目，都可以让游客与这些神话故事中的人物近距离接触，亲身感受中国文化的魅力，增强体验感。目前，华强方特主题乐园在技术水平和表现形式上都已和国际接轨。以科技化手段展现中国历史和传统文化的“文化＋科技”定位、合理的选址策略以及充分利用其科技背景与文化资源进行主题乐园运营，构成了其主题乐园品牌建设的密码，为其在与国内外大型主题乐园的市场竞争中占得一席之地。总结而言，华强方特借助5000年的中国文化、利用高科技手段实现了文化创意与科技的完美结合，在给企业带来强大的品牌效果的同时，更是有效地弘扬了中国文化！

# 如何培育文化产业的自主品牌？

环球数码的发展之路

## 一、引言

文化产业已成为我国经济发展的支柱性产业，其发展水平是衡量国家软实力的重要指标。截至 2021 年 12 月，我国规模以上文化及相关产业的企业数量多达 6.5 万家，产业整体呈现出欣欣向荣之势。但与国外的文化产业品牌（如迪士尼、好莱坞等）相比，我国知名的自主文化产业品牌屈指可数。对中国文化的自信是中国人民的自信根源。自主文化产业品牌的发展将极大增强我们的民族自信心和自豪感。为此，需要找到一条我国自主文化产业品牌的培育之路。环球数码的品牌建设实践或许能给我们提供一些有益启示。作为中国最早从事三维动画影视制作的公司，环球数码近年来基于自主创新打造了一个成功的文化产业品牌，先后获“国家文化出口重点企业”“三维动漫培训最具影响力机构”“影视动画行业协会常务理事单位”等一系列殊荣。那么，环球数码是如何进行品牌培育的呢？

## 二、环球数码的发展历程

环球数码创意控股有限公司（以下简称环球数码）于 2000 年 10 月创建于深圳，是中国最早从事三维动画影视制作的公司，也是一家致力于电脑数码图像（Computer Graphics，CG）产业发展的高新技术企业。公司以数码内容为主业，包括 CG 创作及制作、数码内容发行及展示，以及计算机图像课程培训。环球数码发展历程大致可以分为三个阶段。

### （一）初创期（2000—2006 年）

环球数码成立之初，耗资 1.3 亿元打造了我国首部三维动画电影《魔比斯环》。作为中国首部投资过亿的三维动画电影，《魔比斯环》由 400 多名动画精英耗时五年创作完成，是一部重量级史诗巨片。该片 2006 年在全国上映，属于中国三维动画电影的里程碑之作。在制作《魔比斯环》的过程中，环球数码发现国内动漫人才缺乏，于是邀请欧美优秀制作团队在公司内部开展培训。从 2001 年至 2003 年，环球数码共培训了三期学员，为中国三维动画产业培养了首批人才，也为环球数码开展动画人才培养业务奠定了基础。环球数码在完成《魔比斯环》过程中，就已经形成了规模化生产数码动画电影的产业链条，可以独自生产出长篇电影。该套生产系统经过不断完善和改进，已经初步形成了工业化流程体系。另外，环球数码不仅具有制作动画的完整链条，而且也具备了独立原创作品的能力。环球数码结合中国传统文化创作了具有鲜明中国文化特色的作品，比如《夏》《桃花源记》等。

### （二）探索发展期（2007—2012 年）

环球数码在打造《魔比斯环》的过程中，不断修炼内功，锤炼现有的 CG 人才队伍，具备了为整个动画产业培训人才和输出人才的能力。在这一阶段，环球数码把 CG 人才培训和合作生产动画电影作为主要业务。环球数码建立了环球数码动画学院，布局在深圳、上海、广州三地，为动漫产业培养了大量 CG 专业人才和高层管理人才，学院被誉为 CG 界的“黄埔军校”。环球数码拥有国际领先的全流程 CG 动画影视团队和项目管理系统，累计参与的动画电影达到 20 多部。另外，环球数码积极尝试将数码动画和中国传统文化结合，期望用动画诠释中国文化以期获得更好的效果，相继输出了一系列优秀作品。例如，取材自中国传统民间故事的《乌鸦和狐狸》和《促织》，以及诠释中国传统文化的《家园》和《敦煌飞天》，在国内外获得广泛认可。

### （三）全面发展期（2013 年至今）

环球数码非常注重合作过程中的知识产权共享和保护，这为后续开发动漫原创知识产权（IP）奠定了基础。对于《魔比斯环》《潜艇总动员》《玩偶奇兵》《聪明的顺溜》等优秀动画作品，环球数码都拥有完全自主知识产权以及数码动画作品的衍生品开发权，可以通过 IP 授权与其他行业开展合作。例如，2021 年环球数码将《潜艇总动员》IP 授权给高端食品品牌雅贝莉使用，双方携手打造母婴食品市场。环球数码已经积攒了不同风格的各类 IP，题材涉及传统文化、军事、海洋环保、魔幻以及玩偶萌宠类等，累计已有 100 多个品类的衍生品。至今为止，环球数码通过多年的积淀和发展，公司已形成四大业务模块：一是 3D 数字影视动画电影的制作及发行；二是多媒体数字图像制作视觉系统集成服务；三是数字影视动画人才培训；四是动漫旅游小镇、文化创意园和儿童游乐综合体。创始人梁定雄对环球数码公司的定位是“打造一个产业，一个数码传媒的亚洲梦工厂，而不是简单运营一家公司”，而《魔比斯环》正是打造数码产业的起点。

## 三、环球数码品牌的自主发展策略

作为国内三维动画的先驱，环球数码经过 20 余年的发展，已经走出了一条独具特色的文化产业自主发展之路。凭借融入中国文化的产品创新、注重知识产权的原创作品和对文创专业人才的培养，环球数码的品牌自主发展之路也越走越稳。

### （一）根植中国文化的产品创新

环球数码将产品创新根植于中国文化的土壤，是经历过一个逐渐深化的过程的。在成立之初，环球数码主要专注于国际市场，在电影制作方面倾向选择国际化的题材，尽量以能被西方人理解的方式演绎故事。例如，2006 年国内上映的三维动画电影《魔比斯环》，全面学习和模仿西方电影风格，故事内容也是典型的“国际题材”。环球数码公司采用三维动画最新技术，电影制作质量精益求精，投入成本巨大，虽然当时已经从技术上实现国际水准，但是缺乏自己的风格，难以引起中国观众的共鸣，最终票房惨淡。基于上述经历，环球数码逐渐认识到，走国际化路线要避免陷入全面“西化”。虽然可以学习和借鉴国外先进的制作经验和技术，借助外脑丰富自己的创意，也有利于影片进入国外市场，但是国内市场仍是中国品牌赖以生存的土壤。环球数码要想打开中国市场，做中国人喜欢的动画，关键在于讲好中国故事，从几千年的传统文化中去挖掘有价值的东西，开发出独具特色的动画产品。

在《魔比斯环》之后，环球数码开始更多地在动画作品中融入中国元素，创意性地演绎我国传统文化，最终将环球数码打造成创意文化产业交易平台，推动中国数字电影走向世界。例如，2003 年，环球数码制作的三维水墨动画《夏》受到国内外市场一致好评。该片用三维动画技术成功地表现出中国传统的水墨画意境，成为中国大陆首部入选 CG 界奥斯卡——Siggraph 的动画作品，在国内掀起了一股将中国传统艺术风格三维化、数字化的热潮，在市场上带动了更多传统艺术风格动画片的制作。另外，环球数码也积极在动画内容上寻求突破，相继制作出一系列融合中国传统文化的优秀动画作品，取得了耀眼的成绩。2006 年，环球数码的动画短片《桃花源记》先后获得东京 TBS 动画数字作品大赛最优秀奖、中国动画学会“优秀短片奖”和 Siggraph 中国区金奖。该动画短片根据东晋诗人陶渊明的经典同名散文改编，短短 15 分钟，用三维动画技术模拟中国传统的水墨画、皮影戏、剪纸、戏曲等多种艺术手法，将传统艺术元素与民间美术完美地融合，以全新视觉效果传递了中国传统文化的意境，是一部具有中国特色的动画电影。2007 年，环球数码的作品《乌鸦和狐狸》以及《促织》分别获得北京儿艺动漫课本剧大赛二等奖和特别鼓励奖，这两部作品也同样取材自中国传统民间故事。此外，还有《家园》《敦煌飞天》等作品，创意性地诠释了我国传统文化，在国内外屡获殊荣。环球数码的自主创新精神让自己成了“中国第一”“世界第五”的数码媒体科技公司。可见，融入中国文化的自主创新是环球数码品牌发展的根基，也是其前进的动力之源。

### （二）拥有自主知识产权的原创作品

拥有自主知识产权的技术和产品才能称得上真正可控，否则，相关技术的后续发展和收益将脱离。2011 年，环球数码为发力国内市场推出了原创动画片《奇幻乐园》，该片获得了当年戛纳电视节 3 岁 ~6 岁年龄组 Kids jury 的大奖。之后，随着国内动画市场越来越大，环球数码从培养“六一档”系列节目开始，发现国内动画市场大有可为，最终决定做国产动画片，致力于为中国的孩子创造丰富的童年回忆。

环球数码制作了一批具有原创知识产权的优秀动画作品，比如《潜艇总动员》《玩偶奇兵》《聪明的顺溜》等。《聪明的顺溜》是我国首部军事题材的动漫连续剧，自 2013 年开播以来已经连续创作了一百多集，在包括央视在内的 200 多家电视台播出，网络播放量超 50 亿次，粉丝数量累计超 2000 万，属于同类题材动画中的精品。2017 年，该作品先后获得第 14 届中国动漫金龙奖、最佳系列动画铜奖等奖项。2020 年上映的《士兵顺溜：兵王争锋》，延续了电视剧中的人物形象和热血剧情，再次获得观众好评。

从 2008 年第一部《潜艇总动员》到 2021 年的《潜艇总动员：地心游记》，环球数码已经连续出了 8 部海洋系列动画电影，均获同档同类票房冠军，观影人数和票房均获丰收，被誉为“六一档最受孩子喜爱的国产动画电影”。《潜艇总动员：海底两万里》还成为教育部和中宣部第 39 批向全国中小学生推荐优秀影片片目。2017 年，另一部动画片《玩偶奇兵》则选择聚焦社会热点——数码时代“儿童低头族”的问题，该片在小朋友及家长中赢得了良好口碑。

### （三）文创专业人才的培养

在环球数码成立之初，国内 CG 制作还处于起步阶段，三维动漫人才更是稀缺，培养和储备人才是公司成立之后的第一要务。环球数码与深圳大学等知名院校合作成立了数码媒体培训基地（环球数码动画学院，IDMT），同时还邀请来自世界顶尖动画公司的专家长期驻地进行培训指导，为学员提供独到的创意思路和领先的制作技术。此举为公司培养了大量三维计算机动画制作人才，也为公司之后在国内市场的发展奠定了基础。这也是我国最早开展三维数字人才培训的机构之一，拥有最先进的教学设备和优秀的师资，在 CG 培训领域一直享有盛名。另外，环球数码动画学院首创了中国“前学院后公司”式培训模式，培养具有国际竞争力的创造性人才，真正实现了产教融合发展。目前，环球数码培训已经成为国内三维动画培训最高水平的代名词，为国内外各大动画、游戏公司输送了大量动画专业人才，被誉为中国动漫的“黄埔军校”。环球数码作为中国领先的数字视觉综合运营集团，20 年来始终聚焦电脑图形图像细分领域，并持续向行业输送动画制作人才。据公司董事总经理王宏鹏介绍，环球数码已累计为整个 CG 行业输送了 10000 多名优秀人才，占市场专业人才的 50%。像《哪吒之魔童降世》《大圣归来》等热门影片，其背后的核心制作成员当中都有环球数码培养出来的人才。环球数码对行业人才的培养，并没有局限于自身，而是站在产业生态的高度，充分考虑整个中国动漫产业的长远发展，具有全局的战略视野。

## 四、总结

在我国文化产业发展进程中，很多企业引进国外的文化产业品牌来运营，真正强大的自主品牌并不多见。环球数码提供了一个成功范例，其自主品牌发展之路，既是科技和创意支撑下的自主创新之路，也是创新型人才的培养之路，更是知识产权上的原创之路。作为文化产业领域的优秀品牌，环球数码成功之道可以概括为如下三个方面：第一，凭借“文化 + 科技”“文化 + 创意”的发展模式坚持自主创新，注重从中华传统文化中寻找灵感，演绎具有中国特色、民族特色的故事，走出了别具一格的发展道路。第二，注重创新型人才的培养，站在产业生态的高度，源源不断地向整个产业输送大量优秀人才，基于长远眼光推动全国动漫产业的发展。环球数码认为，只有培养更多人才与自己一起努力推动产业向前发展，整个产业才能更快走向成熟与繁荣，也能为自身发展创造有利的环境条件。所以，环球数码对 CG 人才的培养，不仅是品牌成长的保障，更是中国动漫产业成长的重要推动力。第三，立足原创的知识产权，将动漫作品的知识产权通过衍生品开发和 IP 授权推向更宽广的新领域。这类衍生产品不仅充分挖掘了国内市场，也反过来进一步强化了品牌的知识产权优势，提升了品牌的辨识度。

# 如何更新公共服务品牌的形象？

## 深圳燃气的变革之路

## 一、引言

公共服务企业在经营内容和企业性质方面具有非营利性和非竞争性的特点。正因为此，长期以来，我国的公共服务企业在传统体制下享受着政策的红利，没有竞争和发展的压力，也导致公众对公共服务质量和品牌形象的评价偏低。伴随经济体制改革的推进和市场竞争的加剧导致公共服务企业开始注重品牌形象建设。然而，许多公共服务品牌长期陷入管理惰性和路径依赖的泥潭中无法自拔，不知道如何根据外界经营环境的变化及时对品牌形象进行更新。

在公共服务领域，深圳燃气的品牌建设堪称经典。经过 40 年的不懈努力，深圳燃气在深圳乃至全国牢牢树立了肩负社会责任的智慧燃气企业形象，先后获得“2018 年全国质量标杆”、首届“深圳品牌百强”、“国家高新技术企业”等荣誉称号，在全国燃气行业中排名前列。那么，深圳燃气是如何更新其公共服务品牌形象的呢？

## 二、深圳燃气的发展历程

深圳市燃气集团股份有限公司（简称深圳燃气）创立于 1982 年，主营业务包括天然气类（管道燃气业务、车船加气业务、燃气输配管网的投资和建设）和石油气类（液化石油气批发业务、瓶装液化石油气零售业务），是深圳市燃气供应的主导企业。深圳燃气自创立以来，始终以“发展清洁能源，燃点绿色品质生活”为己任，致力于弘扬“务实高效、敢为人先、追求卓越”的品牌精神，实现了从城市燃气供应商到城市燃气运营商，再到最专业的城市清洁能源综合运营商的转变，成为国内燃气行业智慧运营先行者之一。深圳燃气的发展历程可以划分为以下三个阶段：

### （一）初创期（1982—2000 年）

1982 年，深圳燃气的前身——深圳市煤气公司成立，是一家主营城市煤气的大型专业公司。1995 年，深圳燃气集团作为国有独资企业，在深圳煤气公司和深圳液化气管理公司合并重组的基础上正式成立，开始大举进军燃气业务，业务范围延伸至燃气批发、管道和瓶装燃气供应、燃气输配管网的投资和建设。深圳燃气的燃气供应商形象初步成型。

### （二）发展期（2001—2009 年）

2001 年，为扩大发展规模，深圳燃气控股了当时国内最大的进口液化石油气供应商——深圳华安公司。在深圳市政府的政策支持下，通过机构调整、业务整合、定员定岗等一系列改革，建立了稳健的经营机制。两年后，深圳燃气获得深圳市 30 年管道燃气的特许经营权，并于同年收购了国投燃气。2009 年 12 月，深圳燃气成功在上海证券交易所挂牌上市，股票代码为 601139。这一阶段，企业的规模不断扩大，经营水平稳步提高，深圳燃气开始拥有运营城市燃气的能力，并将品牌定位从城市燃气供应商转向城市燃气的运营商，品牌形象得到初步更新。

### （三）稳步上升期（2010 年至今）

2010 年之后，深圳燃气开始呈现稳步增长的趋势。企业始终坚持“走出去”战略，业务逐渐覆盖多个省区，为用户提供专业性的服务支持。2014 年 11 月，深圳首个城中村管道天然气改造项目——水围社区项目正式完工，小区居民自此告别了煤气时代。2017 年，深圳燃气的管道燃气用户已经接近 300 万户。此外，公司还获得湖南武冈、江西黎川、江西崇义和江苏高邮 4 个城市的燃气特许经营权。2018 年，深圳燃气完成深圳最大城中村上沙社区管道天然气改造项目，使得深圳管道天然气用户数量再创新高。同年，深圳燃气首次获得“国家高新技术企业”证书。2019 年，深圳燃气总资产已接近 200 亿元，业务覆盖全国 10 个省区近 40 个城市。2020 年，公司收购唯美电力，正式迈入天然气热电联产领域，并取得 57 个城市管道燃气业务经营权，成为国内首家完整实施工业企业工控安全综合防护方案的燃气企业。2021 年，深圳燃气收购光伏电站，正式开辟光伏产业新赛道。2022 年，深圳燃气再次获得“国家高新技术企业”称号。这一阶段，深圳燃气响应全球变暖背景下节能减排的需求，重新定位自己，积极构建综合性能源运行模式，重点推广清洁能源，多渠道增加天然气用户，并努力打造“清洁能源”综合运营商的品牌形象。

## 三、深圳燃气公共服务品牌更新策略

40 年来，深圳燃气始终坚持以创新驱动为源泉的发展战略，不断进行自我革新，保持品牌形象的吸引力。从最初的城市燃气供应商、城市燃气运营商，到目前的清洁能源运营商，深圳燃气成功摆脱了品牌形象老化带来的诸多问题。总体来看，其品牌更新策略可以提炼为如下四个方面：

### （一）围绕社会福祉，升级公共服务品牌定位

作为一个公共服务品牌，深圳燃气本着为社会谋福祉的初心和责任心，对国家宏观政策和行业发展趋势保持敏锐的洞察力。早在2004年，深圳燃气就意识到绿色环保是燃气行业发展的必然趋势。自此以后，深圳燃气稳步实施“清洁能源运营商”发展战略，致力于优化城市能源结构，实现能源升级。2013年，在雾霾肆虐、空气污染严重的大环境下，天然气消费迎来了发展的春天。深圳燃气抓住机遇，全方位塑造其城市清洁能源运营商的品牌形象。

为推广天然气，2015年5月，深圳燃气在其官网和新媒体视频网站发布宣传动画。该动画结合当时的雾霾问题开展热点营销，将全国多个城市的雾霾天气与“深圳蓝”进行比较，解释了天然气工作原理，宣传使用天然气的好处。在动画最后，进一步强调深圳燃气始终致力于推广清洁、安全和经济的天然气，以惠及更多深圳市民，并将全力配合政府推广使用天然气清洁能源，实现品质民生，留住“深圳蓝”。该动画视频是深圳燃气创新宣传方式的首次尝试，目的在于通过新媒体宣传方式吸引“80后”“90后”新一代消费主力，同时摆脱以往公共服务企业严肃、传统、缺乏活力的固有形象。这些推广方式进一步强化了深圳燃气的“清洁能源”品牌形象，为其品牌年轻化提供了更多的发展空间。

2016年，深圳燃气历时近两年，建成了全国首个以燃气为主题的互动式体验馆——深圳燃气科学馆。该馆使用面积1065平方米，设有地球影院、能源印记、燃气乐园、城市燃气、探索发现、燃气应用、安全天地、绿色家园、能量探秘和梦想之光等10个展区，采用展板、实物、沙盘、球幕、环幕和多点触控屏等多种形式，面向幼儿园小朋友、中小学生和学生家长展现天然气的能源科学基础知识，使其感受能源科技进步带来的美好生活。

### （二）践行社会责任，提升公共服务品牌形象

履行企业社会责任有助于提升品牌形象，拉近消费者与品牌之间的情感关系。在市场实践中，有些消费者对某些声称定位为绿色环保、公益性质的品牌产生了一些质疑。基于此，将社会责任活动做到实处，可以在一定程度上减少消费者的不信任，提高品牌真实性，进而有效提升消费者对绿色能源品牌的认知。

多年来，深圳燃气始终牢记“成就绿色品质生活”的使命，践行“绿色低碳发展、竭诚回报社会”的社会责任，持续发挥国企担当。在大力推广管道燃气的系列项目中，城中村成为深圳燃气的工作重点之一。由于城中村人口密度大，在居民用气方面存在较大的安全隐患。为消除城市煤气安全隐患，助力深圳蓝，深圳燃气积极响应政府号召，加大“惠民生”的力度，配合政府开展城中村改造工

程，努力让越来越多的用户用上安全、经济、清洁的天然气。几个标志性的事件是：2014 年 11 月，深圳首个城中村管道天然气改造项目——水围社区项目正式完工；2018 年 9 月，深圳燃气完成深圳最大城中村管道天然气改造项目——上沙社区管道天然气改造；2021 年，深圳燃气增补 1.05 亿元点火补贴，投入 5500 万元为城中村居民免费安装金属包腹软管。多年来，深圳燃气一直在实现城市低碳绿色宜居的道路上砥砺前行，为打赢蓝天保卫战贡献力量。此外，深圳燃气重视社会责任真实性的传播，每年发布社会企业责任报告，与消费者建立高透明度的信息互动。

### （三）布局产业链，夯实公共服务品牌实力

为保障面对广大市民的大体量公共服务，深圳燃气积极布局上下游，提升整体运营实力和竞争力。在上游布局上，深圳燃气同时拥有液化天然气（LNG）和液化石油气（LPG）接收站，包括 5 万吨级 LNG 和 LPG 进口码头各一座，8 万立方米 LNG 储罐 1 座，8 万立方米 LPG 储罐 2 座。LNG 和 LPG 接收站保障了能源的持续供应，确立了“充足气源”的供应格局。在下游建设方面，深圳燃气不断丰富销售终端模式，增强企业与用户的互动，持续提高服务质量。销售终端是消费者完成交易的最终端口，这一环节的竞争最为激烈，如何吸引消费者目光和占据消费者心智成为关键。随着互联网 4.0 时代的到来和社会化媒体的发展，人们的生活节奏不断加快，且“80 后”和“90 后”这两类熟悉互联网的人群成为消费的主体，电子商务在此大环境下更是蓬勃发展。为了提升业务开展效率，展示企业品牌形象，自 2015 年 12 月起，深圳燃气全面推出网上营业厅、“深圳燃气”微信公众号及支付宝服务窗，为客户提供“一站式”服务体验。客户足不出户，通过手机即可轻松办理预约、查询、缴费、报数、账号管理等 5 种最常见业务。

此外，深圳燃气在与公众交流沟通的窗口和平台上，以发布推文、燃气知识小问答等形式向公众传递品牌理念和价值诉求。2018 年 8 月 10 日，深圳燃气微信公众号发布的一篇题为《今年全国已经有 75 起燃气事故，错误的操作都在这里》的推文，阅读量达 46780 次，起到了惊人的传播效果。2019 年 3 月 19 日，深圳燃气微信公众号推出“优燃生活”模块，优燃生活商城正式上线。2022 年 5 月 24 日，《深圳特区报》的文章《四十不惑，砥砺奋进——深圳持续推进燃气事业高质量发展》总结并回顾了深圳燃气 40 年来的企业成就和社会贡献，公司在商业运作、安全管理、客户服务、生产技术等方面实现了创新突破，最大限度地创造了经济、社会和环境的综合价值，为深圳燃气的品牌建设和形象更新提供了新的思路。

### （四）推进数字化转型，赋能公共服务品牌升级

新时代呼唤“新”品牌，全球产业的数字化转型趋势是推动品牌更新的重要

力量。深圳燃气自创立以来，始终将技术创新作为产业升级发展的核心力量，逐渐从传统能源供应商企业迈向高新技术企业发展新阶段。近年来，深圳燃气先后与腾讯云、金蝶、深智城等企业达成战略合作，致力于构建智慧燃气服务平台，实现了深圳燃气数字化转型，推进云计算、大数据、人工智能等前沿科技与燃气行业的融合发展。至今，深圳燃气已经建设了一整套包含 SCADA 系统、GIS 系统、气量管理系统、智能巡查系统、管道完整性管理系统的智慧管网运行系统，顺利打造了智慧服务方案，实现了燃气业务全过程的互联互通。

2021 年 6 月，集党建、科创、合作共享于一体的深圳燃气数字展厅正式亮相。该展厅运用数字技术在有限空间内创造无限可能，“一馆多用”让人大开眼界，带给观众高科技的视觉震撼。在展示内容上，深圳燃气数字展厅重点打造“深燃之路”“深燃之核”“深燃学典”“深燃之眼”“深燃之翼”“深燃窗口”“深燃平台”“添砖加瓦”等项目。深圳燃气数字展厅为深圳燃气的品牌形象注入了新的活力和动力，展现了深圳燃气的科创能力，有效塑造了深圳燃气“智慧能源推动者”的品牌形象。

## 四、结语

公共服务品牌的打造成为必然，但消费者已经对一些公共服务品牌产生了不良的刻板印象，唯有更新品牌形象，才能重塑品牌实力。结合深圳燃气的市场实践，公共服务品牌为保持活力，需要在品牌定位、细分市场、产品品类、传播方式等方面做出适时调整，品牌形象的变革要与外界经营环境的变革保持协同。总体来看，深圳燃气在公共服务品牌更新方面的成功经验如下：第一，始终坚持提高社会福祉为己任，不断升级品牌定位，实现战略转型升级，在企业发展的每一个阶段选择了正确的赛道。例如，当“城市燃气运营商”形象老化时，以“最专业的城市清洁能源综合运营商”的品牌新定位调整业务，升级品牌形象。第二，不忘初心，持续承担社会责任，树立良好的品牌形象。第三，布局产业链，打通上下游，保障大体量的社会服务。第四，坚持科技创新、智慧转型的发展理念，让科技为品牌赋能。深圳燃气并没有止步于“最专业的城市清洁能源综合运营商”，而是积极拥抱数字技术，打造智慧燃气，借助科创要素为品牌形象注入源源不断的活力和动力，成为智慧能源发展的推动者和领跑者。

# 特色品牌篇

# 如何打造绿色品牌？

## 全棉时代“一朵棉花”的故事

### 一、引言

近些年，低碳消费和环保主义逐渐盛行，越来越多商家推出健康、环保的绿色产品。然而绿色品牌的创建过程充满艰辛。不过，有些绿色品牌走出了一片天地，比如全棉时代。创立于 2009 年的全棉时代，凭着“一朵棉花”避开了传统纸巾的赛道，开辟了全新的棉柔巾行业，打造了著名的绿色品牌。2019 年，全棉时代荣获“年度优质国民品牌奖”，成为国民绿色品牌的代表。2021 年，全棉时代被评为“深圳知名品牌”，并入选《2020 胡润品牌榜》。那么，全棉时代是如何打造绿色品牌的呢？

### 二、全棉时代的发展历程

全棉时代（Purcotton），全称为深圳全棉时代科技有限公司，以医疗级标准生产全棉生活用品，是中国知名的高品质绿色生活用品品牌。其品牌名称取自 Pure+Cotton 的单词组合，突出天然、健康、舒适、环保的产品理念，品牌 LOGO 则是朵盛开的棉花。作为稳健医疗集团的全资子公司，全棉时代从创立之初，就继承了稳健医疗的匠人精神与追求高品质的传统，不仅开启了一个新的产品赛道，更缔造了一个高品质的绿色国货品牌。全棉时代的品牌发展历程可以分为以下三个阶段：

#### （一）探索转型期（1991—2009 年）

1991 年，36 岁的李建全开始创业，创办了珠海稳健医疗（Winner），主要做纱布之类的医用敷料 OEM。为让安全等级更高的医用级全棉产品深入日常生活，稳健医疗投入数亿元资金研发出“全棉水刺无纺布技术”。这项技术获得全球多国专利认证，被誉为“中国纺织业的一次伟大创新”。基于这一重大契机，稳健医疗正式迈开了从医用向民用转型的步伐。

2009 年，深圳全棉时代科技有限公司正式成立。市场上有许多大相径庭的绿色产品在单个品类的红海中厮杀，但李建全认为，必须解决以往产品解决不了的问题，做到“人无我有，不可替代”，自己开创蓝海市场。2009 年，全棉时代利用水刺无纺布专利技术创造了一款韧性高且不易掉屑的棉巾。从此，消费市场上出现了一个新品类——棉柔巾。棉柔巾的推广不仅是生活习惯的升级，也让消费者有机会为地球的可持续发展贡献自我价值。

### （二）砥砺前行期（2010—2014 年）

在深圳开设第一家门店之后，全棉时代陆续布局了大量线下门店，希望通过“闪电战术”来扩大品牌影响力和销售规模。但当时线下渠道普遍生存状况不理想，全棉时代线下门店处于亏损状态。2011 年，李建全组建了电商团队，开始入驻各大电商平台。但在经营前期，由于经验不足等，从 2010 年到 2013 年的 4 年中，全棉时代持续处于亏损状态。

在此困境下，不同于有些品牌为了降低成本，另行提供线上专供款，全棉时代依然坚持采取线上线下同款同价、不求速度但求品牌价值的策略，保证产品品质、价格的一致性。在产品生产上，坚持采用天然棉质纤维，并坚持在生产中拒绝不环保的加工，更拒绝任何化学添加剂，这些举措塑造了品牌口碑，也为企业未来发展奠定了良好的基础。

### （三）繁荣发展期（2015 年至今）

全棉时代积极践行“一切为了用户”的核心价值观。经过前期的品牌打造和线上线下的有机融合，全棉时代在消费者心中树立了强大的“绿色”品牌形象，在母婴市场异军突起。在历经了几年的发展后，全棉时代不仅扭亏为盈，而且年销售额更是超过了 30 亿元，成为妈妈们共同信赖的品牌。

2015 年，全棉时代在淘宝“双 11”购物节当天总销售额突破亿元，达到 1.26 亿元；2016 年“双 11”购物节当天总销售额达到 2.6 亿元，连续 2 年位居“双 11”品类销售第一，实现了母婴用品“双 11”销量三连冠；2017 年，全棉时代“双 11”销售额再创历史新高，以 4.06 亿元完美收官。此外，全棉时代与京东合作，2017 年，推出“京东超级品牌日”全棉时代盛典，创造了京东母婴品类单日单品牌的销售额之最。2019 年，全棉时代获得“全国产品和服务质量诚信示范企业”称号。2020 年，全棉时代获“母婴界奥斯卡”之称的金树奖——“年度匠心品质奖”，并且以 100 亿元市值位列《苏州高新区 · 2020 胡润全球独角兽榜》第 256 位。2021 年，全棉时代凭借在棉花产业的可持续革新探索及健康生活方式的引领践行，荣获《新周刊》新锐榜“优化生活 · 健康时尚创新奖”及《南风窗》中国社会价值年度榜“年度可持续发展企业”两项大奖。

## 三、全棉时代的绿色品牌打造

经过十余年的发展，如今全棉时代已经稳坐行业第一的位置，成为消费者熟知的绿色品牌。为了打造绿色品牌，全棉时代确立了绿色品牌愿景，明确了绿色品牌定位，构建了绿色价值链，并通过绿色品牌传播来建立市场影响力。

### （一）绿色品牌愿景

全棉时代创始人李建全特别关注环保问题。他提到化纤和纸巾的大量使用给环境造成的破坏与压力。环境污染与人类生存休戚与共，而全棉时代的创业初衷就是要为环保事业做出贡献。在地球上已有7000年历史的棉花，无疑是“可持续”的代名词。棉花作为天然的纤维，制造过程中不需要进行深加工，对皮肤温和且无刺激；相比化纤制造和纸类用品生产，纯棉用品对环境的负担也远小于前者。比起一吨纸巾需要砍伐17棵十年生大树，化纤衣物需要200年才能被降解，棉花一年收获一次且年年生长，可自然降解，可循环，可持续。就是这样一朵在荒漠中也能顽强生长的棉花，从根本上承载了全棉时代这一绿色品牌的使命与担当，传播健康、舒适、环保的消费理念，并引领低碳、时尚、品质的绿色生活。

### （二）绿色品牌定位

随着中国经济的发展，消费者对于日常生活用品的品质要求不断提高，产品消费升级的时机已经到来。在相当长一段时间内，国人普遍认为国外产品品质优、安全性高，因此都热衷购买国外商品。李建全认为，国人并不缺乏购买力，而是市场上缺少优质的、让人放心的消费品来满足顾客的需求。在明确市场需求的基础上，全棉时代主要以“棉花”为原料，生产衣物、日用品、母婴用品等，以“健康、舒适、环保”为核心理念，依托稳健成熟的医疗技术作为支撑，提出“医学贴近生活，全棉呵护健康”的核心理念，以“母婴”产品作为突破口来打造绿色品牌。全棉时代，一个只用棉纤维做出全棉全品类的品牌，始终坚信舒适、健康、环保的棉制品，能够最大限度地替代化纤制品，减少对皮肤的伤害，降低对环境的污染。

### （三）绿色产品价值链

1. 绿色原料，棉花伊始

全棉时代在选材时优先考虑健康可再生，且生产环节要降低耗能与废料排放。从成分上看，天然纤维取材于自然，更加安全。而在众多天然纤维中，棉花拥有着7000年的悠久历史，被人类沿用至今。从产量上看，相较于麻、毛、丝等天然纤维，棉花占了世界天然纤维总产量的90%。平衡供需使棉制品的生产不易造成自然资源链的断裂。此外，其耐盐碱、耐旱的坚毅品质，使棉花耐受多种极端土质，对土壤保护有重要意义。此外，棉花在一年生长过程中，能够消耗 750 万大卡的二氧化碳排放量，抵抗温室效应。这一朵戈壁之花不仅拯救了地球的“发际线”，还默默保护着地球脆弱的外壳。同羊毛、蚕丝等相比，棉的特质使生产加工更加环保高效。自采收起，棉只需要物理除杂便可以直接投入生产加工，兼具环保与经济价值。

2. 绿色科技，节能生产

确定了“全棉”战略，“如何比其他企业更好地利用棉”成为全棉时代应对市场竞争的核心问题，而稳健医疗的“Purcotton 全棉水刺无纺布专利技术”给全棉时代锻造了一把解决问题的利刃。这项专利技术颠覆了传统生产工序，将棉花在 2~3 天内直接加工成为“棉布”，打破了原有的纺纱织布需要 1~2 个月的时间限制，减少了 30% 的生产能源消耗。如今，这项技术已在 30 多个国家取得了专利证书。为了实现“让消费者远离化学刺激”的理想，全棉时代的棉制品不进行荧光剂、增湿剂等任何有害化学添加，质地柔软亲肤并且可降解、可持续，是兼具了舒适性和环保性的全新产品。这一大胆的产品延伸决策，让李建全成功利用技术优势实现了从医用产品向绿色民用产品的拓展。

3. 绿色消费，品类创新

并不是所有人都可以接受绿色产品的价格，做怎样的产品才能切入市场？市场上有许多所谓的绿色产品在单个品类的红海中厮杀。为帮助消费者迈出绿色消费的第一步，全棉时代采用创新策略，开创了新的品类——棉柔巾。全棉时代经过 3 年的潜心研发，1000 余次实验，利用水刺无纺布专利技术创造了一款韧性高不易掉屑的棉柔巾。用棉柔巾替代纸巾，有助于减少树木砍伐，1 张棉柔巾可以代替 3 张纸巾，一年可以节省 174 万吨纸。全棉时代用 1 张棉柔巾开创了生活消费的新时尚，与每一位棉柔巾的使用者共享着这份社会责任新成就。

4. 绿色体系，品类覆盖

借助棉柔巾的经验，全棉时代对产品体系进行战略构思。全棉时代以棉柔巾、家居服等王牌产品为突破口，抓住女性消费者对孩子生活用品的高要求，率先拿下了母婴市场。紧接着，全棉时代利用女性对品牌的认可，制造更多消费场景，用爆款产品针对不同人群的功能需求进行全品类横向延伸。最后，全棉时代始终坚持产品创新战略，利用技术优势为特殊需求打造个性化单品。全棉时代的产品布局战略，最终编织出“4×N+X”的产品网络覆盖全品类，构建了“四大维度，内外兼修”的产品体系，将绿色产品渗透到生活的每一个场景。

5. 绿色回收，归于自然

生活用品的使用时间往往短暂，并且不可再次利用，回收与降解是许多产品后续处理的必需过程。含有荧光增白剂的家用纸需要经过复杂的净化工序才能进行降解，而全棉时代的棉柔巾平均可反复使用3次，且棉花可降解、可再生、可持续的特点让棉柔巾在用弃后6个月内能够100%自然降解，化作土壤中的肥料。全棉时代取材于自然，最后回归于自然。全棉时代希望通过一朵棉花引领这个品类的潮流，让更多的人喜欢棉，让更多的人使用棉。

### （四）绿色品牌传播

定位于全棉生活方式的引领者，全棉时代在进行品牌传播时，一改聚焦于产品本身的传统战略，不遗余力地将棉的环保价值宣传给大众，从而塑造了一个倡导“一起用棉，保护地球”的绿色品牌形象。

1. 追根溯源：深度传播

全棉时代从“聚焦于一朵棉花”开始，采用追根溯源的方式深挖棉的价值。甚至于，把一株棉花从出苗、蕾期到吐絮的生长过程记录下来，深度挖掘棉花精神，还原棉的坚韧、顽强、柔软，并结合摄影大赛、摄影展等活动对棉的绿色精神进行推广传播。为了更好地传递棉花精神，2017年，全棉时代力邀日本著名摄影师上田義彦，开启以棉为主题的摄影展。2018年，全棉时代又携手国家地理中文网共同开启“棉·自然·人”年度摄影大赛，进一步传播全棉时代“关爱地球、关注自然、关注人类”的绿色理念。为了更深层次地推广棉文化和棉精神，全棉时代携手海天出版社共同出品《壹棉壹世界：7000年的棉与人》一书。

2. 全面布局：线上+线下

定位于绿色品牌，全棉时代正在进行全方位的传播网络布局。线上，全棉时代建设了专业的官方网站，除了具备完整的电商平台属性，还有丰富的品牌资讯的传播功能。为了弥补PC端普及性的不足，全棉时代还开发了智能移动端的手机App，也包含了同样丰富的品牌传播功能，适应了多场景传播需求，让消费者时刻都能走近全棉时代，也让全棉时代的用户之间、用户与品牌之间可以随时随地进行交流。线下，全棉时代以“看得见、摸得着”的方式，别具一格地将其线下门店打造为新一代的家庭生活馆，设计了全棉咖啡区、Purcotton DIY全棉定制区、奥特曼专区等绿色品牌体验模块，让消费者沉浸在一个绿色环保的氛围中。同时，开启“全棉改变世界”20同城巡展，来助力绿色品牌传播，让消费者切身感受绿色品牌的存在与力量。

3. 明星助阵：名人效应

全棉时代目标消费人群以18~45岁追求健康、品质生活的消费人群为主，因此品牌代言人的形象都尽量与纯棉生活的理念贴近。从郭晶晶、胡可、宋轶、严屹宽等家喻户晓的明星，到目前的“流量之王”王俊凯，都很好地体现了健康环保的理念。除了娱乐明星代言，全棉时代还尽量从贴近消费者的各界名人当中，挑选品牌传播意见领袖。比如，奥运妈妈杨云也携手宝宝，通过宣传片为全棉时代发声，针对性地对宝妈客户们进行了有效宣传。

4. 爱心助力：公益营销

2013年，全棉时代携手壹基金，成功举办了深圳山地马拉松赛。来自22个国家的一万多名运动员热烈参与比赛，共同践行了“尽我所能，人人公益”的绿色理念。全棉时代全力助力此次活动，为公益贡献力量。2019年4月22日是世界地球日，全棉时代就此发布了题为“环保生活多用棉”的地球日活动，获得了全棉时代会员的广泛响应。

5. 强强联合：跨界合作

跨界合作是全棉时代品牌传播中的重要一环。在2018年春节期间，全棉时代联合《时尚芭莎》和京东，共同推出了一款全新的全棉礼盒，迅速获得了消费者的广泛关注。2019年初，全棉时代还携手中国家电巨头——美的家用空调，推出了联名款系列产品，对舒适、健康、绿色生活理念展开了一次美好诠释。在随之而来的“三八”妇女节当天，全棉时代出人意料地和深圳航空联合，策划了一出“逐世界，为不凡”的品牌活动。为了吸引更多人的眼球，全棉时代更是与天猫国潮日携手，特地与插画师南瓜子联名推出了“国潮日特别版”纯棉柔巾。除此之外，全棉时代的跨界合作对象还包含佳兆业酒店、汤臣倍健等多个领域的知名品牌。

## 四、总结

不同于传统品牌，绿色品牌的建设有其独特之处。从全棉时代的案例可以归纳以下几点：第一，秉持绿色品牌愿景，打造绿色产品价值链，从绿色原料开始，历经绿色生产、绿色消费，一直到绿色回收，把绿色使命融入产品的整个生命周期。第二，以独特的绿色技术来支撑真正的绿色产品。在母公司稳健医疗“全棉水刺无纺布技术”的基础上，全棉时代研制出韧性高、不易掉屑的棉柔巾，并以此为圆心进行品类拓展，形成了品牌本身对多品类产品的“全棉”覆盖。第三，重视绿色品牌传播。例如，顺应绿色环保的社会发展趋势，传播全棉时代的绿色理念；与时俱进，整合线上线下传播渠道，营造整体的绿色品牌体验；与其他品牌开展跨界合作，增加人们对绿色消费的关注。

# 如何利用互联网为农业品牌赋能？

## 诺普信的数字化转型

### 一、引言

农业作为我国基础产业，关系到国家发展和百姓福祉，在国民经济中有着极其重要的地位。目前，我国农业正从单纯追求增产向绿色农业全面转型，更加强调高质、高效、绿色和生态。在绿色农业的大背景下，农业企业转型升级也迫在眉睫。“互联网 +”国家战略为其提供了新路径和新方法。然而，作为传统产业，农业如何进行数字化转型？如何利用互联网技术来为农业品牌赋能？深圳诺普信农化股份有限公司的品牌实践已经初步给出了答案。利用互联网为农业品牌赋能，诺普信创建了“田田圈”农业服务互联网品牌，通过打造“大三农”互联网生态圈，实现了从农产品品牌和农业服务品牌向农业互联网品牌的转型。2011—2018 年，诺普信连续 8 年被原农业部 /《农民日报》评为“中国农民喜爱的农药企业品牌”第一名。2021 年，诺普信入选广东省“十三五”20 强农业科技创新企业。如今，诺普信已经成为国内规模最大、品种最全的农药制剂厂家，也是最大的农药水基化制剂研发及产业化基地。那么，诺普信是如何通过数字化转型为品牌赋能的？

### 二、诺普信品牌发展简介

深圳诺普信农化股份有限公司成立于 1999 年 9 月，经过二十多年的发展，已经成为一家集研发、生产、销售农业投入品（主要是农药制剂和植物营养）并提供专业化综合农业服务的国家级高新技术企业，是中国农药制剂领域的知名公司。在品牌打造上，公司创建了“诺普信”“田田圈”等多个全国性知名品牌，其中“诺普信”为“中国驰名商标”，连续多年获得全国农业制剂品牌第一名。诺普信的勇于创新和锐意进取得到了社会各界的广泛认可，形成了良好的品牌声誉，旗下的“诺普信”和“田田圈”品牌连续多年被评为“中国农民喜爱的农化服务品牌”。2018 年，诺普信入围首届“深圳百强品牌”企业榜单；2019 年，作为唯一的企业代表，诺普信在中国三农发展大会上入选“中国三农创新十大榜样”单位；

2021 年，诺普信荣获广东省“‘十三五’ 20 强农业科技创新企业”称号。

诺普信的发展历程可以划分为如下三个阶段：

### （一）供应农资产品的农业服务 1.0 时代（1999—2012 年）

早期的诺普信是一家专注于农业生物高新技术产品的农药制剂企业，经营范围包括研发、生产、销售推广以及农业技术服务。在最初的十多年时间里，诺普信以“科技创新、经营创新和为农民提供优质产品与服务”为宗旨，立志成为全国最优秀的农药制剂商。诺普信以用户需求为导向，立足三农，切实为农民服务。此外，诺普信在行业内部率先启动水性化环保型农药制剂的研发、生产和应用，开发新型环保制剂，得到了市场的大力认可。

### （二）作物种植全程解决方案的农业服务 2.0 时代（2013—2014 年）

随着时代的发展，农户对农资企业服务的要求不断提高，不仅需要企业提供相应的农药制剂产品，还需要提供相关的配套服务。为适应农户的新要求，诺普信勇于创新，立志改革。2013 年，诺普信提出了“工作于农户，服务于农户”的发展理念，致力于完成从“全国最优秀的农药制剂商”到“遥遥领先的农业服务商”的转变，为农户提供全程的作物种植解决方案。诺普信通过建立全国性营销网络与植保技术服务体系，派出植保技术人员直接服务农户，全面提供病虫草害防治、农药应用技术咨询服务，获得了良好的市场口碑。

### （三）全产业链的农业服务 3.0 时代（2015 年至今）

互联网的兴起，尤其是移动互联网的迅猛发展，为农业相关企业带来了前所未有的机遇和挑战。2015 年，诺普信在行业内率先创建了农业互联网品牌——“田田圈”，全面发力农业全产业链社会化服务。通过“田田圈”构建的“县级区域分销服务平台”，依托线上信息化及互联网平台，并与相关涉农机构结盟合作，诺普信通过打造“大三农”互联网生态圈，为农民提供深度全产业链服务。近二十年来，诺普信从农药制剂商，到提供作物种植全程解决方案的农业服务商，再到农业全产业链服务的新型农业服务商，实现了华丽的转变。截至 2022 年，在深圳总部的基础上，诺普信构建了分布在北京、广东、山东等 20 多个省（区、市）的 70 多家子公司的企业集群。

## 三、诺普信农业品牌的互联网赋能

互联网技术的快速发展为农业企业提供了新的机遇，诺普信充分利用互联网赋能企业发展，最终实现经营业务的数字化转型，其主要举措可以总结为如下五个方面：

### （一）把握政策风向，领先起航

近年来，国家层面的系列政策为农业的数字化转型指明了方向。2015年，国务院出台《关于积极推进“互联网+”行动的指导意见》，提出了关于创业创新和现代农业等在内的11项重点行动。同年，国务院办公厅发布《关于促进农村电子商务加快发展的指导意见》，提出要在2020年初步建成统一开放、竞争有序、诚信守法、安全可靠、绿色环保的农村电子商务市场体系，实现农村电子商务与农村一、二、三产业深度融合。2016年，国务院办公厅印发了《关于推进农村一、二、三产业融合发展的指导意见》，指出了“互联网+现代农业”、大数据和电商、创意农业3个发展方向。同年，原农业部、发展改革委、科技部等八部门联合印发了《“互联网+”现代农业三年行动实施方案》。此外，2016年中央一号文件指出，“大力推进‘互联网+’现代农业，应用物联网、云计算、大数据、移动互联等现代信息技术，推动农业全产业链改造升级”。诺普信在以上政策中敏锐地察觉到互联网将要带来的巨大影响，很早就已经开始布局“互联网+”商业模式。2015年，诺普信利用互联网技术，创建了“田田圈”互联网平台，利用互联网技术，打造产业闭环，全面整合农业相关资源，提供农业全产业链综合服务，形成了“大三农”互联网生态圈，推进农业社会化服务化迭代升级。“田田圈”平台借助互联网技术的发展与应用，为农户提供全产业链服务，满足农民全方位需求。党的十九大报告明确指出，实施乡村振兴战略，加快推进农业农村现代化，构建现代农业产业体系、生产体系、经营体系，为今后农业的发展方向。诺普信积极响应号召，尝试利用田园综合体项目来盘活土地资源，实现了农业规模化、产业化的发展，给周边村民带来了就业机会，也带动了乡村振兴。

### （二）利用互联网赋能，实现向服务业转型升级

互联网的迅猛发展，给农业和制造业等传统行业向服务业转型升级提供了机会。制造业服务化是指制造业企业不再仅仅提供有形产品的运营模式，而是向提供“产品+服务”运营模式的转变过程。这是一种企业从以生产产品为中心向以提供服务为中心的转变。在制造业服务化进程中，企业的重点不再是转让有形产品的所有权，而是提供与之有关的相关综合服务。

诺普信是农业制剂领域内的知名公司，具有巨大的品牌优势。在此基础上，诺普信积极利用互联网技术，创建农业全产业链服务平台，致力于打造“大三农”互联网生态圈。从1999年成立至今，在短短20多年时间内，诺普信不断发展壮大，从农业制剂生产企业，到作物种植全程解决方案的农业服务商，进而转型为全产业链服务的现代化农业服务商。诺普信通过转变“卖产品”的思维方式，从单一农资销售转型升级为农业全程服务。作为制造企业，诺普信通过与现代互联

网技术相结合，实现了企业从制造业向服务业的转型升级，推动了整个中国农药制剂行业的创新、变革与发展。

### （三）整合产业链，充分发挥互联网优势

古老的农业如何利用互联网的优势发展呢？诺普信从开始的农资产品供应商，到作物种植全程解决方案提供商，再到互联网 + 全产业链服务商，成就了无数个“第一”，打造了响当当的品牌——“诺普信”和“田田圈”。诺普信从买卖思维转为服务思维，从产业链视角整合各方资源，利用互联网赋能，提供农业全产业链服务。例如，“田田圈”通过经销商系统，在各地打造出区域领先的农业综合服务平台，并利用农资分销、技术服务、农事服务、普惠金融、农业信息化服务、农产品供应链服务等模块，在产业链各环节为农户提供相关服务。另外，为配合“田田圈”平台，诺普信成立了深圳田田云网络科技有限公司，用来孵化及投资互联网业务，其具体业务包括：开发服务于种植户的田田云 ERP 及田田云农资门店管理系统；上线用于营销、管理及资金结算处理的田田云服务站 App；以及田田云互联网会员营销服务平台等。

### （四）以人为本，重视技术支持和新型现代农民的培养

作为农药制剂产品提供商，诺普信把研发创新作为企业的战略重点，成立了“总公司研究院”和“子公司技术中心”两级研发体系。在技术方面，诺普信遥遥领先于行业内其他企业，拥有专业的科研团队，已申请国家发明专利 600 余项，参与制定国家 / 行业标准近 20 项，为农民提供可靠的产品和技术支持服务。另外，诺普信也非常重视平台建设，着力打造领先的全产业链专业服务平台，帮助农民增收，实现农业产业效率大幅度提高。近年来，诺普信控股的销售平台实现了销售额直线上升，在行业中令人瞩目，实现了双赢、多赢的良性循环，已经初步达到“农民致富增收、农产品质量安全有保障、农业产业效率提高”等预定目标。

在我国农村，农业发展现状与现代化农业的要求相距较远，而农户的农业知识决定了农业现代化实施的成效，许多农户渴望有机会接受现代化农业的培训。因此，诺普信设立了“致良知农学院”，借助“知鸟”学习平台来培育农业技术专业人才及新型现代农民。这样，诺普信通过将科研成果转换成培养现代新型农民的技术课程，并充分利用各个地区的产业园作为教育载体，持续提高农户的现代化水平。同时，通过相关的教育培训，诺普信进一步加强了农户的安全意识和环保意识，注重从根源上解决问题，授人以渔。在培训过程中，农民对诺普信的信任和好感在不断增强。

### （五）多元合作，通过控股优秀经销商实现产业闭环

从 2016 年底开始，“田田圈”平台调整了发展策略，对部分优秀区域经销商实现了从参股到控股的转变。此后，“田田圈”控股步伐加快，与多家优秀区域经销商达成控股合作。截至目前，诺普信已经控股几十家经销商企业，经营范围辐射全国。诺普信通过控股“田田圈”优质经销商，借助植保技术，并利用互联网和作物社群手段，整合金融、保险、害虫防治、水溶肥等农村社会化服务板块，最终实现了产业闭环。时至今日，“田田圈”已经是国内响当当的农业互联网品牌。通过与优质经销商的合作，诺普信逐步建立了专业作物的服务闭环。同时，这一举措也促进了经销商综合实力的提升，获得了良好的经营业绩。

## 四、管理启示

在数字经济时代，为了提高效率，更好地服务顾客升级的需求，农业也像其他传统行业一样，需要实施数字化转型战略，让互联网为品牌赋能。诺普信从创立之初，就把“农业不再落后，农民无比幸福”作为企业愿景，积极推动农业产业升级，特别是利用互联网技术打造农业产业链平台，为其他相关企业指出了一条可以借鉴的道路。诺普信的成功要诀可以总结为如下三点：第一，抓住产业机遇窗口期，领先起航，建立先发优势。在 2015 年国务院出台相关产业政策之后，立即行动，创建“田田圈”互联网平台；同时，尝试利用田园综合体项目来盘活土地资源，注重工作方法的创新，能够对市场做出快速反应。第二，采用互联网技术，推动平台化运作，实现从制造业向服务业转型。农业属于传统行业，但诺普信敏锐地察觉到在农业领域推进“互联网 +”的可能性，及时创建了相关的服务平台，也客观带动了整个产业的转型。第三，以立体思维，放眼整个产业，在产业链各个环节发力，实现服务闭环，让竞争对手无懈可击。诺普信没有局限于仅有的行业视野，而是基于农业运作特征，从产业链视角解决农民问题，向农户提供的服务范围既包含上游的农资分销，也包含下游的农产品供应链服务，实现了服务的端到端闭环，表现出卓越的战略眼光。

# 如何打造儿童品牌？

## “中国A股童装第一股”安奈儿的启示

### 一、引言

国内童装市场发展较为缓慢，知名的童装品牌较少，大多以“贴牌”的形式降低运营成本，质量控制标准较低。伴随着2016年“全面二孩”政策的开放，整个童装市场迎来巨大的发展契机。作为市场消费主力军的“80后”“90后”父母具有良好的审美观，追求高品质产品和服务，价格敏感度较低。较之于成人服装，童装更加注重安全性、功能性、舒适性以及美感设计。这种差异性导致童装品牌创建极具挑战性。深圳安奈儿股份有限公司（以下简称安奈儿）将儿童生理、心理和审美要素融入设计理念，以高品质、高安全性、高审美的“三高”形象成为儿童服装市场的主流品牌。经过20多年的不断努力，安奈儿已经发展成为龙头型童装品牌之一，更在2017年成为“中国A股童装第一股”。那么，在复杂而特殊的儿童用品市场竞争中，安奈儿是如何打造儿童品牌的呢？

### 二、安奈儿品牌简史

1996年，曹璋、王建青夫妇创办“安尼尔童装店”，这是安奈儿最早的起源。1999年，“安奈儿”（Annil）品牌正式创立，从此开启了品牌建设历程。安奈儿选择与人类亲和度极高的动物——小白兔作为品牌形象标志，运用简洁线条勾勒出互相依偎的双兔形象，以此向外界传递“陪伴”是安奈儿品牌的核心情感价值。此外，通过两只带有"victory”胜利手势的耳朵突出其积极向上的精神。这个具有高识别度的标志为安奈儿品牌有效推广奠定了重要基础。

2000—2004年，安奈儿进入初创期，开始用连锁加盟的方式进行品牌推广，并通过“用连锁加盟质量体系认证”凸显品牌的高品质定位；自2005年起，为拓宽市场及扩大品牌知名度，安奈儿把品牌国际化理念融入营销战略，开始布局海外市场，正式进入发展期；2009年，安奈儿通过媒体渠道在中央电视台推出首部电视广告片，向全国市场进行推广；2017年，安奈儿在深圳证券交易所上市，成为中国A股童装第一股（股票代码：002875）。自此，安奈儿步入稳定增长期，逐步调整并优化线下渠道，逐步提升产品影响力。另外，它还实施全渠道战略，推进电商渠道的布局。截至2019年12月末，安奈儿有1505家线下门店，其中直营店1085家，加盟店420家。不过，受新冠肺炎疫情影响，2020年底，安奈儿线下门店减少至1280家。经过二十多年的创新探索，安奈儿已成功跻身知名童装品牌行列。

## 三、安奈儿品牌成功之道

近年来，消费升级是儿童服装品牌化的重要驱动因素之一。欧睿国际（Euromonitor International）数据显示，2017年，中国童装市场销售额的增速远高于同时期的男装和女装市场。在这一利好的市场环境下，安奈儿在上游材料选择、中游生产创新和下游渠道选择等三个环节中同时开展品牌建设工作，并在满足消费者需求升级的基础上向多品类发展，进一步提升品牌影响力。

### （一）品质为先，善解家长之忧

随着“80后”“90后”开始为人父母，而对于婴童产品的选择，他们更关注品牌产品，对价格敏感度较低。最近二十年，我国童装市场的消费需求已经发生了巨大的变化，过去的消费者只追求满足基本生活需要的实用型消费，现在更加关注健康、美观与时尚等方面。为顺应消费需求升级的趋势，安奈儿基于“不一样的舒适”理念，主要从以下三个方面打造高品质产品。

首先，在设计研发上，公司控股股东及设计研发团队负责人曹璋、王建青夫妇深耕童装行业二十余年，带领公司的设计研发团队不断进行探索与创新。公司长期坚持自主研发，形成了“纵向一体化、横向专业化”研发体系。同时，公司积极参与全国纺织品标准化技术委员会针织品分会的标准研讨、起草和修订工作，并在2017年获得了“年度标准化工作先进单位”的称号。

其次，在面料选购上，安全、舒适的优质面料是童装产品的核心竞争力，公司始终坚持自行采购核心面料，从源头掌控产品品质。具体措施包括：①在面料舒适性方面，采用纱线较细、高支高密的全棉面料，具有更加柔软和透气的效果；②在面料安全性方面，选用环保和安全的染料，严格按照国家相关标准进行检测；③在面料独特性方面，对产品面料普遍采取“定织定染”的采购方式。

最后，在成衣加工上，公司关注产品细节，致力于改进工艺。在工艺设计方面，根据款式特点，对袖口、领口内里拼接部位，采用了精细的包边工艺，极大地提高了穿着的舒适度；在成衣缝制方面，公司要求在进行针织类及细腻面料缝纫时，须选用较细的7号及9号进口圆头针，能够有效防止尖头针划伤纤维组织，或者粗头针在面料上留下针孔。同时，公司将质量控制贯串到产品制造的整个生命周期。

### （二）品类筑基，精耕细分市场

国家统计局数据显示，截至 2021 年末，我国 15 岁以下的人口约 2.63 亿人，约占全国总人口的 18.6%。在婴童产业的服装产品领域中，根据年龄与身高的不同，童装产品可进一步细分为 1 岁以下的婴儿装、1 至 3 岁的幼儿装及 4 至 14 岁的大龄儿童装；其中，婴儿装与幼儿装常被合称为“小童装”，4 至 14 岁的大龄儿童装则称为“大童装”。

安奈儿公司最初只做 3 岁以上、身高 100 厘米以上的中大童服装。2012 年，公司将产品线进一步扩展到了 3 岁以下的小童装，覆盖了整个婴童装产品线。这也是公司在全面二孩政策出台的背景下做出的快速反应，在具有优势的大童服装基础上，将产品延伸至身高 90 厘米、80 厘米以及新生儿群体，从而促进了小童装产品线的快速发展。从公司披露的财报来看，公司以大童服装为主，2019 年公司大童、小童装实现收入分别约为 10.47 亿元、2.76 亿元，同比增长分别为 5.72%、26.27%，由此可以看出，在全面二孩政策带来的行业红利下，公司的小童装产品快速成长，逐渐成为公司的主要利润增长点。除了大、小童装全覆盖，安奈儿公司的多品类战略还包括其他产品类别的扩充。从公司目前的产品品类来看，主要分为以下五大类，分别是男童、女童、小童、婴童和家居，95% 以上的公司产品为童装。这很好地体现了公司在童装行业的专业领先地位，说明公司充分发挥了在童装领域的领先优势；此外，公司在 2017 年上半年开始推出小部分饰品和鞋子，虽然这部分的收入占营业收入的比重不高，但也体现了公司在扩大产品品类方面的战略布局。

### （三）传播有道，构建情感纽带

童装市场是一个比较特殊的市场，产品的实际消费群体是儿童，但家长在消费过程中却常常以参与者甚至决策者的角色出现。这一观点固然有它的合理性，但是随着时间的推移和社会的进步，家长在孩子成长过程中慢慢学会尊重孩子自己的选择，把话语权和决策权更多地交给孩子自己；而当今时代的孩子也不同于以往的孩子，他们拥有丰富的渠道去探索未知的世界，他们的独立思考能力和判断能力经常出人意料。这促使儿童在消费过程中拥有着更大的消费自主性，对消费决策的控制力度更强。正因为如此，在进行品牌宣传和推广时，与其他品牌将广告诉求重点放在家长身上不同，安奈儿公司将宣传重点放在孩子身上，以孩子的角度为切入点，进行品牌形象塑造和建设。具体来看，主要包括以下几个方面：

首先，突出新品主题，吸引孩子眼球。一些儿童消费心理学家指出，商品的心理满足效用是儿童消费时的主要参考因素，但是男孩和女孩略有不同，男孩更喜欢展示自己对勇气的追求，女孩则更偏向于对美的追求。回顾安奈儿历次的新品主题，2017年迪士尼授权系列主题“公主心勇士梦”就十分契合孩子们的心理。此外，正如马斯洛需求层次理论表述的那样，跟成年人相似，儿童除了最基本的生理、安全需求，也有更高级的社会需求和自尊需求等，因此品牌需要能够在一定程度上满足孩子的此类心理。2018年安奈儿“梦想家”主题给予了孩子无限的筑梦空间。2019年，安奈儿通过与法国时尚团队合力打造“复古经典、想象未来”的时尚摩登主题，紧紧抓住了孩子们想要像大人一样紧跟时尚潮流的心理需求，让孩子能够进一步展现自身独特性。2020年，安奈儿以探索自然为主题，设计了“奇幻海洋”“艺术雨林”“雨林奇遇”三个系列产品，现场设计了沉浸式体验，让孩子们感受大自然的魅力。

其次，通过代言人选择和“陪伴”主题营销活动，不仅致力于为孩子们提供高品质的童装产品，而且体现了对孩子们健康成长的关注。“陪伴”是安奈儿品牌的核心理念，倡导在情感方面给予孩子温暖和呵护。缘于这份对孩子的责任感，从2011年起，安奈儿举办数届全国亲子创意大赛，大赛的核心宗旨是呼吁父母陪伴孩子一起长大。2016年，拥有良好奶爸形象的艺人贾乃亮正式成为公司的形象代言人，借助时尚“乃爸”的影响力，传递父爱陪伴的理念。2018年8月，公司联合关山月美术馆、天猫、聚划算“超级联盟日”和八大母婴商家，在上海喜玛拉雅美术馆打造了“88奶爸日 × 安奈儿一起长大艺术展”。迄今为止，公司还举办了“兔令营”“月饼DIY”和“圣诞老人送礼到家”等活动，这些活动都在不断强化公司的“陪伴”文化，并以此增强客户黏性。

最后，通过新兴媒体的品牌营销，成功建立起深得孩子心的品牌形象。随着科学技术的迅猛发展，公司在发展的过程中也十分注意广告传递的有效性。通过多年的努力，公司已经形成聚焦垂直母婴社区、强化移动终端互动、携手知名平面媒体的推广策略。具体行动包括：与宝宝树等国内知名母婴网站进行长期合作，加强与孕期年轻妈妈群体的沟通，强化品牌推广与用户互动；依托微信、微博等移动终端，借助小红书、抖音、快手等多个社交媒体平台资源，以图文互动、短视频等形式进行品牌传播，并通过线上发券的方式引流到线下门店；与《萌宝》（*MilKenfants*）、《精彩宝贝》（*OK！ BABY*）等杂志合作，以软文宣传、图片秀等推广品牌；借助明星的亲子形象，在“80”“90”年轻父母群中提高影响力和亲和力。

## （四）渠道创新，线上线下协同

目前，安奈儿采取直营与加盟相结合、线上与线下互补的渠道模式。一方面，在经营模式上，安奈儿公司销售一直以直营模式为主，以便更好地对价格和品质进行控制，能够对外采取更为统一的宣传策略，打造公司的整体品牌形象。线下直营渠道主要分为商场百货店与品牌专卖店两大类，截至2019年12月末，公司线下直营门店有1085家，占线下门店总数的72.09%，其中直营百货店599家，占直营门店总数的55.21%，直营购物中心店353家，占直营门店总数的32.53%。另外，在销售渠道方面，随着购物中心等新兴业态的出现和线上购物的普及，传统百货商场在近年来受到了一定的冲击。安奈儿在2019年度总结中提出，公司对百货商场的依赖是未来发展过程中可能面临的风险之一，随着“85后”逐渐成为婴童产品消费的主力军，发展线上渠道变得更为重要。为应对这一危机，安奈儿从2009年开始涉足电商平台，借助电子商务发展的大环境，在消费场景方面逐渐打破时间和空间的界限，同时为用户提供更便捷的交易、支付服务，最终给消费者带来全新的购物体验。基于上述努力，公司在2014—2019年的电商收入占比分别为12%、17%、24%、25%、34.38%和35.23%，体现了电商收入占主营业务的比重不断增加。在未来发展方向方面，公司计划从团队、IT系统、供应链等方面进行系统建设，以便更好地迎合电商的发展趋势。另外，公司在2019年推出官方小程序（安奈儿Annil+），正式开启智慧新零售建设。

## 四、结语

随着鼓励生育政策的推出以及国民经济收入的提升，儿童产品市场的发展前景十分广阔。该领域消费者追求高品质、高安全、高品位，价格敏感度较低，因此，对于儿童品牌的建设，应重点关注如下三个方面：首先，要精准满足消费者对“质”的需求，塑造出安全可靠的品牌形象，传递核心品牌价值观；其次，适当开拓新品类并融入时尚元素，最大限度地触达消费者；最后，应当秉承持续性的创新理念，拓展营销渠道，加速品牌传播，并强化品牌与消费者之间的黏性。综观安奈儿20多年的发展历程，该品牌始终致力于满足消费者的升级需求，对儿童服装的设计以质量和安全为主，以较高质量标准把控每个生产环节，并借助“无荧光剂”“有机”和“安全检测”等标志进一步传达品牌道德理念。同时，在满足功能性需求的基础上，安奈儿没有盲目趋同成人设计风格，而是通过追求符合儿童特质的时尚美感设计提升品牌的象征价值，并以此获得了大量消费者的认同。此外，为开拓更多目标市场，该品牌进行多品类延伸，从大童服装延伸至小童服装以及相关配饰产品领域，实现“一站式”购物体验。在渠道建设方面，安奈儿大力借助电商平台，完成线下线上布局，实现全方位品牌推广。

# 如何培育特色小镇品牌?

## 华侨城甘坑客家小镇的打造

### 一、引言

2016 年 2 月 6 日，国务院印发《关于深入推进新型城镇化建设的若干意见》，明确提出加快培育具有特色优势的小城镇，带动农业现代化和农民就近城镇化。同年 7 月 18 日，住建部、国家发展改革委、财政部明确提出，到 2020 年我国将培育 1000 个左右各具特色、富有活力的休闲旅游、商贸物流、现代制造、教育科技、传统文化、美丽宜居等特色小镇。自此，在全国范围内掀起了特色小镇建设的浪潮。特色小镇的核心是“特色”，其市场竞争力立足于“特色”。品牌是企业核心价值的体现，具有极强的独特性，能给消费者带来独有的记忆和联想。对于特色小镇而言，强有力的品牌培育能体现出区别于其他特色小镇的独特点，是建立竞争优势的关键。然而，在市场实践中，“特色”的形成却不是一蹴而就的，特色小镇的失败案例也不少。那么，应该如何培育特色小镇品牌呢？本篇以华侨城甘坑客家小镇为对象，来探析特色小镇品牌的培育路径。甘坑客家小镇位于深圳市龙岗区，是华侨城集团自 2016 年开始打造的以客家文化为源，集深圳本土民俗、田园休闲、生态度假、文化展示、科普教育于一体的多元复合型旅游特色景点。甘坑客家小镇不仅是深圳支柱产业中“一城一村”的代表，还凭借“IP Town”模式在 2017 年成为首批国家级文旅特色小镇。如今，甘坑客家小镇周末一天可达到 2 万～3 万人次的流量，每年能达到 250 万人次的游客接待量，年度游客接待量是深圳龙岗区总接待量的一半。

### 二、华侨城甘坑客家小镇的发展历程

甘坑客家小镇以客家文化为精神内核，采取“文化 + 旅游 + 城镇化”的发展模式，利用保存较好的历史文化资源和建筑风貌，通过综合整治、修旧如旧等方法，把一个破败落寞的明清村落，打造成一个传承客家文化的风情小镇，成为外界了解深圳原住民文化的一个重要窗口，被誉为“中国新型城镇化的引领者”。甘

坑客家小镇的发展历程可以划分为如下三个阶段：

### （一）从古村落到旅游景点（2012—2015 年）

甘坑客家小镇是在具有 350 多年历史的客家甘坑村的基础上改造扩建而成的。深圳原住民以客家人为主，客家民居经典的三大样式之一的客家围村曾经遍布深圳各个角落。随着时代变迁，很多客家原住民的围村或年久失修，或遭到破坏，只留下少数一些村落还保持着历史原貌，甘坑古村便是其中之一。甘坑古村在经过几百年的风雨洗礼之后，依然保留了其传统民俗和建筑风格，但近年来日益被大量违建楼包围，其完整性和原貌遭到破坏。

为保留深圳的客家文化，在深圳市龙岗区政府支持下，2012 年北京大学中国城市设计研究中心接受委托，开始对甘坑古村进行总体规划，并于 2013 年开始动工修缮，拟在原来古村落的基础上打造特色旅游景点。

### （二）“IP Town”初具雏形（2016—2020 年）

2016 年，在深圳文博会上，龙岗区政府与华侨城集团签订协议，华侨城集团凭借其文旅资源整合优势，采取与政府、村民、村委会三方股份公司合作的方式，以创意、管理和资本介入，总投资 500 亿元，通过 IP 文创、VR 内容产业、古镇生态旅游和旧城改造实现产城游一体化。同年 5 月，华侨城集团以“IP Town”发展模式为核心，立足于客家传统文化基础，深耕“文化 + 旅游 + 城镇化”“旅游 + 互联网 + 金融”等创新发展模式，开创了小镇建设新路径。这种建设思路不仅可以将甘坑客家传统特色延续下来，还能增添甘坑客家村落的活力和吸引力，实现了投资方与甘坑村的双赢。

2017 年 7 月，在以“文旅融合与特色小镇”为主题的 2017 年中国文化旅游高峰论坛上，原文化部艺术发展中心发布了 2017 年中国文化旅游融合先导区试点名单，全国仅 8 家特色小镇入选，甘坑客家小镇名列其中，入选首批国家级文旅特色小镇。

2018 年，在第九届广东人最喜爱旅游目的地及品牌评鉴活动中，甘坑客家小镇凭借“甘泉环绕，文旅交融”主题荣获广东人最喜爱特色小镇奖项。

2019 年，甘坑客家小镇位列中国最受关注特色小镇 Top 20 强，并入选首届小镇美学榜样名单。

2020 年，甘坑客家小镇入选首批“深圳特色文化街区”。

### （三）从“甘坑客家小镇”到“甘坑古镇”（2021 年至今）

2021 年，结合甘坑的文化背景、特殊地理条件、独特的风土人情和特有的文化氛围，华侨城“甘坑客家小镇”更名为“甘坑古镇”。截至 2021 年底，甘坑古镇累计接待游客 1200 多万人次，位列抖音“深圳市景点人气榜”第 1 名，成为名副其实的深圳文旅新地标。2022 年，华侨城甘坑古镇入选广东省第一批省级夜间文化和旅游消费集聚区名单，成为一个省级夜市旅游消费点。未来，小镇将进一步聚焦文旅融合，建设深圳文旅新高地。

## 三、甘坑客家小镇的特色品牌培育

从全国小镇建设经验看，没有品牌的特色小镇是空洞的特色小镇，无法引起旅游者的持续关注。培育特色小镇品牌，通过品牌来突出特色小镇的特点，加强旅游者和小镇的情感连接，提高旅游者体验质量，对品牌的培育和成长非常重要。为打造品牌特色，甘坑客家小镇主要举措如下：

### （一）突出客家文化

建设特色小镇，毫无疑问要充分利用本地各种优质资源，其中，深入挖掘其文化根基，突出其文化内涵，强调品牌的文化特性，是特色小镇品牌培育的关键。甘坑客家小镇位于深圳市龙岗区吉华街道甘坑社区，起源于明清时期的赤竹寨，最早是瑶族人居住地。此地遍布泉源，泉水清凉透澈，味道甘甜，因此得名“甘坑”。时过境迁，到了近代，客家人迁居于此，在此繁衍发展，成为“深圳十大客家古村落”之一。

结合小镇的变迁历程，客家文化被确定为小镇的“灵魂”。在小镇建设过程中，小镇原有的历史文物及建筑设施都得到了很好的保留和修复，特色景观和客家文化主题的相关建筑都得到了充分重视。历经“修旧如旧”的系列修复之后，小镇三百余间古屋重现了昔日的浓郁客家风情，古井、碉楼、荷花池、凤凰谷、南香楼、文昌塔、状元府等景观恢复了生机，形成了一个初具规模的古建筑群，成功再现了客家民居特色。此外，在基础设施方面，仍以客家文化为基础，小镇改造了各大街小巷的灯光，加强园林的绿化建设，整治清理甘坑河道，努力打造客家文化体验场景，让小镇成为蜚声中外的文化特色小镇。

### （二）打造文化 IP

甘坑客家小镇在深入挖掘客家传统特色民俗文化的基础上，创造了“小凉帽”文化 IP。华侨城文化集团发现客家凉帽是一种极具辨识度的文化符号，还曾经被列为广东省非物质文化遗产，而甘坑客家小镇也曾经以“小凉帽”最大产地著称。早在清代，因为有着“女子不能抛头露面”的传统习俗，客家妇女在下田种地时往往会戴上有帽帘的凉帽，这一风俗传承至今。小凉帽代表客家人勤劳节俭的形象，也代表了一种情怀，是一种被社会公众共同认可的符号标志。

甘坑客家小镇选取“小凉帽”作为文化 IP，精心设计了一个亲切、淳朴、活泼的“小凉帽”形象，期望通过小凉帽的IP化拉近小镇与游客之间的关系，创造一种亲近的品牌关系，并为小镇品牌注入新活力。此外，通过IP Town模式，甘坑客家小镇在IP形象“小凉帽”的基础上，创造了小伙伴“阿妹”“铛铛狗”和“凉凉猫”，打造出“小凉帽与二十四节气”“小凉帽过大年”等多个系列主题形象。目前，甘坑客家小镇围绕“小凉帽”IP形成了完整产业链，从小说、绘本、动画，再到主题乐园、主题酒店、主题农场，共计推出300多种主题衍生产品。

### （三）科技赋能

一个品牌要持续成长下去，需要拥有强大的品牌文化和品牌价值观，从而获得消费者的认同。对于特色小镇而言，如果能够培育一个符合小镇特质且拥有独特属性的品牌，就能够凝聚粉丝力量，从而转化为变现能力。随着科技的发展，科技赋能在品牌培育中开始发挥更大作用。在这一过程中，科技的作用是将品牌转化为可供体验的文化承载形式，并在消费者和产业生态圈之间建立有效连接。在科技的加持下，文化旅游业迎来了战略性机遇，开始重视新场景的打造，并在品牌建设中融合更多智能元素。

甘坑客家小镇将文化与创意、科技相结合，利用前沿科技来孵化优质IP，让IP成为可供消费的内容，同时也成为可供消费的产品，利用跨界互融提升消费者的体验效果。为提升品牌影响力，小镇以“IP+VR+AI”的模式，创作了IP形象“小凉帽”以及以IP为核心的AR、VR、AI等创意智能产品。

小镇以原创的“小凉帽”IP故事为核心内容，建设了中国首批原创主题VR的V谷乐园，让游客置身于场景中，亲身体验小镇故事，从而产生更好的旅游体验。另外，为了推广“小凉帽”文化IP，还创作出原创绘本《小凉帽与白鹭一起飞》，体现了客家人与生态和谐发展、保护自然和小动物的生活态度。同时，小镇还制作了电影《小凉帽之白鹭归来》，将故事以科技化的形式呈现出来。这是中国第一部本土文化“IP+VR”原创电影，在第74届威尼斯国际电影节上荣获两项大奖，标志着我国的电影业和文化科技实力在国际上赢得进一步认可。2017年11月，在腾讯全球伙伴大会上，极具现代化和科技感的“小凉帽魔法之家”将AI融入生活，实现了即时场景互娱，给人们展现了一种未来理想的生活方式。

此外，通过“无形文化”向“有形业态”的转变，小镇先后启动农场、乐园、餐饮、酒店、绘本阅读馆等系列产业项目，目前已经形成IP主题的亲子化童趣度假乐园，并打造了“IP+”产业链及IP产业集群。随着IP影响力的增强，基于“IP Town”特色文旅小镇的发展模式也水到渠成。

### （四）全方位提升文化体验

甘坑客家小镇以甘坑古村落为基础，进行文化挖掘和乡村再生，成为深圳支柱产业中“一城一村”的典型代表，体现了“以商承文、以文带旅、以旅兴商”的文旅商三方联动发展新模式。

对于文旅企业来说，文化是灵魂，是企业持续发展的动力，也是企业持续为消费者创造良好体验价值的源泉。特色小镇的重点和关键是“特色”，因此应该从特色着手，来打造小镇独有的市场竞争力。甘坑客家小镇在充分挖掘客家传统地域文化的基础上，形成了全方位的产业链体系，以文创、科创、乡创为主题，小镇推出了包含绘本、小说、动画、衍生品等系列产品，并打造了主题乐园、酒店、农场等体验场所。小镇通过“客韵、婚庆、书香、凉帽、绘本”这五大文旅体验载体，保证了游客“衣、食、住、行、游、购、娱”等全方面文化体验，使特色小镇也成为一种日常的生活街区。如今，甘坑客家小镇已经成为荟萃深圳本土客家民俗、客家民居建筑、客家民间艺术、客家传统美食、客家田园风光于一体的文化旅游景区。

另外，为突出地方特色，助推文化自信，甘坑客家小镇通过保护性开发延续了文化根脉，为旅游者提供了高质量的文化体验，成为特色小镇的“样板间”和人们最喜爱的旅游目的地。具体措施如下：第一，以保护性开发为前提，立足甘坑片区传统客家文化的资源禀赋基础，进行文化修复，通过“修旧如旧”的方式，修缮、维护历史建筑，并以“甘坑客韵”为主，充分挖掘旅游元素，进行客家文化主题营造，再现客家传统文化之美；第二，坚持“绿水青山就是金山银山”理念，开展生态修复，提升园林绿化，进行自然生态复绿，整治甘坑河道，启动治水提质工程，建立可持续发展循环经济，以产业置换带动生态修复和保护，恢复甘坑古村落生态之美；第三，从满足人民日益增长的精神文化需求出发，进行生态修复，完善甘坑片区文体设施配套，免费开放小镇文博馆资源，启动夜间泛光照明工程，打造有温度的夜间经济。

## 四、总结

特色小镇品牌建设是一个新课题，相关的策略和路径并不清晰，而甘坑客家小镇的成功案例可以带来一些启示。在粤港澳大湾区建设和深圳东进战略引领下，甘坑客家小镇通过挖掘传统文化，形成原创 IP——客家“小凉帽”，与小镇开发相结合，最终取得了成功。概括地说，甘坑客家小镇的成功经验如下：第一，特色定位精准，把客家文化作为小镇的“灵魂”，并在小镇建设中凸显和强化这一特色。第二，打造文化 IP，并利用科技赋能把品牌转化为可供体验的文化承载形式。

通过“无形文化”向“有形业态”的转变，最终形成以“IP Town”为内核的特色文旅小镇。第三，围绕小镇特色，打造“IP+”产业链和IP产业集群，提升小镇的商业生命力和旅游价值。在产业链内部，小镇的产品和业态非常丰富，既包含有形产品，也包含无形服务，并注重融入创意和智能元素。第四，注重对文化资源的保护。甘坑客家小镇高度重视对文化载体的保护和修复，开展“修旧如旧”的生态修复，有助于增强小镇品牌建设的可持续性。

# 如何建设绿色公共品牌？

## 深圳巴士的可持续发展之路

### 一、引言

为贯彻我国政府重视生态文明建设的政策，响应“绿水青山就是金山银山”的理念，各大城市都在大力践行绿色可持续发展，打造绿色城市品牌形象。作为城市公共产品的提供者之一，公共交通等公共产品被赋予绿色发展的使命。如何顺利建成绿色公共品牌，成为这些公共产品提供机构的重要目标。深圳巴士集团就属于这样一个成功的绿色公共品牌。在绿色发展理念的指引下，深圳巴士进行了重大变革，缓解了交通拥堵、控制废气污染和保护好环境需求的矛盾，也促进了深圳城市的绿色品牌形象。对深圳巴士绿色交通品牌建设的探究，将为其他公共品牌的绿色化发展提供参考。

### 二、深圳巴士面临的挑战和机遇

深圳巴士集团创建于 1975 年，具有 47 年的发展历史，是深圳市属国有公交特许经营企业。经过集团全体员工的努力，2017 年深圳巴士集团成为深圳和香港最大的全牌照公共交通企业。巴士集团以公共交通运输为主业，涵盖了定制巴士、网约出租、城际客车、旅游包车、汽车租赁及公交广告、公交场站建设的功能，目前是一个集运营管理于一体的专业化城市公交集团。

近年来深圳巴士集团的发展面临极大的挑战：一方面是消费者对出行品质日益增长的需求与目前公交服务转型供给总体不足产生矛盾，引发了公交出行吸引力下降；另一方面是随着互联网不断兴起，网约车和共享单车等新行业的升级给深圳巴士集团带来了不小的冲击。当今市场是品牌竞争的市场，深圳巴士作为一个传统的公交品牌面临着转型挑战。

受益于当前的政策形势，深圳巴士集团迎来了发展的机遇：一是国家在“十三五”规划中明确要求实施新能源汽车的推广计划，与此同时深圳市政府要求实现公交车百分百纯电动化；二是随着科技的迅猛发展、人工智能的兴起，智慧交通产业也逐渐进入了人们的视野，人们对互联网智慧出行也越来越关注，绿色出行也成为消费者践行环保责任的重要方式之一。基于此，深圳巴士作为一家劳动密集型企业开始积极转型，力图通过塑造绿色品牌增强市民优选公交出行意识，挽回消费者对巴士集团的关注。

## 三、深圳巴士绿色公共品牌建设措施

为了顺利从传统公交公司向绿色公交品牌转型，深圳巴士集团提出了“致力于打造成全球最大的新能源公交运营企业、中国最优的综合性公交产业集团和中国市场化程度最高的公交企业”这三大愿景。在愿景的指引下，深圳巴士进行了一系列的改革。

### （一）以清洁能源和技术创新升级公交的环保功能

为满足城市发展日益提高的环保要求，同时践行自身对环保行为的承诺，深圳巴士集团通过采用清洁能源和进行技术创新，确立了公交全面电动化以及智能化的方针，增强了公交汽车的环保功能。“绿色巴士”扎实推进生态文明建设，而“智慧巴士”依托互联网大数据及智能化技术，既方便市民出行又做到节能减排。

深圳巴士集团是全国第一家完成公交汽车纯电动化的公交企业。2011 年，深圳巴士集团开始示范推广新能源公交车；2015 年，深圳巴士开始规模化推广纯电动公交车；2017 年，深圳巴士集团通过大胆创新和精细化管理，实现了公交全面电动化。为了进一步降低能耗、提高效率，2020 年公司淘汰了一批技术性能老化、动力电池衰减严重的大中型纯电动公交车辆，更换小型电动公交车，购置了两类新型纯电动中巴，更加符合运营和节能要求。作为深圳公交行业的龙头企业，深圳巴士集团以实际行动助力深圳成为世界首个实现公交电动化的一线城市，提升了企业影响力。

深圳巴士集团不仅在公交方面实现了全面电动化，还将这一行动推广至出租车。集团一直坚持不懈地配合市委、市政府有关“蓝天计划”的决策部署，稳步推进集团出租车全面电动化工作。它以纯电动出租车营运成本结构调整为基础，着力构建新型运作模式，协同多方共同促进纯电动出租车产业合作与发展。2018 年 9 月，深圳巴士集团做出了巨大贡献，将深圳地区所有出租车都改为纯电动出租车，一跃成为全国纯电动出租车最大的运营集团；同时，深圳巴士集团建立健全技术保障体系，重点开发智能充电管理系统，最大限度提高车辆运营效率。

此外，深圳巴士集团应用 SaaS 服务，为智慧公交保驾护航。DT3.0 智能调度系统是公交营运生产的中心环节，该系统可以根据营运生产要素情况实时调度子系统，主要包括车辆人员调度作业管理、调度运营统计分析和异常调度管理三个功能。集团还通过对新技术的应用，优化公交的出行线路、减少人工维护工作量，对新车投放和车辆异动提前规划、无缝对接运营来提高车辆的使用率；加大高峰期车辆投入，不仅做到了节约资源也充分保障了乘客的出行效率；优化网线布局，解决大型客流集散点的公交保障问题，实现多方一体化联动，节约了公交资源，提升了多层次、高品质、动态化的定制公交服务，为市民出行营造一个便捷、舒适、多样化的交通空间。

### （二）建设充电配套，保障绿色运行

一直以来，充电配套不足都是阻碍纯电动车发展的重要因素之一。基于此，深圳巴士集团不断加大充电基础设施建设的投入力度，促进可持续的交通出行方式不断发展。在新能源产业方面，深圳巴士集团努力拓展新能源上下游产业，推动新能源产业化发展。深圳巴士集团也在积极推动充电配套设施的建设与运营，努力打造“电动汽车充电运营服务生态圈”。

在全面实行电动化的进程中，深圳巴士集团也面临了场站用地紧张、充电桩建设成本高昂、购车成本高等问题。为解决上述问题，深圳巴士集团推动建设市场化、社会化的充电桩服务网络。通过创新运营模式，深圳巴士集团和深圳市永联科技公司合作，合资建设充电桩，设置了直流快充和光伏储能充电等各项新型技术，提升了充电速度，有效缩短了充电时长。为有效节省用电成本和资源，深圳巴士集团将电动汽车主要集中在电价低谷期的夜间充电，在用电的高峰时期尽量不用电。同时深圳巴士集团还把智能监控系统融入了电动公交的管理中，既提高了电动公交的使用效率，又保证了公交的服务质量，也减少了白天充电对工作时间的占用。此外，深圳巴士集团还研发了快速充电的系统来提高电动公交的充电效率。为促进新能源汽车产业发展，深圳巴士集团秉承转型改革的使命，盘活深圳巴士集团的充电服务的优势资源，2020 年与特种车辆运营单位签订长期合作协议，在公交车充电非高峰期，引进环卫车等特种车辆进场充电。

纯电动汽车在深圳的持续推行，发展出一个庞大的后端下游产业，其中包含电动汽车的维修和保养、电池充电和维修服务等。借此机会，深圳巴士集团打造了“全面电动化”的发展路径。纯电动出租车辆和纯电动公交车辆在运行 5~8 年后，由于动力电池衰减严重，已无法满足公交车安全运行要求，在近两年内将面临数量巨大的退役动力电池的处理问题。针对这一情况，深圳巴士集团 2020 年开展了实验性合作，以退役动力电池再利用为课题开展研究。结合公司运营的实际需求，巴士集团采取“光伏 + 储能”方式，将退役动力电池集成为储能系统，并在储能电站的合理位置加装光伏板，探索出一套集“发电、储能、充电”于一体的能源利用体系，应用于充电站区域，形成可靠的电池处理方式。基于此，深圳巴士集团也从普通的产业链终端的应用者发展成为一整条产业链的参与者，为深圳市提供一个相关的服务市场。

## （三）推动员工低碳行为，唤醒公众环保意识

深圳巴士集团作为一个传统的公共交通企业，很多市民本来都对其有较高的品牌信任，因此在塑造绿色品牌方面，市民更容易相信深圳巴士集团有能力利用绿色能源提供优质的公交服务。公众的绿色品牌消费行为，建立在环保意识的基础上。为此，深圳巴士集团以提升市民幸福感为使命，坚持企业运营与自然和谐共生的环保理念，通过多种方式增强员工和广大乘客的环保意识，激发环保行为。具体而言：

（1）将环保理念融入日常工作，大力倡导员工践行绿色低碳的办公方式，培养员工节能环保的意识，营造干净、整洁、舒适的办公环境。同时，积极开展绿色环保实践活动，宣导绿色出行理念，让低碳环保的出行方式成为习惯。公交集团的绿色创新实践荣获了“2020 年度深圳可持续发展大奖”。

（2）为增强市民绿色出行意识，多方位传播绿色品牌形象，深圳巴士集团积极承办深圳市公交出行宣传周及无车日活动。2018 年承办主题为“四十年光影传奇，铸深圳品质公交”，在献礼改革开放四十周年的同时，积极推广公交绿色出行理念；2019 年承办以“公交优先，绿色出行”为主题的活动，营造“关心公交、支持公交、选择公交”的良好氛围；2020 年线上 + 线下同步开展公交历史回顾、智慧、安全、公益、科普、人文、发现等七日主题活动，多角度、全方位、立体式的宣传、展现公交，向公众传递公交魅力，让公交出行理念深入人心；2021 年活动以“倡导绿色出行、促进生态文明”为主题，通过线上线下宣传等方式，广泛动员社会公众积极参与到绿色出行行动中，加快推动形成绿色生活方式。

深圳巴士集团始终致力于普及“绿色出行，文明出行”的重要性，让市民朋友和孩子们在寓教于乐的体验中加深绿色出行的理念，推动更多的市民朋友以实际行动践行绿色出行与生态文明保护，共同守护美好的碧水蓝天。

## （四）推行绿色标准，加强绿色管理

有效管理是绿色品牌实施推广的重要保障。集团内部全方位实现绿色升级可以大大降低公众对绿色品牌的质疑，能够更好地增强公众对品牌环保价值的感知水平，从而产生信任和选择意愿。自从企业实现全面电动化以来，深圳巴士集团将积累的新能源公交运营安全、技术保障、场站管理、智能化应用等成功经验进行总结沉淀，于 2020 年公开发布了两个地方标准《纯电动公共汽车运营企业能源管理指南》和《纯电动出租车维修与保养技术规范》。两个地方标准的发布促进了行业运营水平整体提升，助力城市高质量发展。

为贯彻绿色公交理念，2018 年，深圳巴士集团发布了《深圳巴士集团 2018 年度生态文明建设考核实施方案》，建立了 15 项能源管理体系规章制度，确保充电站设备、设施符合国家与行业标准，保障设施安全与规范运营。此外，深圳巴士集团通过了 ISO14001 环境管理体系认证，并于 2020 年发布《深圳巴士集团

绿色供应链管理工作方案》，提高对供应商的环保准入标准，优先考虑符合通过ISO14001认证的供应商。深圳巴士集团还聘请环保专业机构为下属16个维保车间编制危险废物管理应急预案，并在各辖区环保局备案，开展突发环境事件应急演练，提高危废应急处置能力。同时，集团还开展全面的环保内审培训，组织多场宣传活动，促进生态文明建设任务落实，实现企业的绿色循环发展。

深圳巴士集团坚持推进资源节约，硬化考核指标、量化工作任务、强化保障措施，创建节水节能型企业。在实施公交全面电动化后，集团每年减少二氧化碳排放45万吨，减少一氧化碳、二氧化碳、颗粒物等城市污染排放2309吨。在环保治理中，要求车辆生产厂家必须按照国家相关政策对动力电池进行回收处理，以确保车辆报废后不带来环境污染。2018年，公交车辆实现零报废，更新置换的燃油出租车860辆。公交车辆维修和保养的作业全面使用水性漆，有效地减少传统油漆对维修人员的伤害，改善作业的环境条件，进一步降低对环境的污染。这些措施无疑可以大大提升绿色品牌的真实性和信任度。

## 四、结语

在城市可持续发展的要求和趋势下，公共产品打造绿色品牌成为公共机构必然之举。然而，绿色公共品牌并非喊口号就能实现，必须经过全面系统的内部建设和外部传播。深圳巴士集团从内到外全方位贯彻绿色低碳理念，通过“电动化”和“智能化”履行社会责任，成功塑造积极正面的绿色公共品牌。深圳巴士的案例有以下几点启示：

第一，秉持绿色发展理念，进行业务和产品的绿色升级。深圳巴士能够抓住绿色发展趋势，顺利转型，首先是通过交通污染和环境保护冲突点来形成认知反差，进而获取更多关注。其次，关注消费升级，通过“电动化”和“智能化”进一步加强公交在环保上的贡献。最后，进行配套建设，为绿色业务升级奠定基础，让绿色运营顺利进行。

第二，加强全方位的绿色管理，建立绿色行业标准，夯实绿色业务的基础。企业社会责任主动性已经成为获得公众好感的重要途径，但真正做到全面绿色化绝非易事，短视企业无法真正走向绿色品牌化道路。深圳巴士集团从员工培训、工作环境到设施设备全方位贯彻绿色低碳理念，大大提升品牌绿色真实性，助其更好地获取品牌信任。

第三，注重绿色理念宣传，培养公众的环保意识。绿色公共品牌需要群众基础，公众的环保意识是绿色公共品牌成功的重要前因。深圳巴士集团策划多项以公众为主的活动，将其低碳环保、全面电动化和智能化的形象快速传播出去，很好地培养他们的环保认知和意识，形成二次宣传。

# 如何建设年轻大学的品牌？

## 深圳大学发展的启示

### 一、引言

近年来，随着国家对高等教育重视程度不断提高，高校数量在逐渐增多。尽管这些新兴的年轻大学与老牌的知名高校错位发展，但在社会影响力、教育资源获取以及学生就业方面，依然面临着与其他高校的竞争。如何充分凸显自身特点与优势来打造大学品牌，进而在名校之林“突出重围”，是这些年轻大学发展的首要问题。由于成立时间短和历史积累少，年轻大学实力有待提升，品牌影响力较低，吸引优质师资和生源难度较大，进而又导致实力提升不快、品牌影响力较低……如此循环使得年轻大学在建立品牌的道路上挑战重重。伴随深圳经济特区成长起来的深圳大学（见图5），是一所仅有39年历史的年轻大学，然而在2022泰晤士高等教育年轻大学（指1972年以后建校的大学）排名中，深圳大学位居全球第73名，在中国内地同类高校中排第2名。在建设年轻大学品牌的过程中，深圳大学展现了令人瞩目的“深圳速度”。

1.标志的主体造型要素是大鹏，寓意大鹏展翅，鹏程万里，同时契合深圳“鹏城”之谓；
2.标志中心的“深圳大学”四字为小篆字体，凸显大学的文化与厚重感；
3.标志中心的“深圳大学”四字构成正四方形，与外围正八边形呼应，寓意特区大学会聚“四面八方”贤才。

**图5　深圳大学标志及释文**

## 二、深圳大学发展简史

2012年以来，深圳大学国际排名每年上升超100名，国内超过10名。在2021年四大权威世界大学排名中（泰晤士高等教育世界大学排名THE、软科世界大学学术排名ARWU、QS世界大学排名、U.S.News世界大学排名），深圳大学综合实力均进入国内前33位，特别是在泰晤士高等教育世界大学排名中，深圳大学位列中国内地高校第17名。深圳大学的辉煌成绩是如何一步一步取得的？

### （一）初创期：筚路蓝缕，创校启航（1983—1991年）

1983年，深圳特区拨款5000万元用于建设深圳大学，相当于当年深圳财政收入的一半。在社会各界的大力支持下，建设者们勠力同心，实现“当年筹建、当年招生、当年开学”，创造了中国高等教育史上的奇迹，成为“深圳速度”的代表。1984年，邓小平同志视察深圳经济特区时，特别嘱托“一定要办好深圳大学”，来自清华、北大、人民大学等校的许多全国知名学者在使命召唤下纷纷南下：北京大学援建中文、外语类学科，清华大学援建电子、建筑类学科，中国人民大学援建经济、法律类学科，一大批知名学者云集深圳大学，为深大的发展奠定了良好的师资基础。

20世纪90年代伊始，深圳大学开展了健全党的基层组织、加强思政队伍建设、改进学风、校风、教风等工作，在制度层面定下了发展基调。通过《深圳大学发展十年规划和“八五”计划》，坚持办学的社会主义方向，为特区培养具有正确的政治方向的有理想、有道德、有文化、有纪律的一代新人；立足于为深圳社会经济发展服务，把学校建设成为深圳市的人才库、科技园、智囊团，建成教育中心、科研中心、文化中心和信息中心。

### （二）成长期：脚踏实地，立校固本（1992—2011年）

1996年1月，深圳大学作为全国新建院校第一所综合性大学率先通过本科教学工作评价，并获得国家教委颁发的合格证书，获得学士学位授权。以此为基础，深圳大学以学科建设为龙头，逐步实现硕士点、博士点突破：1996年5月，国务院学位委员会正式发文，同意深圳大学为新增硕士学位授予单位，深圳大学成为当年全国地方院校中唯一新增硕士学位授予单位，并获得三个硕士学科点；2006年1月，国务院学位委员会批准将深圳大学增列为博士学位授予单位。这样的速度“前所未有”。此外，深圳大学还全面推进学院制建设，先后成立经济学院、文学院、管理学院、工程技术学院、法学院、理学院、科学技术开发院、信息工程学院、艺术学院、社会科学研究院等。至此，深圳大学逐步实现高起点学科规划，构建起完整的人才培养体系，不断提升办学水平和人才培养质量。

### （三）飞跃期：全面提升，创建一流（2012 年至今）

2012 年 8 月底，深圳大学拉开建设高水平大学的序幕，提出“力争用十年左右的时间，使深圳大学综合实力进入广东省高等学校第一方阵、全国高校前五十名，初步实现办高水平、有特色、现代化一流大学”的办学定位和目标，得到深圳市委市政府大力支持。

2012 年至 2021 年，深圳大学国家自然科学基金项目获资助数量从 82 项增至 375 项，在全国高校排名中从第 85 位升至第 15 位；国家社会科学基金项目获资助数量从 13 项增至 32 项，其中国家社科基金重大项目获资助数量累计 19 项；SCI 论文发表数量从 398 篇增至 5689 篇，SSCI 论文发表数量从不足 20 篇增至 635 篇。2015 年至 2021 年，深圳大学在全国高等学校的自然指数排名中，从第 81 位提升至第 33 位。2016 年至 2021 年，深圳大学 PCT 专利申请量逐年递增，多年位居中国高校前列，尤其是 2021 年跃居全球教育机构第 3 位，仅次于美国的加州大学和麻省理工学院，在国内排名第 1。截至 2022 年 7 月，有 14 个学科进入 ESI 学科世界排名前百分之一。同时，博士点再增加 7 个，总数达到了 17 个。经过创校、立校的积淀与积累，深圳大学在强校之路上激昂奋进，全面刷新了“深大速度”，跻身全球进步最快的大学行列。

## 三、深圳大学的年轻大学品牌化之路

年轻大学在品牌化过程中优劣势并存：既有年轻大学特有的活力、创新力，但也缺少学术积累与历史积淀。由此，年轻大学在建设品牌的道路上需要扬长补短，凸显优势，弯道超车。而深圳大学正是我国年轻大学品牌的杰出代表。自建校之日起，深圳大学就十分重视学校品牌建设——铸品牌精神、定品牌战略、拓品牌资源、提品牌潜力、固品牌管理。

### （一）以校训精神为引领

深圳大学坐落于深圳，注定拥有兼收并蓄、开放包容的气质。创校之初，深圳大学就提出了“自立、自律、自强”（三自）的校训，始终坚持将培养具有自主精神和独立人格的学生作为办学宗旨和目标。“自立”，强调“独立”，希望从校园走向社会的每位学生都能在岗位上独当一面，有所贡献；“自律”，强调自我约束、自我管理，“先做人，再谋事”；“自强”，强调自我发展、自我实现。“三自”精神，作为深圳大学的品牌精神，寄寓学生既要有独善其身的自我负责，更要有兼济天下的使命担当。“三自”精神，强调自身能动性，强调个人奋斗和自我实现，而不受出身、外在环境与条件的影响，这也正是地处繁华金融中心的深圳大学对学生提出的要求与谆谆教诲。

2017年深圳大学出台《深圳大学文化创新发展纲要》，明确提出“顶天、立地、育人”的文化导向。“顶天”继承了“三自”精神的校训要求，“立地”指明科研要服务于现实社会，“育人”则指明教育要营造民主自由的研讨氛围。十年树木，百年树人，深圳大学探索建立以创新、质量、贡献、绩效为导向的评价体系，在“破五唯”（唯分数、唯升学、唯文凭、唯论文、唯帽子）上率先探索，力求在思想层面实现创新引领。

## （二）以特色发展为核心

深圳大学之所以能进入年轻大学的前列，离不开其以服务“双区”为战略发展的特色。深圳市是深圳大学赖以生存的土壤，这就决定了深圳大学的发展必须紧紧结合双区发展的需求。由此，深圳大学抓住创新创业的特色，布局自己的优势特色学科，同时，通过国际化发展建立全球影响力。

深圳大学针对自身优势学科和特色专业重点发力，不盲目追求热门专业，避免“千校一面”。从自然科学类学科看，科研经费多、科研项目数量多、质量优、科研平台增长速度快、科研设备价值高等，已经成为深圳大学理科类专业的优势。其中，深圳大学的四大公共技术服务中心——测试中心、光电中心、电镜中心、磁共振成像中心，为看似“冷门”的专业提供技术支撑与资金支持，是深圳大学得以不断在电子、材料、生物等领域的研究实现突破之秘诀。从人文社科类学科看，深圳大学着力推进高校智库建设，已形成国家、省部、市校级等多层次、全方位、高质量结构，同时依托学院建设智库，包括中国经济特区研究中心、港澳基本法研究中心、文化产业研究院、城市治理研究院、中国海外利益研究中心、美学与文艺批评研究院、饶宗颐文化研究院，充分发挥不同学科学院的特色与自身能动性，激发师生活力，进一步促进师生输出智慧成果，做到“学有所长、学有所用”。

此外，深圳大学还积极推进品牌国际化进程，对接国外知名高校，通过留学交换项目、与国际接轨的课程设置、选用英语原版教材、采用全英语教学或中英双语教学等形式，为师生创造国际交流机会，逐步实现“高水平、小规模、研究型、国际化”的教学模式。在实践基础上，出台《深圳大学关于加快实施国际化行动计划的意见》《深圳大学国际化指标体系（试行）》等方案文件，通过对各教学科研单位国际化工作年度进行绩效考核，激励各学院结合学科特色与学院优势，积极主动开展国际化工作。同时通过“深圳大学国际化主题月”系列活动，在全校营造国际化办学氛围，拓宽学生国际视野和参与相关交流学习实践活动的积极性。

时代在前进，如今的深圳大学与深圳这座城市又一同站在了历史的高光时刻。深圳大学以城市为名，与城市共生，肩负着改革再出发的使命。粤港澳大湾区规划、中国特色社会主义先行示范区建设，为深圳大学的发展提供了千载难逢的机遇。深圳大学围绕“双区”规划，正积极筹建若干个前沿性战略性大学科平台，拟争取立项及加快推进微纳光子学与光信息技术国家重点实验室、人工智能与数字经济广东实验室、深圳市未来城市研究院、深圳大学海洋研究院、深圳大学湾区研究院等，提升学校服务“双区”战略能力。同时，提出统筹推进世界一流大学和一流学科建设总体方案以及加快创建世界一流大学工作方案，计划通过 5 年建设周期，建成与深圳现代化国际化创新型城市相适应的高水平特区大学，跻身“世界一流大学建设”高校行列；到 21 世纪中叶，建成与先行示范区地位相匹配的世界一流城市大学标杆。

### （三）以优良师资为基础

中国要走高质量发展的科技创新之路，高等教育肩负着时代发展的重任。作为年轻高校，在建设大学品牌的过程中，深圳大学如何探索高质量发展路径，破解“钱学森之问”，守住高等教育之“魂”呢？

“潮平两岸阔，风正一帆悬。”深圳大学深知，要建设世界一流大学、一流学科，不是看有多少大楼，而是看有多少“大师”。深圳大学锚定培养德才兼备的一流人才这一目标，着力吸引更多良师加入深大。尊重人才、崇尚人才这一良好氛围，凝练了特区大学高贵的精神血统，也是深圳大学几十年探索前行的沧桑正道。深圳大学已然成为海内外高端人才的会聚平台：30 多位国内外院士和诺贝尔奖获得者领衔，140 多名国家、教育部、广东省高层次专业人士齐聚一校，深圳市高层次人才（含“孔雀计划”人才）1200 多人扎根于此……什么能让一所年轻大学足以引以为豪？不只是一流的校园设施，也不只是舒适的校园生活，而是学校拥有一大批国内外知名的教授、院士以及专家学者，产出一项又一项原创的高水平科研成果。

### （四）以学生活力为动能

有人说，深圳大学的品牌别名是“创造富豪的摇篮”。这里除了走出马化腾、红豆集团董事局主席周海江、巨人投资有限公司董事长史玉柱、华为副董事长兼首席财务官孟晚舟之外，还有用野心缔造了“汽车帝国”的吉利控股集团董事长李书福、用“实业”守住创业初心的雪松控股董事局主席张劲、一步步打造起“手机玻璃王国”的蓝思科技创始人周群飞……殊不知，财富只是附带的收获，深圳大学通过多种多样的创新创业活动激发学生动能，是希望“授人以鱼不如授人以渔”，培育出“脚踏实地同时仰望星空”的创新者，在创造经济价值的同时推动社会长远发展。

为积极响应国家创新驱动发展战略的迫切需求，深圳大学每年投入过千万元资金鼓励学生创新创业，提供“创意—创新—创客—创业”全链条扶持；与南山、龙岗等 8 个区合作建立了产学研合作基地和创新平台；与粤海街道的企业合作创办了多个实验室；已成功举办不同专业的前沿主题演讲和科技成果推介会，越来越多的科研成果正在落地转化，甚至有部分佼佼者在校期间就成立了自己的公司，依托学校的孵化平台为初创企业遮风挡雨，也为公司日后的良好发展打下了坚实基础。从更高层面看，深大将构建粤港澳大湾区和世界一流湾区创新创业平台。具体包括：筹建深圳大学十大湾区研究院，深度参与“双区”建设进程；在河源、香港、澳门、珠海、佛山、惠州、东莞、中山等建设新型研究院，对于大湾区产业发展和技术创新发挥创新引擎功能；在旧金山湾区、纽约湾区、东京湾区等世界著名湾区筹建深圳大学湾区研究院，将其打造为深圳建设世界科创中心不可或缺的创新载体。这些举措将有助于培养能主动适应社会发展需要的人才，开展能对接产业发展需要的科研工作，提升深圳大学对于深圳以及粤港澳大湾区的贡献度。

### （五）以制度管理为保障

深圳大学一直坚持制度创新、以与时俱进的管理制度为学校品牌发展保驾护航。

20 世纪 80 年代，深圳大学就先后开展两次改革创新，以改革大学管理体制和提高教学质量为重点，推行不包分配、试行学分制、勤工俭学制度（创办实验银行、实验印刷厂、实验邮局）、人事制度改革（实行全员聘任制度）等举措。

唯有改革多壮志，敢教大学换新颜。在深圳大学原党委书记、原校长李清泉看来，深圳大学的快速发展离不开全面的深化改革创新。他介绍，在人事制度改革方面，2010 年开始，深圳大学就在全校实行全员聘用制度，破除教职员工的干部身份，从而打破“铁饭碗”；2016 年，深圳大学实行“预聘—长聘”管理制度，激发增量和存量教师的工作活力，提醒教师不断进取才可能勇攀高峰。此外，深圳大学每年都按规定清退不符合要求的本科生和研究生，在教育管理上实行“严进严出”制度，努力通过制度创新倒逼教学整改。正是改革精神，促使深圳大学建立了一套科学的考核机制，勉励学生奋斗才可能学有所成。深圳大学努力把这种鞭策化作一股强劲的发展动力，让向上成为一种必然要求和标准，成为一种自觉。

## 四、结语

发展是第一要务，人才是第一资源，创新是第一动力，大学则是人才发展和科技创新的纽带。身处崭新历史方位的深圳大学诚然不是历史悠久的大学，但正因其年轻，也意味着它在发展上有更大的空间、有更多的可能性，也更利于创造具有“深大特色”的大学品牌。作为一所年轻大学，深圳大学为同类学校的发展提供了许多启发之处：历史不长，效率来补；实力不足，努力来补；品牌不响，特色来补；人才不够，“引”“留”齐上阵……一所年轻大学要在建立大学品牌的道路上坚持精神引领、内涵发展、创新驱动、制度保障，推动“大学速度”向“大学质量”的转型升级，以加快打造世界一流创新型年轻大学的品牌标杆为目标而前进。

# 如何推动城市内部品牌化？

## 深圳城市品牌凝聚力的建立

### 一、引言

近年来，为了更好地推动城市经济与社会发展，众多城市纷纷提出要培育城市品牌。一般的城市品牌建设通常关注的是对外传播的外部品牌化，而忽视了针对市民的内部品牌化。实际上，内部品牌化是外部品牌化的前提和基础，内部品牌化的建设成果会直接影响到外部品牌化的发展，因此需要将城市的内部品牌化提上议事日程。“鹏城”深圳，作为我国改革开放所设立的第一个经济特区，从当初南海边一座不知名的小镇，一跃成为如今具有一定影响力的国际化大都市，发展速度堪称奇迹。深圳 2018 年 GDP 首超香港，位列全国第三；2019 年 GDP 达 26927.09 亿元，人均 GDP 首次突破 20 万元大关；2020 年 GDP 达 27670.24 亿元。而同时，由于大多数深圳人是外来人口，因此，深圳又被称为“移民城市”。作为“移民城市”，那么深圳是如何进行城市内部品牌化的？

### 二、深圳城市品牌内部化

深圳是中国最大的移民城市。截至 2019 年末，深圳常住人口 1343.88 万人。其中，户籍人口为 494.78 万人，非户籍人口 849.10 万人，分别占比 36.8%、63.2%。尽管深圳经济发展迅速，但也面临一些如历史文化底蕴薄弱、过于追求物质利益而缺乏归属感等因发展过快带来的问题。虽然如此，但深圳市政府锐意进取，不断开拓，针对市民以开放、包容的心态构建了内部化的城市品牌，提升了城市凝聚力。

#### （一）深圳十大观念，塑造城市理念

作为人口众多、发展迅速的国际化城市，深圳市民对于深圳城市的认可与支持至关重要。要凝聚人心，需要统一大家的理念和精神。2010 年 8 月，在深圳经济特区建立 30 周年之际，深圳发起了“深圳最有影响力十大观念”评选活动。6 万多名深圳市民连同 15 位专家从 103 条观念当中，评选出了“时间就是金钱，效

率就是生命”“空谈误国，实干兴邦”“敢为天下先”“改革创新是深圳的根，深圳的魂”“让城市因热爱读书而受人尊重”“鼓励创新，宽容失败”“实现市民文化权利”“送人玫瑰，手有余香”“深圳，与世界没有距离”“来了，就是深圳人”十条观念，体现了深圳的形象，代表了深圳人的精神。同年5月1日，图书《深圳十大观念》由深圳报业集团出版社出版，主编是时任深圳市委宣传部长的王京生。书中分为故事与对话两部分：故事部分对每一条观念产生的背景和过程进行梳理；对话部分则邀请国内10位著名学者分别对每一条观念进行解读。

“时间就是金钱，效率就是生命”——这一观念最早于1981年在改革开放的前沿深圳蛇口被提出来，其所体现的“发展就是硬道理”和“效率优先”两个核心点，也直接催生了深圳速度。

“来了，就是深圳人”——这句简单直白的话语温暖了无数在深圳打拼的外乡人，鼓励了大批追求梦想的年轻人驻扎在这座城市。所有在深圳的人都是这座城市的主人，尊重彼此的地方语言和生活习惯，没有歧视，有的只是一种“英雄不问出处”的包容态度。

“让城市因热爱读书而受人尊重”——从2000年开始，深圳每年都会举行“读书月”以及其他读书活动，世界一流水平的书城和图书馆就建在城市最中心，一系列措施都在最大限度鼓励并支持市民的阅读。

“鼓励创新，宽容失败”——作为改革开放先驱，深圳一直在鼓励创新，创新也成为深圳城市精神的重要代表，印刻在每一个深圳人的骨子里。

“空谈误国，实干兴邦”——这个标语牌1992年初在蛇口竖立，明确倡导脚踏实地多干实事，大大推动了改革开放实践的探索。

“敢为天下先”——1992年春天，邓小平发表南方谈话，鼓励深圳“大胆地试，大胆地闯”。随后的社论使得“敢为天下先”等观念迅速流行起来，鼓舞着深圳勇做改革开放排头兵。

“改革创新是深圳的根，深圳的魂”——深圳的过去靠的是改革创新，深圳的未来也要靠改革创新。为此，深圳市政府颁布了《深圳经济特区改革创新促进条例》。

“实现市民文化权利”——2000年11月，深圳举办首届“深圳读书月”活动，在全国率先提出“实现市民文化权利是文化发展根本目的”的理念。

“送人玫瑰，手有余香”——身穿红马甲的深圳义工是鹏城街头一道亮丽的风景线，也是深圳提倡的关爱行动的直观表现。

“深圳，与世界没有距离”——深圳申办世界大学生运动会的口号，彰显了深圳走向世界的决心和胸襟。

## （二）文化立市，满足市民文化需求

创新是动力，文化是灵魂。作为改革开放前沿发展起来的深圳，如今的经济发展实力强劲，国际、国内影响力高。深圳政府一直将“满足市民文化需求”放在城市文化建设的重要位置，对市民文化权利的尊重也体现了对市民本身价值的尊重。为了完善公共文化服务体系，更是为了丰富全体市民的精神文化生活，深圳早在 2003 年就在全国率先确立“文化立市”发展战略，2008 年出台了全国第一个文化产业促进条例，2016 年出台《深圳文化创新发展 2020》。

2017 年，深圳发布“城市文化菜单”，成为国内首个对标国际推出文化菜单的城市，之后每年发布一次。文化菜单收录的品牌文化活动涵盖文化艺术、创意设计、科技创新、体育休闲等类别。此项“城市文化菜单”的建立是城市定位所需，是文化发展使然，也是市民生活所想。对于 2018 年的菜单，有评价是“标准高、内容多和创意新”。在该菜单里，我们可以看到很多新颖的“菜式”，例如首届“世界无人机锦标赛”、“2018 年国际乒联世界巡回赛白金系列赛·中国公开赛（深圳站）”、“深圳国际魔术节”等。在 2019 年的“深圳城市文化菜单”里，34 个项目持续强化深港、深澳的文化领域合作创新，并且大多数活动都是国际化的，都达到了国家级乃至国际级的要求，更是有不少活动代表了国内这一领域的最高水准，旨在打造精品，引领世界潮流。

除了每年推出的“城市文化菜单”外，市民每年还期待着“创意十二月”的到来。“创意十二月”是深圳年度综合性城市文化盛事的代表之作，自 2005 年开始，到 2022 年已经连续举办了 17 届。每年的十二月份，深圳都将启动不同主题的系列文化活动。这些创新创意活动，体现了深圳对于文化的重视，彰显了强劲的文化创新能力，也进一步满足了市民对于文化的需求。

在方便市民阅读方面，深圳不仅在城市最中心位置建有高水准的书城和图书馆，更是致力于从多方面支持并鼓励市民的阅读。作为联合国教科文组织认定的“全球全民阅读典范城市”，深圳从互联网的角度思考阅读的新方向，率先在全国推广互联网与阅读的融合。经过多年的深耕培育，数字阅读也已成为深圳市民的日常生活方式。在 2020 年新冠肺炎疫情防控期间，为了满足市民的阅读需求，深圳在第一时间推出了“图书馆虚拟读书证”“简阅名家线上分享会”“掌上书城”等多项数字阅读服务，受到了广大深圳市民的认可并纷纷参与。2020 年 4 月 23 日，第 25 个世界读书日之际，第六届中国数字阅读大会也拉开帷幕。在此次大会上，深圳被评为“2019 年度中国十佳数字阅读城市”，这也是深圳第四次获此殊荣。

文化菜单所提供的每周有“简餐”，每月有“大餐”，多样式的活动迎合了全市居民的实际需求。通过“月月有主题，全年都精彩”的一系列文化项目，深圳期望将人们印象中的“文化沙漠”发展为“文化绿洲”，弥补自身缺乏历史文化底蕴的缺憾。各项文化品牌活动的开展为全市的居民提供了一场又一场的文化熏陶之旅，大大满足了深圳市民的文化需求。融合城市科创特色的数字阅读，也为市民开启了阅读数字化、智能化的新纪元。深圳以文化立市，创新多种文化输出，深耕城市品牌内部化，由内部开始构建起城市文化的蓝图。

### （三）创新城市制度，推动城市发展和文明建设

从当初改革开放的经济特区，到如今的国际化大都市，深圳一直在不断地创新城市制度，推动城市发展。深圳的城市制度很多，以下着重介绍人才制度、知识产权制度和交通管理制度。

在国家严格控制大城市人口规模的背景下，深圳喊出“来了，就是深圳人”的人才引进口号。2017年，深圳政府发布了《深圳经济特区人才工作条例（草案）》。这个被称为“史上最强”的人才引进策略显示，深圳的大门向全世界敞开。根据百度地图发布的《2021年度中国城市活力研究报告》可以看出，2021年人口吸引力指数排名，深圳年度人口吸引力指数高达10.220，连续多年蝉联榜首。2020年，在竞争力智库、中国经济导报社等联合发布的《中国城市全面建成小康社会监测报告2020》当中，深圳市荣登“中国地级市全面小康指数前100名”榜首。深圳不仅仅是要吸引人才进来，更在努力为本地居民提供更好的生活，让人才留在深圳。

深圳，作为一座拥有多个创新企业的“创意之都”，如果知识产权方面的保护不够完善将会削弱在深企业及从业人员的创新激情，降低企业创新能力，乃至阻碍整个城市的创新发展。因此，对于城市内部品牌化而言，加强知识产权保护刻不容缓。2017年，国家知识产权局将深圳纳入知识产权综合管理改革第一批试点城市。在此契机下，深圳把知识产权的综合管理改革纳入到全市重点改革任务中，加快将深圳打造为国家知识产权示范城市，也为在深企业提供知识产权保障。在新出台的知识产权保护条例中，深圳提出了36条措施，立足实施最严格的知识产权保护。这项政策也获得了深圳多方企业的认可，在知识产权保护制度如此完善的城市中发展，企业也增添了信心与动力。如今的深圳，已经成为知识产权争议解决的优选地。有一个十分独特的现象值得关注，当两个企业发生了知识产权纠纷时，即使双方都不在深圳，它们都会选择将其网购收货地放在深圳，目的就是能够在深圳提请知识产权方面的诉讼。在2017年，此类案件就远超300件。这一现象，也从侧面反映出深圳对于知识产权保护的能力。

在很多人的印象里，深圳是全国交通管控最细最严的一座城市，这源于深圳一系列的交通管制规则。深圳是全国车辆密度排名第一的城市，但在高德地图联

合国家信息中心大数据发展部等权威数据机构发布的《2020 年中国主要城市交通分析报告》中，深圳的路网高峰行程延时指数还未进入全国前 10 位，低于重庆、长春、济南、西安、青岛、哈尔滨、南京、大连等城市。这也可以看出深圳出行的高效程度，高效文明出行提升了城市居民的出行幸福感。

如今城市的发展，不仅要比拼经济发展等硬实力，更要比较文明、文化等软实力。截至2021 年，深圳已经连续6 次蝉联全国文明城市。多年的文明城市称号，使得“文明”二字不仅仅是简单的城市面子问题，更逐渐根植于每个深圳市民的心中，全市居民一起创造着文明，同时也一起享受着文明。深圳在交通、市容市貌、城市制度等多个方面，都彰显了文明的形象。礼让斑马线、乘车后排系紧安全带、多乘员车道、垃圾不落地、人性化服务、全民阅读等都深深融入每位深圳居民的日常生活中。

## 三、总结

城市内部品牌化对城市品牌建设至关重要。城市在经济、社会、文化和环境等多方面的发展质量都取决于城市居民。作为一个“移民城市”，在深圳市政府的带领下，深圳城市内部品牌化建设取得了可喜的成绩，其中的一些做法值得其他兄弟城市借鉴。

第一，强化城市理念，凝聚市民合力。进行内部品牌化最重要的一步就是统一城市居民的思想，增强他们的城市归属感与自豪感，让他们成为传播城市形象最坚实的力量。在这方面，“深圳最有影响力十大观念”的评选和推广有力地推动了深圳市民的凝聚力。

第二，构建城市文化，满足文化需求。城市文化是城市居民的生活方式。为居民提供丰富且高水准的文化活动，不仅满足了市民的文化需求，而且提高了城市的整体气质和品位。城市品牌内部化建设当中，应当将城市文化建设当成核心任务来抓。

第三，创新城市制度，推动城市发展。城市管理包罗万象，非常复杂，需要制度来做保障。这些制度需要与城市的定位相呼应，同时还需要不断创新，打造出特色。在这方面，深圳秉持开拓创新的精神，不断探索新的行之有效的城市制度，很多制度已成为城市范例。